파묻힌 여성

L'HOMME PRÉHISTORIQUE EST AUSSI UNE FEMME
Une histoire de l'invisibilité des femmes
Copyright ⓒ Allary Éditions 2019
All rights reserved.

Korean translation copyright ⓒ 2022 by Psyche's Forest Books
This Korean edition was published by arrangement with Allary Éditions
in conjunction with their duly appointed agent 2 Seas Literary Agency
and co-agent Icarias Agency.

이 책의 한국어판 저작권은 2 Seas Literary Agency와 Icarias Agency를 통해
Allary Éditions와 독점 계약한 도서출판 프시케의숲에 있습니다. 저작권법에 의해
한국 내에서 보호를 받는 저작물이므로 무단 전재와 복제를 금합니다.

파묻힌 여성

마릴렌 파투-마티스 지음
공수진 옮김

여성의 눈으로 본 선사시대,
젠더 고고학의 발견

프시케의숲

그림1_ 여성을 남성의 노획품으로 표현한 폴 자맹, 〈석기시대의 납치〉 (1888). 19세기 예술가들은 당시 지배적인 학문적 관점에 따라 선사시대 여성을 남성에게 종속된 존재로 표현했다.

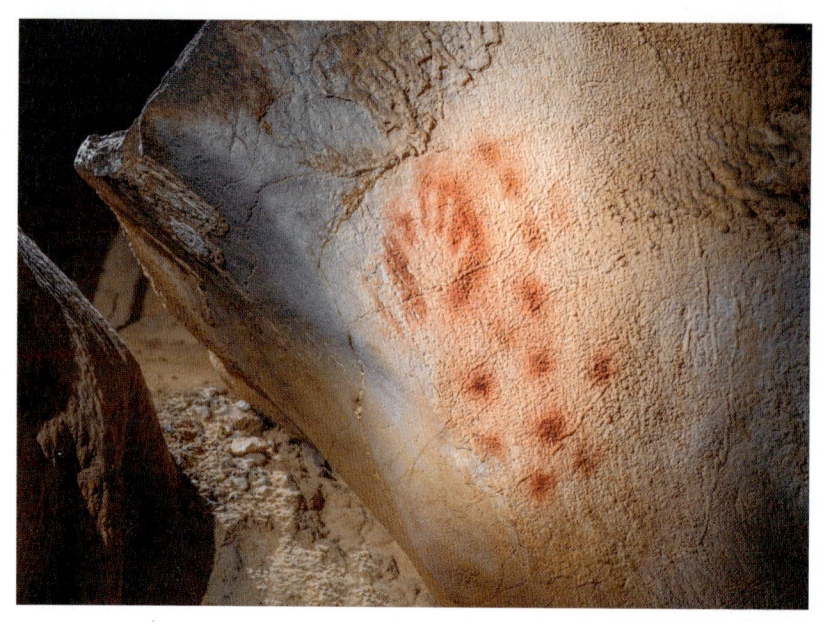

그림2_ 프랑스 남부 페시 메를 동굴 벽의 손자국. 최근의 연구는 동굴에 여성이 왔음을 확인하고 있다. 손자국의 상당수는 여성이 만든 것으로, 전 세계적으로 다양한 시기에 걸쳐 발견된다.

그림3_ 인간과 동물을 묘사한 멕시코 바하칼리포르니아주의 암각화. 여성이 작품 일부를 만들었다는 데 관해서는 선사학자들의 의견이 일치되지 않는다. 그렇지만 남성이 남긴 작품이라고 할 증거도 없다.

그림4_ 프랑스 도르도뉴 지방의 로셀에서 출토된 〈로셀의 비너스〉 또는 〈뿔을 든 비너스〉. 구석기시대 그라베티안 시기(기원전 2만 2000년경)의 조각상이다.

그림5_ 〈로셀의 비너스〉에서 모티브를 얻어 만든 루이 마스크레, 〈로셀의 흑인 여성〉.

그림6_ 〈머리쓰개를 쓴 여인〉. 프랑스 남부 랑드의 브라상푸이 유적에서 발굴된 그라베티안 시기 상아로 만든 조각상으로, 선사시대 인물의 얼굴을 볼 수 있다.

그림7_ 그라베티안 시기의 상아 조각상 〈레스쥐그의 비너스〉. 이 작품에는 두 개의 여성적 '이미지'가 함께 있는데, 머리를 아래쪽으로 뒤집으면 두 번째 여인이 나타나며, 옆쪽에서 바라보면 남근의 형태일 가능성도 있다.

그림8_ 카비용의 여인. 약 2만 5,000년 전 후기 구석기 그라베티안 시기에 살았던 이 여성은 바다 조가비와 사슴의 젖니로 만든 머리쓰개와 장신구를 차고 있었으며, 카비용 동굴 벽에 새겨진 2개의 말 그림 근처에 묻혀 있었다.

(위) **그림9_** 터키 아나돌리 차딜 휘이크 유적에서 발견된 신석기시대 조각상(기원전 6000년경). 왕좌 위에 앉은 한 여성이 고양잇과 짐승 두 마리를 팔걸이 삼아 누르면서 출산하는 모습으로 보인다.

(아래) **그림10_** 아마존 여전사를 묘사한 부조. 그리스 아티카 지역, 2세기.

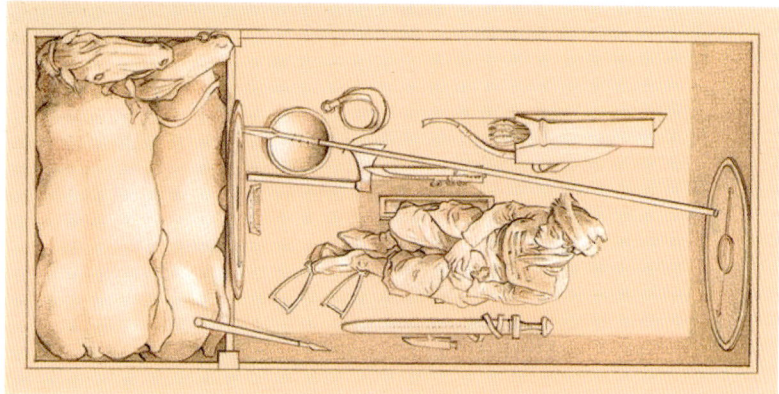

(위) **그림11_** 스웨덴 비르카 유적 여성 바이킹 전사 복원도. 전차 무덤과 함께 묻힌 남자를 '족장'이라고 여긴다면, 전차와 함께 묻힌 여자도 같은 지위였다고 생각하지 못할 근거는 없다.

(아래) **그림12_** 스웨덴 비르카 유적에서 발견된 여성 바이킹 전사 매장 복원도.

"나는 남성을 비판하지 않는다.
수탉의 거짓된 남성스러움과 허세라는 저당권을
남성에게 짊어지게 한
2천 년의 문명을 비판하는 것이다."[1]

1975년 6월 <라디오스코피>*에서
자크 샹슬과의 인터뷰 중 로맹 가리**의 말

---

* 프랑스의 유명한 라디오 방송. (옮긴이)
** 리투아니아 출신의 프랑스 작가. 공쿠르상을 두 번 수상했다. (옮긴이)

일러두기

1. 성서 인용은 공동번역 성서 개정판을, 코란 인용은 김용선, 《코란(꾸란)》을 기준으로 했다.
2. 인명 및 지명은 소속 언어권의 발음에 따라 적었다. 단, 성서의 인명은 공동번역 성서 개정판을 기준으로 했다.
3. 외래어 표기는 국립국어원의 표기법을 따르되, 관행에 따라 일부 예외를 두었다.
4. 단행본, 잡지, 장편소설 등은 《 》로, 시, 단편소설, 희곡 등은 〈 〉로 표기했다.

차례

프롤로그 조작된 선사 여성 • 011

1장 선사시대 여성을 향한 몽상적인 시각

선사시대의 사람: 원숭이에서 영웅까지 • 022
폭력은 선천적인가 • 025
　여성의 납치 • 033

2장 선사학은 어떻게 등장하게 되었나

열등한 존재 • 040
　'신의 뜻'으로 • 041
　　시작부터 유죄 • 048
　'본질적'으로 • 055
　　약한 몸과 작은 두뇌 • 056 ｜ 생물학적 성 때문에 지배를 받다 • 064 ｜ 영원한 병자 • 073 ｜ 출산을 위한 운명 • 075 ｜ 도덕적·지적 취약함 • 084

종속된 자 • 093
여성은 교육을 받아야 할까? • 103
성차별주의 이념의 탄생 • 111

3장 선사시대의 여성의 재발견

선사시대의 여성 • 121
    알몸으로 표현된 여성 • 124
        동굴 벽화에 나타나는 외음부와 남근 • 137 ｜ 비너스가 곧 어머니라는 기만적인 방정식 • 147
    여성의 사회경제적 역할 • 152
        성에 따른 노동 분업 • 152 ｜ 지치지 않는, 근육질이고 능숙한 걷는 사람 • 158 ｜ 남자는 사냥, 여자는 채집 • 163 ｜ 여성 예술가, 여성 '샤먼': 가능한 해석 • 169
    그녀들의 사회적 위치 • 173
        가모징제 사회 • 181

신석기시대와 금속시대의 여성 • 192
    여성 전사들 • 198
    여신들 • 209

4장 끝없는 저항

고대부터 중세시대까지 • 226
르네상스부터 계몽시대까지 • 238
혁명의 소용돌이 속에서 • 247
1848의 여성들 • 256
20세기와 그 이후 • 267

에필로그 여성과 페미니즘의 과거와 현재 • 281

인류 진화의 주요 연표 • 291
옮긴이의 말 • 295
주 • 303
찾아보기 • 405

프롤로그

조작된 선사 여성

그렇다! 선사시대 여성들은 결코 동굴이나 청소하면서 시간을 보내지 않았다. 그녀들도 라스코 동굴에 그림을 그렸고, 들소를 사냥했으며, 어쩌면 석기를 만들었을지도 모른다. 새로운 방식을 도입하거나 사회적 진보에 이바지했을 수도 있다. 오늘날 고고학 유적을 분석하는 새로운 방법론이 나타나고, 인류 화석이 새롭게 발견되고, 젠더 고고학이 발달하면서, 지금까지 우리가 품고 있던 선입견과 낡은 생각에 의문이 제기되고 있다.

모든 남성이 여성을 혐오한 것은 아니지만, 19세기 초까지만 하더라도 남성은 자신들과 다르다는 이유로 여성을 거의 인정하지 않았다. 이러한 경향은 오늘날까지도 여전하다. 19세기의 진화론적 인류학자들은 인간을 우월한 존재와 열등한 존재로 나누었다. 이들이 분류한 일부 열등한 '인종'처럼 여성에게도 자신만의 역사가 없는 것일까? 여성은 이른바 '인간의 등급'에서 늘 자리가 낮았고, 원시적이고 야만적인 것과 연결되면서 일종의 위협처럼 여겨졌다. 1912년, 정신분석학자 지그문트 프로이트는 "여성은 남자와 다르므로… 이해할 수 없고, 비밀이 많으며, 낯설다. 이 때문에 적대적이다"라고 자기 생각을 숨김없이 표현했다. 20세기 중반까지 정말 많은 과학 출판물과 문학이나 예술 작품, 혹은 철학서마저 여성에 관한 지독하게 부정적인 고정관념을 전파했다. 이것을 자양분으로 삼고, 실상과 상상이라는 두 가지가 혼합된 이념 속에서 선사학이라는 학문이 탄생했다. 인류의 절반인 여성을 제쳐놓고, 150년이 넘도록 선사시대 사회의 행동 양식을 그릇되게 바라보았던 것이다.

선사시대 여성의 존재가 잘 드러나지 않는다는 점을 지적하면, 흔히 그 시대 여성의 사회적·경제적 역할을 확인할 근거가 거의 없기 때문이라고들 한다. 그런데 이는 남성도 마찬가지다! 남성이라고 해서 더 많은 증거가 있는 것도 아닌데, 어떻게 남성은 대형 동물의 사냥꾼이자 발명가(도구와 무기를 제작하거나 불을 다루는 자), 예술가, 혹은 더 나아가 전사나 새로운 영토의 정복자로 묘사될 수 있었을까. 사실 선사시대 남성에 대한 그러한 확신은 민족지학자들이 19세기부터 보고해온 현대 사냥-채집 집단의 행동 양식을 일부분 근거로 한 것이다. 그러나 이들 집단에게도 오랜 역사가 있으며, 2천 년 넘는 기간 동안 당연히 이들의 전통도 변형되었을 것이다. 화석화된 선사시대 사람과 똑같다고 볼 수 없다.

선사학은 19세기 중반에 나타난 신생 학문이다. 해당 분야 최초의 교과서에서 설명된 남녀의 역할은 실제 선사시대의 상황을 반영하기보다는 19세기의 시대적 상황과 더 관련 있어 보인다. 당시는 의학 이론과 종교 경전이 한창 서로 결합하던 시기였다. 그래서 이제 여성은 '신의 뜻ordre de dieu'으로뿐 아니라 '본질nature'적으로도 열등한 존재라고 시달리게 되었다. 19세기 의사들이 볼 때 여성은 고유한 기질과 기능에 따른 특유의 해부학적·정신적 정체성을 지니고 있었다. 이 학자들의 말을 믿는다면, 여성은 정신적으로 유약하고, 심리적으로 불안하며, 지적으로 남성보다 열등하다. 발명에 재능이 없으며 창의성도 적다. 여성에 대한 이런 고정관념은 종교 경전이나 문학작품뿐만 아니라 전문가들의 연구서에까지, 시대를 넘어 널리 퍼져 있다. 또한 사람들의 인식과 집단 문화상에서 지배적인 위치를 차지하기 때문에, 여성이 차별이나 복종을 당하게끔 분위기를 조성해왔다. 사실 이미 18세기 중반부터 여성의 교육권 등 여성의 권리에 대한 담론이 시작되고 있었지만, 여전히 여성은 사회에서 생물학적이고 수동적이며 부차적인 역할밖에 할 수 없었다. 이러한 학문적 입장은 여성을 사회적·정치적 역할에서 배제하고 가정 내에만 머물게 하려는 반여성주의적 이념에 알리바이를 제공했으며, 여성들이 집 안에 머물면서 모성적인 의무와 가사만 돌보도록 했다. 여성을 향한 편견은 세대를 넘어 전달되면서 여러 문화로 퍼져나갔고, 그 안에 깊이 뿌리 내렸다. 아울러 여성성의 전형[2]은 많은 사회의 창세 신화*에 반영되어 있듯 때로는 무의식적인 가정[3]에 기반을 두고 있다. 또한, 성적 차이라는 자연주의적 패러다임 아래 지식과 생산에 대한 접근이 남녀 간에 차별적으로 이루어졌으며, 지식을 습득한 여성들을 (때로는 '마녀'라는 딱지를 붙여서) 소외시키거나 악마처럼 만들었다. 이러한 맥락에서 선사학 분야의 접근이 최초로 전개된 것이다.

시몬 드 보부아르는 "여성의 모든 역사는 남성이 만든 것이다"[4]라고 썼다. 놀랄 것도 없이 선사시대 사람들에게 드리워진 시각은 남성적이다. 초기 선사학자들은 연구 목적에 성적 역할 분담에 대한 가부장적 모델을 그대로 투사했다. 우리는 이렇게 성적으로 편향된 시각을 20세기 중반까지 발견할 수 있는데 인류 진화 연구는 당시까지 남성들이 주로 활동하는 지적 영역으로 남아 있었기 때문이다. 인류학, 선사학, 고고학 등에서 진행된 연구는 남성 중심적이었다고 평가할 수 있겠으며, 여기에서 여성이 담당했던 사회적 역

---

* 사람의 형태 또는 상징적 형태로 표현되는데, 고대에는 어머니 여신으로, 유대-기독교 전통이 나타난 이후로는 성경에 나오는 이브가 된다.

할은 거의 고려되지 않았다.[5] 1950년대에 제시되었던 '남성 사냥꾼homme chasseur' 모델에 따르면, 집단에 먹을거리를 가져다주고 혁신적인 기술을 고안해낸 것은 남성이었다. 남성이 인류의 진화와 인간화humanisation*에 중요한 촉매제가 되었을 것이라는 이론이다.

여성들이 오랫동안 소외되었던 이 분야를 1960년대부터 연구하게 되었다. '사냥꾼chasseur' 가설에 대해 미국의 페미니스트 인류학자들을 중심으로 반론이 제기되었고, '여성 채집가cueilleuse' 가설이 더 선호되었다. 여성들도 집단의 생존에 핵심이 되는 식량을 제공했다는 것이다. 그 이후 10여 년 간 모계사회와 여성 신이나 여신 숭배 사회에 대한 의견들이 나타나게 되었다.[6] 1980년대에 이르러, 많은 연구자가 인류학적 사유에 남성 중심적인 요소가 남아 있다는 것을 지적하고 이를 비판했다.[7] 여성 학자들은 자연주의적 개념을 근거로 하는 남성 지배의 정당성에 반론을 제시하고, 사회적·역사적 맥락에 따라서 성별 불평등이 출현하는 조건을 정의하려 했다. 일각에서는 페미니스트 연구자들이 지노크라티아gynocratié 즉, 여성이 정치력을 장악한 체제에 빠져들어

---

* 인간화는 영장류 선조부터 현생 인류(호모 사피엔스)가 되기까지의 진화 과정을 의미한다. 인류가 대형 영장류에서 갈라진 720만 년 전 아프리카에서 시작된 것으로 생각된다. 이 용어는 문화적 진화처럼 의미가 확장되어 쓰이기도 하고, 현생 인류의 행위로 연결되는 생물학적인 개념으로만 쓰이기도 한다.

객관성이 부족할 것이라는 등 여성에게 유리한 쪽으로 편중되었다고 비판하기도 한다. 하지만 초창기 인류 진화 연구가 얼마나 남성 편향적이었는지 잊어선 안 될 것이다.

인류학자 프랑수아즈 에리티에(1933~2017)는 인류 진화의 역사에서 여성의 존재감이 거의 없는 것은, 인류의 시작부터 '성에 따른 차별적 유의성誘意性'이 있었기 때문일 것이라고 했다. "언제 어디서나 남성은 여성보다 뛰어나다고 여겨져서, …긍정적인 것은 늘 남성 쪽이고 부정적인 것은 언제나 여성 쪽"[8]이라는 것이다. 이것은 비단 신화 때문만이 아니다. 종교적인 글이나 세속적인 글, 또는 학술적인 글도 신화만큼이나 여성이 남성보다 열등하고 언제 어디서나 남성에게 복종해야 한다는 이미지를 수백 년 동안 퍼트려왔다. 사실, 연구 대상이 되는 과거 사회의 젠더를 현대적인 관점과 전제를 가져다 사용하는 것은 매우 위험하다. 따라서 이러한 현대적 전제를 제거하려면, 그것들이 어떤 것인지 구별해내야만 할 것이다. 고고학 유적과 유물, 무덤, 그 안에서 발견되는 사람 뼈 등을 연구하는 새로운 방법론들, 그리고 선사시대 사냥-채집 집단이 남겨놓은 많은 그림에 관한 연구들은 우리에게 진화의 과정에서 여성의 역할이 무엇이었는지 다시 생각해볼 수 있는 정보를 제공하고 있다.

성에 따른 역할과 지위를 구별할 수 있는 확실한 증거가 없음에도 불구하고, 선사학자들은 선사시대 사회를 이분법적 시각으로 바라보았다. 남성은 강하고 창의적이지만 여성은 약하고 의존적이며 수동적이라는 것이다. 남성들은 집단의 생존을 지켜주는 존재이자 진보를 이뤄내는 주체로, 몽테뉴는 1588년에 《수상록》에서 이것이 "최고를 향한 점진적인 변화"라고 했다. 그러나 선사시대 유물은 다의적이어서 반드시 개개인의 성을 표시해주지 않는다.* 이 책에서는 시간의 심연으로 들어가 선사시대 여성에 대한 의문을 풀어보려고 한다. 그들의 경제적·사회적·문화적·종교적 위치는 어땠을까? 모계사회는 존재했던 것일까? 노동의 분업과 여성이 손해를 보고 있는 성별 계층화는 언제, 왜 일어나게 된 것일까?

지난 150년 이상 해당 연구 분야에서 잊혔던 선사시대 여성은 이제 당당한 연구 주제**가 되었고, 보이지 않는 감춰진 존재에서 벗어나기 시작했다. 인류 진화에서 여성들이 정당한 위치를 되찾도록 하는 것이 바로 우리의 목표다.

---

* 무덤에서 남성이 무기와 함께 발견되고 여성은 장신구와 함께 발견된다는 틀에 박힌 조합은 지금은 인정되지 않는다.
** 선사학 관련 책에서 여성을 독립된 주제로 다루기 시작한 것은 21세기 초반부터다.

1장
선사시대 여성을 향한
몽상적인 시각

한 남자가 무대 위에서 스포트라이트를 받고 있다. 무대 뒤편에는 한 여자가 밀려나 있다. 무기를 든 남자가 사나운 짐승을 때려눕힌다. 강하고 용감한 보호자인 그는 우뚝 서 있다. 여자는 유약하고 누군가에게 의지하려 한다. 잔뜩 겁에 질려 있기도 하다. 아이들과 노인들에게 둘러싸인 그녀는 동굴 앞에 앉아 있다.

20세기 중반까지 회화, 조각, 책, 잡지 삽화와 교과서는 이 같은 집단 상상력을 조장했고, 선사시대가 남성의 것이라는 단 하나의 메시지를 전달했다. 이 같은 배척의 기원이 된 패러다임을 해체해야만 과학적 접근 방식에 새로운 관점을 열고 선사시대 인간에 대한 우리의 견해를 바꿀 수 있다.

선사시대 사람:
원숭이에서 영웅까지

선사시대 사람들과 그들이 가지고 있던 삶의 방식에 대한 초창기 복원에는 진정한 과학적 근거가 없었다. 에마뉘엘 프레미에의 조각품 〈흑인 여성을 납치하는 고릴라〉(1859)와 〈여성을 납치하는 고릴라〉(1887)[1]를 보면, 당시 예술가들이 19세기에 지배적이었던 학문적 관점에서 예술적 영감을 얻었음을 알 수 있다. 그들은 선사시대 사람을 고릴라의 한 종류로 여겼고, 인간과 비슷하게 생겼지만 아주 거칠고 음란하다고 생각했다.[2] 기회주의적 포식자에 가깝게 행동하고, 본능적일 수밖에 없다고 보았던 것이다. 대형 포식자로 가득한 거친 자연에 맞서야만 하는 비참하고 불안정한 존재로 이해했다. 이러한 인식은 에마뉘엘 프레미에의 작품이나 벨기에 작가 루이 마스크레의 조각품, 페르낭 코르몽, 막심 페브르, 폴 자맹의 회화 작품에서 그대로 드러난다.[3] 반나체 상태로 표현된 여성들이 사냥꾼의 귀환을 동굴에서 기다리는데, 걱정하거나 두려워하는 표정을 짓고 있다.[4] 폴 자맹의 그림 〈석기시대의 납치〉(1888)에서처럼, 여성은 남성의 노획품이 되기도 한다. 이러한 작품 속에서 여성은 아이를 낳아 기르고, 집안일을 도맡아 하며, 남성에게 종속된 존재로 표현된다. 한편 남성은 사냥, 낚시, 도구와 무기 제작이라는 '고

결한' 일에서 자신의 가치를 뽐내고 있다. 여성 예술가는 상상조차 할 수 없다.⁵ 마찬가지로 흑인이 선사시대 예술가의 모델이 될 수 있다는 생각은 장 가스통 라랑 박사가 프랑스 도르도뉴 지방의 로셀에서 〈로셀의 비너스〉 또는 〈뿔을 든 비너스〉를 발견하기 전까지는 상상조차 하지 못했다. 이 조각품은 흑인 여성의 독특한 신체적 특징을 지니고 있었는데, 당시에는 호텐토트Hottentot족 여성 그 자체라고 할 정도로 비슷하다고 생각했다.* 루이 마스크레는 이 조각상에서 모티브를 얻어 〈로셀의 흑인 여성〉이라는 조각품을 만들었다. 여기에 더해, 산San족(부시맨)의 신체적 특징을 바탕으로 하고 1901년 그로트 데 장팡 유적에서 발견된 인류 화석의 머리 장식품까지 얹어 남성 조각품을 만들었다. 그러고는 이 조각품이 〈로셀의 흑인 여성〉의 짝이라고 했다. 〈망통의 흑인〉이라는 이름까지 붙여서 말이다. 그로트 데 장팡 유적은 프랑스와 이탈리아 국경 근처에 있는 이탈리아의 발지로시에서 발견된 동굴 유적 중 하나로 프랑스 망통 근처에 있다.

노획품, 동반자, 어머니… 여성은 남성에게 예속되어 있다. 그러나 선사시대의 가족을 이렇게 표현한 것은 핵가족,

---

* 호텐토트족은 남아프리카의 코이코이인, 코이산인 등을 가리킨다. 이 종족의 여성들은 엉덩이에 지방이 축적되는 특이한 외형 때문에 당시 유럽인에게 호기심의 대상이 되었다. 인종차별주의의 대표 사례다.(옮긴이)

일부일처제, 가부장제라는 19세기 서양의 이상적인 가족 모델을 투영했기 때문이다.[6]

선사시대를 다룬 전공 서적은 성에 따른 노동 분업을 언급한다. 1880년 이후로는 선사시대를 배경으로 하는 소설에서도 발견되는데, 여기서 물론 영웅은 남성이다. 이런 작품 속에서 여성은 남성의 성적 탐욕의 대상물이 되거나,[7] 이야기의 중심에 배치되기도 하고,[8] 로니[9]의 〈노마이, 호수의 사랑〉[10]처럼 선정적인 장면으로 표현되었다. 그렇지 않으면 출산, 육아, 채집, 요리 등 '여성의 업무'를 담당한다. 나이가 들면 다른 사람에게 조언해주는 현자의 역할을 맡기도 하지만, 남자들이 정해놓은 길에서 벗어나지 않도록 조심해야 한다. 만일 벗어난다면 죽음으로 처벌받을 것이다.

1960년대부터 1970년대 사이에 중요한 변화가 일어난다. 페미니스트 운동, 특히 이러한 왜곡된 관점을 반박해 들고 일어난 미국 여성 해방 운동가들의 압박으로 새로운 묘사가 등장한다. 미국 작가 진 아우얼의 6권짜리 무용담에 등장하는 아일라처럼[11] 여성들이 가정을 떠나 이번에는 주인공이 될 차례가 된 것이다. 그러나 남성 우월적 편견은 쉽게 사라지지 않았다. 남자들이 그녀들을 위해 싸울 수 있도록 성적 매력이 있어야 하기에, 돈 샤프의 〈기원전 백만 년 전〉(1966)에 등장하는 라켈 웰치는 동물의 가죽으로 만든 비키니를 입어야 했다. 스탠리 큐브릭의 〈2001: 스페이스 오디세이〉

(1968)도 마찬가지였다.¹²

선사시대 여성들은 비어 있는 살림터에서 집안일을 하거나 아이들을 돌보며 사냥꾼들이 돌아오기를 얌전히 기다리는 모습으로 대부분 그려진다. 다큐 픽션이나 다큐멘터리는 고고학적 자료를 기반으로 만들어지기 때문에 사실을 충실하게 반영해야 하지만, 전통적인 견해를 그대로 따르는 경우도 많다. 대부분 작품이 선사시대의 사냥-채집 사회에서 남성의 경제적, 사회적 우세를 강조하는데, 인류의 기술적, 문화적 발전에 여성은 아무런 역할을 하지 않았다는 생각이 뿌리 깊이 박혀 있기 때문이다.

폭력은 선천적인가?

한 남자가 여자의 머리카락을 움켜쥐고 있다. 그는 우리를 어디로 이끌고 가려는 것일까? 양성兩性의 관계가 지배를 기반으로 하는, 강간, 납치, 잔혹함이 규칙이던 먼 옛날을 향해 나아가고 있다. 야만성이 선사사회의 중심이 된다는 이러한 시각¹³은 지금까지도 우리의 상상력에 영향을 미치고 있다.

19세기 말까지 예술과 문학작품에서, 선사시대 남성이 폭력적인 모습으로 등장하지 않는 것은 매우 드물었다. 이들은 문명화된 사회적 행동이나 종교적 행위 없이, 살인[14]과 식인풍습에 몰두하고 있다.

이런 유형의 소설에서는 대부분 언제 어디서나 갈등이 일어나고, 특히 다른 '종족' 간의 갈등이 심각하게 묘사된다. 이때 묘사되는 갈등의 유형은 탐험가들의 이야기에서 차용되는 경우가 적지 않았다. 작가들은 대중적으로 인기 있는 상상력에 기대어, 용감한 영웅이 몽둥이로 무장하고, 가죽옷을 입고 동굴에서 살면서 석기를 만드는 선사시대 남자의 원형을 만들어냈다.[15] 그는 거대한 동물(매머드) 또는 사나운 동물(칼날니 호랑이*)과 맞서 싸워서 승리를 거둔다. 그는 잔뜩 화가 나서 불,[16] 영토, 여성 또는 사랑하는 사람에 대한 복수를 위해 폭력적으로 행동한다.[17] 19세기와 20세기 초반의 진화 인류학자와 선사학자들의 연구는 이런 표현의 근거가 되는 경우가 많다.[18]

초기 선사학자들이 접근했던 방식과 여기에서 파생된 선사시대 사람들에 대한 이미지는 두 가지 편견과 연결되어 있다. 첫 번째 편견은 폭력이 불가피하다는 생각이고, 두 번째 편견은 인류 역사가 단일한 경로를 따라 진화하고 발달했다는 생각이다. 이처럼 억지스러운 가설은 수십 년에 걸쳐서 만들어졌고, 전문가들의 연구와 대중의 상상력에 영향

---

* 검치호. 4천만 년 전에서 1만 년 전까지 살았던 고양잇과 육식동물. 송곳니가 구부러진 칼처럼 생겼으며, 그 길이는 20센티미터쯤이다. (옮긴이)

을 주었다. 이러한 패러다임은 어떻게 이루어진 것일까?

19세기 중반부터 선사시대 인류의 존재가 알려진 이후, 선사시대 사람들은 대형 유인원, 고릴라, 침팬지와 비슷하게 행동하고, 원시적이라 인식된 '열등한 종족'의 행동과 가깝다고 여겨졌다. 초기 연구자들은 선사시대의 도구에 몽둥이, 곤봉, 손가락 관절에 끼우는 쇳조각, 단검처럼 무기류의 명칭을 붙였지만, 사실 그 용도가 무엇이었는지 정확하게 분석한 것은 아니었다. 20세기 초반에 열린 만국박람회와 초기의 박물관들은 이러한 이미지를 확산시키는 데 한몫했다. 1871년 앵발리드에 설치된 포병박물관에서는 선사시대, 원사시대, 역사시대 그리고 민족지학 무기를 전시했다. 각각의 시기를 대표하는 실물 크기의 모델들이 전투 복장을 하고 무기를 들고 있었다. 이러한 전시를 보는 방문객들은 자기도 모르게, 전쟁이 아주 먼 옛날부터 계속된 것이라는 생각을 하게 되는 것이다. 하지만 선사시대 석기에 관한 최근 연구 결과에 따르면,* 전쟁용 무기로 추정되던 이 도구들은 사실 대부분이 동물을 죽이고 해체하는 데 사용되었다.

1880년대에는 '이주migration' 이론이 선사시대 문화의 계승 이론보다 더 많은 지지를 받으면서 인구 전체가 교체되었다는 것으로 연결되었고, 이를 통해 정복 전쟁이 항상 존재했

---

* 석기를 사용할 때 남는 흔적을 연구하는 방법으로, 석기의 용도를 알 수 있다.

다는 인식이 뿌리를 내리게 되었다. 20세기 초반에는 대형 유인원의 행동 방식을 근거로 하고 일부 사회 생물학자, 인류학자와 선사시대 연구자들이 합세해, 인류가 '살인자 원숭이'의 후손이라고 주장했다. '살인자 원숭이singes tueurs'* 이론은 대중에게 1961년에 알려지게 되었다.[19] 인간의 본성을 설명하면서, 인간이 동물적인 특성에 영향을 받으며 그중에서도 공격적이고 약탈적인 동물성의 지배를 받는다고 한 것이다. 이로써 인간이 계통발생학상으로 그리고 본성에서 폭력적이라는 이론을 굳히게 했다. 선사 인류를 태생적으로 공격적이었을 것이며, 동족을 잡아먹은 최초의 포식자였다고 본 것이다. 폭력과 인간이라는 존재가 나뉠 수 없다고 정의함으로써, 이후로 '전쟁의 문화'라는 형태가 부과되었다.

폭력이 '인간 본성'의 일부라는 생각은 많은 철학자와 사상가 사이에 존재한다. 프로이트는 "인간은 사랑에 목말라 하는 유순한 존재가 아니라서, 자신이 공격받을 때 자신을 방어하는 것이 아니다. 오히려 인간의 본성 안에는 공격성이 다분히 내포되어 있다. 따라서 인간에게 있어 이웃이란 자신에게 복종하거나 잠재적인 성적 대상일 뿐만 아니라 유혹의 대상이기도 하다… 삶과 역사의 모든 가르침에 맞서,

---

* 포식자이기에 난폭한 호모 사피엔스는, 두 발로 걷는 다른 대형 영장류를 제거하고, 아프리카를 벗어나 유라시아 대륙으로 퍼져나갔다. 이 가설은 1953년 오스트레일리아 출신의 인류학자 레이먼드 다트가 제안했다.

사람은 사람에게 늑대다Homo homini lupus라는 이 속담에 어떤 사람이 반대할 용기를 가지겠는가?"[20] 이는 영국의 이론가 토머스 홉스(1588~1679)가 "만인에 대한 만인의 투쟁"(《리바이어던》)이라고 한 것을 보거나, 장 자크 루소(1712~1778)가 '야만인homme sauvage'은 그다지 관심을 끌 만한 주제가 아니라는 생각을 지지하면서, 폭력의 기원이라는 문제를 철학사를 통해 "사회의 발생으로 전쟁이라는 가장 끔찍한 상태"로 끌어들인 것에서도 잘 나타난다. 루소가 지지했던 것처럼, 폭력은 문명의 탄생과 사유재산과 함께 만들어지는 근본적이고 보편적이며 선천적인 것일까?[21]

인류 화석을 연구한 결과를 보면, 폭력의 흔적이 남아 있는 경우가 매우 드물다.[22] 그렇다면 구석기시대*에 엄밀한 의미의 전쟁은 없었다고 생각하는 것이 타당하겠다. 그러나 인류 화석이 발견된 사례가 상대적으로 적고, 치명적인 상처라도 반드시 뼈에 흔적을 남기지는 않기 때문에, 우리가 가진 자료는 그저 참고용이라는 점도 유념할 필요가 있다. 하지만 폭력이 확인된 경우에도 상처가 치유된 사례가 대부분이므로, 사람을 죽여서 생긴 상처라기보다는 오히려 치료

---

* 선사시대에서 가장 긴 기간으로 약 330만 년 전부터 1만 년 전까지다. 이 기간 동안 아프리카를 시작으로 전 지구상에 다양한 인간 종이 살았다. 이들은 석기를 만들어 사용했고 채집, 낚시, 사냥으로 생계를 꾸렸다. 구석기시대는 전기, 중기, 후기로 나눈다.

를 해주었다는 증거가 된다. 구석기시대 인류 화석에 남아 있는 비정상적인 상태나 외상의 흔적을 관찰해보면, 구석기시대 사람들은 아프거나 다친 사람들을 돌보아주었고, 선천적으로 신체적 또는 정신적 장애가 있는 사람도 없애지 않고 공동체의 일원으로서 함께 생활했다고 추론할 수 있겠다. 각각의 공동체에 물건, 지식, 기술, 심지어 사람의 교환을 기반으로 형성된 관계가 있었다는 것은 고고학 자료를 통해 드러난다. 협력과 서로 돕기는 작은 집단으로 구성된 옛사람들이 살아남는 데 있어 침략과 경쟁만큼이나 중요한 역할을 했을 것이다. 어쩌면 훨씬 더 중요한 역할을 했을지도 모른다. 독일의 철학자 프리드리히 엥겔스(1820~1895)는 《가족, 사유재산 및 국가의 기원》에서 "성인 남성들이 서로 관용을 베풀고 질투를 극복한 것이 인간 집단이 더 큰 집단을 구성하고 지속할 수 있게 해주었고, 그 과정에서 유일하게 동물에서 인간으로 변화할 수 있게 해준 핵심적인 조건이었다"[23]고 주장하고 있다.

집단 폭력이 처음으로 나타나는 시기는 약 1만 4,000년 전으로, 공동체의 정착 생활과 함께 나타나는 것으로 보인다. 이러한 현상은 다음과 같은 변화에 따라 더욱 늘어난다. 먼저, 빙하가 물러나고 지구 전체의 기후가 따뜻해지는 환경의 변화가 함께 일어났다. 이때부터 농경과 목축으로 잉여 식량 비축이 가능한 생산경제로 전환되었는데, 이는 식량을 저장하던 공간으로 확인할 수 있다. 그리고 엘리트와 계급의 출현, 이들과 불가분의 관계인 계급과 불평등과 같은 사회적 변화가 일어났다.[24] 이뿐 아니라 신성과 성소의 출현과 같은 종교와도 관련이 있다. 폭력은 다양한 요인이 원인이 되어 발생할 수 있다. 인구, 정치, 질병과 같은 위기 상황이나, 종교의 기반을 다지거나 예언이나 속죄와 관련된 희생 의식, 심지어 짜증이나 모욕에 따른 복수, 지배에 대한 욕망과 같은 심리적 동기까지 정말 다양하다.

주로 희생된 것이 여성과 어린이였음을 알 수 있다. 그러나 모든 신석기 사회에 폭력이 존재했던 것은 아니다. 터키의 아나톨리아 중부에 있는 차탈 휘위크 유적에는[25] 시설물이나 장례 관행에서 차별성이 나타나지 않는다. 이는 사회 조직이 평등하고 전혀 전투적이지 않았음을 시사하는데, 분쟁의 흔적이 없기 때문이다.[26] 전쟁은 기원전* 5500년 이후 새로운 집단이 유럽에 도착하면서부터 공동체 안팎에서 갈등이 심해지기 시작한 것으로 보인다. 몇몇 고고학자는 구석기시대 이후의 사회에서 일어난 이러한 사회·문화적 변화가 다른 부분에서도 눈에 띈다고 한다. 어머니 여신, 다산, 풍요의 상징이었던 여신이 신석기시대 끝 무렵부터는 청동

---

* BCE, 'Before the Common Era'의 약어로, 시역이나 종교와 무관하게 누구나 함께 쓰는 약속으로서의 공통시대를 뜻함. (옮긴이)

기시대*의 단검을 착용하는 것으로 상징되는 남자 신으로 점차 대체된다는 것이다. 전쟁은 국가와 도시 문명이 출현하고 야금술이 발전하며 귀중품(무기) 교역이 이뤄지던 이 시기에 제도화된다. 전사와 무기는 진정한 숭배의 대상이 된다. 그러나 모든 문명이 다 이렇게 바뀌지는 않았다. 페루 리마 지역의 콜럼버스 이전에 만들어진 도시인 카랄[27]과 인더스 계곡의 문명처럼, 일부 문명은 여전히 호전적인 성격이 두드러지지 않는다.[28]

구석기 사회의 폭력은 고고학적으로 입증되지 않았기 때문에, 그 당시 남성과 여성의 관계도 일부 이론이 제안한 것처럼 적대적이지 않았을 것이다. 남성이 여성을 지배하기 시작한 것은 더 최근의 일이다. 이는 가부장제가 때로는 폭력까지 동원해서 자리 잡은 결과이며, 특히 남성이 권력으로 여성의 몸을 차지하면서 자리 잡은 것이다. 상대방의 동의를 얻지 않고 신체를 차지하려는 의지는 많은 신화에서 발견되는데, 여성이 납치된 후 강간당하는 내용이 많은 신화에 등장하는 것에서 엿볼 수 있다.[29] 강간 문화는 전쟁 문화와 마찬가지로 아주 일찍부터 등장한다. 이런 이유로 지난 수백 년 동안 여성에 대한 성폭력을 관용적으로 대한 것은 아닐까?[30] 그래서인지 영국의 정신분석가 도널드 위니컷

---

* 청동기시대(구리와 주석의 합금)는 기원전 2200년 무렵에 시작해서 기원전 800년 무렵에 사라졌다.

은 "강간은 가부장적 사회에서 나타나는 극단적인 형태의 성관계라고 할 수 있지 않을까?"[31]라고 우리에게 질문을 던진다.

여성의 납치

여성을 정복할 대상으로 두는 이 구조의 기원은 그리스-로마 신화에 등장하는 많은 납치 신화에서 볼 수 있다. 로마제국의 시인 오비디우스는 《변신 이야기》 V권에서 지하세계의 신 하데스에게 납치당한 딸 페르세포네를 필사적으로 찾아 나선 어머니 데메테르를 이야기하면서, 인류 역사가 여성의 납치로 시작되었을 것이라고 했다. 서구의 문학과 예술 작품들은 여성이 욕정의 대상이며, 남성의 의지에 복종한다는 이런 종류의 고대 문헌에 큰 영향을 받았다. 인류학자 프랑수아즈 에리티에는 처음부터 여성들이 전리품이 되었을 가능성이 있다고 주장하고 있다. "인류는 폐쇄된 공간에 살고 있었고, 서로 적대적이었던 이들은 배우자가 부족할 경우 무력을 사용해 배우자를 얻는다."[32] 여성을 차지하기 위한 경쟁은 심지어 지성의 발전에 강한 자극제까지 되었을 것이다![33] 여성의 납치를 먼 옛날부터 있어온 관습으로 여기는 것은 신화일까, 아니면 현실일까?

여성 납치는 1865년 발간된 〈원시적 결혼〉[34]에 처음으로 등장한다. 선사시대 남성은 유아를 살해하고 근친상간을 했으며, 강간과 납치를 자행했을 것이라고 말이다! 전리품이 된 여성은 '상품'이 되어 교환되거나 사들여졌을 것이다. 프리드리히 엥겔스는 여성의 '상품 가치'가 농경, 목축, 결혼(일부일처제)[35]과 함께 나타났을 것이라고 했다. 그러나 적어도 30만 년 이전부터 선사 인류는 복잡한 사회적 행동을 보였기 때문에, 여성을 납치하는 것만으로 혈통이 유지되었을 가능성은 매우 낮다고 할 수 있다. 오늘날 많은 고고학자와 민족학자가 교환 이론[36]을 선호한 뒤로는 이 이론이 거부되고 있다. 이러한 발상은 기원전 8세기에 고대 그리스 시인 헤시오도스가 쓴 《신들의 계보》의 판도라의 상자 신화에서도 나타난다. "사회적 유대관계를 유지하기 위해 여성이 담당하는 첫 번째 기능은 선물로 주어지거나 교환하는 것"이라고 말한 것이다. '프랑스 민족학의 아버지' 마르셀 모스(1872~1950)[37]는, 이른바 '원시적' 사회에서 선물 교환 시스템은 영속적인 사회적 관계를 만들어주고 대립을 피할 수 있게 해준다고 했다.[38] 이러한 입장을 지지하는 연구자들은 구석기시대 여성의 교환으로 집단 간의 결합이 다져지고 넓은 지역에 흩어져서 살고 있던 소규모 집단이 생존을 위해 필요한 동맹을 형성했을 것이라는 가설을 주장한다. 클로드 레비스트로스(1908~2009)가 여성의 교환을 '긍정적인 거래'

라고 불렀다면, 프랑수아즈 에리티에는 남성이 지배권을 가지고 있고 여성의 가치가 낮게 평가된 것으로 본다. "지구상의 여러 곳에서, 성격이 서로 다른 집단이, 남성이 여성을 교환한다. 이 때문에 나는 인류의 시작부터, 그리고 구석기시대가 시작했을 때부터 성에 따른 차별적 가치가 있었다고 말할 수 있다."[39]

그러나 교환 이론을 뒷받침해줄 수 있는 고고학적 증거는 전혀 없다. 증명이 필요하긴 하지만, 이러한 관습이 만약 구석기시대부터 있었다고 한다면, 이는 남성이 여성에게 일방적으로 강요한 것일까 아니면 상호 협의한 것이었을까? 솔직히 말해서 이 질문에 대한 답을 아직은 찾을 수 없다. 오히려 '귀중품'이 교환되는 경우가 많으므로, 선사사회에서 교환품인 여성의 가치가 높았을 것이라고 주장하는 학자도 있다. 특히 출산으로 후손을 얻게 해주기 때문에, 즉 집단의 영속을 보존해줄 수 있기 때문이라는 것이다. 영국의 박물학자 찰스 다윈(1809~1882)[40]이 1871년부터 주장했던 것처럼, 구석기시대 여성들이 자신의 배우자를 선택했을 가능성은 없는 것일까? 이처럼 가설만 무성하게 확산하는 상황에 대처하려면, 과학의 한 분야인 선사학이 채택한 학문적 방식이 무엇인지 알아야 할 것이다. 다시 말해서, 지난 수백 년간 이러한 방법론이 만들어지도록 영향을 준 문화유산의 요소를 구별해내야 할 것이다.

2장
선사학은
어떻게 등장하게 되었나

인류 진화의 역사는 대부분 남성의 관점으로만 파악했기 때문에, 여성과 관련된 사회관계는 거의 무시되었다.[1] 초창기의 인류학자와 고고학자들은 직접적인 고고학적 자료를 근거로 할 수 없으면서도, 선사시대 사람들의 행동을 상투적으로 설명하기를 주저하지 않았다. 이들의 접근 방식은 자신들이 놓여 있던 환경에서 형성되었으며, 여성을 열등한 존재로 인식하는 유대교-기독교와 고대 그리스-로마의 전통을 계승한 서구사회라는 틀 안에서 만들어졌다. 따라서 고대부터 '인간'을 다루는 많은 책이 사실은 '남성'에 대해서만 이야기하고 있는 것은 조금도 놀랍지 않다. 여성이 등장하더라도, 단지 남성과 관계가 있을 때뿐이다.

문화적 패권은 이러한 사회적·경제적 지배를 바탕으로 자리를 잡고 여성을 점차 압도하게 된 것이다. 정치권력은 종교 경전과 의학, 인류학, 사회학 등의 학술 담론을 기반으로 한다. 이렇게 하여 남성과 여성을 성적으로 차별하고 남성을 세상의 유일한 중심으로 만들었다. 이러한 이중적 구조로 인해 여성은 인간 중에서도 별개의 종이자 열등한 존재가 되었다. 여성이 열등하다고 여기는 생각은 일반적인 통념이 되어 사람들의 마음속에 깊게 파고들었다.

열등한 존재

> "망하려고 한다면,
> 여자보다 못하다는 소리를 듣는 것보다
> 차라리 남자의 지배를 받는 것이 낫다."
> - 소포클레스[2]

수 세기 동안 일신교와 다신교의 신학자, 학자, 철학자들은 다양한 종교의 경전을 근거로 해 여성이 '신의 뜻'에 따라 '본질적'으로 열등하다고 선포했다. 그들은 가족과 사회가 '본질적인' 조화를 이루려면 남녀의 차별이 필요하다고 생각했고, 이렇게 하여 여성의 종속을 정당화할 수 있었다. 5세기에 성 아우구스티누스*는 "은총의 순서에서" 천국에서

---

* 그는 당시의 시대정신을 그대로 반영했는데, 인간의 본성을 정태적이고 상위 인간과 하위 인간이 있는 위계화된 것으로 이해했다.

남녀가 평등하다고 확언하지만, "자연의 질서에서" 즉 역사적으로는 여성이 열등하다는 견해를 주장했다.[3] 이 주장이 여성을 사회와 정치 분야에서 제외하기 위해 얼마나 많이 사용되었는지 모른다. 생물학적 성과 사회적 성이라는 프리즘을 가지고, 연구자들이 이런 생각을 하게끔 만든 문헌들의 근원으로 거슬러 올라가보자.

'신의 뜻'으로

> "개별적인 자연의 관점에서 보자면,
> 여성은 결함이 있는 존재다."
> - 토마스 아퀴나스[4]

경전이나 종교적 문헌에서 여자를 평가하는 단어는 거칠고, 절대적인 경멸을 담고 있다. 때로는 증오가 보이기도 한다. 남자들이 보기에 여자는 어떤 존재일까? 손사래를 치기도 하지만, 한편으로는 갈망하기도 하는 존재다. 여자는 얼마만큼은 사람이다. 크로마뇽 사람이 네안데르탈 사람에게 할 만한 말이다. 실패한 스케치다. 동물임에 틀림이 없지만, 본질이 불확실하고 불안한 존재다. 본능 때문에 권력을 갖기도 하고 권력에 소유되기도 한다. 항상 불완전하고, 본질에서 죄인이다. 따라서 여자를 감시하고 처벌해야 마땅하다.

미국의 예술 및 역사 교수인 멀린 스톤(1931~2011)은 1976년 출간한 저서 《하느님이 여자였던 시절》에서, 서구사회의 집단의식 속에서 아담과 이브 신화가 어떻게 여성의 남성에 대한 복종을 자리 잡게 했는지 보여준다. 여러 민족이 지닌 많은 창조 신화에서는 언제나 여자가 남자보다 먼저 만들어지거나 남자와 동시에 만들어졌지 나중에 만들어지지 않았다.[5] 그러나 성경의 창세기는 하나님이 아담의 갈비뼈로 이브를 만들었다고 한다. "야훼 하느님께서는 '아담이 혼자 있는 것이 좋지 않으니, 그의 일을 거들 짝을 만들어주리라' 하시고… 이렇게 아담은 집짐승과 공중의 새와 들짐승의 이름을 붙여주었지만 그 가운데는 그의 일을 거들 짝이 보이지 않았다. 그래서 야훼 하느님께서 아담을 깊이 잠들게 하신 다음, 아담의 갈빗대를 하나 뽑고 그 자리를 살로 메우시고는 그 갈빗대로 여자를 만드신 다음, 아담에게 데려오시자 아담은 이렇게 외쳤다. '드디어 나타났구나! 내 뼈에서 나온 뼈요, 내 살에서 나온 살이로구나. 지아비Ish에게서 나왔으니 지어미Ishasha라고 부르리라!' 이리해 남자는 어버이를 떠나 아내와 어울려 한 몸이 되게 되었다.…"[6]

주요 종교의 기본 경전 전체를 놓고 봐도 여성은 항상 열등하게 다뤄졌으며, 결코 주체가 된 적이 없다. 구약성서[7]와 신약성서[8]의 구절은 마치 남자들이 남자들을 위해 쓴 것처럼, 남자들에게만 말을 건넨다. 특히 바울의 글에서 아주 분명하게 나타난다. 당시의 시대적 배경을 고려해서 다시 평가되어야 하겠지만,[9] 이 구절들은 이후 수백 년 동안 여성의 종속을 정당화하는 역할을 했다. 여성에게 부여된 이 열등한 지위는 남자만이 하나님의 형상대로 창조되었다는 신앙의 표현에서도 드러난다. "여자는 남자의 권위 아래 있고 어떤 형태의 권위를 행사하지 않는다는 것이 분명한데, 여자가 하나님의 형상에 따라 만들어졌다고 누가 어떻게 주장할 수 있는가? 여자는 가르칠 수 없고, 법정에서 증인이 될 수도 없고, 시민권을 누릴 수도 없고, 판관이 아니므로 권한을 행사하지 않는 게 분명하기 때문이다."[10] 따라서 남자는 머리에 아무것도 쓰지 않고 나타날 수 있지만, 여자는 자신의 머리를 가려야 한다. "남자가 기도하거나 하느님의 말씀을 받아 전할 때에 머리에 무엇을 쓰면 그것은 자기의 머리, 곧 그리스도를 욕되게 하는 것입니다. 그러나 여자가 기도를 하거나 하느님의 말씀을 받아 전할 때에 자기 머리에 무엇을 쓰지 않으면 그것은 자기 머리, 곧 자기의 남편을 욕되게 하는 것입니다. …남자는 하나님의 모습과 영광을 지니고 있으니 머리를 가리지 말아야 합니다. 그러나 여자는 남자의 영광만 지니고 있을 뿐입니다. 여자에게서 남자가 창조된 것이 아니라 남자에게서 여자가 창조되었기 때문입니다."[11]

이탈리아의 신학자 토마스 아퀴나스(1225~1274)[12]는 여성이 완전한 하나님의 형상이 아니기 때문에(바울, 고린토인들에게 보내는 첫 번째 편지 11장 8f절), 선천적으로 결점을 가지고 우연히 태어난 남자mas occasionatus라고 한다. 많은 종교 문헌과 신학 논문에서, 여성은 사실상 불완전하고 미완성된 존재로 인식된다. 탈무드에서,[13] 여자는 "남편의 도움이 없다면, 배 아에 불과한 불완전한 항아리다"[14]라고 한다. 이러한 생각은 기원전 900년쯤에 쓰인 힌두교의 신성한 텍스트인 《아타르바베다》에서도 발견된다. "여자는 단순한 그릇일 뿐이고, 남자가 몸, 특히 생명의 근원을 여자에게 주었다."

중세의 기독교 신학자들은 고대 작가, 특히 플라톤과 아리스토텔레스의 저술을 참조한다. 플라톤은 《국가》에서 여성이 더 나은 운명을 가져야 한다고 이상적으로 주장하지만,* 《티마이오스》에서는 남성만이 "완전한 인간"이라고 썼다. 남자는 신들이 직접 만들었기 때문에 혼을 갖고 있다는 것이다. 여자는 "인간이 육체적으로 잘못되어 만들어진 결과이기 때문에…, 여자가 희망할 수 있는 최선의 경우는 여자도 남자가 되는 것뿐이다."[15] 아리스토텔레스는 자신의 시대에 모든 지식 분야를 다루었는데, "남자는 특별한 능력이 있어서 남자이고, 여자는 특별한 능력이 없어서 여자다"[16]라고 주장하고, "여자는 신체 일부가 훼손된 남자이고,[17] 창의

---

* 플라톤은 "움직이는 재산", 즉 여성을 남성의 소유물로 여기는 것을 멈추고, 남자와 동등한 교육에 받게 해야 한다고 주장했다.

력이 빈약한 남자다"라고 주장하고 있다.[18]

그의 개념에 따르면, 출산이라는 행위에서 어머니는 태아에게 영양을 주기 때문에 질료를 제공하는 역할이고, 인간의 본질인 운동 능력을 제공하는 것은 아버지다. "정자는 다음 두 가지 조건 중 하나에 있어야 하는데, 하나는 질료처럼 그것에서 만들어지는 것이고, 또 다른 하나는 초기 운동의 원리로 만들어진다."[19] 따라서 정자 하나만으로는 충분하지 않기 때문에, 정자는 이미 존재하는 물질이 필요하다. 그래야 그에게 생명이 주어지기 때문이다.[20] 서쪽 교회의 교부들은 이러한 관념을 받아들인다. 이는 5세기에 작성된 히에로니무스의 편지에도 나타난다. "따라서 토양, 즉 여성의 질료는, 인간을 잉태하고, 그것을 받은 뒤에는 영양분을 제공한다. 여성이 몸을 양육하고 아이에게 육체를 주기에, 다른 구성원과 구별되는 것이다."[21] 또 다른 편지에서는 "전능하신 아버지는 대지를 여자처럼 택하신다. 비옥한 비를 대지에 몸소 부어주셔서, 그 안에서 새로이 수확할 수 있도록 해주신다."[22]

이로부터 8세기가 지난 뒤, 이번에는 토마스 아퀴나스가 이러한 개념을 지지하고 나선다. 여자는 남자보다 지성이 미약한데 이는 정자가 약했기 때문이다. 아리스토텔레스가 활동적인 정자는 완전한 인간, 즉 남자를 만들게 되어 있다고 한 것이 그 근거다. "여성은 원해서 만들어진 것이 아니다. 능동적인 정자는 항상 자신과 완전히 비슷한 무언가, 즉 남자를 생산하고자 하기 때문이다. 따라서 여자가 태어났다면, 이것은 정자의 힘이 약했거나 질료의 어떤 부적합성 때문이거나, 대기를 습하게 만드는 남풍과 같은 외부적인 변수가 작용했기 때문이다. 그러나 보편적 자연natura universalis의 관점에서는, 여성도 우연히 잘못된 어떤 것이 아니라 출산이라는 과업을 위해 자연이 의도적으로 만드는 것이다. 그런데 자연의 의도라는 것은 자연을 만든 하느님에게서 온다. 그래서 하느님은 자연을 만들 때 남자뿐 아니라 여자도 만드신 것이다."[23]

수백 년 동안 여자가 남자와 같은 성기를 몸 안에 가지고 있다고 생각했던 학자들은 여자를 불완전한 남자로 여겼다. 19세기 말, 이탈리아의 체사레 롬브로소(1835~1909)[24]와 굴리엘모 페레로(1871~1942)는 여기서 한 발 더 나아가, "여성은 발달이 정지된 사람"이며 인류의 조상인 "원숭이 같은 형태"에 가깝고, 남자아이와 달리 성장하면서 개체 발생의 계통이 반복되어 "상위 단계"[25]에 도달할 수 없다고 단언하게 된다.

여자도 인간에 속할까? 16세기의 몇몇 사람은 스스로 이런 질문을 제기했다. 《백과전서》[26]는, 1595년에 나온 유명한 익명의 문헌 〈여자는 사람이 아닐 수 있다는 새로운 주장에 대해〉*를 참조해 이 질문을 수록했다. 이 글은 585년에 열린 마콩Mâcon 2차 공의회에서 어느 대주교나 추기경이 제출했을 것으로 추정된다. 일부 출처를 믿자면, 오랫동안 논의한 끝에 몹시 근소한 차이로 '그렇다'라는 답을 얻기는 했다고 한다. 이 문헌의 번역문은 1766년에 〈여자가 인간이 아니라는 것을 증명하고자 하는 것에 대한 모순 명제〉라는 제목으로 출판되어[27] 엄청나게 큰 반응을 일으켰다. 일부 역사가들은 이것을 상상이거나 잘못된 해석이라고 간주한다.[28] 여성을 신랄하게 비판한 글로 여겨졌던 원본은 사실 소시니안주의[29]라는 기독교 분파를 조롱하기 위해 작성되었을 것으로 보는데, 이를 위해 성경을 일부러 잘못 해석한 유머 패러디라는 것이다. 소시니안주의 신봉자들은 삼위일체, 원죄, 그리스도의 신성을 인정하지 않는다. 그리고 이 문서는 18세기에 '남녀 간의 전쟁'을 다시 촉발하려고 이용되었다는 것이다. 그렇다고 가정하더라도, 종교 경전 속에 그 당시에 있었던 성차별과 반페미니즘이 드러난다는 점은 아이러니하다.[30] 종교 경전의 텍스트는 여성을 비난하고, 인간의 '타락'과 모든 악에 대한 책임이 있다고 말한다. 일반인이든 권력자든 파국을 맞고 싶지 않다면, 남자는 여자를 조심해야 한다고 신은 경고하고 있다.

---

* 역사학자들은 이 글의 저자를 독일의 의사 겸 작가 발렌스 아치달리우스라고 생각한다.

시작부터 유죄

\

그리스 신화에서, 세계가 창조된 후 혼돈에서 나오는 첫 번째 개체 가이아가 태초의 어머니라면, 신이 만든 최초의 여자는 판도라다.[31] 프로메테우스가 불을 훔친 것을 인간에게 앙갚음하려고 만든 것이다. 판도라는 헤시오도스의 판도라의 상자 신화와 관련이 있다.[32] 전설에 따르면 제우스는 프로메테우스의 동생 에피메테우스에게 아름다운 처녀인 판도라의 손을 건네주었고, 에피메테우스는 형의 경고에도 불구하고 그녀를 받아들인다. 판도라는 신비한 항아리를 가져왔는데, 제우스는 그녀에게 항아리를 열어보지 말라고 한다. 이 항아리 속에는 인간의 모든 악뿐만 아니라 희망도 들어 있었다. 판도라는 호기심을 참을 수가 없어 항아리를 열었다가, 그 안에 들어 있던 모든 악을 세상 밖으로 나오게 만든다. 판도라는 그것들을 붙잡기 위해 항아리를 다시 닫으려 했으나, 너무 늦어 오직 희망만이 남는다. 《신들의 계보》에서 헤시오도스는 다음과 같이 논평했다. "이 처녀로부터, 남자들에게 살아 있는 잔인한 재앙이 되고, 슬픈 가난이 아니라 눈부신 사치에 집착하는, 풍만한 가슴을 가진 위험한 여자가 태어났구나. …이처럼 번개의 주인 제우스는 남자에게 모든 악행의 공범인 이 여자들이라는 치명적인 선물을 준다." 판도라는 남성이 "황금시대"를 잃어버리게 만든 책임도 있다. 판도라가 원래 도둑질을 벌하기 위해 만들어졌다는 것은 금세 망각한다. 프로메테우스가 인간을 만들고, 자신이 만든 인간을 위해 불(지식)을 훔친 데 대한 벌이었단 말이다.

몇몇 신화는 세상을 구하는 여성들에 관해 이야기한다. 이집트 신화에서는 남자인 세스Seth가 원죄를 저질렀고, 여자인 이시스Isis*가 인류를 구한다. 켈트족은 지상 세계가 지모신 다나Dana가 편재하는 여성 원리로 움직인다고 생각하며, 여자들은 남자에게 신의 뜻을 전달하는 메신저 역할을 한다. 로마의 판테온에는 신들뿐만 아니라 수호여신들도 가득하다. 베스타 여신을 섬기는 여성 신관들은 로마의 생존을 보장하는 사제 역할을 하면서 중요한 특권과 명예를 누렸다. 그러나 여자가 인간의 불행이 원인이라는 글이 훨씬 더 많다. 이브는 "원죄"라는 인간 최초의 죄를 "처음으로" 저질렀다.[33] "여자가 그 나무를 쳐다보니 과연 먹음직하고 보기에 탐스러울 뿐더러 사람을 영리하게 해줄 것 같아서, 그 열매를 따먹고 같이 사는 남편에게도 따주었다. 남편도 받아먹었다. (…) '네가 알몸이라고 누가 일러주더냐? 내가 따먹지 말라고 일러둔 나무 열매를 네가 따먹었구나!' 하느님께서 이렇게 말씀하시자 아담은 핑계를 대었다. '당신께서 저

---

* 고대 로마인은 이시스를 여신으로 받아들이고 "우리들의 어머니"라고 불렀다.

에게 짝지어주신 여자가 그 나무에서 열매를 따주기에 먹었을 따름입니다.' 야훼 하느님께서 여자에게 물으셨다. '어쩌다가 이런 일을 했느냐?' 여자도 핑계를 대었다. '뱀에게 속아서 따먹었습니다.' (…) '나는 너를 여자와 원수가 되게 하리라. 네 후손을 여자의 후손과 원수가 되게 하리라. 너는 그 발꿈치를 물려고 하다가 도리어 여자의 후손에게 머리를 밟히리라.' …그리고 아담에게는 이렇게 말씀하셨다. '너는 아내의 말에 넘어가 따먹지 말라고 내가 일찍이 일러둔 나무 열매를 따먹었으니, 땅 또한 너 때문에 저주를 받으리라. 너는 죽도록 고생해야 먹고 살리라.' …아담은 아내를 인류의 어머니라 해서 하와라고 이름 지어 불렀다. …에덴동산에서 내쫓으셨다. 그리고 땅에서 나왔으므로 땅을 갈아 농사를 짓게 하셨다."[34]

사악한 존재인 여자에게는 노동과 인간의 유한성에 대한 책임이 지워졌다. "모든 악행은 여자에서 온다. 죄는 여자로부터 시작했고, 우리의 죽음도 본시 여자 때문이다."(《집회서》 25장 24절). 모든 영지주의 사상에서, 세상을 "추락chute"으로 몰고 가는 것은 언제나 여자다. 발렌티누스파*의 마지막 여성 에이온**이며 지혜의 여신인 소피아가 하나님을 알고

---

* 2세기의 영지주의 기독교 교파인 발렌티누스의 생각을 추종하던 사람들. 교회는 이단으로 본다.
** 최고의 존재에서 유래된 영원한 권력이며, 이것으로 세상을 통치한다.

자 경솔하게 행동해서 악행과 욕정이 나타나는 위기를 가져온 것처럼 말이다.[35] 이처럼 여성은 남성에게 위험하다고 명확하게 식별된 것이다. "나는 또 여자란 죽음보다도 신물 나는 것임을 알았다. 여자는 새 잡는 그물이다. 그 마음은 올가미요, 그 팔은 사슬이다. 하느님께 좋게 보이는 사람은 거기에서 벗어날 수 있지만 죄인은 잡히고 만다."(《전도서》 VII장, 26절). 그러므로 하나님은 그들과 어울리지 말라고 명령한다. "함부로 여자들과 동석하지 말라. 옷에서 좀이 나듯이 여자에게서는 여자의 심술이 나온다."[36] 이것은 유대교를 믿는 남자가 아침마다 읊는 기도의 구절로도 설명이 될 수 있지 않을까? "축복 받으소서, 우리 하나님, 우주의 왕, 나를 여자로 만들지 않으셨네."

이처럼 성경의 해석은 역사적으로 여성에게 비참한 결과를 가져왔지만, 다른 다신교 종교(힌두교, 불교)나 일신교(이슬람)의 기본 경전에도 여성에 대한 부정적인 편견이 마찬가지로 나타난다. 여성스러움은 언제나 신비한 위험을 감추고 있다. "오. 믿는 자들이여, 너희들의 아내들이나 자식들 가운데도 적이 있을 거다. 그들을 경계하도록 하라!"(코란 LXIV장, 14절). 힌두교의 경전인 《마누 법전》에도 이런 내용이 들어 있다. "이 세상에서(현세에서) 남자가 죄를 짓게 만드는 것은 여자의 본성이다. 그러나 현자들은 여성에게 항복하지 않는다. 왜냐하면, 여자는 무지한 사람뿐만 아니라 교육받은 사람조차도 사랑하고 분노하는 노예로 만들어 속세를 헤매게 할 수 있기 때문이다."[37] 또한, 기원전 900년 무렵에 작성된 힌두교 경전《아타르바베다》는 딸이 태어나면 불운이 될 것이라고 이야기한다. "딸은 다른 곳에서 태어나게 해주시고, 아들은 이곳에서 태어나게 하소서." 불교에서도 여성을 배척하는 생각을 찾을 수 있는데, 죽은 아버지를 위한 의식은 아들만 할 수 있다.[38] 불교는 특별히 여성을 억압하지 않았지만, 보수적인 성향이 조금 있다.[39] 기원전 1세기에 기록된 테라바다 불교의 기초 경전인《대장경》또는《팔리 경전》에서, 부처는 남자가 높은 수준의 지식과 신성한 순결을 얻고자 한다면, 여자들을 멀리해야 한다고 말하고 있다. "여자는 다른 사람들이 낙원에서 다시 태어나지 못하게 방해해서 순수한 가르침을 깨뜨릴 수 있다. …그들은 지옥의 근원이다." 그는 제자들에게 다음과 같이 경고하고 있다. "우리는 여성을 경계해야 한다. 현명한 사람이 1명 있다면, 미쳐 있는 사악한 사람은 수천 명이 넘는다. 여자는 물고기가 물속에서 지나가는 길보다 더 비밀스럽다. 강도처럼 사납고 교활하다. 여자는 거의 진실을 말하지 않는다. 여자에게 진실은 거짓말과 같으며, 거짓말은 진실과 같다. 나는 제자들에게 여성을 피하라고 자주 권고했다."[40]

이러한 경전들은 신성불가침한 것이므로, 여기에 대해 문제를 제기하는 것은 일절 허용되지 않는다. 중세 서양의 기독교 사회에서 여성은 원죄에 대한 책임을 지고 있다. "이곳에서의 우리의 믿음이 하늘에서 기다리고 있는 은총의 막대함으로 돌려받는다면, 하나님을 영접하고 그가 요구하는 것을 아는 사람이 사랑하는 자매 여러분 중에는 아무도 없다. 내가 말하는 것은 쾌락을 쫓아다니거나, 심지어 장신구를 자랑하는 신분이 높은 여자다. 반대로, 상심한 모습으로 허름한 옷을 입고 다닌다면, 대중에게는 그저 눈물을 뚝뚝 흘리면서 외부의 비난을 받는 것으로 세습된 잘못이라는 치욕과 인류를 잃어버리게 했다는 비난을 되사려고 하는, 속죄하는 이브로밖에 보이지 않을 것이다. 하나님이 말씀하셨다. '너는 고통스럽게 아이를 낳을 것이다. 너는 남편의 권능 아래 있을 것이다. 그가 너를 지배하리라.' 이브, 너다! 네가 그것을 잊은 것이다. 신의 판결은 이 세상의 남녀 모두에게 내려진 것이고, 따라서 여자에게 처벌을 가해야 한다. 너는 악마의 문이다. 네가 금단나무의 봉인을 깨뜨린 것이다. 네가 신성한 율법을 처음으로 어겼다. 사탄이 감히 정면에서 공격하지 못한 남자를 네가 설득했다. 신성의 존엄한 모습인 남자를 네가 단번에 깨뜨렸다."[41] 이 신성한 처벌 때문에 여성에 영향을 미치는 많은 금지가 만들어지게 된다. 그리고 역사적으로, 신학적 담론은 정치적 이데올로기를 지탱해주는 역할을 한 것이다. 14세기와 15세기의 기독교적 도덕과 신학 논문에 나타난 여성 혐오는 "마녀"의 처형으로 이어져서, 유럽에서 수만 명의 희생자를 만들게 되는 것이다.

17세기부터 원죄는 "여성의 본성"이라는 주제에 자리를 내주게 되는데, 이는 여성은 이성이 전혀 없어 불합리하고 심지어 "부도덕"하다는 것이다. 200년 뒤 프랑스의 정치이론가 피에르 조제프 프루동(1809~1865)도 이 표현을 사용했다. 프루동은 여성이 "그릇된 정신"을 가지고 있고, "정숙하지 않아서"[42] 남자가 없으면 "야만적인 상태"에서 벗어날 수 없을 것이라고 한다. 18세기 말부터 19세기까지 '남자'와 '여자'의 분류가 과학의 범주인 양 만들어졌고, 많은 의학 분야 논문이 고대의 이론을 지지했다. 그 대표적인 사례로, 프랑스의 피에르 카바니스(1757~1808)*의 《성이 사유와 도덕적 감정에 미치는 영향》(1798)을 들 수 있다. 카바니스는 프랑스의 의사이자 생리학자, 철학자, 정치인으로 사회적 영향력이 있는 인물인데, 여성이 "본질에서" 열등하다는 고대의 이론을 지지했다. 《팡쿠케》로 알려진 《의학 사전》의 '여자'와 '남자'라는 항목은 인류학자 줄리앙-조셉 비레이(1775~1846)[43]가 1812년부터 1822년 사이에 작성했는데, 그 내용이 정말 대단하다. 〈인간의 일반 역사〉라는 장에서 비레이는 "남자와 여자는 생식기가 다를 뿐 아니라 각 개체의 부분도 모두 서로 다르다"라고 썼다.[44] "여자의 도덕적 성

---

* 하원과 상원의원을 지냈으며, 프랑스의 의학 교육을 개혁한 사람 중 하나다(1803년 법령).

향은 신체 기관이 본질에서 유약해서 만들어진다. 모든 것이 이 원칙에 따른 것으로, 이를 통해 자연은 여자를 남자보다 열등하게 만들고 싶어 했다." 정치인들은 연설을 통해 이러한 편견을 대중에게 전달했다. 국민의회*의 부의장 앙드레 아마르는, 여자와 달리 남자는 "강하고 건장하고 힘이 넘치고, 대담함과 용기를 갖고 태어난다… 남자는 튼튼한 체격으로 위험을 무릅쓰고 혹독한 기후에 용감하게 맞선다"라고 했다.[45] 반면 여성은 연약하므로 보호를 많이 해주는 것이 정당하며, 특히 임신 중일 때 더욱 보호를 받아야 한다. 따라서 위험에 노출되어 공동체의 생존을 위태롭게 만들 수 있는 몇몇 활동에서는 여성을 제외하는 것이 옳다는 것이다.

'본질적'으로

> "여자는 약한 종족이라서 지성이 조악하다.
> 우리는 그들을 믿을 수 없다."
> - 에피파네스[46]

뇌 용량이 조금 적고 머리뼈가 조금 작다. 육체는 부드럽고 지성은 생리주기에 따라 변덕스럽다. 늘 징징거리고 신경질

---

* 1792~1795년에 걸쳐 열린 프랑스의 혁명 의회. (옮긴이)

적으로 될 가능성이 있다. 이것이 히포크라테스 이후 이어진 여성에 대한 아주 흉측한 고정관념이다. 본질적으로 남성의 영역인 의학은 이런 고정관념에 문제를 제기한 것이 아니라 남성이 여성을 지배하는 것을 영속시키고 굳히려는 목적에서 고대의 이론을 체계적으로 정당화하게 된다.

약한 몸과 작은 두뇌

\

유명한 고대 그리스 의사인 코스의 히포크라테스[47]와 그의 제자들은 수백 년 동안 사람들의 마음속에 남자가 신체적으로 우월하다고 각인시키게 만들었다. 이들은 남자는 몸이 "건조하고 근육질이며 단단하다"고 생각했고, 여자는 "습하고 물렁물렁하며 구멍이 많다"고 여겼다. 작가와 철학자들은 이들의 말을 그대로 되풀이하고, 예술가들은 아름다움의 상징인 벌거벗은 남자의 몸을 조각하고 그린다. 그러나 여자의 몸은 꽁꽁 싸매두었다. 르네상스 시기가 되어서야 여자들의 벗은 몸을 표현하게 된다. 피에르 카바니스의 글에서 히포크라테스식 설명을 찾을 수 있다. "여자의 힘줄은 부드럽고, 근육이 약하다"[48]고 하면서, "여자의 골반, 허벅지와 무릎의 모양을 보면, 여자는 걸을 때 무게 중심이 더 많이 바뀌기 때문에 걷기가 훨씬 힘들다!"라고 이어갔다. 해부학자 자크-루이 모로 드 라 사르트(1771~1826)는 자신이 "지성의 관문"[49]이라고 보았던 넓은 시각과 정확한 청각을 여자가 갖고 있다는 것을 인정하지 않았다.

18세기와 19세기 후반의 학자들은 뇌의 크기가 지적 능력과 연관되어 있다는 사실을 경험적으로 증명하려고 몹시 노력한다.[50] 이때부터 남녀의 차별은 주로 뇌 크기의 비교 연구가 근거가 된다. "140그램이 적으므로"[51] 여자가 더 열등할 것이라고 말이다. 뇌 연구는 여성이 신체적으로, 특히 지적으로 열등하다는 주장을 펼치는 데 중요한 역할을 했다. 《팡쿠케》의 뇌에 대한 항목에서,[52] "남녀의 뇌 조직은 어떤 자질은 남자가 더 활발하고, 또 어떤 자질은 여자가 더 활발한 이유를 완벽하게 설명해준다. 이마의 위쪽 앞부분에 있는 뇌는 대체로 여성에서 작고, 이마는 작고 짧다. …여자의 뇌는 일반적으로 남자보다 작다. 이러한 차이로 남성의 지적, 도덕적 자질과 여성의 그런 자질들이 같지 않은 점이나 유약함, 감수성 등에서 차이가 있는지 완벽하게 설명된다"라고 쓰여 있다.

19세기 후반부터 머리뼈의 모양과 크기를 비교·연구하는 골상학craniologie이 발달하기 시작하는데, 당시 인류학자들은 이것을 남자와 여자를 구별하는 데뿐만 아니라 "인종"을 구별하는 데도 사용했다. 해부학자이자 인류학자인 폴 브로카(1824~1880)는 당시 가장 저명한 학자 중 한 사람으로,* 여러 인간 집단의 뇌 크기를 매우 세밀하게 비교·연구했다. 당시의 시대정신 안에 머물렀던 그는 자신의 연구에서 다음과 같은 결론을 끌어낸다. "인종이 지적으로 불평등하다는 것은 잘 알려져 있다. …모든 연구자는 코카서스 인종(백인종)의 머리뼈가 열등한 인종보다 부피가 크다는 것에 동의한다. …아프리카 흑인의 뇌 용량은 유럽과 오스트레일리아 원주민의 평균값 정도다[오스트레일리아 원주민을 가장 낮은 단계로 설정]. 따라서 인종뿐만 아니라 개개인에서, 지적 불평등은 뇌 용량에 가장 큰 영향을 미치는 원인 중 하나인데, 다시 말해서 다른 모든 부분이 같더라도 지적 능력의 발달과 뇌 용량 사이에는 주목할 만한 관계가 있다"[53]고 결론을 내린다.

그러나 폴 브로카(1824~1880)는 "지능, 힘, 또는 아름다움에서 다른 사람보다 뒤떨어지는 것이 굴욕적인 조건은 아니다"[54]라고 분명히 밝힌다. 그는 남녀의 뇌를 비교하는 연구도 많이 했다. 여자가 남자보다 뇌가 작은 것을 인정하면서, 여자의 몸집이 작은 것과 관련 있는 것은 아닌지 궁금해 한다. "모든 연령대에서 남자의 뇌 무게는 여자의 것보다 평균적으로 무겁다. 남자의 뇌는 여성의 뇌보다 7.4~11.7퍼센트 무거우며, 평균 10퍼센트 정도 더 무겁다. 여자가 남자보

---

* 1859년 파리 인류학회를 만들었다.

다 몸집이 작고 뇌 무게는 몸집에 따라서 다르므로, 여자의 뇌가 가벼운 것은 전적으로 덩치가 작아서 그런 것은 아닌지 의문이 들었다"[55]고 하면서도 그는 "여성이 남성보다 평균적으로 지적 능력이 떨어진다"라는 초기 전제로 되돌아와서, "따라서 여성의 뇌가 상대적으로 작은 것이 신체적으로 열등한 것, 그리고 지적으로 열등한 것과 연관이 있다고 가정할 수 있겠다"[56]고 결론짓는다. 그러면서 "우리는 남녀 간의 지적 불평등은 뇌 용량의 발달이 같지 않은 것과 관련이 있음을 방금 확인했다. 그러나 한편으로는 여성이 지적으로 얼마나 열등한지 밝혀진 바가 없고, 다른 한편으로는 뇌를 가지고 세운 비교치를 반론할 수 있을 정도로 남녀의 신체 구조가 매우 달라서, 앞의 주장이 분명하다고 할 수는 없다. 그러나 이런 반론은 같은 성의 사람을 연령대에 따라 두뇌 무게를 연구했을 때 적용되지 않는다. 사실 누구나 알고 있듯이, 지능은 중년까지 발달하다가 노년기가 되면 감소한다. 뇌의 무게가 같은 방식으로 증가하거나 감소하는 것으로 나타났다면, 뇌 용량과 지적 능력 사이에 밀접한 관계가 있음을 부정하기 어려울 것이다"[57]라고 자신의 논지를 멋지게 펼쳤다.

한편 의사이자 인류학자인 폴 토피나르(1830~1911)[58]는 찰스 다윈이 제시한 생각을 계승해서, "남자는 자신과 자신의 아내를 보호하기 위해 싸웠기 때문에 정신적으로 우월했다"⁵⁹고 하고, 남녀 간 뇌 무게의 차이는 결혼 제도와 함께 발생하거나 강화된 성에 따른 노동 분업으로 만들어진 것이라고 보았다. 토피나르는 결혼을 사회적으로 진화된 것으로 생각했다. "남녀의 뇌 무게가 달라진 것은 문명국가에서 볼 수 있듯이 남녀가 각자 담당했던 과업의 특성에서 만들어진 것이 틀림없다. 선사시대 사람과 현대의 야만인은 여자가 남자의 힘든 노동을 여전히 분담하고 있는데, 양쪽이 맡은 역할에 차이점이 없거나 매우 적다. …생존을 위한 투쟁에서 두 명 또는 여러 명이 함께 싸웠던 남자들은 모든 책임을 지고 있었고 미래를 걱정하게 된다. 이들은 환경과 주변 상황, 경쟁 관계인 사람들과 늘 적극적으로 대처하는 과정에서, 자신이 식량을 제공해야 하고 보호해야 하는 여자보다 머리를 많이 쓰게 된 것이다. 여자는 한 곳에 머물면서 집안일을 담당하는데, 아이를 기르고 사랑받고 수동적으로 되는 것도 포함된다."⁶⁰ 그러나 "뇌의 부위에는, 감정을 담당하는 부위가 있고, 행동을 담당하는 부위가 있는데, 감정을 담당하는 쪽이 더 작고, 행동을 담당하는 쪽이 더 크다. 차이점의 유일한 이유가 무게로 확인되는 것이라면, 미래의 어느 날 현미경을 손에 들고 오히려 여자가 지적으로 더 뛰어나다고 주장하는 날이 오지 않을까?"라고 하면서도, "개인들 사이에서 그런 것처럼, 남녀의 뇌가 불평등한 것은 우리가 벗어날 수 없는 필연성이다"⁶¹라고 주장한다.

독일계 러시아 의사이자 동물학자인 알렉산더 폰 브란트(1839~1891)는 1867년부터, 뇌 무게를 비교 연구할 때 몸무게를 고려해야 한다고 권고한다. "우리는 여자의 뇌가 남자의 뇌보다 작다고 알고 있다. 그러나… 여자들의 몸집도 평균적으로 작다. 대형 동물과 소형 동물에서 뇌의 상대적 크기에 대한 형태학적 법칙을 적용할 수 있다면, …신체 크기에 대비한 여성의 뇌는 오히려 남자보다 크다."[62] 이 논쟁은 4년 후 찰스 다윈의 그 유명한 저서 《인간의 유래와 성 선택》에 다시 등장한다. "사람의 뇌는, 절대적인 수치로 말하자면 남자가 여자보다 크다. 그러나 남자의 몸집이 더 크다는 것을 생각한다면, 정말 크다고 할 수 있을까? 내 생각에는, 우리가 이것과 관련된 분명한 자료를 가지고 있지 않다."[63] 폴 브로카를 포함한 여러 연구를 근거로, 생리학자 레옹스 마누브리에(1850~1927)는 이 논제를 입증하고자 한다. 뇌 무게의 차이가 개인 몸집의 차이와 관련 있다고 주장함으로써, 그는 남자가 여자보다 지적으로 우월하다는 이들에게 반론을 제기하고, 여성에 대한 남성의 지적 우월성의 지지자를 반박한다. 또한 "지적 능력은 생물학적 성이 없다"라고 선언하면서, 특정 '인종'이 열등하다는 주장에도 반론을 제기한다. 의학협회 회원들은 그의 주장을 맹렬히 비난한다.

1885년, 〈뇌 용량과 특히 두뇌 무게에 대한 해석〉이라는 논문에서 마누브리에는 현대적인 관점에서 보자면 페미니스트로 분류될 만한 발언을 한다. "여성이 뇌가 가벼운 것을 지적 능력이 부족한 것으로 연결시킨 사람들은, 성격이 개방적이고 신체적 능력을 갖춘 지적인 여성보다 뇌 용량은 훨씬 큰 야만인 남성이나 문명인 남성 중에 바보가 얼마나 많은지 주목하지 않았을 것이다… 남자가 지녀야 할 자존심 또는 수탉의 자존심, 아니면 우리의 고질적인 잘난 척이 매 순간 나타난다."[64]

남녀의 뇌에 차이가 있다는 주장에 대한 비판은 20세기 초까지 계속 이어졌다. 생리학자 루이 라피크(1866~1952)는 여성의 권리를 주장하는 몇 명 되지 않는 지지자 중 한 사람이다. "나는 이처럼 남성과 여성을 수학적으로 구별되는 2개의 종으로 다루었다. 이 제안의 용납할 수 없는 형태는 다음과 같이 명시하면 사라진다. 우리가 관심을 두고 있는 성적 이형性的異形 내에서, 양성의 관계는 특정한 차이라는 관점에서, 한 종이 아니라 다른 종의 관계로 다루어져야 한다. …남자와 여자 각각의 체중과 뇌 무게는, 신경 조직에서 뚜렷하고 동등한 동물 종이듯이, 정확히 같은 관계에 있다."[65]

오늘날 신경과학 연구는 서로 다른 결과에 도달하고 있다. 2010년대 초, 신경생물학자 캐서린 비달*은 뉴런의 연결 중 90퍼센트가 "가족, 교육, 문화, 사회의 영향에 따라 점

---

* 자기공명영상으로 뇌 영상을 촬영하는 기술을 사용했다.

진적으로"[66] 형성된다고 한다. 여성과 남성이 정형화된 젠더 유형 행동을 받아들이게 되는 것은 "사람의 뇌가 유연하다는 특성 때문에 문화적 영향을 받게 되는 것이 가장 큰 이유"라는 것이다.

따라서 비달은 "생물학적 결정론"의 주장을 반박하고, 남녀 간에 나타나는 뇌의 차이는 개인차보다 작으므로 무시할 수 있다고 생각한다.[67] 사내아이와 여자아이는 자신들에게 고유한 유전자와 호르몬 차이로 자궁 내에서 영향을 받기는 하지만, 여성과 남성의 뇌는 다르지 않다.[68] 둘 사이의 행동 차이는, 부모가 아이들이 속한다고 생각하는 성에 따라 교육하기 때문이다. 그러나 남성과 여성의 두뇌가 해부학적·화학적으로 차이가 크다고 생각하는 신경 생물학자들도 있다. 임신 5주 차부터 테스토스테론이 분비되면서 배아뿐만 아니라 그들의 두뇌를 완전히 바꾸기 때문이라는 것이다.[69] 또한, 신경이 연결되는 방식도 성에 따라 다르다. 여성의 두뇌는 사회성과 기억을 촉진하는 방식으로 연결되고, 남성은 통찰력과 행동을 조정하는 쪽으로 연결되는 듯하다.[70] 그리고 여성과 남성의 뇌는 같은 방식으로 정보를 처리하지 않는다.[71] 2017년에는 이 주제를 가지고 지금까지 시행된 것 중 가장 큰 연구가 진행되었다. 2,750명의 여성과 2,466명의 남성을 대상으로 연구했더니, 남성과 여성의 뇌가 대부분 같으나 차이점도 있음이 입증되고 있다.[72] 그러나 어떤 연구자도, 이러한 결과를 인지 능력, 지적 능력이나 행동 능력에서 남녀 차이가 있다고 해석하지는 않는다.

생물학적 성 때문에
지배를 받다

> "여자는 불완전한 남자이고
> 자궁에 영향을 받는다."
> - 플라톤[73]

또 하나의 원리가 있다. 여성을 "체액humeur"이라는 기준에 따라 평가하는 것이다! 18세기 후반과 19세기의 학자들은 생식기에서 생성된 체액이 여성의 행동에 직접적인 영향을 준다고 주장한다. 이 용어는 고대에 만들어졌는데, 당시의 의사와 철학자들은 정자가 손상되면 딸을 낳는다고 생각했다.[74] 수 세기 동안 여자는 생식 기관에 의해 지배되기 때문에 남자보다 성적인 존재로 여겨져 왔다. 《백과전서》*의 "성sex" 항목에서는 여성만 언급하고 있다.[75] 여자의 성은 임신이 특징이다. "성의 본질은 생식기에 국한되지 않고, 정도의

---

* 《백과전서》 또는 《과학, 예술과 직업에 대한 체계적인 사전》은 1751년부터 1772년에 걸쳐 편찬되었는데, 드니 디드로와 장 리 롱 달랑베르가 주도했다.

차이는 있지만 모든 부분이 느낄 수 있도록 확장된다. 그래서 여자는 특정한 한 곳만 여자인 것이 아니라, 생각할 만한 모든 면에서 여자다."[76]

고대 그리스의 학자들은 자궁을 빨판과 비슷하게 생긴, 독자적인 생명을 갖춘 곳으로 생각했다. 그래서 자궁이 건조하거나 뜨거워지면 더 습하거나 시원한 곳을 찾아 몸 이곳저곳을 옮겨 다닌다고 생각했다. 히포크라테스는 〈자궁의 이동 이론〉[77]이라는 긴 글 거의를 자궁과 생리에 관해서 쓰고 있다. 예를 들어 히포크라테스는 처음 생리 때 망상에 빠진 어린 소녀들에게 성교를 조언하고 "가능한 한 빨리 결혼해야 한다"[78]고 권고한다. "의학의 아버지"에 따르면, 여성 "질병"의 대부분과 임신 중에 발생하는 다양한 돌발 상황은 자궁의 기능 장애로 인한 결과라는 것이다. 히포크라테스의 글은 플라톤에게 영감을 준 듯한데, 플라톤은 "자궁은 아이들을 만들고자 하는 욕망으로 여자 안에 사는 동물"이라고 했다. 그는 《티마이오스》에 나오는 철학자의 마지막 대화 중 하나에 이렇게 덧붙이고 있다. "자궁이 성숙기 이후에도 불임 상태이면, 자궁은 이것을 참지 못하고 분노하면서 몸 전체를 돌아다닌다… 그리고 남녀의 사랑과 욕망이 결합해 나무처럼 결실을 거둬들일 수 있게 되고, 밭에 하듯이 자궁에 씨를 뿌리기 전까지 모든 종류의 질병을 발생시킨다. 눈에 보이지 않을 만큼 작고 형체도 일정하지 않지만, 신체 부위를 다르게 만들고 내부에서 영양을 주며 이들 부위가 커지게 만든다. 그리고 세상에 태어나게 해서 동물의 후손을 이어가는 것이다. 이것이 여자의 기원이며, 모든 여자의 성의 기원이다."[79]

중세 서유럽 기독교 사회에서는 여성의 "체액"으로 만들어지는 악행을 원죄의 결과라고 여겼다.[80] 이후 18세기 후반과 19세기의 의학 이론에서 생식기는 여자의 행동을 결정하는 존재로 나타나게 된다. 이런 여자와는 달리 "주로 사유와 일을 실행하기 위해 만들어진" 남자는 성에 의해 영향을 받지 않는다고 했다.[81] 여자의 지적 능력은 과민증 때문에 손상되며, 이는 사춘기 이후 그녀의 자궁 때문에 "생각이 그릇되게 연결"되기 때문이라고 했다.[82] 피에르 카바니스는 여성의 성향과 습관이 자궁과 난소로 인한 근육 약화에서 비롯된다고 생각하며, "여성은 근육 섬유가 더 약하고 세포 조직이 더 많다"[83]고 주장한다. 디드로(1713~1784)는 출산하는 여성에게 경의를 표하기는 했지만,[84] 의사로서는 여성이 "선천적으로 근육이 약하고, 신경은 더 예민해서 태생적으로 주어진 질병의 증상과 불편"으로 빚어지는 고통을 참을 수 있다고 했다.[85]

이러한 "불편" 중에서도 생리는 종종 남녀의 차이를 정당화하는 데 사용되었다. 사회학자 에밀 뒤르켐(1858~1917)은 생리혈에 초자연적인 힘을 부여해서 "남녀가 분리되고 같은 사회 안에서 이를테면 2개의 사회가 만들어지게 됐다"[86]고 주장했다. 그것을 사회 조직과 노동의 성별 분업의 주요 원인이었을 것으로 본 것이다.[87] 고대 그리스 의사들은 생리를 "나쁜 혈액"*을 배출해 정화하는 데 필요한 과정으로 보았다. 생리혈은 부정한 것으로 여겨지는 경우가 많고, 강력하고 광범위한 금지 중에서도 가장 많은 금지의 대상이 되고 있다.[88] 많은 경전에서 생리 중인 여성은 "더럽고", "정결하지 않으며", "만져서는 안 되고", "저주받았다"[89]고 묘사된다. 〈레위기〉에서는 "여인이 월경 때가 아닌데도 오랫동안 하혈하거나 월경이 더 오래 계속되거나 하면, 하혈하는 동안은 월경하는 때처럼 계속 부정하다. 그 여인이 하혈하는 동안 누웠던 잠자리는 월경 때 누웠던 잠자리와 마찬가지로 불결하다. 또 그 여인이 걸터앉았던 곳도 월경 때 부정하듯이 부정하다. 그런 것에 닿은 사람은 부정하다. 그는 옷을 빨아 입고 목욕을 해야 한다. 그래도 저녁때가 되어야 부정을 벗는다. 그 여인이 하혈이 멎어 깨끗하게 되면 7일을 꼬박 기다려야 한다. 그다음에야 정하게 된다"[90]고 했다. 여자는 출산 후에도 아들을 낳았으면 7일 동안 부정하고, 딸을 낳았으면 그 두 배 기간 동안 부정하다(〈레위기〉 15장 25~28절). 월경혈을 불순물로 보는 개념이 유대교보다 덜 두드러지기는 하지

---

* 폐경의 시작을 여성의 몸 안에 독이 쌓이거나 부패한 것으로 이해했다.

만, 코란에서도 월경혈은 성관계에서 금기로 하고 있다. "월경에 대해 여럿이 그대에게 묻는다면 답해라. '그것은 상처이니 월경 때에는 여자를 피하고 깨끗한 몸으로 돌아올 때까지 그 여자를 가까이 하지 마라.'"[91] 이 구절은 일부다처제를 합리화하는 데 사용되기도 했다.

많은 신화에서 생리의 기원에 관해 설명하는 것을 볼 수 있다. 첫 번째 성관계 때 일부러 구멍을 냈다던가, 동물이 물어서 그랬다던가, 달이 끼어들어서 시작되었다고 하고, 심지어 처벌이나 복수로 설명하기도 한다.[92] 어떤 신화에서는 여성의 성기가 원래 없었던 것이어서, 몸에 구멍을 뚫거나 베어서 만들어야 했다고 말하기도 한다. 이 참혹한 "본질적인 사건"은 출산을 가능하게 하고, "자궁으로의 회귀regressus ad uterum"이기도 하며, 재생 의례이기도 하다.[93] 전통적인 사회에서 생리혈은 달의 움직임에 따라[94] 주기적으로 흐르고, 상처가 없어도 흐르는 피이기 때문에 상징성이 매우 강하다. 생리혈은 불길함과 길함[95]을 동시에 가지고 있는 양면성 때문에, 죽음과 밀접하게 연결되는 경우가 많다.[96] 위험과 악의 전제로 여겨지고 큰 공포심을 일으키므로 금기 사항이 생겼고, 이를 어겼을 때 처벌받게 된 것이다.[97] 남자들은 이 피를 접촉하거나 보는 것을 피함으로써 '오염'으로부터 자신을 보호하게 되었고, 그래서 여성은 사냥꾼의 무기를 만지지 못하는 금지 사항을 강요받고 특정한 의식에서 제외되는

것이다.[98]

20세기 초까지 유럽에서 널리 퍼져 있던 민속 신앙은 생리혈에 사냥감을 멀리 도망가게 하는 냄새가 있다면서 대형 동물 사냥과 대형 물고기 낚시에 여자가 참여하지 못하도록 정당화했다. 인류학자이자 민족지학자인 베르트랑 엘(1953~)은 영혼과 관련된 숭배와 의식의 전문가다. 그의 설명에 따르면 "사냥 금지의 네트워크를 지배하는 원칙은 분명하다. 야생의 냄새와 여성의 호흡은 분리되어야만 하고, 바로 이것이 절대 겹치면 안 되는 중요한 지점이다."[99] 그런데도 귀족 계층의 여성이 대형 동물 사냥에 참여했던 것은 주목된다.

인류학자 알랭 테스타르(1945~2013)는 끝이 뾰족하거나 날카로운 무기로 피를 흐르게 하는 사냥에 남성만 거의 독점적으로 참여했다는 것은 동물의 피와 여성의 생리혈이 섞이는 "피 섞임"을 막으려는 것이었다고 설명하고 있다.[100] 그들은 여자와 동물이 불임과 같은 심각한 불행을 겪는 것을 피해야만 했다. 여자나 동물이 모두 "마법의 힘"을 가지고 있다고 생각했거나, 아니면 "수천 년 동안, 어쩌면 선사시대부터 있었던 노동의 성별 분업 때문에, 보이지 않는 상처가 너무 많이 생겨서 여자가 가지고 있는 것에 대해 걱정하게 만들 만한 일에서 멀어지게 되면서 시작되었기 때문이다."[101] 남자는 사냥이나 전쟁처럼 알려진 이유로 피를 흘리지만,

생리혈은 통제 불가능하다. 여성들이 지닌 "통제할 수 없는 힘"으로부터 사회를 보호하기 위해 특정한 행위에서 제외되었을 것이다.[102] 이것이 프랑수아즈 에리티에가 주장하는 내용이다. "'통제할 수 있는가/통제할 수 없는가, 원하는가/시키는 대로 하는가?'라는 이러한 불평등에서, 생물학적 성에 따른 차별적인 가치의 기초가 형성되었다. 그리고 이것이 육체나 생리적 기능이라는 면에 포함된 것이다. 더 정확하게 말하자면, 생리학적 기능에 대한 관찰이 진행되었을 것이다."[103]

생리혈의 금기는 여러 동화에서도 발견된다. 미국의 심리학자 브루노 베텔하임은《잠자는 숲속의 공주》에서 공주를 공격한 저주가 흐르는 피(생리의 상징)와 관련 있는 것으로 보고 있다. 샤를 페로가 1697년에 쓴 이 이야기는, 어린 여자아이들이 나이가 들어감에 따라 맞게 되는 여러 가지 변화를 준비하는 일종의 성인식으로 볼 수 있다.[104] 여성의 피는 19세기에도 여전히 부정적으로 받아들여졌다. 1896년 법의학자 체사레 롬브로소는 여성의 범죄성과 생리를 연결하기를 주저하지 않았다. 그는 여성이 타고난 천성이 나빠서, 노동자 계급에서는 장차 매춘부가 될 것이고 유산계급층에서는 불륜으로 발달할 것이라 했다![105] 오늘날에도 생리는 여전히 비밀스럽고 부끄러운 주제로 남아 있다.[106]

따라서 생리를 억제할 수 없는 여성의 성, 아니 여성 그 자체가 "정결하지 않은 것"이 된다. 중세연구가 자크 르 고프(1924~2014)가 보고한 것처럼, 13세기의 기독교 사회는 유대인 남성은 생리를 한다면서 여성화를 시켜버렸다. 이것은 극단적인 사례이지만, 당시 사회에서 여성이 가지고 있던 이른바 부정한 지위를 보여주는 것이기도 하다.[107] 종교는 여자의 성을 억압함으로써 많은 가부장적 사회를 견고하게 하는 역할을 했는데, 남자의 '소유물'이 되기를 거부한 여성은 매춘부로 여겨지곤 했다.

인도의 승려 철학자 나가르주나[108]가 쓴 불교 서적《보행왕정론》은 여성의 육체를 비난하는데, 그 신랄함이 놀랍다. "여성이 매력적이라고 느끼는 것은 무엇보다도 그녀의 육체가 깨끗하다는 생각에서 온다. 그러나 여성의 몸에는 깨끗한 것이 없다. 쓰레기로 가득 찬 꽃병을 바보들이 마음에 들어 하는 것과 같다. 마찬가지로 무지하고 어리석고 세상의 쾌락을 좇는 사람들이 여자를 갈망한다. 바보들은 배설물을 내놓는 구멍이 있고 멸시당할 만한 몸뚱이를 쾌락의 대상이라고 부른다."[109]

성교할 때 남성의 성기가 여성의 성기와 밀접하게 접촉하기 때문에, 여성의 성은 실질적인 두려움이 된다. 르네 지라르(1923~2015)는 폭력과 종교를 중심으로 인류학적 접근 방식을 했던 수필가다. 그의 표현에 따르면 "여성의 생식기가 주기적인 피를 흘리는 장소라는 사실은 세계 모든 지역에서 남성들을 많이 놀라게 했다. 성생활과 가장 다양한 형태의 폭력 사이의 친연성을 자신의 눈으로 직접 확인했다고 생각했기 때문이다. 폭력으로도 피를 흘리게 할 수 있기 때문이다."[110] "생리혈을 통해 폭력의 전이가 이루어지면서, 여성의 희생을 기반으로 하는 사실상의 독점이 확립된다."[111] 게다가 여성은 처음으로 성관계를 가질 때도 피를 흘린다. 지그문트 프로이트는 성관계를 가질 때 "하나의 신체 기관이 파괴되면서, 육체적으로 상처가 생기고 나르시스트적 상처가 만들어지고… 남자는 여성성에 오염되어서 나약해지고 무능한 인간이 될 것을 두려워한다"라고 말했다.[112]

 3대 일신교 종교부터 18세기 말과 19세기의 과학 이론, 초기 정신 분석학에 이르기까지, 순수함과 부정함을 둘러싼 개념은 계속해서 변화했다. 남자들은 자신의 욕망을 두려워하고, 여자들에게 완전히 의존하게 될 것을 두려워하면서도, 여자의 육체를 갈망하고 탐구하는 대상으로 삼았다. 이렇게 해서 여자의 육체는 지속적인 평가 절하와 정복의 대상이 되었다. 여자의 육체에 대한 인식은 다양했다. 생명을 낳기에 위대하다는 인식도 있었고, 병들고 수치스러운 존재로 받아들여지기도 했다. 19세기의 의사들이 넘어서야 할 큰 인식의 차이가 있었다.

영원한 병자

> "이것들의 형태는 남성적이다.
> 질병, 즉 여성스러움에서 온 것이 아니기 때문이다."
> - 《삼위일체론》[113]

'체액'이 여자의 무기력한 기질과 감각을 악화시키기 때문에 여자는 병에 걸리기 쉬우며, 특히 신경 질환에 걸리기 쉽다. 여자들은 남자들이 앓는 질병을 거의 공유하지만, 자신들만의 독특한 질병도 있다. 이 질병의 대부분은 생식기와 관련이 있다.

이는 의학 사전 《팡쿠케》에서 '여성의 질병'을 설명한 부분으로, 남자의 질병에 할애된 분량보다 훨씬 길다. 수 세기 동안 여성들은 '영원한 병자'로 여겨졌을 뿐만 아니라, 점액질 체액 또는 히스테리로 평가되었다. 히스테리라는 용어는 히포크라테스가 만들었다. 그는 이 단어를 '자궁의 질식'이 원인이 되어 신체 전체에 영향을 주는 질병이 되는 현상을 설명하기 위해 사용한다. 중세 서유럽에서는 히스테리를 악마가 여성의 몸을 차지하는 현상이라고 여겼다. 19세기 초 대부분 의사는 자궁이 질식하거나[114] 과도하게 흥분해서[115] 질병이 생기는 것으로 생각했다. 여자들은 감정을 잘 통제하지 못하므로 '정신 질환이 있을 확률이 높다'고 했다.[116] 병원의 정신병동에 여자가 남자보다 많다는 것이 근거였다.[117]

19세기에는 여성의 신경 질환을 히스테리가 원인이 아니라 여성의 본질 자체 때문에 발생하는 것으로 생각했고, 남성의 신경 질환은 지적인 활동과 창조적인 작업이 지나쳐서 발생하는 것으로 보았다. 17세기 초부터 일부 의사들이 히스테리의 중심은 뇌이고, 이 질병은 남녀 모두에서 나타난다는 것을 입증했지만,[118] 히스테리가 전형적인 여성의 질병이라는 대중적인 믿음은 현재까지도 계속되고 있다. 지그문트 프로이트의 주요 연구 주제 중 하나가 히스테리였던 것과도 관계있을 것이다.[119]

의사들만이 여성을 병리학적인 존재로 인식했던 게 아니다. 역사가 쥘 미슐레(1798~1874)는 여성은 생리 현상이 있어서 '영원한 환자'가 될 것이라고 했다. "아름답고, 시를 즐기고, 직관이 활기차고, 예지력을 가지고 자라지만, 나약함과 고통의 속박 속에서 자연에 붙잡혀 있다. 불쌍한 시빌은 매달 속박에서 벗어나지만, 자연은 또 매달 그녀에게 아픔을 주고, 고통스러운 위기를 겪을 때마다 그녀는 연인에게 자신을 맡긴다… 고통이 오기 전 한 주도 이미 힘들었다. 이번 주부터 8일에서 10일 동안은 고통스러워서, 어떻게 정의 내려야 할지 모를 무기력함과 나약함이 연속될 것이다. 이것은 내면적인 상흔이며, 사실 이 모든 비극을 만들어내는 원인이다. 사실 28일 가운데 15일이나 20일까지 고통 받으니, 거의 항상인 것과 마찬가지다. 여자는 환자일 뿐 아니라 상처 입은 사람이다. 그녀는 사랑의 영원한 상처를 겪고 있다."[120]

이로부터 1년 뒤 이 유명한 역사가는 여성에게 바치는 진정한 찬사를 썼는데, 그 안에도 시대적 기준이 잘 나타난다. "이 세상에서 여성의 목표, 그녀의 분명한 소명은 사랑이다. …여성으로서, 오직 남자를 행복하게 함으로써 구원을 얻는다고 주장한다. 그녀는 사랑하고 출산을 해야 하며, 그것이 그녀의 성스러운 의무다."[121] 여성의 타고난 운명은 아이를 낳는 것이다. 여성을 뜻하는 라틴어 단어 포미에나foemina가 태아를 의미하는 포에타레foetare에서 파생된 것만 봐도 그렇지 않은가?

출산을 위한 운명

> "여성의 운명과 유일한 영광은
> 남자들의 심장을 뛰게 하는 것이다."
> - 발자크[122]

고대부터 아테네 여성들은 규방에 갇혀 아이를 낳고 자신들에게 맡겨진 집oïkos*을 관리했다. "전쟁은 남자의 일이고, 집

---

* 넓은 의미의 집으로, 같은 지붕 아래 사는 재산과 사람을 의미한다.

은 여자의 일이다"라고 했다.[123] 4세기 초에 쓰인 《가정론》에서, 고대 그리스의 크세노폰은 여성을 '관리'하는 방법을 기술하고 있다. 아테네 사람 이스코마쿠스는 어린 아내와 대화를 나누면서, 아내가 해야 하는 중요한 임무를 가르친다. "내가 보기에, 신은 본질에 맞게끔 여자가 집안 내부를 보살피고, 남자는 밖에서 일하도록 한 것 같다. …신이 여자의 육체를 덜 강인하게 만들었기에 집안일을 맡긴 듯하다. 신은 여자가 갓난아이에게 젖을 먹이고 보살필 수 있게 해주었다. 신은 남자보다 여자에게 갓 태어난 아이들에게 나눠줄 부드러움을 더 많이 주었다. …여자는 밖에서 시간을 보내기보다 집에 있는 것이 더 적절하고, 남자가 바깥일을 하지 않고 집에 머무르는 것은 덜 적절하다. 누군가 자연과 신이 그에게 준 본성에 어긋나는 행동을 하고, 이렇게 말하면서 자신의 책무를 벗어나면 그는 신들의 눈을 피하지 못하며, 그에게 맡겨진 일을 소홀히 하거나 아내로서의 책무를 제대로 돌보지 못한 데 대해 처벌을 받는다."[124]

중세 서유럽의 기독교 사회에서 여성은 어머니로서 헌신했지만, 민간의학을 시술하거나 수공업자가 될 수 있었다. 그러나 15세기부터 여자들은 점차 이러한 일들을 빼앗긴다. 이때부터 여성은 거의 가사와 아이들의 양육만 담당하게 되는데, 당시에는 아이들의 수가 많았다. 의학이 발달했지만 18세기에 여성 사망률은 남성보다 높았다. 많은 여성이 출산 중에 목숨을 잃었다.* 그러나 당시의 의사들은 단호했다. 여성이 아이를 낳아야만 한다는 것이다. "여성의 생식기는 신체 구조의 뿌리이자 기초다. 여성은 아이를 낳기 위한 목적으로만 만들어졌다."[125] 그리고 "여성은 자신을 위해 사는 것이 아니라, 남자와 힘을 모아 종족을 번식시키기 위해 사는 것이다. 이것이 자연과 사회, 도덕이 인정하는 유일한 목표다."[126]

이러한 임무에는 여성이 해야 할 과제가 포함된다. 이 임무를 잘 수행하려면, 여성은 남성을 유혹해야 하고 이를 위해 특별한 자질이 필요하다. 피에르 카바니스는 "연약하고 수줍음 많고, 감정을 잘 표현하지 않지만, 활기차고 변화무쌍해야 한다. 그리고 자신의 방식으로 남자를 사로잡고, 남자를 계속 관찰해서 그의 마음에 들거나 상상력을 사로잡을 수 있게 행동해야 한다. 이것을 위해 여자는 순간의 변덕이 있더라도, 남자의 취향을 거부하지 않고 따라주어야 한다. 남자는 성품이 강해서, 여자가 순종해야만 여자의 버팀목이자 보호자가 되어줄 것이기 때문이다."[127]

이 유명한 의사는 여성스러운 자질들, 특히 다정다감함은 여자가 출산하거나 어린아이를 키우는 데 "필요하거나 적

---

* 평균 10명 중 1명이 사망했고, 7명에서 10명의 자녀가 있었다. Scarlett Beauvalet-Boutouyrie, *Les Femmes à l'époque moderne, xvie-xviiie siècles*, Belin, 2003.

어도 유용한 것으로", 모성애가 자연스러운 감정 중에서 가장 강하며, 본능의 모든 영감 가운데 가장 존경스럽기 때문이라고 했다.[128] 여자가 '출산을 위한 존재'로 여겨졌다면, 남자는 문화적인 존재여서 본질적으로 일하고, 육체적인 힘을 사용하며, 사고력을 사용한다. 자신이 이끌어야 하는 가족을 부양하기 위해 이성과 재능을 발휘하는 존재다. 그 힘은 정자에서 오는데, "정자, 열정, 에너지가 씩씩한 육체에 전달되어 근육을 강화하고, 신경계를 확장하며, 목소리를 굵게 만들고, 털과 수염이 나게 한다, …용기와 고상한 생각이 솟아나게 해서 솔직하고 단순하며 관대한 성격을 만들어준다"[129]고 했다.

19세기에 많은 의학적 발견이 있었지만, 그 해석은 항상 같은 곳으로 수렴되었다. 여성의 운명이자 최종 목적이 출산이라는 것이다. 프루동은 "그 자체만 본다면, 여자가 존재할 이유는 없다. 여자는 자연이 기꺼이 다른 어떤 매개체보다 우선으로 선택해온 생식용 도구다"[130]라고 내뱉었다.

따라서 어머니는 명예롭고 축하받아야 한다. 이미 고대 그리스와 고대 로마에서는 신들과 중년 부인들이 풍요의 계절인 봄에 축하를 받곤 했다. 15세기 영국에도 어느 일요일에 어머니들을 축하하는 행사가 있었다. 하지만 여러 나라에서 '어머니의 날'이 만들어진 것은 20세기 초반 이후다. 프랑스의 '어머니날' 기원을 페탱 원수로 아는 사람들이 많은데, 그렇지 않다. 이 행사는 지방에서 시작되었다. 1906년 6월 10일 이제르 지역에 있는 아르타의 학교 교사 프로스페르 로슈의 주도로 지역의 다자녀 가정의 어머니를 축하하기 위한 행사가 치러졌다. 2년 뒤에는 리옹 시가 전쟁에 아들이나 남편을 잃은 어머니들에게 하루를 헌정했다. 어머니의 날이 전국적인 차원으로 제정된 것은 1920년이다. 처음에는 다자녀 가정의 어머니를 축하하는 기념일이었다가, 1926년 공화국 정부가 모든 어머니로 그 범위를 확대했다. 당시 프랑스 비쉬 정부는 출산장려 정책을 펼치고 있었다. 페탱이 적극적으로 나서면서 이 기념일은 정치적 차원에서도 위치가 확고해졌다. 주변 국가에 대한 두려움 때문에, 비쉬 정권의 고위층은 출산율을 많이 걱정하고 있었다. 어머니는 "기독교 문명에 영감을 주시는 분,[131] 우러러보아야 합니다.[132]" 인구가 충분하지 않아서 "서구 문명은 사라질 운명"이라고 생각하는 극단적인 우익정치권과 민족주의자들은 이 주제를 여러 번 채택했다. 프랑스의 어머니날은 1950년 5월 24일에 국가공휴일이 된다.

여자에게 어머니의 역할이 부여되고, 여자의 역할이 이러한 생물학적 기능으로 축소되며, 여성 자신의 몸을 마음대로 쓸 권리와 여성의 성관계를 통제하는 것은 가부장적 체제의 기초가 되었고, 남성과 여성의 관계는 매우 역설적이고도 강요되는 것으로 된다.

이렇게 해서 여성의 몸은 '자산'이 되었다. 이는 처녀일 때 더 가치가 커서, 처녀를 소유한 남자는 '위신과 명성을 갖는다.'[133] 일부다처제는 종교 경전(구약성서, 토라, 코란)의 특정 구절에서 명분을 구하게 된다. 마찬가지로 여성의 미모는 남자에게 위험으로 인식된다. 여자에게는 남자를 유혹할 능력이 있기에, 이에 대비하기 위해 종교 경전의 곳곳에서 여성에게 길게 내려오는 옷[134]을 입거나 베일[135]을 착용하라고 권고하고 있다. 이슬람교도 처음에는 신이나 무하마드가 베일을 착용하지 않은 여성들을 불쾌하게 생각하지 않았지만, 9년 뒤인 메디나 때*에 등장한 구절에서는 못마땅하게 생각한다는 것을 알 수 있다. "오 예언자여! 그대의 아내와 딸, 그리고 신자들의 아내에게 베일로 몸을 덮으라고 말하라. 그것이야말로 그녀들이 알 수 있는 가장 최선의 방법이고 괴로움을 받지 않는 방법이다."[136]

테르툴리아누스[137]는 〈처녀들의 베일〉에서 사도 바울의 가르침을 가지고(고린토인들에게 보낸 첫 번째 편지 11장 10절), 사춘기 이후 모든 여성이 베일을 착용하는 것을 정당화하고 있다. "우리가 읽은 것처럼, 만약에 여자를 탐내서 하나님과 하늘을 잃은 천사들 때문에, 인간의 열정에 대한 일종의 변명이 되는 처녀를 찾는 대신, 정결하지 않은 육체에 매혹되어

---

* 메카 시기에 만들어진 구절보다 적어도 9년 뒤에 등장했다.

인간의 정염을 쫓아서 한숨을 쉬고 있다고 누가 그렇게 생각하겠는가? …그러니 하늘까지 추문을 가져가는 이렇게 위험한 미모는 감춰야만 할 것이다. 하느님이 보시기에 이 천사들의 타락에 여자들의 책임이 있고, 이 여자가 다른 천사들 앞에서도 얼굴을 붉히고, 다른 사람들이 이 위험한 위험을 알아차리는 것을 억제하고, 남자들의 시선에서 자신을 감추기 위해서다.[138] …그러나 천사들 때문에 여자에게 베일을 씌워야 한다면, 여자가 남자들의 탐욕을 자극하기 시작하는 날부터 써야 할 것이고, 이렇게 해야 결혼하기에 적절하게 되는 것이다."[139] 라틴어로 작성된 이 문서는 서구 기독교 사회에 큰 영향을 주었다. 이것이 르네상스 이전까지 가톨릭교회에서 허용되었던 유일한 여성의 형상이 성모 마리아였던 가장 큰 이유일 것이다. 성모 마리아는 영원한 처녀성이 인정되어 정결함을 상징하고, 이브의 딸 중에서 유일하게 원죄를 용서받았다.

19세기 초만 하더라도 의사들은 여성이 성적으로 만족해야 임신을 할 수 있다고 생각했지만, 1842년에 자연배란 현상*이 발견되면서 이는 불필요해졌고, 심지어 그런 것이 있는지 의심을 받게까지 되었다. 사회학자 라파엘 리오지에는

---

* 난자의 배란은 규칙적으로 일어나며 이는 성행위와 상관없다. 이것은 의사 펠리스-아르키메드 푸세가 발견했다. Félix-Archimède Pouchet, *Théorie positive de la fécondation des mammifères*, Roret, 1842.

신화와 동화의 내용을 분석해 〈남성의 심리 검증〉(2018)이라는 논문을 발표했다. 이 글은 신화와 동화 속에서 남성의 힘이 얼마나 중요하게 여겨지며, 형제-자매간의 결혼, 왕들과 그 딸들과의 결혼 등 근친상간과 강간이 얼마나 경시되는지 보여주고 있다. 이러한 행위는 성행위에서 여성의 동의가 무시되는 것도 보여준다. 《잠자는 숲속의 공주》의 원작자 잠바티스타 바실레의 작품이 바로 그런 사례인데,[140] 이 이야기는 강간을 우회적으로 표현한 것으로 해석할 수 있다.

"어느 왕이 사냥을 나갔는데, 매가 도망가더니 이 집의 창문으로 날아 들어갔다. 왕은 새를 찾으러 가서, 누군가 있으리라 생각해 문을 두드렸다. 꽤 오랫동안 문을 두드리다가 자신이 직접 집 안으로 들어가 무엇이 있는지 보고 싶어서, 왕은 포도 수확용 사다리를 가져오게 했다. 왕은 곧 사다리를 타고 올라가서 이곳저곳을 다녔지만 살아 있는 영혼을 만나지 못해 매우 놀랐다. 마침내 그는 탈리아가 마법에 걸려 누워 있는 방에 도착했다. 언뜻 보기에 탈리아는 자는 것처럼 보여서, 왕이 그녀를 불렀다. 그러나 그는 어떻게 해도 그녀를 깨울 수 없었다. 왕은 탈리아의 아름다움에 푹 빠져 두 팔로 탈리아의 허리를 들어 올려 침대로 데리고 가서 자리에 눕혔다. 그리고 왕은 자신의 궁전으로 돌아왔고, 이 모험을 곧 잊었다.

9개월 후 소녀는 아들과 딸 쌍둥이를 낳았다. 여러분이 보았다면 2개의 보석이라고 말했을 것이다. 궁전에 나타난 두 요정이 아이들을 키웠고, 어머니의 품 안에 두었다. 한 번은 아이들이 젖을 먹고 싶었으나 젖꼭지를 찾지 못해서, 어머니의 손가락을 잡고 손끝에서 아마 조각이 빠질 때까지 빨았다. 아이들의 어머니는 깊은 잠에서 깨어나 자기 옆에 있는 소중한 아이들을 보았고, 아이들에게 젖을 물리고 자신의 목숨만큼이나 소중하게 여겼다.

···그러던 어느 날, 왕은 문득 그녀를 기억하고 사냥을 핑계 삼아 성에 왔다. 왕은 여자가 깨어났고 게다가 두 명의 귀여운 아이들이 함께 있는 것을 발견했다. 그는 기뻐서 어쩔 줄 몰랐다. 그는 자신이 누구인지 밝히고 일이 어떻게 진행된 것인지도 소녀에게 말해주었다. 왕은 그녀에게서 깊은 부드러움을 느꼈고, 두 사람은 서로에게 영원한 사랑을 맹세했다. ···왕은 ···탈리아를 아내로 데려갔다. 그녀는 남편과 아이들과 함께 오래오래 행복하게 살았다."[141]

이 동화의 끝에는 "행운이 있는 자에게. 축복은 자는 동안에도 찾아온다"라는 교훈이 첨부되어 있는데, 이는 성폭행이 "축복"이며, 벌을 받지 않고 반복될 수 있음을 의미한다. 남자가 여자의 몸을 지배해서 여자의 쾌락이 종속되는 것은 "심리적 할례"와 비슷하다고 하겠다.[142] 이런 심리적 손상과 함께 음핵을 잘라내거나, 소음순의 일부 또는 전체를 자르거나, 음부를 봉합하는 신체적인 손상이 추가되기도 하는데,

일부 사회에서는 전통과 관습이라는 이름으로 수백 년 전부터 오늘날까지도 이를 시행하고 있다.

여성이 열등하다는 가설은 과학자들의 지지를 받았고, 남성이 여성의 육체를 차지하는 것을 인정하는 등 여성의 가치를 떨어뜨리는 모든 장치를 정당화했다. 여성에 대한 비하는 단호했고 또한 전체적으로 통제되었기 때문에, 여성이 육체적으로 약한 것과 도덕적으로나 지적으로 분별력이 없는 것은 관계가 있다고 생각했다. 어쨌든 18세기 후반과 19세기의 학자들은 이것을 보여주기 위해 애썼다.[143] 그들은 공적 생활에서 자리를 만들고자 하는 여성들의 뜨거운 소망을 억누르기 위해 최상의 편견을 구축할 수 있었던 것일까?

도덕적·지적 취약함

> "지적 능력과 이성을 갖춘
> 남자만 과학을 연구할 수 있다."
> - 피에르 카바니스[144]

신체적 특성이 남녀의 생물학적 성과 본질에서 연결된 가치를 지니고 있다는 전제에서 출발했던 피에르 카바니스보다 몇 년 앞서서, 피에르 루셀(1742~1802)이라는 의사는 "여성은 사춘기에 접어들어도, 남성과 달리 유년기에서 그렇게 멀리 떨어져 있지 않은 것 같다. 여성은 섬세하고 부드러워서 어린이 특유의 성질을 항상 가지고 있다. 신체 기관의 질감은 본래의 부드러움을 전혀 잃지 않는다. …여성을 구성하는 부드러운 부분들은 또한 여성이 여성이라고 불리게 된 기능의 차이와 자연이 그녀에게 부여한 수동적인 상태가 두드러진다. 우리가 지금 언급한 여성의 신체 기관의 특성이라는 약점으로 여성이 추상적 과학의 연구에 필요한 정신을 갖지 못하도록 하고, 심지어 길을 잃고 헤매게 한다는 것이 분명하다. …여자의 상상력은 너무 불안정해서 상상력이라는 영혼의 자질이 필요한 예술에는 그다지 적당하지 않다."[145]

남녀의 신체적인 차이뿐 아니라 정신적 차이는 생식기가 발달하는 사춘기부터 형성되기 시작했을 것이라고 한다. 카바니스가 "혁명révolution"이라고 불렀듯이, 이것은 남녀 모두에게 '각자의 역할에 특정한 성향과 습관'을 가져올 '일련의 특별한 결정'으로 이어질 것이다.[146] 이 의사가 사춘기가 어린 소녀에게 '욕망의 비밀스러운 표현으로 볼 수 있는 수줍음'이 생긴다고 보았다면,[147] 동료 의사인 줄리앙-조셉 비레이는 분비샘과 뇌를 자극하면 '여러 종류의 재능이 폭발하는 현상'을 끌어내어 지능에 영향을 줄 것이라고 주장한다. 그는 이런 효과가 여성에게 미치는 영향에 대해서도 덧붙여 말했다. "이 나이대의 소녀들이 많은 착상을 쏟아내고, 놀라운 상상력을 발휘하고, 모든 예술 분야에서 독특한 재능을 발휘하지만, 시간이 지날수록 점점 약해지다가, 얼마 지나지 않아 그 어느 때보다 정신이 빈약해지는 것을 여러 번 보았다."[148] '생명력이 더는 자궁을 향하지 않는' 폐경 이후에나, 여성에게 재치가 생겨서 '남성적 체질에 더 가까워지기를' 바랄 수 있다.[149] 피에르 카바니스는 여성이 '증기를 쐬면' 일시적으로 똑똑해진다는 놀라운 제안을 하기도 한다![150]

학자들은 여성은 남성과 달라서, 당연히 본질에서 사유 능력이 없고 창조력이 부족할 것으로 이해하고 있다.[151] 남성은 "근본적으로 사유를 하고 일을 하기 위해 만들어졌는데, 남성적인 특성에는 활력, 육체적 활동, 분별력을 위한 이성이 있기 때문이다."[152] 따라서 여성적인 성격은 "우아함, 육체적인 부드러움, 도덕적 개념을 만든다." 그러므로 여자는 "과학, 인문학 또는 예술에서 항상 완벽할 수 없을 것이다."[153] 한 가지에 오랫동안 주의를 기울이지 못하는 여성은 "길고 깊은 성찰이 있어야 수행할 수 있는 지적인 작업을 두려워하게 될 것이다."[154] 한편, 여자가 철학, 과학 또는 예술 분야에서 지식을 습득했다고 주장하더라도, 그녀는 "똑똑한 척하고 우스꽝스러워질"[155] 것이고, 불행을 자초하는 꼴이 될 것이다. 왜냐하면 "여성을 매력적인 존재로 만들어주고 그녀의 행복을 보장하는 이 모든 섬세한 관계가 다시는 존재하지 않게 되기 때문이다. 자신의 영역을 확장하려다가 그것을 파괴하는 것이다."[156] 가정을 떠나면 그녀는 남성을 유혹하지 못할 것이다. 남성들이 공적인 업무를 하는 여성을 보며 "작은 즐거움"만 가질 것이기 때문이다.[157] 피에르 카바니스는 여성이 '건전한 추론을 할 수 있겠는가'라고 의문을 품었던 장-자크 루소의 의견에 동의한다. "따라서 여자가 받은 모든 교육은 남자와 관련되어야 한다. 남성을 즐겁게 해주는 일, 남자에게 필요하고 남자의 사랑과 존경을 받는 일, 어린 그를 키우고 어른이 된 그를 보살펴주는 일, 그에게 조언하는 일, 그에게 위안을 주는 일, 그의 생활을 즐겁고 평화롭게 해주는 일, 바로 그런 일들이 여자가 언제나 해야 할 의무이며, 어릴 때부터 여자에게 배우게 해야 할 것이다."[158]

사상가와 정치인들은 19세기 내내 이런 케케묵은 이야기를 활용한다. 프루동은 여성이 새로운 생각을 생산할 수 없는 수동적인 존재라고 선언한다. "여성은 발견된 진실을 어느 정도 이해할 수 있어도, 자기 주도적인 행동은 전혀 하지 못한다."[159] 그는 여자의 출산에서 그 이유를 찾았다. "여성은 성적인 맡은 소임을 하므로 생산적인 일을 할 시간이 거의 없다. …여성은 체질적으로 유약하고, 남자라면 거의 일어나지 않을 이상한 상황에 쉽게 빠지기 때문에, 필연적으로 그리고 법적으로 모든 정치, 행정, 학문, 산업에서 제외되어야 한다."[160]

19세기 후반에는 줄곧 많은 학자가 여성은 열등하다는 것을 당연하게 받아들였으며, 이는 찰스 다윈이 발전시킨 자연 선택 이론의 증거가 되었다.[161] 진화론으로 더욱 강화된 생물학적 결정론은 100년 이상 군림하게 된다. 다윈이 남성이 키, 체력, 지능[162]에서 여성과 다르고, 남성이 더 용감하고 더 끈질기고 더 활달하고 더 창의적[163]이라며 자신의 시대적 고정관념에 따른 것은, 진화적인 면과 역사적인 면에서 이유를 설명하고자 한 것이다. 여성의 능력은 한편으로는 '불행한 자연적 유산의 일부인 것으로' 보이지만, 직관력과 빠른 인식력, 아마도 모방력 같은 어떤 능력은 "열등한 인종의 특징이어서 여성은 낮은 문명의 상태에서도 존재할 수 있었다."[164]

다른 한편으로는 남성에게만 나타나는 우월한 특성들은 "현생 유인원이 그러하듯 남성의 몇몇 조상들이 가지고 있던 유전"과 이들이 생존을 위해 점차 시련을 극복하는 과정에서 형성된 것이다. "이러한 특성들은 인간이 아직 야만스러운 단계였던 오랜 시간 동안 보존되고 심지어 증가했을 것이다. 가장 강하고 대담한 개체가 생존을 위한 전반적인 싸움에서도 성공을 거뒀을 것이고, 여자를 차지해서 더 많은 자손을 남기는 데도 훨씬 성공적이었을 것이기 때문이다."[165] "하지만 체력과 체격만으로는 충분하지 않아서, 용기와 인내, 활기찬 결단력으로 하나가 되지 않았다면 정복할 수 없었을 것이다. …그러나 적을 피하고, 유리한 공격을 하고, 야생 동물을 잡고, 발명하고 무기를 고안하고 만들려면, 높은 단계의 지적 능력, 즉 관찰, 지성, 발명, 상상력의 도움이 필요하다. 따라서 이러한 다양한 능력은 계속해서 시험받았을 것이며, 지속해서 사용하면서 더 강해졌을 것인데, 이것을 바탕으로 남자는 한창 왕성할 때 선택의 대상이 되었을 것이다. …남자는 이렇게 해서 마침내 여자보다 우월하게 되었다."[166]

찰스 다윈을 여성 혐오자[167]로 평가할 일은 아닌 것 같다. 다윈은 교육을 통해 미래에는 평등이 올 수 있다고 보았다.[168] 다윈의 저서를 전문으로 다루는 철학자이자 과학사가인 패트릭 토트는 다윈이 "여성은 모성애라는 가장 독창적이고 초기적인 형태의 사회적 본능(도덕적 감정의 기초)을 가지고 있다고 확신했다. 이것이 다윈이 논리적으로 여성들에게서 인간의 감성과 윤리적 진화에 대한 미래의 희망을 두도록 이끈 것이다"[169]라고 해석한다.

진화론은 생물학자와 인류학자의 한 세대 전체에 영향을 주었을 뿐만 아니라 관념론자들도 그 영향을 받았지만, 이들은 찰스 다윈의 생각 중 일부를 잘못된 방향으로 채택했다. 이렇게 해서, 극소수의 사람을 제외한 19세기 후반의 모든 학자는 여성과 특정 "인종", 특히 "흑인종"이 지적으로 열등하다고 주장하게 되었다.[170] 미국인 의사 새뮤얼 모턴(1799~1851)은 모든 "인종"에서 여성의 뇌 용량이 남성보다 분명히 적기 때문에, 여성이 지적 능력이 남자보다 열등하다고 했다![171] 문제는 그가 자신의 모든 연구에서 신체 크기와 뇌 크기를 연관시키는 자료를 누락시켰다는 점이다. 모턴보다 거의 20년이 지난 뒤 독일 출신의 스위스 의사 칼 보그트(1817~1895)도 "인종"과 성에 따른 지적 불평등을 옹호하고 나섰다. 그는 성인 "흑인종"이 "백인종"[172] 아이, 여자, 그리고 노인과 지적 능력이 같다고 했다. 물질적 쾌락을 좋아하고, 변덕스럽고, 분별력 없고, 흉내를 잘 내는 점은 백인종 아이와 같고, 자식을 챙기는 본능은 백인종 여자와 같고, 무기력한 점에서는 백인종 노인과 같다는 것이다.

진화 과정에서 여자는 "점점 비이성적으로 되어가고, 점점 더 감성적으로 되었을 것이다."[173] 19세기 학자들이 내세웠던 극단적인 주장 가운데 구스타브 르 봉(1841~1931)[174]을 빼놓을 수 없다. 의사이자 사회심리학자였던 르 봉은 "우월한 인종"에 속하더라도, 여성의 뇌는 "더 발달한 남자의 뇌보다 고릴라의 뇌 크기에 가깝다"[175]고 했다. 이러한 열등함은 워낙 명백해서 그 누구도 부정하지 못하고, 기껏해야 토론의 주제가 될 정도라는 것이다. 따라서 여자들을 교육해 봤자 소용없다고 주장하고 있다.[176] 이 인종차별주의 진화론자는 "열등한 사람이나 우월한 사람 중 하층민은 남녀가 지적 능력이 엇비슷하다. 반대로, 사람들이 문명화됨에 따라 남녀는 점점 더 차별화되는 경향이 있다. 남녀의 뇌 용량 차이는… 문명이 발달할수록 더욱 빠르게 증가한다. 이러한 남녀의 뇌 용량 차이는 열등한 종족에서는 두드러지지 않지만, 우월한 종족에서는 그 차이가 매우 벌어진다. 우월한 종족에서도 여성의 뇌 용량은 열등한 종족의 여성의 것보다 조금 더 발달한 정도다. …따라서 아주 드문 사례를 제외하고, 여성은 인간 진화에서 가장 낮은 단계의 형태를 나타낸다고 할 수 있겠다. 그리고… 성인과 문명화된 사람보다 어린이와 야만인에 더 가깝다. 여자들은 불안정하고, 생각이 깊지 않고, 사유와 논리성이 없고, 추론 능력이 없다. …현대 여성들이 남성과 같은 교육을 받고 그들과 동등한 권리를 얻는다면, 그녀들은 유럽을 끝내 가정도 없고 가족도 없는 유목민으로 만들어버릴 것이다"[177]라고 쓰고 있다.

한편, 많은 연구자가 생물학적 결정론에 대해 반론을 제기했다. 에밀 뒤르켐은 "남녀의 구별은 생물학적 차이로 단순화할 수 없는 것이다. 남녀의 구성 어디를 보아도 이와 유사한 분리가 필요하지 않기 때문이다"[178]라고 했다. 52년 뒤 시몬 드 보부아르는 여성이 지배적인 남성 문화로 인해 소외되어 있다고 주장한다. "어떤 생물학적, 심리학적 또는 경제적 운명도 인간 암컷이 그 사회 안에서 꿈꾸는 그림을 정의하지 않는다. 문명 전체가, 사람들이 남성과 거세당한 남자 사이에 놓이는 여성적이라고 평가하는 중간 형태를 만들어내는 것이다."[179]

1970년대 이후 인류학자와 사회학자들, 특히 영미권에서는 "생물학적 성sex"과 달리 생물학적 의미가 없는 문화적인 성인 "젠더genre" 개념을 내세워 생물학적 결정론에 반대했다.[180] 이런 입장을 지지하는 사람들은, 사회적 구조로 생물학적 성의 차이에 의미가 부여된 것이라고 보고 있다.[181] 정신분석학자들도 생물학적으로 결정된 성적 정체성의 원칙을 거부하고 있다.[182] 프로이트[183]와 그의 추종자들은 성을 사회적, 정신적 혹은 주관적 표현에 모두 연관된 것으로 본다. 따라서 남녀의 성차는 무의식에 존재하지 않으며, 그 누구도 특별히 남성적이거나 여성적이지 않다.[184]

이는 또한 2000년대에 많은 신경생물학자가 지지한 것이기도 하다. 크리스틴 비달은 뉴런 사이의 신경 연결의 90퍼센트가 "인간의 뇌가 갖는 가소성이라는 특성 덕분에 가족, 교육, 문화, 사회의 영향에 따라 점진적으로" 구성되기 때문에, 생물학적 결정론이 없음을 입증했다.[185] 따라서 부모가 성적으로 차별화된 교육을 하기 때문에 남자아이와 여자아이의 행동 방식이 다르게 나타난다고 설명할 수 있을 것이다.[186]

그러나 이 이론을 받아들이지 않고, 지금도 생물학이 남성과 여성의 행동을 결정하는 데 중요한 역할을 한다고 생각하는 생물학자들이 있다.[187] 논쟁은 계속되고 있지만, 생물학적 결정론은 과학 이론이라기보다는 이데올로기 이론이 분명한데, 그것은 이 이론이 몇몇 오류를 기반으로 하고 있기 때문이다.[188] 어떠하던지 선천적인 것과 후천적인 것을 겨루게 하는 것은 무익하다.

종속된 자

> "여자는 어렸을 때는 아버지에게 의지해야 하고,
> 젊어서는 남편에게 의지해야 하며,
> 남편이 죽으면 아들들에게 의지해야 한다.
> 여자는 독립을 해서는 안 된다."
> - 《마누 법전》 5권 147~149절

고전, 종교 문헌, 신화, 과학서, 예술과 문학과 사상사 등을 통해 전달된 이미지를 보면, 여성들이 얼마나 많은 경멸과 폭력을 지속적으로 받아왔는지 흔하디흔한 이야기 속에서 가늠된다. 이제는 이렇게 터무니없는 내용의 글이 우리를 웃게 만들지도 모른다. 이런 글 속에서 줄기차게 요구하던 여성의 모습이 사라진 지 오래되었고, 이러한 구속을 만들어왔던 제약이 완전히 풀어졌다면 말이다.

바울이 권고하는 것처럼, 여성에게 있어 남자에게 복종하는 것이 최고의 미덕이고,[189] 신의 뜻에 따른 의무다.[190] 여성은 사회적으로 많은 것을 금지당해서, 집회에서 가르치거나 말을 할 수 없었다.[191] 또한, 가정에서도 아내는 만족을 주지 않으면 일방적으로 이혼을 당할 수도 있고,[192] 남편에게 상속받을 수 없다.[193] 다른 종교의 경전도 여성에게 완전한 복종을 요구한다. 여성들은 코란 구절에 명시된 것처럼, 처벌받고 싶지 않다면 남자에 순종해야 한다. "남자는 여자보다 우위에 있다. 알라께서 서로 간에 사이에 우열을 붙인 것으로서 또한 남자가 생활에 필요한 비용을 지불하고 있기 때문에 이러한 점에서 여자는 남자에게 순종하고 또 알라께서 소중하게 지켜주는 부부간의 비밀을 알리지 않도록 하는 것이 중요하다. 반항적으로 되기 쉬운 걱정이 있는 여자는 잘 타이르며 잠자리에 방치해두고 또 구타해도 무방하다. 만일 그녀들이 타이르는 말을 듣는다면 그 이상의 수단을 써서는 안 된다. 참으로 알라께서는 드높고 위대한 분이시다."[194]

기원전 1세기에 탄생한 힌두교 경전《마하바라타》에서 남자와 여자가 동등하다면,[195] 기원전 200년 무렵부터 적용되기 시작한《마누 법전》[196]에서는 여성의 사회적 지위가 퇴보한다. 일부 행은 여성을 찬양하지만,[197] 다른 행에서는 여성의 위치와 자유를 공격하고, 나이와 상관없이 절대로 독립적이어서는 안 되며,[198] 남편을 존경해야 한다고 말하고 있다. "비열하고 난봉꾼이고 자질이 부족하더라도, 미덕이 있는 여성은 남편을 신처럼 떠받들어야 한다."[199]

고대부터 남성 후견인이 여성을 보호해야 한다고 주장하

는 저자들이 많았다.[200] 아리스토텔레스는 "자연의 질서에 따라 남녀의 관계는 남자가 우월하고 여자가 열등하므로, 남자가 이끌고 여자는 따라가야 한다"라고 했다.[201] 이 고대 그리스 철학자는 여성을 "영원한 미성년자"라고 표현했는데, 이는 이후 수백 년 동안 되풀이될 표현이다. 아리스토텔레스는 사회를 계층적인 시각에서 이해했다. 자유민 남자가 여자는 물론 노예와 어린아이 같은 다른 사람보다 상위에 놓이는 것이다.[202] 그는 배우자 간의 관계도 다스리는 남자와 복종하는 여자의 관계로 이해하고 있다. 어린이와 여자의 교육은 정치조직[203]과 조화롭게 이뤄져야 할 것인데, 남녀 각자가 마땅히 해야 할 책무가 있기 때문이다.[204]

이 같은 여성의 자리는 헬레니즘 시대 이전 아테네 사회의 개념이다. 다른 고대 그리스 도시국가는 이렇지 않았다. 가장 대표적인 사례가 스파르타다. 고대 로마는 기원전 1세기 전 아우구스투스 황제가 법을 공포해 여성의 남성 후견인 개념이 약해졌지만, 로마의 몇몇 철학자들과 시민들이 여성들을 비방하는 것은 막을 수 없었다. 고대 로마의 시인 유베날리스[205]의 풍자시 구절 중 상당수는 여성에 대한 증오심이 가득하다. 그는 남편 몰래 다른 남자와 정을 통하거나, 지식을 올바로 쓰기는커녕 남편을 독살하고 재산을 차지하는 타락한 존재로 여자를 묘사하고 있다.[206]

중세 서유럽 사회에서 기독교 신학자들은 플라톤과 특히

아리스토텔레스의 고대 그리스 철학, 로마법, 성경에 따른 교부들* X의 가르침을 바탕으로 이성적 사유의 틀을 만들면서, 신의 뜻과 자연의 질서에 따라 여자가 열등하다는 편견도 물려받게 되었다. 대부분 글에서 여자는 가정이나 사회에서 사소한 역할을 하는 것으로 나타난다. 또한, 처음에는 아버지에게, 그리고 나중에는 남편에게 순종하는 모습으로 표현된다. 리옹의 이레네오가 주장하듯이 여자는 남자의 시중을 들어야만 하고,[207] 성 아우구스티누스는 여자의 뇌가 남자보다 작다는 이유를 들어 여자가 남자의 시중을 드는 것이 자연에 질서에 순응하는 것이라며 이레네오의 주장을 지지하고 있다.[208] 남녀의 관계를 이렇게 설정한 개념은 15세기까지 계속해서 영향력을 발휘했고, 때로는 이탈리아 법학자 안토니우스 드 부트리오가 《그레고리우스 9세의 교령에 대한 주해》에서 여자는 남자의 노예가 되어야 한다고 주장할 정도로 과격하기도 하다. "여자는 하나님의 형상으로 만들어지지 않기 때문에 열쇠의 권능을 소유하지 않는 것이 당연한 일이다. 오직 남자만 하나님의 모습과 영광이기 때문이다. 그래서 여성은 남성에게 복종하고 노예가 되어야 하며, 거꾸로 되어서는 안 된다."[209]

아내가 남편에게 종속할 것을 요구하는 것은 교회법[210]에

---

* 밀라노의 앙브루아즈, 히에로니무스, 아우구스투스, 그레고리우스 I세, 리옹의 이레네오를 말한다.

도 반영되어 있는데, 교회법은 로마법에서 주요 내용을 가져온 것이다. 1916년까지 유지된 여성의 법적 지위는 다음과 같이 요약할 수 있다. "민법의 원칙에 따라 여성은 어떤 공직도 수행할 수 없다. 교회법에 따르면 여성은 영적 기능이나 직책을 수행하는 것도 마찬가지로 금지되어 있다. 따라서 어떤 여성도 서품을 받을 수 없다. 여성이 서품을 받았다고 하더라도, 이 서품은 성스러운 성격을 지니지 않을 것이다. …여성이 아무리 성스럽다고 하더라도, 복음을 전하거나 가르칠 수 없다. …아내는 남편의 권위 아래 있다. 남편이 아내의 권위 밑에 있지 않다. 남편은 아내를 처벌할 수 있다. 아내는 남편이 거주지로 결정한 곳이라면 그곳이 어디든지 따라야만 한다. 여자는 남자보다 훨씬 더 겸손한 모습을 보여야 한다."[211]

20세기 가톨릭교회는 남성과 여성의 평등을 인식하고 동등한 문화적, 사회적 책임을 옹호하지만, 1941년 교황 비오 12세가 신혼부부에게 행한 연설문의 발췌 부분에서 볼 수 있듯이, 바울을 인용하면서 남성이 여성보다 우위에 있음을 계속 정당화하고 있다. "여러분이 세우신 가족에도 머리가 있습니다. 하나님이 그에게 권세를 주시고 아내와 아이들을 주셨습니다." 1962년 10월 11일부터 1965년 12월 8일까지 열린 제2차 바티칸 공의회에서는 남성만 부사제로 임명될 수 있게 되었다. 성서학자 아니 조베르가 정확하게 지적한 것처럼, "성직자 사회에서는 바울이 했던 몇 가지 권고들이 '황금률'처럼 쓰이고 있다. 일부 성직자들이 사실은 자신들이 여성을 믿지 않으면서, 바울을 자신들의 방패막이로 쓰고 있는 것은 아닌지 의문을 제기하고 궁금해 할 때가 되었다."[212]

여성이 자율적이면 사회에 위협이 되기 때문에 남성의 보호 아래 두어야 한다! 이것이 15세기에 퍼지기 시작한 생각이다. 농촌에서 치료사로 일하는 남성과 특히 미망인들은 '마법사'로 여겨져 박해받게 된다. 1430년 무렵 슬며시 나타난 이 박해는 16세기에 들어서서 빈번해지고, 17세기 중반까지 계속된다. 세속 법정은 1486년에 발간된 《마녀를 심판하는 망치(말레우스 말레피카룸, 마녀 사냥을 위한 교본)》[213]을 판결의 근거로 삼았다. 이 책은 성 도미니크회의 종교재판관 알자스인 하인리히 크라머와 스위스인 야콥 스프렝거가 쓴 것이다. 종교재판소의 의뢰를 받아 만든 이 책에는 마법사의 관행과 마법사를 알아내기 위해 따라야 할 방법이 설명되어 있다. 특히 "마녀"는 "만족할 줄 모르는 성기"를 가지고 있어서, 안식일 때 난교 파티를 벌이고 악마와 성교하며, 대지와 동물을 황폐하게 만들고 남자를 무력하게 만든다고 쓰여 있다. 여기에서 "누에 래귀에트nouer l'aiguillette"*라는 프랑스어

---

* 결혼 초야를 치르지 못하게 방해하는 저주(*Dictionnaire de l'Académie française*, 1935), 남자를 불능으로 만드는 마술(*Dictionnaire de l'Académie française*, 9ᵉ édition).

표현이 나왔다고 전해진다. 이러한 설명은 일부 종교재판관의 성적 환상을 반영하는 게 틀림없다. 유럽의 '마녀 사냥'은 수만 명의 목숨을 앗아갔으며, 희생자 대부분이 여성이었다. 20세기까지 역사가들은 주로 남성이었기에 드문 경우를 제외하고는[214] 이 사건을 박해자의 관점으로 해석했는데, 이로써 자신들을 정당화하고, 희생자들이 미쳤거나 환각 상태에 빠졌다고 생각해 이들의 신뢰도를 훼손했다.[215] 역사가들이 희생자들을 무관심하게 다루는 이유가 피해자 대부분이 농촌 여성이었다는 사실로 일부 설명될 수 있겠다. "암묵적인 동조를 가볍게 다루는 무관심, 그녀들을 장작불 위에 올려놓고 물리적으로 제거한 것을 일반적인 사건이었다고 하고, 이것이 사소한 현상이었으며 심지어 민간에서 벌어진 사건이었다고 생각하게 만들어 역사의 페이지에서 삭제하고 있다."[216]

《마녀》에서 쥘 미슐레는 19세기의 동료들과는 완전히 다른 해석을 내놓았다. 마녀 사냥은 고대 이교도 의식을 근절하는 역할을 했지만, 폭력에 직면한 여성의 반란 행위였다는 것이다.[217] 한 세기 후, 페미니스트 운동은 미슐레의 뒤를 이어 이것이 사회 구조와 "가부장제 사회의 이상적인 여성상"[218]을 감히 위협한 사람들을 제거한 "여자 사냥"이라고 말한다. 영국의 역사학자 앨리슨 롤랜즈가 지나치게 급진적인 페미니즘 분석에 대해 경고하는 것은 "페미니즘이 마술에 대한 비난에서 보이는 젠더적 특성을 투영하는 유용한 통찰력으로 연구하는 것, 특히 가부장제 분석과 연관시키는 연구"[219]를 남성 역사가들이 단념하게 만들지나 않을까 하는 걱정 때문인데, 마녀 사냥꾼들이 깨고 싶었던 것은 여성의 독립에 대한 의지다.

의학 이론들도 여성을 정치, 과학, 문학, 예술 분야에서 배제하게 만드는 데 큰 영향을 주었다. 이른바 본질에서 연약하기 때문에 여성들은 도움과 보호가 필요하며, 오직 남성들만이 이를 제공해줄 수 있다는 것이다.[220] 일부 의사는 이러한 주장을 합리화하기 위해 심지어 이렇게까지 말했다. 여자들은 멀리 갈 수 없으니 한 곳에서 지내는 생활이 맞고,[221] 남자보다 몸집이 작으니 이들보다 적게 먹어도 된다고 말이다![222] 이 저명한 학자들에게 이 문제는 지배의 문제가 아니었다. 여자들 스스로가 "특성"을 인지하고 "남자들이 바깥일과 정치, 사회적인 일을 담당하도록 두었고, 자신들은 가족 내부의 일을 맡았다는 것이다. 여성은 집안이라는 안락한 영역에서 훌륭하고 감동적인 존재가 된 것이다."[223] 한편 줄리앙-조셉 비레이는 "자유에 접근할 능력을 갖추지 못하도록 여자를 관리하면, 자유로운 남자들은 여자를 대표할 수 있는 잠재력을 확보하게 될 것이다"[224]라고 속마음을 털어놓기까지 했다.

이렇게 해서, 성공을 거둔 여러 책이 증명하듯 여성은 가정 내부에 틀어박히게 되었다. 1393년 무렵,[225] 중년에 접어든 파리의 한 유산층 남자는 자신의 15살짜리 아내를 위해 《파리의 가정》을 썼다. 그는 성경을 자주 인용하면서,[226] 소녀들과 젊은 부인들이 해야 하는 집안일, 사회와 결혼의 의무를 자세히 다루고 있다.[227] "부인은 공손하고 남편에게 복종해야 한다. 남편을 염려하고 남편의 용모에 신경 써야 한다.[228] 부지런하고 참을성 있게 집안일을 돌보아야 한다."[229]

《백과전서》에 "지식Savoirs" 항목이 오롯이 여성적인 비유의 형태로 쓰여 있다면, "여성Femmes" 항목에는 상반되는 구절이 들어 있다. 일부에서는 여성을 생물학적인 성에서 추정되는 자질로 제한하고,[230] 다른 곳에서는 여성의 정치와 과학적 능력과 교육에 대해 다루고 있다.

> 여성(도덕): "여성에게 있어 교육은 많이 받을수록 나쁘고 적게 받을수록 유용하다. 이렇게 교양 없는 존재가 그렇게 많은 미덕을 만들 수 있고, 나쁜 악의 씨앗도 없다는 사실에 놀랄 것이다. …남성이 여성을 다스리게 만든 권리를 부여한 것은 자연인 듯하다. 여성은 이를 극복하기 위해 예술의 도움을 받았다."[231]

다른 두 항목에서는 일반적으로 인정되는[232] 여성의 남편에 대한 복종과 가정에만 머무르는 것에 대해 반론을 제기한다.

여성(자연법): "남편과 부인이 사실은 자신들의 사회에서 같은 이해관계를 갖고 있음에도 불구하고, 지배권이 한쪽에 속해 있는 것이 핵심이다. 따라서 문명국가의 실정법, 유럽의 법과 관습은 이러한 권리를 만장일치로, 그리고 전적으로 남성에게 주고 있다. 남성이 정신적으로나 육체적으로 더 힘이 있어서, 세속적인 일이나 종교적인 일에서 모두 더 많이 공헌할 수 있다고 보는 것이다. 따라서 여성은 가정 내 모든 일에서 반드시 남편에게 복종하고 그의 명령을 따라야 한다는 것이다. 이것이 고대와 현대의 법학자들이 갖는 생각이고, 입법자들의 공식적인 입장이다. 그리고 성경은 여성에게 주인을 섬기듯 남편에게 복종하라고 권하고 있다. 그러나 혼인의 권리에서 우리가 지금까지 내세웠던 이유를 인도적으로 말하자면, 이를 반박할 수 없는 것은 아니다. 이 책의 특성상, 우리는 이에 대해 과감하게 말할 수 있다. 첫째, 남편이 갖는 권리가 자연에서 왔음을 입증하기는 어려울 것이다. 이러한 원칙은 인간이 자연적으로 평등하다는 것에 어긋나기 때문이다. 이 때문에 우리가 유일하게 주장할 수 있는 것은, 남성이 현재 그 권리를 가지고 있다는 것이다. 둘째, 남성이 체력, 지혜, 지성, 도덕에서 늘 여성보다 강한 것은 아니다. 셋째, 성경의 가르침은 꽤 법의 형태로 되어 있기는 하지만 실정법이 아니다. 그러므로 우리는 부부 사이나 민법상으로 어떤 형태의 복종도 없다는 것을 지지한다고 말할 수 있다. 따라서 자연법과 종교가 반대로 아무것도 결정하지 않는 한, 민법을 바꾸는 것을 특정 관습이 막을 수 없다. 그러나 민법의 원칙을 알고 있음에도, 조건 없이 결혼을 계약한 여성은 이러한 민법에 암묵적으로 복종한 것이라는 점도 지적하고자 한다."[233]

19세기에 접어들어 의사, 철학자, 정치인들이 가지고 있던 개념이 종합되면서, "성차별주의 이론"이 등장한다. 피에르 카바니스는 "여성은 과학과 예술을 다루기에 본질에서 적절하지 않다. …따라서 여성이 남성과 같은 교육을 받을 필요가 있을까?"[234]라고 질문을 던지고 있다. 여기에 대해 체사레 롬브로소는 "아니요"라고 대답하고 있다. 그 시대의 많은 남성이 그랬듯 여성이 교육을 받게 되면 가정과 출산에서 벗어나려는 위험이 있을 것으로 생각했기 때문이다.[235]

여성은 교육을 받아야 할까?

여성의 교육이라는 문제가 15세기에 처음 등장한 이후 400년 동안, 이 주제는 치열한 논쟁거리가 되었다. 성, 계급, 빈부 차이가 없는 체계적이고 동등한 교육은 아주 최근부터 시행된 것이다. 수백 년 동안 여성의 교육은 가사와 덕성을 배우는 것으로 한정되어 있었다.

서양에서, 갈로-로마 시대의 교육은 헬레니즘 식으로 부유층만 받을 수 있었고, 여자아이들은 프리무스 마가스테르(초등 과정)과 그람마티쿠스(중등 과정)에 입학할 수 있었지만, 그 이상의 고등 교육은 남자아이들만 받을 수 있었다. 6세기부터 이 "고대"의 학교는 가톨릭교회 학교로 전환되어 교회가 교육을 거의 독차지하게 되었다. 중세의 여자아이들은 덕성, 경애심, 품위 과목만 교육받게 된다.[236] 15세기 초반이 되자 동등한 교육을 주장하는 사람들이 등장하기 시작한다. 크리스틴 드 피장은 자신의 유명한 책 《여성들의 도시》에서 스스로 질문을 제기한다. "(여성의) 정신은 할 수 있을까? 나는 정말이지 그 답을 알고 싶다. 남자들이 여자는 지적 능력이 약하다고 말하기 때문이다. 그녀(이성 부인Raison)가 내게 답한다. '…남자아이들이 하듯이 여자아이들이 학교에 가서 다양한 학문을 체계적으로 배우는 관습이 있었다면, 그 아이들도 모든 예술과 과학의 어려움을 배우고 이해했을 것이고, 남자아이들보다 더 뛰어날 수도 있었을 거야.' …이성 부인이 이 주제에 대해 말하는 것을 들으면서, 나 크리스틴은 이성 부인에게 이렇게 답한다. '부인, 저는 학문과 예술에서 교육을 받은 많은 여성을 찾을 수 있다는 것을 알고 있습니다. 그러나 통찰력을 가지고 지식, 지적 능력 또는 능숙함으로, 이전까지는 고안되지 않거나 몰랐던 새로운 기술이나 필요하고 적절하고 유용한 학문을 스스로 만들어낸 사람을 당신이 전혀 모르는지 묻고 싶네요.' 이성 부인이 내게 답하기를, '여성의 지적 능력과 능숙함으로 순수 학문뿐 아니라 기술과 과학에서 상당히 많은 발견을 했다는 것이 남아 있는 기록으로 충분히 입증돼요. 손으로 하는 작업이나 수공업을 보아서도 기술 분야에서도 확인되지요.'"[237]

르네상스 시대에도 여자아이들은 계속해서 종교 교육을 받았다. 1523년, 에스파냐의 신학자 후안 루이스 비베스는 《기독 여성의 교육》에서 도덕적인 내용의 책을 읽고 쓰는 교육을 귀족 여성들에게 추천한다. 그러나 유혹을 피하고 가족의 명예를 망가뜨릴 수 있는 험담에서 벗어나게 하라면서, 이 아이들이 최대한 집 안에 머물도록 하라고 충고하고 있다. 그의 책은 널리 유포되었고, 유럽의 인문주의자들 사이에서 큰 성공을 거두었다. 16세기와 17세기에는 좋은 집안의 여자아이들만 교육을 받을 수 있었다. 교육은 주로 수녀원에서 이뤄졌는데, 읽기와 쓰기, 기독교 교리를 배웠고 가끔 라틴어를 배우기도 했다. 이곳에서 여자아이들은 특히 가사와 기독교 교리를 배웠다. 좋은 아내이자 어머니가 되어 기독교적 가치를 자신의 딸들에게 전해주려는 목적이었다. 몇몇 초등학교, 특히 프랑스 북쪽에 있는 학교에서는 가난한 귀족이나 시골 소시민 계급의 여자아이들도 학교에 다닐 수 있게 해주었다. 남녀공학 학교에 크게 충격을 받은 교회는 이런 학교를 비난했고, 이들은 17세기부터 차츰 사라졌다. 이 시대의 일반적인 생각과 맞서서, 페넬롱은 여자아이의 교육도 남자아이의 교육만큼이나 공익을 위해 필요하고 중요하다고 주장했다. 이 성직자는 《소녀 교육론》(1687)에서 여성에게 교육, 지식, 즐길 줄 아는 재능이 필요하다고 했다. 자연과 사회가 여성에게 부여한 모든 의무, 특히 아이를 양육하는 의무를 성공적으로 완수하려면 이러한 능력이 필요하다고 단언한 것이다. 그의 견해에 따르면 여성들이 문명을 전파하는 역할을 한 것이다.

계몽주의 시대에 "좋은 집안"의 여자아이들은 초등학교에 갈 수 있었고, 드물게 중등학교(또는 중학교collège)에 갈 수도 있었지만, 고등학교는 허락되지 않았다. 1762년, 장-자크 루소는 《에밀》에서 여자가 해야 할 의무에 관해 이렇게 썼다. "여자와 남자는 서로를 위해 있지만, 상호 의존성은 똑같지 않다. 남자는 자신들의 욕망을 위해 여자들에게 기댄다. 여자들은 그들의 욕망과 필요 때문에 남자에게 의지한다. 우리가 그녀들 없이 존재할 수 없듯이 그녀들도 우리가 없으면 있을 수 없다. …법과 자연에 따라 여자 자신들뿐 아니라 아이들까지도 남자의 판단에 달려 있다. …이 때문에 여성들의 교육 체계는 우리가 받는 것과 달라야만 한다. 세

간의 평판은 남자에게 미덕의 무덤이지만 여성에게는 왕좌다. …따라서 여자가 받는 모든 교육은 남자와 관계 있어야 한다. 남자들을 기쁘게 해주고, 그들에게 유용해야 하며, 그들을 사랑하고 영예롭게 만들어주어야 한다. 아이들을 길러 장성하게 만들고, 그들에게 조언하고 그들을 달래주고 그들의 삶이 즐겁고 달콤하게 해주어야 한다. 이것이 여자들이 언제나 해야 할 의무이고 우리가 어려서부터 가르쳐야 할 것이다."

일부 국회의원이 양성평등을 위해 싸우기는 했지만, 프랑스혁명도 여자의 권리와 남녀교육의 평등을 크게 바꾸어놓지는 못했다. 1804년에 공포된 나폴레옹 민법은 혁명기 동안에 그나마 여성들이 얻었던 미약한 권리마저 앗아버렸다. 여자아이들은 중등교육을 받을 수 없게 되었다. 다만, 가난하거나 전쟁고아로서 부모, 조부모, 증조부모가 레지옹 도뇌르 훈장을 받은 경우는 예외였다.* 제르멘 드 스탈은 여러 편의 소설을 통해서 이런 부당함을 고발하고 있다.[238] 이 철학자가 보기에 "지성을 갖춘 여성"은 사회적인 제약과 가부장적 제도의 희생자였다. "천재적인 남자는 권력자가 될 수 있다. 이런 점에서 야심가와 어리석은 자들이 그를 소중히 여긴다. 그러나 지적인 여성은 이들이 가장 관심이 없는 것,

---

* 1805년 12월 15일 칙령으로 나폴레옹이 만든 레지옹 도뇌르 학교에 입학했다.

다시 말해서 새로운 생각이나 고상한 감정이나 얻으려고 부르는 것이다. 여성의 유명세는 골치 아픈 소음일 뿐이다. 영예 역시 어떤 여성에게는 비난이 될 수 있는데, 영예와 여성이라는 자연적인 운명이 대비되기 때문이다. …지적인 남성은 여성 중에서 적수를 만나게 되면 놀라서, 도전자의 아량이나 보호자로서의 관대함으로 여성들을 판단할 줄 모른다. 이 새로운 싸움에서 그들은 명예의 법이나 선함의 법을 따르지 않는다. …이것이 전부가 아니다. 남성이 여성에 대해서 마땅히 해야 한다고 알려진 것이라도, 지적인 여성은 그렇게 대해주지 않는 것이 일반적인 분위기인 듯하다. 여론에서 복수하라고 한 것도 아닌데, 사람들은 지적인 여성에게 무례하고, 잘난 척하고, 퉁명스럽게 굴 수 있다. 그녀는 특별한 여자가 아닌가? 다들 이렇게 답한다. 사람들은 이렇게 특별한 여자를 자신들에게 주어진 고유한 권력 안에 가둬놓고, 고통스럽게 싸우도록 두는 것이다."[239]

스탈의 주장은 아무런 반응도 얻지 못했다. 이 논평이 발간되고 1년이 지난 뒤, 진보적이라고 알려졌던 혁명파 언론인 실뱅 마레샬이, "이성Raison"의 이름으로 자세히 규정한 〈읽을 줄 아는 여성으로 인해 남녀에게 발생한 중대한 불편함〉이라는 법안을 주저하지 않고 제안한다. "이성의 이름으로, 여자는 절대로 독서를 하거나 펜을 잡으면 안 된다"(1조). 그러나 "바늘, 방추차, 물레의 토리개는 잡아도 된다"(2조).

이성은 "각각의 성이 마땅히 있어야 할 자리에 있고 그 자리를 지키기를 원한다"(3조) "남편이 여자들에게 있어서 유일하고 진실된 책으로, 여자는 밤낮으로 자신들의 운명을 읽어서 배워야 한다"(12조) "이제부터는 화류계 여자만이 지식을 갖추고, 지성이 있으며 예술을 아는 여성스러운 존재로 용인된다"(47조). "책에 집착하는 여자들은 아이를 낳지 못하게 해야 한다"(66조). 그리고 "딸을 잘 키우기 위해 가정의 어머니가 읽을 줄 알아야 할 필요가 없다고 선언한다"(22조). "여자는 사랑스럽고 정숙하도록 태어났지, 예술의 장인이 되거나 학자가 되기 위해 태어난 것이 아니다"(11조).[240]

실제로 많은 남자가 여자아이들이 교육을 받으면 사랑스러운 부인과 헌신적인 어머니라는 미덕을 잃어버릴 것을 두려워했고, 더 나아가 자신의 가족에 맞설 것을 걱정했다. 나중에 쥘 미슐레가 썼듯이, "교양 있고 남자들이 원하는 여자는 반드시 남자에게 속해 있어야만 했고,"[241] "우리는 항상 사교계의 좋은 역할에 관해서 얘기하지만, 이들이 방해하고 억누르고 있었던 정신에 대해서는 거의 언급하지 않는다."[242] 19세기 내내 성차별적인 교육을 두고, 동등한 교육을 받기 위해 많은 여성이 투쟁을 벌였고, 일부 남성들도 여기에 동조한다. 제2 공화국[243] 때 진전이 있기 시작하며, 특히 제2 제정 때 큰 변화가 일어난다.[244] 드뤼법(1867년 4월 10일과 10월 30일)은 인구 500명 이상의 코뮌에서 여자아이들을 위한 초등학교와 중등학교를 세울 것을 의무로 했지만, 실제 교육 내용은 가사노동과 육아 방법처럼 여성에게 할당된 사회적 역할에 따라 정해졌다.[245] 남녀 간의 교육적 차이를 개선하기 위해 앙드레 레오로 불렸던 빅투아르 베라는 1866년 여성교육향상협회를 만들게 된다. 이 소설가는 다음과 같은 아주 유명한 문구를 만들었다. "여성을 물건으로 보는 것에 반대한다. 단순한 꽃받이로 보는 것에 반대한다. 여성은 아이의 몸처럼 아이의 감성과 정신을 만든다. 노예는 노예를 만들 뿐이다."[246] 클레망스 루와이에[247]는 남녀의 교육이 너무 달라, 여성들이 사용하는 어휘가 제한적이어서 "대화에 참여하거나 모든 책을 읽지"[248] 못하게 만들었다고 한다. 이 여성들은 자신들의 대의를 지지해줄 사람을 만나게 되는데, 바로 줄 페리다. 페리는 1870년부터 양성이 평등한 교육을 주장했지만,[249] 여자아이들의 교육 과정은 여전히 남자아이들의 것과 달랐고, 대학입학자격시험baccalauréat을 준비하지 않고 졸업증명서(고등교육 수료증brevet supérieur)[250]를 준비하곤 했다. 하원의원 카미유 세는 1880년 1월 24일 하원에서 이런 상황에 대해 분명히 지적하고 있다. "우리가 세우고자 하는 학교는 자연이 여성에게 준 소명을 빼앗으려는 것이 아닙니다. 이들이 아내, 어머니, 가정의 여자 주인으로서 수행해야 하는 일들을 더 잘할 수 있도록 하려는 것입니다. 이것은 편견이 아닙니다. 자연 그 자체가 여성을 가정이라는 틀 안에

가두고 있습니다."²⁵¹

마침내 1924년 법령에 따라서 여자아이들은 남자아이들처럼 중등교육을 받을 수 있게 되지만* "가정 경제"와 "바느질"이 필수 과목이었다! 1920년대부터 유산층의 여자아이들은 대학입학자격시험을 치를 수 있게 되었으나, 직업을 목적으로 공부를 계속하는 것은 나쁘게 평가된다. 시몬 드 보부아르는 《처녀 시절》에서 여자들의 자리는 가정 안이었고 그녀들의 역할은 사교계에서 재치를 발휘하며 반짝이는 것이었다고 말하고 있다.

성차별주의 이념의 탄생

계몽주의 철학은 신성이 아닌 "인간의 본성"이라는 특정한 개념을 주장했다. 그렇지만 18세기 사회에서 여성이 차지한 위치는 거의 바뀐 것이 없었다. 오히려 이 시기에 "성차별주의 이념idéologie sexiste"이 발달해 19세기에 최정점에 이르게 된다. 대부분 철학서는 여성의 자질을 정형화된 모습으로 이해하고 있는데, 곧 여성에게는 연약한 특성이 있으며,

---

* 레옹 베라르(1876~1960), 교육예술부 장관이었다.

이것은 자연적으로 부여된 것으로 가정하고 있다.[252] "여성은 대체로 예술을 좋아하지 않으며, 아는 것도 없고, 타고난 재능도 없다."[253] 《백과전서》의 '성'이라는 항목의 도입부에서 볼 수 있듯이, '아름다운 성'은 우리가 보통 여성에게 붙이는 수식어가 아닌가?[254]

19세기에는 의학 이론이 힘을 기본 개념으로 하는 남성적 구조를 주장하고 지지하면서, 이것이 뿌리를 내리게 되었다. 남자는 활동적이고, 원기가 왕성하고, 힘이 세야 했다. 그리고 피곤함이나 고통도 잘 견디는 용감한 사람이어야 했다.[255] 이러한 남녀 간의 특성 차이는 가정, 학교, 작업 현장, 작업실 또는 공장에서 담당하는 작업의 분배에 대한 담론을 정당화시켰다.

19세기의 실증주의 철학은 인간 개개인을 특성에 따라서 서로 다른 사회 계급으로 나누고 이것을 계층화하는 데 주도적인 역할을 했다. 진화주의 인류학자들이 설정한 "인간의 단계"에서, "열등한 인간"은 "문명화된" 기준에 가까워져야만 했다. 그 기준은 서구의 백인 성인 남자로, 이들이 "단계"의 가장 꼭대기에 있었다. 이 이론을 지지한 사람들은 "열등한 인간"을 지배하는 것이 전혀 부당하다고 생각하지 않았다. 이것이 너무나도 "자연스러운" 일이었기 때문이다. 따라서 정의된 기준에 가까워지려면, 여성을 포함한 다른 사람들은 "문명화"되어야 할 것인데,[256] 이론가들 대부분은 "사회적 변형이나 교육 정책으로 해결책을 찾아보아도" 소용이 없다고 생각하고 있다.[257] 이러한 열등한 상태는 결정적이고 뒤집힐 수 없는 것으로 이해했기 때문이다. 수많은 정치인은 이런 논리들을 가지고, 열등한 사람에게 동등한 권리를 주는 것을 거부하는 것을 합법화시켰다. 여성에 대한 자신들의 권리를 유지하기 위해, 여성이 공적인 일에 참여하는 것을 막으려고 서둘렀다. 하원의원 앙드레 아마르는 여성이 "높은 단계의 사유와 심각한 개념을 가질 능력이 없다"라는 구실을 댔다.[258] 그러나 사실은 여성들이 "가정을 돌보지 않게 되지 않을까" 두려워한 것이 가장 큰 이유였다.[259]

20세기가 되어 여성들이 사회주의 운동의 부상에 동참했는데도, 많은 남성 지도자들은 성적 평등 요구를 거부했다. 여성에 대한 보수적인 제안으로, 이미 여러 번 언급되었던 프루동은 자유로운 여성[260]의 자리에 대해 특히 반동적인 제안을 했다. 프루동은 여성 해방을 적극적으로 반대했고, 여성이 집안에 남아 있어야 한다고 주장했다. "여성은 본질에서 그리고 운명적으로, 협력자, 시민, 공적 업무를 맡을 존재가 아니다"라는 것이 그 이유였다.[261] 한발 더 나아가, 그는 여성을 "집안에 가두어둘 것"[262]을 주장하기도 한다. 여성에 대한 편견은 수많은 지식인의 글에도 생생하게 남아 있다. 독일의 철학자 아르투어 쇼펜하우어(1788~1860)는 그 시대 인물 중에서도 여권신장을 제일 반대했던 사람이다. "여자에게서 드러나는 유일한 모습은 지적인 업적에 어울리지 않고, 물질적인 업적에도 어울리지 않는다. 그녀들이 특출나게 잘할 수 있는 일은 어린아이들을 돌보고 기르는 일이다. 유치하고 쓸모없고 머리가 아둔하기 때문이다. 여자들은 평생 몸집 큰 어린이로 남아 있는데, 이를테면 아이와 어른의 중간 단계라 하겠다. 여자가 어리석은 이유는 이러한 장단점에 관심이 없기 때문이다. 그녀는 일종의 직관으로 사물을 꿰뚫어 볼 수 있는 지적 근시 때문에 괴로워하지만, 시야 자체가 제한되어 있으며, 절대로 여기에서 벗어나지 못한다."[263]

쇼펜하우어는 장-자크 루소와 영국의 시인 바이런(1788~1824)[264]을 들먹이면서 "이 추한 성적 존재는 사실 아름다움에 대한 감각이 없다. 여자들이 예술을 사랑하는 척하는 것은, 오로지 남자들의 마음에 들려고 하기 때문이다"라고 한다. 스웨덴의 극작가 아우구스트 스트린드베리(1849~1912)*와 프랑스의 옥타브 미르보(1848~1917)처럼 억압받는 사람들의 편을 들어주던 많은 작가도 남성의 지배를 정당화하기는 매한가지였다. 레옹 도데의 표현에 따르면[265] 옥타브 미르

---

* 장-자크 루소의 열렬한 지지자이자 악명 높은 반여성주의자로, 증오와 어이없는 추정으로 가득한 《여성의 열등성에 대하여》라는 소책자를 1895년에 발행했다. 그는 유사과학 자료를 근거로 활용했는데, 특히 의사인 체사레 롬브로소와 인종차별주의자이자 반여성주의자인 프란츠 푸르너-베이의 주장을 이용했다.

보의 여성에 대한 혐오는 산부인과 공포증과 맞닿아 있다. 미르보가 자유주의 언론가 세브린[266]에 대해 작성한 칼럼에 이런 면모가 잘 드러난다는 것이다. "세브린은 자연이 여성에게 준 사슬을 끊고, 일반적인 관념의 극치에 오른 유일한 여성일 것이다. 여자는 신경질적인 감각과 무의식적인 연민을 가진 존재여서, 지적 특수성과 도덕적 특수성 안에 갇혀 있는 경우가 많다. 하나의 특정한 사건에서, 마음을 충족시킬 수 있는 필요한 요소 하나를 골라서, 자신의 마음이 확장시킬 수 있는 꽤 넓은 영역을 발견하고 있다."[267]

1879년에 발표된 노르웨이 극작가 헨리크 입센의 《인형의 집》은 시대적 윤리와 충돌했고, 유럽의 많은 지역에서 극심한 논란에 휩싸였다. 입센은 영국의 철학자이자 경제학자인 존 밀의 《여성의 예속》(1869)을 읽고, 가족이라는 굴레에서 벗어나고자 하는 여성을 지지하게 된다. "현대 사회에서 여성은 여성 자체일 수가 없다. 남성이 법을 만든 남성을 위한 사회이다. 변호사들과 판사들은 여성의 행동을 남자의 시각에서 평가한다."[268] 노르웨이 내부의 사회적 순응과 동시대인들의 도덕적 엄격함에 맞서서, 입센은 은행가의 아내이자 가정을 떠나는 노라라는 인물을 통해* 타자에게 의존하는 것, 경제적 능력에 따른 예속, 순종을 강요하는 도덕과

---

* 친구인 여류 소설가 로라 키일러에게서 영감을 받았다.

정서를 고발했다.

인류학에서 성차별주의 이념은 20세기 중반까지 계속되었다. 1980년대부터 다수의 미국 인류학자들[269]이 인류학적 사유[270]에서 드러나는 남성 중심성에 관해 의문을 표했고, 여성을 자연주의적 개념으로 이해한 것을 기반으로 한 남성적 지배의 합법성에도 반론을 제기했다. 이들은 사회·역사적 맥락에 따라, 즉 생산 양식의 변화, 엘리트와 계급의 등장 등 남녀의 성적 불평등이 나타나는 조건들을 주로 연구했다. 프리드리히 엥겔스*의 100년 뒤에 이런 시각이 등장한 것이다. 엥겔스는 사회적 요인은 역사의 흐름에 따라서 바뀔 수 있고 특정한 시기에만 나타나는 독특한 요소가 있다는 것을 주목하고, 이것을 여성의 복종과 어떤 관계인지 살피고 있다. 이런 생각은 사냥-채집 사회처럼 일부 사회에서는 남녀가 평등하다는 점에서 증명되고 있다.[271]

---

* 원시사회에서 여성은 자유로울 뿐 아니라 상당히 존중되었다고 했다. 프리드리히 엥겔스, 《가족, 사유재산, 국가의 기원》, 1884.

3장
선사시대 여성의
재발견

제1차 세계대전 이전까지 여성 선사학자는 전혀 없었다.[1] 1950년대까지도 대부분의 연구 분야가 그랬듯이 고고학 분야에서 여성 연구자는 극소수였고,[2] 유명 대학에서 교수 자리를 얻은 여성도 거의 없었다.* 인류학에서와 마찬가지로, 페미니스트들을 중심으로 고고학의 남성 중심적 성격을 규탄하는 목소리가 커졌다.[3] 이러한 변화의 움직임이 '젠더 고고학archéologie du genre' 또는 '페미니즘 고고학archéologie féministe'이

---

* 이런 이들 중 영국의 도로시아 바테와 도로시 개로드가 있다. 바테는 고생물학자로 포유동물 화석을 연구해 기후를 복원하는 선구자였으며, 여성 최초로 1937년 케임브리지 대학의 정교수로 임명되었다. 개로드는 1939년 케임브리지 대학의 고고학 정교수로 임명되었는데, 특히 근동지역의 구석기 연구로 유명하다. 두 사람 모두 1920년대에 팔레스타인 지역 발굴에 참여했고, *The Stone Age of Mont Carmel, volume I, partie 2: Paléontology, the Fossil Fauna of the Wady el-Mughara Cave*를 1937년에 공동으로 출간해 새로운 시대를 열었다.

라는 이름으로 알려졌고, 과거 사회에서 인간의 관계, 특히 양성 간의 권력 관계를 분석하고 있다. 이는 참여적인 사유로 고고학 자료의 해석에서 중요하게 여기는 구조를 밝힐 수 있도록 해준다. 고고학 유물과 선사시대 예술은 여성의 역할, 지위, 행동 양식뿐 아니라 본질주의라는 조직적인 방식으로 해석되어왔는데, 특히 남성적 시선을 통해 해석되고 있다. 젠더 고고학은 이러한 규범을 흔들게 될 것이다.

이러한 개념은 고고학자 리브 도만슨즈[4]의 연구로 1970년대 중반[5] 노르웨이에서 탄생한다. 이후 십여 년간 젠더 고고학은 미국의 고고학자 마거릿 콩키, 재닛 스펙터, 조안 게로를 중심으로 발달해왔다.[6] 이들은 여성 연구자에게 발굴 조사현장보다는 연구실 근무를 권장하는 고고학계의 실상을 비판한다.[7] 고고학은 남성적인 이미지를 대표하는 '과학계의 카우보이'[8]다. 성에 따른 노동의 분업을 우선으로 다루며, 도구와 무기의 생산, 사냥, 전쟁처럼 높이 평가받는 활동을 남성에게 부여한 연구 방향을 비판한다.

이러한 입장을 지지하는 사람들에게 젠더는 시기와 문화에 따라 달라지는 사회적 구조다.* 그들은 남성적 가치를 중

---

* 생물학적 성sex은 이문화interculturel, 異文化 개념이 아니다. 이는 서구 고고학자들이 개념을 정의한 것이어서 모든 문화에 적용할 수 없다. 몇몇 현지 작업에서는 일부 비서구 사회에 있는 제3, 제4 유형까지 확장하면서 이분법적으로 남성-여성으로 분류하는 것에 대해 문제를 제기했다.

심으로 구성된 현대 서구사회의 규범을 과거 사회에 적용한 것을 비판하는 한편, 생물학적 결정주의* 관점으로 과거 사회를 해석한 것, 특히 노동의 분배를 해석한 것을 비판한다.[9] 그러나 이러한 견해에 반대하는 사람들은, 성sex은 생물학적으로 결정되는 것이기에[10] 이런 움직임을 무엇보다도 전통 사회의 기반을 "무너뜨리려는" 목적을 가진 이데올로기로 본다. 캐나다의 고고학자 브루스 트리거는 젠더 고고학이 "필요한 부분이고, 지금까지의 모든 고고학을 통합하는 것"[11]이며, 고고학에 크게 이바지한다고 생각한다. 부분적으로나마 과거 사회에서 여성의 역할과 지위를 알 수 있게 해주기 때문이라는 것이다. 이는 안 오그로,[12] 클로에 벨라르,[13] 카롤린 트레모[14]와 같은 고고학자들의 최근 연구 목표기도 하다.

선사시대의 여성

아주 드문 사례를 제외하고, 1974년 루시**가 발견되기 이전까지 선사시대 여성에 대한 논쟁은 없었다. 고인류학자

---

* 게다가 사람 뼈의 성sex을 늘 판별할 수 있는 것은 아니어서, 일부 논문처럼 경험에 의거해 자의적으로 분류되기에 해석을 왜곡시킨다.
** 국제조사팀이 거의 완전한 상태의 오스트랄로피테쿠스 아파렌시스 화석을 에티오피아의 하다르 유적에서 발견했다. 318만 년 전으로 연대 측정되었다.

이브 코팡스는 이 화석에다 인류의 "할머니"라는 별명을 붙여주었다. 이것은 1980년대에 미국의 유전학자들이 "아프리카의 이브Ève africaine" 가설을 제안하는 배경이기도 하다.

18세기가 끝날 때까지 연구자 대부분이 인류의 기원은 한 곳이며 같은 장소라고 주장했기에, 인류의 탄생지는 아프리카든 아시아든 어딘가 제한된 지역 한 곳일 수밖에 없었다. 인류 단일기원설monogénisme이라는 이 가설은 성서와도 일치하는데, 성서에는 모든 인간은 신이 창조한 아담이라는 남자와 이브라는 여성의 후손이라고 되어 있기 때문이다. 2000년대에 몇몇 연구자는[15] 어머니를 통해서만 전달되는 미토콘드리아 DNA ADN mitochondriaux, ADNmt를 연구해서 인류의 공통 조상을 밝히려고 시도했다.* 이것이 '미토콘드리아 이브' 가설의 시작이다. 15만 년 전 한 여성이 아프리카 사하라 사막 근처**에 살았고, 그래서 연구자들은 '아프리카의 이브'라는 별명을 붙였다. 그녀에게는 7명의 "딸들filles"이 있었고, 여기서 지금의 여성이 태어났다는 것이다.*** 이는

---

* 계통발생학에 따라 인구 집단 또는 종 사이의 친연 관계를 연구했다.
** 미토콘드리아 DNA 내부의 돌변이의 속도 계산에 기초한다. 분자시계 가설에 따르면, 돌연변이는 지질학적 시간에 전 세계적으로 비례하는 비율로 게놈 안에 축적된다.
*** 한편 Y염색체(핵 DNA)를 연구하면 현생 인류의 공통된 남자 조상을 확인할 수 있을 것이다. '아담'이라고 불리는 그는 아프리카에 살았을 것이지만, 겨우 3만 9,000년 전이다!

성서에 등장하는 이브의 귀환이라는 진화의 "아담 중심적 adamique" 관점과 일치하지만, 이제는 파기된 가설이다.*

선사시대에 여성이 차지했던 진정한 자리를 찾기 위해서는, 고고학자들이 상상이나 가설이 아니라 사람 뼈 등을 비롯해 발굴로 찾은 유물과 후기 구석기시대(호모 사피엔스)**의 '예술가들'이 남겨놓은 '이미지', 특히 여성을 표현한 것을 근거로 해야 할 것이다. '예술가'라는 용어가 너무 현대적이기는 하지만, 이러한 표현 예술 중 상당수는 사회문화적 의미나 상징적인 의미 이상을 나타낼 가능성이 있다.

---

* 지금까지 발견된 호모 사피엔스 화석 중에서 가장 오래된 것은 30만 년 전의 것으로 모로코에서 발견되었다. 아프리카인의 게놈의 mtDNA는 매우 다양한 것으로 관찰되기 때문에, 호모 사피엔스는 아프리카 한 곳에서 기원했을 것이라는 가설이 제시되었다. Andrea Manica *et al.*, 《The effect of ancient population bottlenecks on human phenotypic variation》, *Nature*, vol. 448, p. 346-348, 2007.

** 유럽의 후기 구석기문화는 4만 3,000년 전 무렵 시작되어 1만 년 전에 종료된다. 이 시기는 아프리카에서 건너온 해부학적 현생인류(호모 사피엔스)가 네안데르탈인을 대체하고, 다양한 문화가 나타나는 점이 특징이다. 서유럽에서는 샤텔페로니안 문화, 울루지안 문화, 오리냐시안 문화, 솔뤼트레안 문화, 그라베티안 문화, 막달레니안 문화가 있었다. 뼈, 사슴과 짐승의 뿔, 매머드의 상아로 만든 도구와 무기가 사용되었고 장신구, 지닐 예술품과 동굴 예술도 발달했다.

알몸으로 표현된 여성

구석기시대 사람들은 사람이나 그 생식기(외음부와 남근)를 동굴 벽이나 돌에 그리거나 새기거나 조각했다. 뼈, 사슴뿔, 돌처럼 이동할 수 있는 소재를 활용하기도 했다.[16] 동굴 벽에 표현된 것인지, 이동할 수 있는 소재에 만든 것인지에 따라 다르긴 하지만, 여성을 가장 많이 표현해서, 전체의 80~90퍼센트를 차지한다. 여성을 표현한 것은 유럽 전체와 시베리아에 걸쳐 90곳 이상의 유적에서 발견되었다.[17] 그리거나 새겨진 여성의 윤곽, 환조로 된 외음부와 작은 조각상은 연구자들에게 무한한 상상의 나래를 펼치게 했다. 작은 조각상은 '비너스'로 자주 불렸는데, 비너스는 로마 신화에서 사랑, 유혹, 여성적 아름다움을 나타내는 여신 이름이다.[18]

  구석기시대 예술품 중에서 처음으로 발견된 것은 지닐 예술품art mobilier*으로, 19세기 말의 일이다. 그리고 20세기에 동굴 예술품이 알려졌는데, 이들은 발견된 순간부터, 현대인과 서구적인 관점에서 해석되었다. 수많은 연구자가 구석기시대 예술품의 본질과 그 의미에 대해서 질문을 던졌고, 이들을 문화적·종교적으로 해석했다. 1960년대가 되자 선사학자 아네트 라밍-엥페레르[19]와 앙드레 르루아-구랑은 동

---

* 동굴 예술품과 대비되는 개념으로, 이동할 수 있는 예술품.(옮긴이)

굴 예술을 구조주의적인 시각으로 바라보았다. 라스코 동굴(도르도뉴)[20]에서 발견된 동물 그림과 기호의 조합을 관찰한 결과, 이들은 그림으로 표현된 공간 구성이 남성-여성으로 된 이중성을 기반으로 한다는 가설을 발전시키게 되었다. 흔히 "들소 혹은 원시 소-말"[21]로 구성되는 핵심 동물 한 쌍을 중심으로 여성을 상징하는 추상적인 기호(평면적 기호*) 또는 남성을 상징하는 추상적인 기호(얇은 기호**)가 연결된다고 본 것이다. 라밍-엠페레르가 들소가 남성적 요소이고 말이 여성적 요소라고 생각했다면, 르루아-구랑은, 이와 반대로 해석하고 있다. 선사시대 예술의 최고 전문가인 르루아-구랑은 황소의 조상이 되는 원시 소가 번식력을 상징하고, 모성적 가치를 갖는 여성적인 상징과 연결되기 때문에, 당시의 구석기인들은 생식에 있어 남자가 하는 역할이나 기능을 알지 못했을 것으로 해석할 수 있다고 한다. 막달레니안 문화 중기*** 이전 시기는 남성을 표현한 윤곽과 성기가 상대적으로 드문 것을 이 가설로 설명할 수 있을 것이다. 한편, 여자의 외음부와 가장 많이 등장하는 동물이 말이라면,[22] 여

---

* Vulve schématisée (André Leroi-Gourhan, 《Le symbolisme des grands signes dans l'art pariétal paléolithique》, *Bulletin de la Société préhistorique française*, 55 (7-8), p. 384-398, 1958).
** 도식화된 남근(André Leroi-Gourhan, 같은 책).
*** 유럽의 후기 구석기문화 중 하나로 시기는 기원전 1만 3000년부터 1만 1500년 전 사이다.

성의 윤곽은 들소²³와 함께하는 경우가 많고, 남성의 윤곽도 마찬가지로 들소와 함께 많이 등장한다. 이러한 차이는 후기 구석기시대 사회가 지니고 있었던 우주관의 다양성을 반영하는 것일 수 있다. 1980년대 후반, 산부인과 의사이자 인류학자인 장-피에르 뒤아르는 해부학과 생리학을 기반으로 사람 형태의 표현을 연구해 좀 더 현실적인 해석을 제안하고 있다.²⁴

최초로 발견된 여성 조각상은 〈부도덕한 비너스〉로, 1864년 비브레이 후작이 로즈리-바스 유적(도르도뉴)에서 발견했다. 이후 다른 조각상이 연이어 발견되는데,²⁵ 그중에는 에두아르 피에트가 1894년 브라상푸이 유적(랑드)에서 발견한 유명한 〈머리쓰개를 쓴 여인〉이 있고, 르네 드 생-페리에가 1922년에 발견한 〈레스퓌그의 비너스〉(오트-가론)가 있다. 독일의 홀레 펠스 유적에서는 매머드 상아로 만든 비너스상이 발견되었는데, 3만 1,000~3만 5,000년 전으로 연대가 측정되어 지금까지 발견된 것 중 가장 오래되었다.²⁶ 250개 넘게 발견된 조각상들은 뼈, 매머드의 상아, 돌(동석凍石, 방해석, 석회암), 점토 등 다양한 재료로 만들어졌다. 형태적으로 공통점이 있고²⁷ 크기가 4~25cm 사이로 아담하지만, 세부적인 모습은 이들이 속했던 문화에 따라 크게 다른 점이 주목된다.*

---

* 그라베티안 문화의 비너스가 사실적인 모습이라면, 막달레니안 문화의 비너스는 훨씬 추상적인 형태이다.

가슴이 축 처지지 않은 날씬한 유형도 있지만,[28] 대부분 가슴이 밑으로 늘어진다거나 엉덩이가 포동포동하고 외음부 같은 성적인 특징이 두드러진다. 또한 허벅지 윗부분과 복부는 '풍만하지만' 신체의 나머지 부분은 윤곽선만 있는데, 심지어 다리 정도만 표현하기도 한다. 얼굴 윤곽선이 표현되는 경우는 매우 드문데, 〈브라상푸이의 여인〉과 체코의 돌니 베스토니체 유적에서 발견된 〈머리〉 정도가 있다. 그라베티안 시기*의 유적인 러시아의 코스티엔키 1-I 유적에서 매머드의 상아나 석회암으로 만든 조각상들이 발견되었으며, 그 수량이 보기 드물게 많다.[29] 이 조각상 중에는 알몸인 여성들을 표현하기도 하지만, 때로는 허리, 가슴, 손목, 발목에 띠를 새겨 치장되어 있기도 하다. 서 있기도 하고 무릎을 꿇고 있기도 한데, 무릎을 꿇은 자세가 더 많다. 신체 전체를 표현하기도 했고 일부만 표현하기도 했다.[30] 이 유적에서 출토된 조각상이 독특한 것은 신체 부위가 다양하다는 점인데, 머리, 몸통, 복부, 때로는 복부와 허벅지 또는 복부와 다리를 합친 것 등이 발견되었다. 이는 조각상의 깨진 조각이 아니라, 남자 또는 여자 조각가가 일부러 이렇게 만든 것이다.[31] 모두 종교적 성격[32]을 띤다고 확정하기는 어렵겠지만, 흩어져 있던 신체를 하나로 '모으기' 위해 모이는 제례에서 이

---

* 초기 호모 사피엔스가 유럽 전역에서 기원전 2만 9000년에서 기원전 2만 년 사이에 발달시켰던 후기 구석기시대 문화다. 시공간적 변형이 크다.

몸통 조각들이 쓰였으리라는 가설은 받아들일 만하다.

영국부터 시베리아[33]에 이르기까지, 넓은 지역에 흩어져 있던 다양한 후기 구석기 사회에서 2만 5,000년 넘게 제작되었기에,[34] 이들 조각상을 일반론으로 해석할 수는 없다. 이들의 기능과 의미는 시간과 공간에 따라서 달라졌을 것이다. 풍만한 형태도 있고 호리호리한 형태도 있으며, 여성적인 특성을 과장하지 않은 것도 있다. 이들 조각상 대부분이 알몸이기는 하지만 옷을 입은 것도 있는데, 시베리아의 말타 유적에서 발견된 것은 모자가 달린 재킷을 입었다. 아니면 코스티엔키 유적에서 발견된 것처럼, 몸을 장식한 조각상도 있다. 살림터 안에서 다른 고고학 유물과 함께 발견되기도 하고,[35] 땅에 꽂힌 채 찾아지기도 했다.[36] 무덤에서 발견된 경우는 상대적으로 드물다. 따라서 이런 조각상들은 눈에 띠지 않게 감추기보다는 드러내는 것이었다 하겠다. 목이나 다리의 끝부분에 매달 수 있는 구멍이나[37] 매달 수 있는 고리가 있는 조각상도 있다.[38] 지니고 다닌 흔적이 남아 있어서 펜던트나 호신용 부적과 비슷하다고 할 수 있겠다.[39] 심하게 추상화되어 성을 구별할 수 없지만, 여성으로 추정한 조각상은 '장난감'으로 해석되었다.[40]

몇몇 비너스의 형태가 풍만하고 이른바 둔부비대증 stéatopygie*이 있다고 해서, 구석기시대의 지닐 예술품 전문가인 에두아르 피에트를 비롯한 선사학자들과 인류학자들은 이들 조각상과 동아프리카의 산San족(부시맨Bushmen이나 호텐토트족Hottentotes 여성과 연결시켰다.[41] 20세기 초반, 로셀에서 발견된 〈뿔을 든 비너스〉는 모든 신체적인 특징이 호텐토트족과 같은 '흑인 계통'으로 보였다. 흑인은 당시 '열등한 인종'에 속한다고 여겨졌던 종족이다. 슬프게도 유명한 '호텐토트의 비너스'[42] 사라 바트만의 이야기는 흑인 여성에 대한 개념을 잘 보여준다. 1810년대의 학자들은 사라가 원숭이와 가깝다고 생각했다. 얼굴이 오랑우탄과 비슷하고 엉덩이는 맨드릴 원숭이의 암컷과 비교할 만하다는 이유에서였다! 코이산khoisan족 출신의 이 여성은 동아프리카 희망봉 인근의 네덜란드 식민지에서 노예로 태어나 1810년 주인인 헨드릭 세자르와 함께 런던에 도착한다. 사라는 엉덩이와 허벅지 위쪽으로 지방이 쌓여 비만했는데, 이 보어인 농장주는 유럽인들이 그녀의 신체를 매우 신기하게 여길 것으로 생각해서 리버풀 박물관에 팔려다가 실패한다. 이후 런던의 피카딜리 거리에 우리를 설치하고 그녀를 이 안에 넣어 전시했다. 당시 피카딜리 거리는 '신기한 것들'을 공연하고 전시하는 구역이었다. 장터의 구경거리가 된 사라는 대

---

* 엉덩이와 허벅지 위쪽에 지방이 쌓이는 점이 특징이다. 장 피에르 뒤아르는 이 용어의 사용을 거부했는데, 지방 축적이 나이와 출산 횟수에 따라 다양하기 때문이다. Jean-Pierre Duhard, *Le Réalisme physiologique des figurations féminines du paléolithique supérieur en France*, thèse de doctorat en anthropologie et préhistoire, université de Bordeaux-I, 1989.

중의 관심을 끌었고, 대중들은 그녀를 구경하고 만져보려고 몰려들었다. 세자르는 사라를 잉글랜드 북부와 아일랜드의 여러 도시로 끌고 다니면서 전시한 이후, 1814년에는 파리로 데려가기로 했다. 사라는 이국적인 것에 목말라하던 프랑스 상류층의 살롱을 방문하게 되었다. 그녀는 국립자연사박물관에서 일하던 연구자들의 관심도 끌었다. 1815년 3월, 유명한 해부학자 조르주 퀴비에를 비롯해 많은 연구자가 다양한 각도에서 그녀를 관찰하고 도면을 작성하고 관찰 내용을 주제로 여러 논문을 발표했다. 이 관찰에서 연구자들은 사라의 성기 부분 중 소음순이 길쭉한 것을 발견하게 되는데, 박물학 여행자들이 이미 언급한 적 있었던 그 유명한 '호텐토트의 앞치마'tablier hottentot*였다. 1815년 12월 29일 사라가 죽자, 불쌍한 그녀의 몸 전체를 틀로 떠서 복제품을 만들고 난 뒤, 퀴비에는 그녀를 해부해 뼈를 하나씩 다시 맞추었다. 뇌와 생식기는 포르말린 병에 담아두었다. 사라의 뼈와 신체 복제품은 1974년까지 인류 박물관에 전시되다가 이후에는 수장고에 처박혔다.[43] 사라가 이렇게까지 큰 관심을 받게 된 가장 큰 이유는 그녀의 생식기가 지닌 특성을 동

---

* 시누스 푸도리스Sinus pudoris라고도 하며, 코이산족 또는 호텐토트족 여성 중 일부가 소음순이 발달해 외음부 바깥까지 길게 나와 있어서 붙은 이름이다. 유럽인들은 이 기관을 한 개로 된 넓은 기관이라고 오해하면서 앞치마라는 명칭을 붙였다. (옮긴이)

물적인 속성과 연결했고, 그녀가 당시 "열등한 인종 중에서도 가장 열등하게" 여겨졌던 '인종'에 속했기 때문이라고 다수의 학자는 생각한다. 그러나 동아프리카 지역의 사람에 관한 관심은 사라 바트만의 사례보다 훨씬 이전부터 시작되었다. 1800년에서 1804년 사이에, 해양 생물학자 니콜라 보댕이 동아프리카 지역 탐사를 조직했는데, 동물학자 프랑수아 페롱도 여기에 참여했다. 페롱은 다른 연구 목적도 있었지만 '호텐토트의 앞치마'가 진짜로 존재하는지 확인하고자 했다. 페롱은 남아프리카에 거주하면서 이를 관찰할 수 있었고 그림까지 곁들여서 상세하게 기술했는데, 그는 이 현상이 산족 여성에게만 있고 호텐토트 여성에게서는 보이지 않는다고 했다.[44] 퀴비에는 사라의 몸을 해부한 뒤 자신의 발언을 확인하고 그녀를 '열등한 종족'[45]의 부류로 완전히 굳혀버렸다. 19세기 내내 이러한 여성의 성적 특징은 프랑스뿐 아니라 영국과 독일에서도 많은 논쟁을 불러일으켰고, 19세기 후반부에 진행된 '인종'과 그들의 서열화에 대한 논쟁에서 제시된 기준 중 하나가 되었다.

여성을 표현하는 것으로 조각상만 많은 것은 아니다. 바윗돌에 부조로 새긴 여성의 윤곽도 많이 발견되었지만, 동굴이나 바위그늘의 벽에 새긴 것이 훨씬 많다. 이들은 지역이나 문화에 따라 표현하는 방식이 매우 다양하다. 정면 또는 옆모습이기도 하고, 서 있거나 드물지만 앉아 있기도 하며, 도식화된 신체를 표현하기도 하고,[46] 신체 전부를 표현하기도 한다.[47] 예를 들어 라 로슈 아 라랭드 동굴(도르도뉴)의 입구에서 발견된 5개의 바윗돌에는 가슴이 빈약하고 엉덩이는 크게 표현된 부조가 새겨져 있었다. 엉덩이는 세로 선 하나로 갈라진 것을 표현하는 경우가 많다.[48] 페리고 지역의 동굴이나 바위 그늘에 새겨진 여성의 모습은 대부분 옆모습이며, 머리가 없고 팔이나 가슴도 없지만, 엉덩이와 복부는 몹시 강조되어 있다.[49] 아무것도 걸치지 않은 상태가 대부분이지만 그렇지 않은 사례도 있다. 가비이유 동굴(도르도뉴)에서 발견된 것은 모자가 달린 재킷 비슷한 옷을 입고 있다. 이러한 여성의 윤곽은 동물 그림이나 기하학적인 기호와 결부되기도 하지만, 신체 전체 또는 일부분,[50] 외음부의 형상[51]과 함께 나오는 때가 더 많다.

과거나 현존하는 많은 문화에서 여자의 성을 감춰야만 하는 부끄러운 것으로 여겼거나 그렇게 생각하는 데 비해,* 선사시대 사람들은 이를 정말로 많이 표현했다. 많은 종교에서[52] 여자의 성이 숭배의 대상으로 다양한 이미지나 상징으로 나타나듯이, 후기 구석기시대 내내 외음부, 특히 고립된

---

* 푸덴둠Pudendum(복수형은 푸덴다Pudenda)는 의학이나 문학에서 남녀의 생식기를 지칭할 때 쓰였던 라틴어 용어다. 푸덴둠 비릴레Pudendum virile는 남근과 동의어이고, 푸덴둠 물리에레Pudendum muliere는 외음부 또는 여성의 성기다. 이것은 푸데레pudere의 동명사로 '창피하게 여기다' 또는 '수치심을 갖다'라는 의미다.

외음부의 표현이 주를 이루는데,[53] 선사학자 앙리 델포르트는 이를 "여성의 제유법"이라고 한다. 스페인 북서쪽에서 러시아에 이르기까지 유럽 전역에서 발견되는 외음부 이미지는 프랑스에 특히 많다.[54]

외음부의 형태는 둥근꼴부터 세모꼴까지 매우 다양하다. 표현하는 방식[55]도 여러 가지여서, 매우 사실적인 것부터 동그라미나 타원형을 선 하나로 갈라놓아서 도식화된 것까지 문화에 따라[56] 다채롭다. 다양한 재료를 이용해서 이동할 수 있는 소재에 환조[57]로 새기거나 조각한 것도 있지만, 동굴 벽이나 석회암 덩어리[58]에 새기거나, 색깔을 칠하기도 하고,[59] 쪼아서 만들기도 했다. 드물기는 하지만 진흙을 빚어 만든 것도 있다.[60] 아주 사실적으로 묘사된 몇몇은 어린 여자아이인지 임신한 여성인지 아니면 여러 차례 임신한 여성인지도 구별할 수 있다.[61] 스페인의 티토 부스티요 유적에서는 아주 드문 사례가 발견되었다. 동굴 안쪽에 있는 곁굴 벽에 5개의 외음부가 황토로 그려져 있는데, 그중 하나는 거웃까지 표현한 듯하다. 돌덩어리에 외음부가 표시된 경우는 한 면에 여러 개가 있기도 하고, 맞닿은 면에 여러 개가 있기도 하며, 동물의 표현[62]이나 남근의 표현[63] 가까이에 있기도 하다. 동굴 벽에 표현된 것들도 안쪽의 굴곡진 곳[64]에 숨겨져 있기보다는 눈에 잘 띄는 곳에 있으며, 단독으로 그려졌거나(1개 또는 여러 개[65]), 이보다 드물기는 하지만 동물 표현[66]의 중앙에 있을 때도 있고, 점과 같은 기호 옆쪽에 있거나, 다른 인간 형태의 주제[67]와 함께 표현될 때도 있다.

  선사시대 여성을 표현한 방식은 대부분 벌거벗고 있다는 공통점이 있다. 원죄라는 주제와 관련된 서양의 신성한 형상에서 완전히 벌거벗고 있는 것은 금지되어 있으며, 여성의 형상은 '추락Chute', '죄악Mal', '자연Nature'을 나타내는 것이어서 성스러운 장소에서 금지되어 있다.[68] 이러한 터부와 아주 다르게, 후기 구석기시대의 '예술가들'은 남성이나 여성의 벗은 몸을 표현했을 뿐 아니라 눈으로 볼 수 있는 성기인 외음순과 남근도 표현했다. 이처럼 감춰지지 않고 밖으로 드러낸 성은 사교적인 가치나 강한 상징적인 의미가 있었을 것이다. 많은 예술품에서 얼굴, 더 나아가 머리를 생략한 것은 양식이나 금기의 약속일 수 있으며, 모두 서로가 알고 있는 일종의 보편적 상징이라는 점에서 개인의 정체성이 전혀 중요하지 않았음을 의미할 수도 있고, 신성함과 같은 미지의 것을 의미할 수도 있다. 그런데 막달레니안 문화 중기에 해당하는 1만 5,000년 전 무렵 중요한 변화가 관찰된다. 여성의 윤곽이 훨씬 더 양식화되고 더욱 생동감 있는 자세를 취하게 되었으며, 남성을 표현하는 것이 나타나기 시작했고, 외음부와 남근이 함께 있는 경우가 조금 더 많아졌다.[69] 이는 당시 사람들이 세상을 바라보는 시선에 커다란 변화가 일어났음을 보여준다.[70] 구석기시대 예술 전문가 드니 비알루는

"막달레니안 사람들은 성행위를 사회적인 요소로 인식한 것이 분명해서, 원초적인 나moi란 존재는 사회 집단에서 지워지게 되었다"[71]라고 한다. 장-피에르 뒤아르는 막달레니안 문화부터 남자가 성적 파트너인 여성을 표현하게 되었다고 주장하고, "막달레니안 시기에 여성성이라는 주제가 생식이라는 주제를 대체하게 된 게 아닐까?"[72]라고 질문을 던지고 있다.

이번에는 우리가 문제를 제기해보자. "여성에게 고유한 특성을 표현 주제로 삼는다"라는 표현을 어떻게 이해하면 좋을까? 이 젠더에 속하는 장단점이 있다는 의미일까? 미국의 철학자 샌드라 하딩이 쓴 것처럼, 이는 성차별주의가 찾아낸 여성의 행위에 관한 편견이나 비판 혹은 찬미를 드러내는 것은 아닐까? 성차별주의는 늘 그렇듯 이원적이어서, 적대적일 때도 있지만 호의적일 때도 있다.[73] 앙리 델포르트는 선사시대의 남자가 여성의 이중적인 모습 즉, 어머니로서의 여성과 쾌락의 대상으로서의 여성을 인지하고 있었을 것이고, 이를 그림으로 표현했다고 주장한다.[74] 그런데 이 말은 예술 작품을 남긴 사람들이 모두 남성이었으리라고 은연중에 생각하는 것은 아닐까? 사실 이를 증명할 증거는 전혀 없는데도 말이다.

여러 번 제시되었던 이 '여성 신체의 예찬'은 구석기시대 '예술가들'의 가장 중요한 그림이었던 걸까? 구석기시대 사람들은 19세기 말부터 선사학자들이 부여하고 있는 비너스라거나, 여성의 윤곽이거나, 외음부 형상이라는 의미에 완전히 동의할 것 같지는 않다. 형태와 양식이 다양하고 시간이나 공간에서도 폭이 넓으므로, 이들이 표현한 동기는 다양할 수밖에 없다. 문화와 지역에 따라 동굴의 벽이나 움직일 수 있는 소재 위에 등장하는 이렇게 많은 여성의 표현은 세속적일 수도, 신성할 수도 있다. 어쩌면 부적이나 호신용 부적일 수도 있고, 선조의 모습일 수도 있으며, 실제 모습이거나 신화적인 모습일 수도 있다. 신에게 바치는 봉헌물ex-voto이거나 제물일 수도 있는데, 특히 무덤에서 발견되는 경우가 그렇다. 장난감이거나 여성이 그린 여성의 실제 모습이거나 일종의 이상형이라고 할 수 있는 갈망하는 모습일 수도 있다. 또는 남성이 성적으로 원하는 모습을 구현한 것이거나, 성을 나타내는 상징이거나, 또는 생식(어머니)이나 풍요(비옥한 땅)를 나타내는 것일 수도 있다. 더 나아가서, 신성한 것을 상징할 가능성도 있으며, 여기에서 성적인 특성은 상징적 언어처럼 쓰였을 것이다. 무엇이 되었건, 사람 형태의 표현 중에는 여성의 이미지가 가장 많다.* 이러한 주장은 구석기 예술에서 여성이 차지하는 실제적·상징적 위치뿐

---

* 남자 형상은 더 늦게 등장해서, 기원전 1만 5000년에서 기원전 1만 3500년 사이의 막달레니안 문화가 되어야 나타나는 듯하고 수량도 훨씬 적다.

아니라, 이들 사회의 사회문화적 전통 안에서 여성의 위치가 어떠했는지도 궁금하게 만든다.[75] 몇몇 연구자들은 이 때문에 당시 여성들이 남성들과 동등한 위치, 어쩌면 더 우위에 있었을 것이라 보았으며, 또 다른 연구자들은 여성적 신성함, 더 나아가 원시적인 여신이 있었던 증거라고 봤다.

외음부, 발기한 상태인 남성의 윤곽,[76] 역시 발기한 남근,[77] 성교 장면 때문에 다양한 해석이 탄생했다. 어떤 사람들에게는, 이런 그림이 성욕과 성교 행위를 표현한 것이고, 심지어 남자를 대상으로[78] 하는 에로틱한 이미지에 해당하는 것이어서, 우리 선조들의 거침없는 성행위를 보여주는 것이라고 말이다.[79] 이것과 직접 연관되는 고고학 자료가 없기에 선사시대 사람들의 삶에 있어 이런 부분은 미지의 분야로 남아 있다. 그러나 인류 화석을 형태적·유전학적으로 분석하고, 특히 구석기 예술에 나타나는 인간 형태의 표현을 연구하는 것으로 부분적으로나마 추론할 수 있을 것이다.

동굴 벽화에 나타나는 외음부와 남근

다른 동물 종과 달리 인간은 발정기나 암컷의 가임기*를 눈

---

* 다른 동물의 경우, 암내를 풍기고 등이 심하게 휘며 외음부가 튀어나온다(여성의 생식기 부분은 음모로 가려져 보이지 않음).

으로 볼 수 있는 표지*가 없으며, 이것은 성과 인간의 관계를 완전히 바꾸어놓았다. 인간의 섹스는 생식만 중심이 되는 게 아니라 성욕과 성적 쾌락도 중요하다. 각 사회마다 자신들의 의식이 있다. 그린란드의 이누이트족은 손님에게 자신의 부인을 기꺼이 제공한다. 중국의 모쒀족摩梭은 농업에 종사하는 사람들로, 최근까지 히말라야 산맥의 아래쪽에 살았는데 나나 세세nana sésé 혹은 '은밀한 방문走婚'이라는 체제를 갖고 있었다. 밤이 되면 남자들이 근처 집에 있는 여성들의 잠자리로 들어간다.[80] 모쒀족에게는 아버지를 나타내는 어떤 말도 없으며, 이들의 속담에 따르면 "아이를 만드는 데 남자의 역할은 초원의 풀에 내리는 비와 같다. 비는 풀을 자라게 하지만 그 이상은 아니기"[81] 때문이다.

장 자크 아르노 감독이 만든 영화 〈불의 전쟁〉에서 여자 주인공은 조금 더 발전된 집단 출신인데, 아직 '원시적'이어서 후배위로 성교를 하려는 파트너에게 체위를 바꾸자고 제안한다. 사실 20세기 중반까지만 하더라도 선사시대 사람들이 그다지 문명화가 되지 않았다고 생각했기에, 이들의 성교 체위가 동물 대부분이 그렇듯이 후배위일 것으로 가정했었다. 그런데 동굴 벽화 중에는 성행위 장면이 아주 드물고

---

* 포유동물 암컷의 발정기는 임신 가능한 시기로 후손을 낳기 위해 짝짓기 상대를 찾는다. 인간의 진화 과정에서 이러한 발정의 가시적인 흔적이 언제 사라졌는지는 알려지지 않았다.

이에 대한 해석도 일치하지 않는다. 시칠리아[82]의 아다우라 II 동굴에서 발견된 서사적인 장면과 라 마르슈 동굴(비엔)[83]에서 발견된 석회암 장식판에 새겨진 그림을 조심스럽게 이러한 사례로 들 수 있다. 앙렌 유적(아리에주)[84]에서 발견된 대형 사암 장식판에 새겨진 그림은 훨씬 설득력 있어 보인다. 여자일지도 모르는 사람이 구부리고 있고 거기에 찰싹 붙어 있는 남자를 확인할 수 있는데, 이들은 후배위 체위를 하고 있다.[85] 옆모습이고 머리가 없고 몸통(엉덩이가 매우 강조되고 토실토실하다)을 앞쪽으로 기울인 도식화된 여성의 윤곽이 돌이나[86] 동굴 벽에[87] 많이 새겨져 있는데, 일부 학자들은 파트너에게 몸을 맡기고 있는 여성들을 표현한 것이었으리라 주장한다.* 몇몇 동굴 벽화의 성적인 암시는 도식화된 여성의 윤곽이나 외음부 이미지가 대체로 발기된 남근이거나 남근[88]으로 표현되는 남성의 윤곽[89]과 함께 있는 데서 드러난다는 것이다.

프롱삭 동굴(도르도뉴)의 〈동물의 회랑〉 그림의 중앙에는, 길이 60cm의 거대한 남근이 부조로 새겨져 있고, 동물 그림(들소 1마리와 말 4마리)과 도식화된 여성의 윤곽 1개와 외음부 이미지 2개로 에워싸여 있다.[90] 매머드의 상아로 만든 남근 조각상도 있고,[91] 순록의 뿔[92]로 만든 펜던트의 끝이나[93] '굽

---

* 이 때문에 1950년대에서 1960년대에 〈무릎을 구부린 여인〉이라는 이름을 붙였다.

막대'에 남근을 조각한 사례도 있다. 이 중 일부는 치레걸이인 것이 분명하지만, 생식과 관련된 의례에서 상징적인 물건으로 쓰인 것도 있었으리라 여겨진다. '굼 막대'에 대한 해석이 그러한데, 남근을 연상시키는 형태인데다가 뼈창을 곧게 만드는* 용도로 쓰였다는 점에서 삽입을 상징했을 것으로 보고 있다. 일부 전문가들은 외음부와 사냥감이 된 동물의 상처, 남근과 뼈창처럼 구멍을 뚫는 무기 사이에 형태적 유사성이 있을 것으로 보고 있다. 이것은 성행위와 사냥 사이에 상징적인 관계를 설정하려는 것이겠다.[94] 터키의 괴벨클리 테페 유적[95]의 거석문화나 중석기시대** 유적에서 발견된 새긴 그림처럼, 구석기시대보다 더 늦은 시기에 등장하는 그림 중 일부는 성교의 권유였을 것이다. 가슴이 늘어진 여성이 벌거벗은 채 웅크리고 있는데, 다리와 발을 벌리고 직각으로 구부리고 있다. V자 형태의 띠가 외음부 양쪽으로 드리워져 있는데, 비대해진 대음순 혹은 소음순이 자연스럽게 길어진 것을 표현하는 것으로 해석되었다.[96]

---

* 뼈로 만든 창끝은 순록의 뿔을 많이 사용했는데, 불에 미리 달군 다음에 굼 막대의 굼에 집어넣고 지렛대 원리를 이용해서 곧게 만들었다. '창끝을 곧게 만드는 용도'라는 가설은 1965년에 앙드레 르루아-구랑이 *Préhistoire de l'art occidental*, éditions Mazenod, p. 73에서 제안했다.

** 구석기문화에서 신석기문화로 전환되는 시기에 있던 문화로 유럽에서는 9,700년 전쯤 시작되었다. 기후가 다시 온화해지는 시기이고, 남쪽 지역에서는 기원전 6400년 무렵에 종료된다.

다수의 선사학자는 이러한 "최초의 성애"[97] 표현이 "시각적으로 또는 다른 감각적으로 여성의 신체에서 얻는 성적 쾌락을 환기"[98]시키는 데 사용되었다고 보았다. 남성들의 원했던[99] "이상적인 갈망의 대상"처럼 받아들여지면서, 선사시대의 비너스는 "이 시대 남성들의 욕구와 욕망을 표출하는 것"[100]이 되었을 것이라는 말이다. 이들 연구자에 따르면, 성적 대상으로 취급되는 여자의 '조각상'은 후기 구석기시대부터 있었을 것이며, 여성의 육체를 향한 남성들의 이러한 관점이 성적으로 남성이 지배적인 시각적 표현으로 치환되었을 것이라고 한다. 그러나 여성 그림과 남성 그림이 조합된 사례는 드물다. 물론 여성이 앞쪽으로 웅크린 자세를 실제 성행위 자세 중 하나로 볼 수 있겠으나, 이를 제외하고는 그림에 표현된 성행위 자세와 실질적인 성행위 자세가 늘 같지 않다는 점을 주목해야 한다.

이들 그림 중 일부가 성적인 욕망을 그림으로 치환한 것이라는 가설을 배제하지 않는다면, 이러한 해석은 현대 사회에서 통용되는 정신적인 틀로 선사시대 사람의 정신을 이해하는 것이 되어버릴 것이다. 그리고 당시에는 성교가 하나의 자연스러운 행위였고, 오늘날처럼[101] 성행위에 그렇게 많은 의미를 부여하지는 않았을 것 같다. 어쩌면 성에 따른 차이도 우리 시대보다는 덜 이원적으로 이해되었을지도 모른다. 〈레스퓌그의 비너스〉는 두 개의 여성적 '이미지'가 함께 있는데,[102] 머리를 아래쪽으로 뒤집으면 두 번째 여인이 나타나며,[103] 옆쪽에서 바라보면 남근의 형태일 가능성도 있다.[104]

인류의 먼 과거에 제약이나 금지가 없는 성생활이 있었다는 생각은 19세기의 진화론적 인류학자들이 남겨놓은 유산으로,[105] 끈질기게 명맥을 유지하고 있다. 다윈의 표현을 가져다 쓰자면, "원시 집단"에서 성관계는 부모와 자식을 제외하고 집단 내의 모든 구성원 간에 이루어졌을 것이다. 이들 인류학자가 제시한 진화 과정을 따라가 보면, 근친교배를 피하려는 목적에서, 시간이 흐르면서 성관계에서 혈연 중 가장 가까운 관계인 형제자매가 가장 먼저 제외되었고, 좀 더 먼 친척 관계인 삼촌, 이모, 고모가 제외되었으며, 마지막으로 결혼으로 발생한 인척이 배제되는 현상이 나타났을 것이다.[106] 이렇게 해서, 장기적인 관점에서 보자면 집단이 멸절되게 할 수 있는 결합을 막기 위해 인간 사회는 점진적으로 규칙을 세우고, 더 나아가 금지를 만들었을 것이다. 현존하는 모든 인간 집단에서 근친상간 금지가 공통된 요소라고 하더라도, 처음부터 성관계가 체계화되고* 근친상간 금지가 시행되었다는 가설은 고고학적으로 증명되지 않는다.

사실 구석기시대에는 근친상간이 존재했다. 유전자 분석

---

* 사람들의 범주를 나누고, 여기에 따라 성관계를 가지거나 가질 수 없도록 하는 것.

으로 마지막 네안데르탈 사람의 집단 중에 삼촌/이모/고모와 조카 사이에 성관계가 있었던 것으로 드러났고,[107] 8촌 사이에 성관계가 있었던 것이 확인되었다.[108] 이 집단은 구성원의 수가 워낙 적었던 데다가, 아주 넓은 지역에 흩어져 살았던 것으로 이 관습을 설명할 수 있겠다. 최근 연구에 따르면 족내혼endogamie이 이들을 멸종에 이르게 했을 것이라고 한다.[109] 그러나 이는 네안데르탈인들이 전혀 다른 집단 출신과 성관계를 가진 시기가 있었음을 누락시킨 것이다. 이들은 데니소바인Denisoviens*이나 호모 사피엔스Homo sapiens(우리의 직접적인 조상**)와 교배했다. 네안데르탈 여성이 호모 사피엔스 남성과 성관계를 통해 혼혈 남자아이와 여자아이를 가졌던 것이 유전학적으로 입증되었듯이, 호모 사피엔스 여성과 네안데르탈 남성 사이에서는 여자아이만 태어난 것이 유전학적으로 증명되었다(남자아이는 자연 유산이 된다***). 따라서

---

* 시베리아 데니소바 동굴에서 발견된 사람 종과 티베트 시아허(夏河) 유적에서 발견된 사람 종은 16만 년 전에서 4만 1,000년 전에 살았으며, 이들의 유전자가 현대의 오세아니아와 아시아인에게서 많이 발견되었다. 호모 사피엔스와 교배한 것이다.

** 아프리카인을 제외하고 모든 현생 인류는 네안데르탈인의 유전자를 1~4퍼센트 가지고 있다.

*** 우리의 게놈에 네안데르탈인의 Y염색체 DNA가 없는 것으로 증명된다. Fernando L. Mendez *et al.*, 《The Divergence of Neandertal and Modern Human Y Chromosomes》, *The American Journal of Human Genetics*, 98, p. 728-734, 2016.

중기 구석기시대 사회*와 후기 구석기시대 사회는 족외혼[110]이었다. 이러한 관습으로 집단이 존속될 수 있었을 뿐 아니라 집단 간의 사회적 관계도 만들어지게 되었다. 남녀의 결합은 동맹을 구하고 연대를 결속하는 데 가장 많이 이용된 방법이고, 갈등을 피하고 폭력의 정도를 조절할 수 있게 해주는 수단이기도 하다.[111]

계속해서 19세기 진화론적 인류학자들의 주장에 따르면 결혼은 신석기시대에 들어서서 발생했을 것이라고 한다. 진정한 어머니와 진정한 아버지(확인된 아버지)와 함께 결혼이 생기면서 일부일처제 가족이 탄생하게 되었다는 것이다. 이 시기에 남자들은 가부장제라는 새로운 제도를 만들게 되었을 것인데, 아이와의 친자 관계를 위해서는 여자가 정조를 지켜야 했기 때문이다. 이 제도는 여자를 복종시키고 집 안에 묶어두는 효과가 있었다.[112] 이 진화론 체제에 따르면, 각각의 아이들에게는 어머니와 아버지가 따로 있어서[113] 처음에는 가족의 범주가 아주 넓었을 것인데, 점차 축소되어 오늘날 지배적인 가족의 형태인 핵가족으로 되었을 것이라고 한다. 많은 연구자가 가족에 관한 진화론적 입장인 이 이론을 비판하는데, 그중에는 인구학 연구자 에마뉘엘 토드가 있다. 토드는 핵가족이 인류 전체에 있어 처음부터 있었던

---

* 이보다 더 오래된 고고학적 증거는 아직 없다.

형태였을 것으로 생각한다.[114] 그러나 오늘날 단혼제 가족이 보편적이라고 하더라도, 클로드 레비스트로스는 "인간 본성 중에서 내면 가장 깊은 곳에 있는 욕구를 표현하고자 하는 영구적이고 지속적인 필요에서 만들어진 게 아니다"[115]라고 한다. 그러므로 핵가족과 여기서 필연적으로 발생한다고 가정하는 남성의 여성 지배가 구석기시대에 있었다고 할 수 없는 것이다.

실제로 여러 전통 사회의 각 집단이 지닌 많은 창조 신화를 보면, 이들이 성행위와 출산에 대한 지식이 있고, 생명의 탄생에서 여성과 남성의 역할이 상호보완적이라는 것을 알고 있음이 드러난다. 구석기시대에도 이와 같았을까? 성행위와 아이가 태어나기까지는 9개월이라는 간격이 있으므로, 초기 인류는 생식에서 남녀의 역할이 무엇인지 알지 못했을 가능성이 있다.[116] 출산은 심지어 초자연적인 힘이 관여해 처녀생식(부모 하나에서 출생)으로 이루어지는 것으로 이해되었다.[117] 일부 선사학자들은 구석기인들이 남자와 여자가 생식에서 어떤 역할을 하는지 이해한 것을 구석기 예술에서 표현했으며, 특히 막달레니안 문화기*의 사람들은 생식을 찬미했던 것이 아니라 남녀 간의 역할을 예찬한 것이라

---

* 이른 시기의 호모 사피엔스가 서부 유럽과 동부 유럽에서 기원전 1만 5000년에서 기원전 1만 년 사이에 발달시킨 후기 구석기시대 문화다. 시공간적인 변형이 크다.

는 가설을 제시하기도 한다.[118] 한편으로 이들이 훨씬 시간이 지난 뒤에야 이러한 역할을 이해하게 된 것이어서, 신석기시대에 농사를 짓고 가축을 기르면서 생식에서 남자가 하는 역할을 알게 되었다는 가설도 생각해보아야겠다.[119] 게다가 피임이나 낙태 기능을 하는 식물을 섭취하거나[120] 생식기에 넣어 출산을 조절했다는 가설은 가능성이 거의 없어 보인다. 고고학적 증거가 없는데다가, 영아 사망률과 출산 중 사망률이 높았던 구석기시대에 이런 방식으로 출산율을 조절했음을 증명할 수 없을 것이다. 더구나 출산은 여성의 생리학적 기능으로 자연스럽게 제어되는데, 아이에게 젖을 먹이는 동안에는 임신할 수 없기 때문이다.* 선사시대에는 아이들이 젖을 떼는 나이가 2살 반에서 6살 사이였을 것으로 추정하는데,[121] 스페인의 엘 시드론 유적에서 발견된 네안데르탈 남자 형제가 3살 터울로 태어난 사례가 있다.[122] 이들의 생활은 이동이 잦았고, 때로는 아주 먼 거리를 이동해야 하는 제약 때문에 역시 아이들의 출생은 제한되었을 것이다. 고인류학 연구 결과에 따르면, 네안데르탈 여자아이는 11.5세에 가임기가 되고(남자아이는 12.5세), 이른 시기의 호모 사피엔스는 13.5세에 가임기가 된다고 한다(남자아이는 14.5세). 많은 선사학자가 구석기시대 여성들은 이 나이 무렵부터 임

---

* 젖이 나오게 하는 프로락틴 호르몬이 배란을 억제한다.

신 터울이 크게 없는 출산을 여러 번 했을 것으로 생각하고 있다.

구석기시대 여성은 복부가 둥글고 엉덩이와 허벅지 위쪽에 살집이 많게 표현된 경우가 많으며, 그라베티안 시기에 제작된 비너스[123]가 특히 그렇다. 그래서 이것이 임신한 여성을 표현한 것으로 여겨졌고, 성기가 유달리 많이 열려 있을 때는 출산 중으로 해석하고 있다. 그러나 선사시대 여성이 항상 임신 중이거나 수유 중이었다는 가설은 1970년대부터 인류학자와 사회학자들에게 많은 비판을 받게 되었다. 이 가설이 가부장제 신화[124]이고 이 '초생식력hyper-fécondité'을 가부장제의 원인이 아니라 결과로 보았다는 것이 비판받는 이유다.[125]

비너스가 곧 어머니라는
기만적인 방정식

지닐 예술품이나 동굴 벽화 중 상당수가 임신한 여성을 표현했다는 것은 분명하다. 로즈리-바스 유적[126]에서 발견된 유명한 〈순록과 있는 여인〉 조각은 머리가 없고* 복부는 많

---

* 조각난 뼈 판骨板이지만, 깨지기 전에는 머리가 있었을지도 모른다.

이 튀어나온 여성이 순록 아래에 앉은 모습을 보여주는데, 순록의 다리와 배 부위를 알아볼 수 있다.[127] 바위그늘 유적에서 엉덩이가 크고 복부는 튀어나오고 가슴이 처진 여성의 윤곽을 돌에 부조로 새긴 것들이 출토되는데, 일부 선사학자들은 이것들이 처음 아이를 낳은 여성이나 여러 차례 아이를 출산한 여성의 '모습'일 것으로 생각한다.[128] 잘 알려진 비너스 중에서는 로셀의 〈뿔을 들고 있는 여인〉[129]에서 이런 모습을 볼 수 있다. 동굴 예술 중에서 매우 선정적인 자세를 취하고 있는 2개의 여성 윤곽을 사례로 들 수 있다. 하나는 라 마들렌 데 잘비(타른)라는 작은 동굴 유적에서 발견된 것으로 가슴과 삼각형으로 표시된 음부가 도드라지는 모습인데, 하나는 동굴 입구에 새겨져 있고 또 다른 하나는 동굴 벽에 새겨져 있다. 두 번째 사례는 코마르크 동굴(도르도뉴[130])에서 발견된 것으로, 머리가 없는 윤곽으로 팔을 벌리고 있고 복부는 부풀어 있다. 조각상 가운데 엉덩이가 큰 비너스의 대부분도 역시 임신 중인 여성을 표현한 것으로 받아들여지고 있다. 코스티엔키 유적에서 발견된 여성 조각상은 모두 같은 자세를 취하고 있는데, 몸을 따라 팔을 늘어뜨리고 다리는 꼭 붙이고 있지만, 조각된 몸체는 자세가 달라서 손을 모아 부풀어 오른 복부에 올려놓고 있다.[131] 이러한 조각상들은 더 늦은 시기 중석기시대 유적[132]과 신석기시대 유적[133]에서도 발견된다.

일부 조각상, 특히 마름모꼴 조각상은 임신한 여성 스스로 조각했을 가능성이 있다.[134] 이를테면 자화상인데, 고개를 숙여 자신의 몸을 바라보았을 때 가슴과 복부는 커 보이고, 다리는 작아 보이며, 얼굴이 보이지 않는 자신의 모습을 표현했을 것이다. 다른 것들은 여성들이 출산 때 지니던 보호용 부적이었을 가능성이 있다. 이것은 그리말디 동굴에서 발견된 여성 조각상에 대한 가설이다. 발견된 여성상 15개 중에서 9개가 임신 중이었던 것으로 생각되는데다가 이 중 8개는 외음부가 팽창되고 아이의 머리가 자궁에서 나와 있어서,[135] 출산 직전의 모습으로 볼 수 있겠다. 여성 조각상과 출산의 관계는 코스티엔키 유적에서 발견된 여성상 가운데 임신 중으로 추정하는 몇몇 조각상에서도 확인할 수 있다. 가슴 위쪽에 띠를 두르고 있고, 한 조각상은 손목을 끈으로 묶고 있는데, 이는 일반적으로 몸을 치장한 것으로 해석하지만 이와는 달리 출산 과정을 쉽게 하려는 과정으로 생각하기도 한다.[136]

마지막으로, 말타 유적에서 관찰된 목에 거는 형태의 여성상에는 21개의 홈이 있는데, 일부 연구자들은 이것이 메모장처럼 여성들이 자신의 출산을 조정할 수 있게 해주는 역할을 했던 게 아닌가 생각했다. 로셀 유적의 비너스가 손에 들고 있는 뿔에도 여러 개의 선이 새겨져 있는데, 이것에 대해서도 역시 같은 가설이 제기되었다. 일종의 산부인과 수첩이라는 것이다.[137] 이러한 가설들 모두 가능하긴 하지만, 여성이 조각상을 만들고 사용했다는 점에 초점을 맞추고 있어 논란이 될 수도 있다.

구석기시대에 만들어진 조각상이나 새겨진 그림에서 여성의 성적 특성이 강조되었다는 점이나 남성 생식기보다 여성 생식기가 더 많이 표현되었다는 점은 당시 사람들의 생각이 어떠했는지 짐작할 수 있게 해준다. 어쩌면 일부 구석기 사회는 출산 과정을 영혼이 개입하는 신비롭고 초자연적인 것으로 생각해서, 이것을 영구히 남기려고 표현한 것인지도 모른다.[138] 선사인, 특히 선사시대의 여성들은 월경이 멈추는 것과 임신을 연결해서 생각했을 수 있다. 많은 사회에서 월경은 부정한 금기의 대상이 되고 있는데, 아득한 과거의 이 소규모 공동체에서 아이의 탄생은 지대한 관심이었을 것이기에 이때에도 월경을 똑같이 부정적으로 생각했는지는 확실치 않다. 남성이 출산을 담당하는 사람이 되기 이전까지 수백 년 동안, 여성들은 스스로 임신과 출산에 이르기까지 임산부를 보살폈다. 그러므로 임신한 모습이나 출산 중인 모습을 표현한 조각상 중 일부는 여성 자신이 만들었을 가설을 제시할 수 있는 것이다. 이러한 예술품은 집단과 마을의 영속성을 유지해줄 생식과 아이들의 탄생에 관해 구석기인들이 부여했던 중요성을 보여주는 것이겠다. 여기서 제시되는 여성의 모습은 어머니의 모습이다. 종족의 존속을 지켜주는 여성이 인간을 대표하는 모습으로 선택되었던 것이라 하겠다.*

그러나 우리는 이러한 정체성이 유효한지에 대해 질문을 제기해보아야 하지 않을까? 구석기시대 여성상에 관한 해석이 "고고학적 현실이라기보다는 선사학자들의 상상력을 더 많이 보여주는 것 같기"[139] 때문이다. 임신한 여성을 표현한 것이라는 조각상의 숫자는 재검토해볼 필요가 있다. 후기 구석기시대 여성도 오늘날 여성처럼 체형이 다양했을 것이기 때문이다. 그중 일부는 자연적인 이유나 기름진 음식 때문에 풍만했을 것이다. 하지만 여성 조각상 중 일부는 이상적인 여성을 둔부비대증으로 표현했거나 집단의 풍요로움을 상징하는 것일 수 있다. 따라서 사회문화적 약속 또는 이것을 조각상으로 만든 작가가 선택한 양식이었다고 할 수 있겠다.

구석기시대 여성과 관련된 표현을 해석할 때, 여성을 어머니로 동일시하는 것은 젠더에 따라 노동이 나뉘는 게 당연하다는 가설을 부과한 것이다.

---

* 동물은 현실 세계를, 여자는 인간을 상징했을 것이다. Henri Delporte, *L'Image de la femme dans l'art préhistorique*, Éditions Picard, p. 44, 1993

여성의 사회경제적 역할

많은 고고학자가 신석기시대에 일어난 많은 기술적 혁신의 기원이 여성이라고 생각하지만,[140] 구석기시대의 기술적 혁신은 모두 남성이 이루었다고 여기는 듯하다. 그래서인지 구석기시대의 여성이 이러한 역할을 했다는 주장은 보기 어렵다. 오늘날에도, 여성이 석기를 만들고 사냥을 하고 '예술가'였다는 가설은 거의 지지받지 못한다. 대다수 인류학자와 선사학자는 성별 노동 분업이 이미 구석기시대의 공동체에서도 나타났다고 생각한다. 성별 노동 분업을 인간 사회에서 최초로 등장하는 사회적 노동 분업의 형태로 생각하는 연구자가 많지만, "사실 선사시대 노동의 대부분은 체력이 기본으로 되는 일은 거의 없고, 남녀 상관없이 기술적 능력이 필요한 일이었다."[141]

성에 따른 노동 분업

'성 역할' 개념은 미국의 인류학자 마거릿 미드가 1935년에 이른바 미개하다고 하는 사회에서 남녀가 차지하는 위치에 관해 쓴 글에 등장한다.[142] 미드가 성에 따른 구별을 복잡한 사회적 관습에서 빚어진 것으로 보았다면,[143] 사회학자들과 인류학자들은 성차별적인 사회적 조직이 만들어낸 것으로 본다. 젠더 개념을 지지하는 이들은, 성적 역할은 노동을 성차별적으로 나눈 관습이 반복되고 다음 세대로 전해지면서 여성적인 행동 양식과 남성적인 행동 양식을 만들어냈다는 것인데,[144] 일부 생물학자들은 이 같은 행동 양식의 차이는 생물학적으로 결정된다고 생각한다. 지금으로서는 두 가설 중 어떤 것이 옳다고 선을 긋기 힘들지만, 각각의 이론은 사실적인 요소를 내포하고 있다. 그러나 선사시대 인류의 행동 방식을 재구성할 때 남성 중심적으로 된다는 것을 지적하지 않을 수 없다. 선사시대 사람들의 행동을 해석할 때 민족지학자들이 최후의 수렵-채집인을 관찰한 자료를 그대로 가져다 쓰는 경우가 많다. 현존하는 수렵-채집인 대부분이 성에 따라 노동을 분배하는 것은 사실이지만, 그들의 전통도 시간이 지나면서 바뀌었을 것이기에 선사시대 사람들의 방식을 그대로 투영한다고 할 수는 없다. 게다가 성별 노동 분업은 사회에 따라서 변동하는 규칙에 따라 체계화되는 것이기에, 선사시대에 적용할 만한 모델을 추론해내기 어렵다. 이처럼 고고학적으로 직결되는 자료가 없는데도, 많은 연구자는 선사시대에도 성에 따른 노동의 분업이 있었다고 거침없이 주장한다. 여성이 신체적으로 유약하다는 점, 출산과 양육으로 이동이 제한된다는 점, 남자만 무기를 사용할 수 있다는 점이 이들이 내미는 증거다. 선사시대에 성에 따라 임무에 차이가 있었는가를 증명하는 이러한 정보를 주로 인류 화석*과 동굴 예술과 지닐 예술품에서 구하고 있다.

구석기시대 예술에는 인간이 등장하는 장면이 아주 드물고 두 집단 사이의 갈등이 표현되는 경우가 전혀 없지만, 이와 반대로 중석기시대와 신석기시대 예술에서는 많이 나타난다. 중석기시대와 신석기시대 예술품은 수량도 훨씬 많아서 여성의 활동과 남성의 활동을 식별할 수 있는 경우가 많다. 구석기시대에는 이런 장면이 막달레니안 문화기에만 나타나며, 석회암 장식판이나 석회암 덩어리, 뼈, 순록의 뿔과 같이 이동할 수 있는 소재에 새겼다.[145] 남성 혹은 여성으로 보이는 사람의 윤곽이 홀로[146] 짐승과 대적하거나,[147] 자신보다 훨씬 큰 동물[148] 근처에 있는 모습을 볼 수 있다. 이러한 서사적인 장면을 보여주는 유물 중에서 3점은 사냥을 표현했던 것이겠다. 아브리 레이몽당 유적(도르도뉴)에서 발견된 펜던트는 들소의 갈비뼈로 만든 것인데, '살을 발라내고 있는' 들소 1마리와 3명 또는 4명으로 보이는 남자의 윤곽이 각각 새겨져 있다.[149] 아브리 샤토 드 타약 유적(도르도뉴)에서는 동물의 갈비뼈 조각에 들소와 대치하고 있는 9명의 사람이 새겨진 유물이 발견되었는데, 이 중 7명은 남자다.[150] 마지막으로, 라 바슈 동굴 유적(아리에주)에서 발견된 굽 막대에

---

* 예를 들어 상체의 불균형한 정도와 근육이 부착되는 뼈가 받은 생체역학적 스트레스를 연구하면 이들이 했던 특정한 활동을 알아낼 수 있다.

는 3명이 사슴(원시 소로 보는 연구자도 있다)을 추적하는 장면이 새겨져 있는데, 남성 2명이 여성 1명을 둘러싸고 있다. 이들 중 일부는 손에 선 모양의 물건을 들고 있는데,[151] 많은 선사학자가 이것을 무기라고 생각한다. 남자만 무기를 만든다는 점에서, 연구자들은 남자만이 무기를 들고 사냥을 할 수 있었다고 생각하게 된 것이다. 그러나 몇몇 관찰은 이러한 확신에 찬물을 끼얹고 있다. 이들 그림의 크기가 작은 경우가 많고 성기처럼 두드러지는 성적 특성이 없어서 윤곽으로 표현된 것만으로 성을 구분할 수 있는 사례[152]가 매우 드문데다가, 선으로 단순하게 표현된 것을 무기로 볼 수 있겠느냐는 것이다.

더구나 사냥을 표현한다는 이 장면들은 조금 현실성이 떨어지기는 하나, 의례 장면을 복원한 것처럼 다른 의미일 수 있다. 20개 남짓한 그림이 '반인반수' 상태인데, '마술사sorciers' 또는 '샤먼chamans'으로 많이 부르고 있다. 이 중에서 '춤추는 샤먼'은 한 남자가 머리에는 사슴뿔을 쓰고, 꼬리까지 달린 동물 가죽 전체를 몸에 두르고 있다. 트루아 프레르 동굴(아리에주)[153]에서 발견된 3개의 '사람-들소' 그림과 가비유 동굴에서 발견된 그림이 있고, 아브리 메주 아 테이자 유적(도르도뉴)에서 발견된 굼 막대는 사슴뿔로 만든 것인데 반은 사람이고 반은 산양의 모습을 한 3개의 '꼬마 악마diablotins'가 새겨져 있다. 연구자 중에는 이러한 표현이 주술적인 의식이 있었음을 입증해준다고 보는 사람이 있는가 하면, 사냥 의식을 보여주는 것으로 해석하는 사람도 있다. 인간과 사냥의 밀접한 관계가 한 번 더 주목받기는 했지만 좀 더 엄밀히 말하자면 이들 그림 중에서 성을 구별할 수 있는 사례는 7개이고, 이 중 남성으로 분류할 수 있는 것은 기껏해야 5개다.[154] 생리학적 관점에 따르면 남자만 짐승과 맞설 수 있었을 것이고,[155] 성에 따른 노동의 분할은 인간의 호르몬이 서로 달라서 만들어진 결과였을 것이라 한다. "에스트로겐은 여성에게 출산하는 역할을 주고 안드로겐은 남성이 힘을 쓰는 활동과 호전적이거나 포식성 충동에 따르도록 부추긴다."[156] 이는 중세부터 19세기까지 이어진 주장을 연상시키는 제안으로, 생명력이 정말 긴 가설이다.

1759년에 처음으로 발견된 사례에서 나타나듯이, 여성의 골격은 머리뼈가 작고 엉덩뼈는 넓고 키가 작다고 알려져 왔다.[157] 이러한 묘사는 사실과 거리가 먼데, 환경과 사용할 수 있는 자원에 따라 남녀의 신체적 다양성이 매우 커지기 때문이다. 이뿐 아니라 육체적 노동 강도 같은 생활 조건에도 영향을 받고, 음식물의 단백질 함량에 다소 차이가 생기는 것처럼[158] 문화적인 전통과도 연결되기 때문이다. 선사시대에도 이 같은 일이 있었을 가능성이 매우 높다. 다양한 계통에 속하는 여성 인류 화석이 발견되었으며,[159] 그중 일부는 매장된 것이었다. 화석의 보존 상태와 성적 이형性的

異形이 두드러지지 않아 성을 구별하기가 어려운 경우가 흔하다. 온전한 상태로 발견되어 성을 구별할 수 있는 화석은 30~40퍼센트에 불과하다.[160] 십여 년 전까지만 해도 인류학자들은 머리뼈와 나머지 뼈대의 형태와 건장한 정도를 기준으로 사람 뼈 화석의 성을 구별했는데, 여성의 뼈가 평균적으로 더 짧고 가늘다고 보았다. 특히 골반이 중요했는데, 여성의 것은 더 넓고 깊지 않으며 더 둥근 형태라고 했다. 구석기인에게 적용하는 이런 기준들은 많은 부분이 삶의 방식에 따라 결정된다는 것을 알면서도 남성의 수를 과대평가하는 경향이 있었고, 뼈대가 건장한 여성을 남자로 분류하곤 했다. 이 문제를 해결하기 위해 1990년대에 새로운 방법이 개발되었다.[161] 현재는 성의 구별에서 주로 엉덩뼈os coxal(골반)를 중요한 기준으로 삼고 있으며* 이 부분이 없는 경우에는 연구 대상인 뼈와 구석기시대 사람 뼈 중에서 성이 알려진 뼈대 자료를 비교하는 연구를 하고 있다.[162] 뼛속의 콜라겐이 잘 보존되어 있고(아주 오래된 화석에서는 이런 사례가 매우 드물다) 발굴자와 유전학자 같은 새로운 DNA에 의해 오염되지 않았다면 화석의 핵 DNA로 해당 개체의 성별을 알아낼 수 있지만, 이 방법은 잘 쓰지 않는다. 비용이 많이 들고 분석을 위해 뼈 일부를 파손해야 하기 때문이다. 그러나 이 새로

---

* 어린아이의 뼈에서는 성을 구별할 수 없을 때가 많은데, 사춘기 이전에는 성적 이형의 정도가 매우 약하기 때문이다.

운 방법 덕분에 몇몇 화석은 지금까지 알려져 있던 성 분류가 바뀌기도 했다. 이러한 사례가 여럿 있는데, 여성으로 생각했던 화석이 남성으로 재분류되었고[163] 반대의 경우도 있다.[164]

찰스 다윈은 《인간의 유래와 성 선택》에서 "남자의 힘이 더 센 것이 자신과 가족의 생활을 보장하기 위해 해야만 했던 고통스러운 노동의 유전적 영향에서 비롯되었을 가능성은 없다. 모든 야만 민족들 사이에서 여성들은 적어도 남성만큼 열심히 일하도록 강요받는다"[165]라고 썼다. 새로운 연구 방법으로 인류 화석을 연구한 결과는 이 진화이론가의 추론을 확인해주었다. 어찌 되었든 이것으로, 여성이 남성보다 덜 건장하고 근육도 덜 발달해서 자신의 생활에 필요한 모든 노동을 완수할 수 없었으리라 확신했던 몇몇 저자의 주장은 힘을 잃어가고 있다.

지치지 않는,

근육질이고 능숙한 걷는 사람

\

많은 고인류학 연구는 구석기시대 여성이 평균적으로 남성보다 키 몇 센티미터와 몸무게 몇 킬로그램이 작기는 했지만, 상당히 건장한 사람들이었음을 보여주고 있다. 이들의 뼈를 분석해보면, 여성이 육류를 적게 먹어서[166] 힘이 덜했을 것이라는 주장은 인정할 수 없다. 이들의 뼈에서 영양 결핍으로 발생하는 질병이 남성보다 더 많이 확인되는 것은 아니기 때문이다.

선사시대 여성에게 임신과 출산, 수유는 각종 사고와 사망까지도 가능한 감염성 질병에 걸리게 만들었을 수 있다. 영양 결핍도 이들의 수명과 영아 생존에 해를 끼쳤을 것이다. 인간의 진화 과정에서 폐경이 나타나면서 여성의 평균 수명은 늘어났고 영아 사망률도 줄어든 것으로 보인다. 이런 가설에서 출발해, 이른바 '할머니' 가설이 등장한다. 폐경기에 접어든 여성은 자신의 손자들을 보살폈을 것이고, 이로써 젊은 여성이 가임기에 도달할 가능성을 더 크게 만들어 집단의 생존을 유리하게 만드는 한편, 아이들의 어머니가 더 빨리 활동에 복귀할 수 있게 해주었으리라는 주장이다.[167] 하지만 우리는 이 가설을 지지할 수 없다. 구석기 여성들의 뼈를 분석해보면 이들이 40세 이전이라는 상당히 젊은 나이에 사망했으며, 따라서 당시 여성의 폐경기가 언제였는지 모른다 하더라도, 대부분 폐경기에 도달하기 전에 이미 사망했을 개연성이 크기 때문이다.[168]

생식에서 여성이 차지하는 역할은 여성이 남성보다 이동성이 적었으리라는 주장을 정당화하기 위한 논거로 빈번하게 제기되었다. 젖을 떼지 못한 아이가 매달려 있으니 어머니의 이동 가능성이 제한되고 활동 영역도 제한되었을 것이라고 말이다.[169] 그런데 흔히 여성의 일이라고 하는 채집 활동은 거의 매일 이동이 필요하며 상당히 멀리 가야 할 때도 있다.[170] 현존하는 사냥채집 유목민 집단에서는 여성도 남성과 같은 거리를 이동한다. 임신한 여성이나 어린아이를 팔에 안거나 업은 여성도 마찬가지다. 따라서 구석기시대에 성에 따른 노동의 구별이 있었다고 한다면, 이른바 여성에게 당연하다고 여겨지는 정주성定住性*으로는 설명할 수 없다.[171] 집단의 계절별 이동이나 자신이 태어난 집단을 떠나 다른 집단으로 합류하려면 여성들도 장거리 이동을 해야만 했을 것이다. 실제 유전자 분석을 통해 몇몇 선사시대 집단이 부거제**였던 것이 밝혀졌다. 이들의 생활조건이 바뀌게 되면 자연스럽게 거주지의 변동이 일어났을 것이다.[172] 게다가 농사를 짓게 되면서 사냥-채집인들은 모거제***를 채택하게 되었을 것인데, 농사일은 대체로 여성이 담당했다고 가정하고 있다. 우리가 이 추론을 따른다면, 동물 사냥을 경

---

* 이동이 비교적 적고 한 곳에 머물러 사는 성질. (옮긴이)
** 원래 살고 있던 곳을 떠나는 사람이 남자인지 여자인지에 따라 부거제父居制 사회(혹은 남자의 친족과 동거), 아니면 모거제母居制 사회(혹은 여자의 친족과 동거)라고 한다.
*** 사회 내에서 남성의 영향력을 강화할 수 있는 활동인 가축 기르기와 목축이, 현재 대다수를 차지하는 부거제를 만들어냈을 것이다. Robert Deliège, *Anthropologie de la famille et de la parenté*, Armand Colin, 《Cursus》, 2011.

제의 기반으로 하는 구석기 사회는 부거제가 될 것이다. 엘 시드론 유적처럼 일부 네안데르탈 사회가 이러한 사례로 보인다. 엘 시드론 유적에서는 모두 13명의 인류 화석이 발견되었는데, 남자가 3명, 여자가 3명, 아이가 5명이다. 이들 3명의 여성 가운데 2명은 나머지 4명의 성인과 다른 모계 집단 출신이다.[173] 몇몇 선사시대 여성은 다른 집단에 합류할 목적으로, 특히 짝짓기를 위해 자신이 태어난 집단을 떠났다. 이는 또한 이 시기에 족외혼이 있었다는 증거이기도 하다. 이렇게 주거 형태를 선택하는 것은 여성에게 주어진 제약으로 볼 수 있는데, 여성이 자신의 어머니와 사랑하는 사람들을 떠나야만 했기 때문이다. 이렇게 해서 이들은 문화적 전통이 다른 집단 안으로 들어가게 되는 것이다. 일부 인류학자들이 주장하듯이 부거제는 농업과 목축이 발달하는 신석기시대에 처음 나타난 것이 아니라 적어도 5만 년 전에 나타났다.

민족학적 자료에 따르면, 특정한 재료를 다루는 일은 재료에 따라 남녀 어느 한쪽만 작업한다는 "역사적 상수常數와 지리적 상수"[174]가 있었다. 남자들은 돌, 뼈, 뿔, 금속 등 단단한 재료를 많이 다루고, 여자는 음식물, 진흙, 식물성 섬유, 가죽, 양털처럼 부드럽고 유연하거나 낭창낭창한 재료를 다룬다.[175] 남성이 구석기시대의 여러 가지 발명과 돌이나 뼈 또는 뿔로 도구와 석기를 만드는 기술의 숙련에 공헌했다는 것은 재빨리 인정되었다. 이 논리에 따르면 불도 남성의 공적으로 추가될 수 있을 것인데, 이것은 전통 사회의 신화에서 나타나듯이 남자와 결부되는 경우가 많기 때문이다. 이러한 개념이 먼 옛날의 생활 방식을 복원하는 데 투영되어 도살, 부싯돌 깨기, 가죽 다루기, 부엌 등의 활동 영역이 젠더에 따라 할당되었다. 예를 들어 남자가 연모를 만들고, 여자는 음식을 준비하는 것이다. 채집처럼 요리*도 여자의 일이었을 것이다. 여러 연구자가 선사시대 여성의 역할에 대한 이러한 관점을 지지했고, 이는 이후 대중의 상상 속에 깊게 자리 잡았다. 과학사가 클로딘 코헨은 여성이 문명을 전파하는 역할을 했을 것으로 생각한다. "여성들은 생활과 식사 준비 그리고 입맛의 발달, 간 맞추기, 재료 준비로 집단의 생존에서 중요한 역할의 일부를 했을 뿐만 아니라, 문명의 발달에도 이바지했다."[176] 그러나 몇몇 구석기 사회에서는 [177] 남자가 동물 가죽을 부드럽게 하거나 날고기를 미리 씹는 용도로 치아를 사용했다.[178] 따라서 부드러운 재료를 손질하거나 음식을 준비하는 것은 남자의 일이기도 했다. '크로마뇽 사람'[179]은 50대 '노인'이었지만, 1868년에 발견되자마자 선사시대 사냥꾼의 원조가 되어버렸다.

---

* 늦어도 50만 년 전부터 불을 다룰 수 있게 되었으며, 이로써 음식을 익히거나 고기를 훈제할 수 있게 되었다.

남자는 사냥, 여자는 채집

선사시대에 사냥은 남자만 할 수 있는 활동이었을까? 이 질문은 진화 과정에서 여성이 했던 역할에 대한 인식에 영향을 줄 수밖에 없다. 진화의 과정에서 사냥이 핵심적인 역할을 했을 것으로 생각하기 때문에 그렇다. 고기를 규칙적으로 먹기 시작한 것이 인류의 계보와 다른 대형 영장류가 갈라지기 시작한 기원이 되었을 것으로 생각하는 연구자들도 있다. 20세기 내내 초기 호미닌* 파란트로푸스Paranthropes**와 오스트랄로피테쿠스Australopithèques***는 채식만 했다고 여겨졌지만, 동위원소****를 이용해 이들의 치아를 분석해보니,*****

---

* 분류학상 인간의 조상으로 분류되는 종족. (옮긴이)
** 예전엔 튼튼한 유형의 오스트랄로피테쿠스 로부스투스Australopithèques robustes로 불렸으며, 아프리카에서 270만 년 전에서 100만 년 전에 살았던 여러 유형을 포괄하는 이름이다.
*** 420만 년 전부터 200만 년 전까지 아프리카에 살았던 여러 종을 총괄하는 이름이다.
**** $^{13}C/^{12}C$처럼 치아에 남아 있는 여러 동위원소 비율을 분석하면 섭취한 음식물의 성분을 밝힐 수 있어서 식량 구성을 복원할 수 있다. 동위원소는 원자핵 내에 있는 양성자의 수는 같지만, 중성자의 수가 다르다. 원소 대부분은 여러 개의 동위원소를 가지고 있다. 예를 들어 탄소는 ^{12}C, ^{13}C, ^{14}C 3개의 동위원소가 있다. 이들 모두 5개의 양성자를 가지고 있으나 중성자의 수가 다르다. ^{12}C는 6개이고 ^{13}C은 7개, ^{14}C은 8개를 가지고 있다 (방사성임).
***** 스트론튬/칼슘(Sr/Ca), 바륨/칼슘(Ba/Ca), 탄소 동위원소를 측정한다.

벌써 잡식*이었던 것이 밝혀졌다.

1871년부터 찰스 다윈은, 인간다워지는 과정은 우리의 먼 조상이 두 발로 걷기 시작하면서 시작되었을 것이라 했다. 이동 방식이 바뀌면서 손이 자유로워졌고, 자유로워진 손을 이용해서 도구와 사냥용 무기를 만들고 동물의 고기를 이용할 수 있었기 때문이라고 주장했다.[180] 이로부터 150년 뒤, 오스트레일리아의 인류학자 레이먼드 다트는 사냥과 고기 소비가 진화에서 결정적인 역할을 했으며 오스트랄로피테쿠스는 이미 위대한 사냥꾼이었다는 견해를 내세우게 된다.[181] 그의 주장에 따르면 우리 인간은 '잔인한 살인자'였던 '살인자 원숭이'의 후손이라는 것이다! 이 가설은 학계 내에서 격렬한 논쟁을 불러일으켰다. 그러나 1980년대 초부터 남아프리카의 고인류학자 찰스 브레인 등을 중심으로 이 의견에 대해 강력하게 이의가 제기되었다. 브레인의 연구는 오스트랄로피테쿠스는 일반적으로 표범 같은 포식자들의 먹이가 되었으며, 사냥꾼이라기보다는 오히려 사냥감이었음을 보여주었다.[182] 몸집이 작고 뇌도 작기 때문에, 초기 호미닌은 다른 동물이 사냥해서 먹다 남긴 고기를 섭취할 수밖에 없었다는 것이 1980년대와 1990년에 주류를 이루었던 이론이다. 우리의 직접적인 조상인 최초의 호모 사피엔스

---

* 섬유질 식물, 잎, 열매, 곤충뿐 아니라 고기와 뼈까지 다양한 음식을 섭취했다.

가 사냥꾼이었고 네안데르탈인을 포함해 다른 인류의 계통은 모두 찌꺼기 고기를 먹었다고 생각하는 연구자들도 있었다.[183] 이러한 가설들은 2000년대 초반에 모두 힘을 잃었다. 최근 발견된 석기는 330만 년 전부터 석기 제작이 시작되었음을 증명하고 있다.[184] 석기는 식물을 거둬들이는 데만 사용한 것이 아니라, 동물의 몸뚱이에서 고기를 들어내는 데도 사용되었다. 이미 죽은 동물의 사체*를 먹는 경우가 대부분이었지만 직접 사냥한 동물도 이따금 있었다. 실제로 몇몇 연구에 따르면, 이르면 260만 년 전부터 초기 호모 속屬에 속하는 개체들이 동물을 사냥했고, 60만 년 전부터는 이미 규칙적으로 고기를 소비했던 것 같다.[185] 이러한 행위는 우리가 속하는 이 호모 속의 출현에 유리하게 작용한 듯하다.[186] 수십만 년 동안 사냥과 찌꺼기 고기 먹기가 병존했다는 점에 대해서는 지금은 의견이 일치한다. 사냥[187]은 공동체 내부에 서로 돕기(나누기, 협동, 연대)를 불러왔을 뿐 아니라 개인들이 부족한 부분을 서로 돕도록 했다.[188]

일부 고고학자와 인류학자는 처음부터 남자는 사냥을 나가고 여성은 채집해 살림터로 돌아와서는 각자 가져온 음식물을 나눴을 것이라고 주장한다.[189] 남자가 구하기도 힘들고

---

* 소극적인 동물 사체 먹기 또는 적극적인 동물 사체 먹기다. 초기 인류처럼, 동물 사체를 먹는 다른 짐승들이 접근하기 전에 먼저 동물 사체에 접근하는 것이다.

영양가 높은 식량을 제공하면서 여자보다 높은 지위를 얻게 되었다는 것이다.[190] 사냥꾼들은 사냥감을 분배할 권리가 있어서 자신의 동반자에 대한 합법적인 지배권을 갖게 되었을 것이라 주장한다.[191] 그러나 사냥감을 나눈 사람이 누구이고, 누구와 나누었는지 알 수 있는 고고학적 증거는 전혀 없다. 이런 주장을 하는 연구자들은, 여자가 대부분 식물성이라서 영양가가 떨어지는 식량을 제공했기 때문에 구석기 사회에서 경제적으로 미약한 역할을 했으리라고 생각하는 것이다. 1966년에 시카고에서 개최된 '맨 더 헌터Man the Hunter' 학회는 선사학계 내부에 인류 진화의 핵심 주체가 '남자 사냥꾼homme chasseur'이라는 가설을 뿌리내리게 했다. 미국의 여성 인류학자들[192]은 이에 대해 극심하게 반발했고, 반대 가설로 '채집하는 여성cueilleuse'이 경제의 중심에 있었다고 주장했다.[193] 이 가설은 고고학적 자료가 부족해서 금세 사라지기도 했지만, 편견 때문에도 금방 생명력을 잃었을 것이다.

최근까지 남아 있던 사냥-채집 사회에서는 여성들이 자주 사냥에 참여했다. 작은 짐승을 잡기 위해 굴지구, 몽둥이, 곤봉과 같은 뭉뚝한 무기를 사용하거나* 동물이 사는 땅굴에 연기를 피우거나 올가미와 같은 덫을 사용했다. 무리를 지어 사냥할 때는 큰 사냥감을 몰아갔고, 때로는 한곳에 머

---

* 일본의 아이누족이 하듯 사슴처럼 큰 짐승을 사냥하기도 한다. 줄을 던져서 동물을 잡은 뒤 곤봉으로 짐승을 죽이곤 했다.

물면서 매복하는 활잡이보다 더 많이 뛰어다녔다는 점을 주목해야 할 것이다. 남자와 마찬가지로 여자도 동물을 죽였고 위험할 수 있는 큰 동물들을 공격함으로써 자신의 생명을 위태롭게 만들었다. 아마도 이 때문에 남자들이 사냥 행위*에 여자들을 점차 참여시키지 않고 "무기를 들지 못하도록" 했을 것이다. 여자들은 동물의 피[194]를 흘리게 만들 수 있는 날이 있거나 구멍을 뚫을 수 있는 무기를 사용하지 않는 경우가 대부분이었지만, 예외적인 사례도 있었다. 브라질 아마존 지역의 아쿤츠Akuntsu 원주민 사회에서는 여성만 사냥을 담당했고, 사냥 전문지식도 어머니가 딸에게 전수해주었다. 다른 북미지역 원주민 사회에서도 여성들이 사냥과 전쟁에 남성들과 동반했고, 아이가 없는 갈리아족Gaule 여성도 마찬가지였다.[195]

따라서 선사시대에도 이와 유사했을 것이다. 사람의 뼈대에 골근부착부병처럼 뼈의 힘줄이나 인대 부분에 손상이 있다면, 반복적인 활동을 했던 것으로 해석할 수 있다. 한쪽 팔꿈치에 나타나는 손상은 규칙적으로 창을 던지는 행위와 관련이 있다.[196] 현대인에게는 잘 나타나지 않는 증상이지만, 창던지기 선수와 폐경기 전후의 여성에서 잘 나타나는 상해다. 네안데르탈 사람은 남자와 여자 모두에서 나타나기 때

---

* 여성 전사일 가능성도 있다.

문에, 양쪽 모두 창 종류를 자주 사용했다는 것을 생각해볼 수 있겠고 따라서 네안데르탈 여성들은 사냥에 활발히 참여했을 가능성을 생각해볼 수 있겠다. 그러나 후기 구석기시대 여성과 관련해서는 이러한 자료가 거의 없어서, 그녀들이 창을 자주 던졌는지 혹은 던지는 종류의 무기[197]는 사용하지 않았는지 알기 어렵다. 반면 유럽의 구석기시대 끝 무렵(최말기 구석기시대)과 중석기시대의 사람 뼈 37개체의 상체 부분 긴 뼈의 형태와 골근부착부 질병을 분석해보니, 팔을 강하게 사용하는 활동이 늘어났으며 이는 던지는 종류의 무기[198]를 자주 사용했던 것과 관련 있는 듯하다. 한편 투창 종류를 던질 때만 생기는 이 질병은 남성의 뼈대에서만 관찰되었기 때문에, 여성들은 이런 종류의 무기로 사냥을 하지 않은 듯하다.*

이러한 자료를 종합해보면, 유럽의 몇몇 구석기 사회에서는 여성들이 사냥감을 찾아내서 흔적을 쫓고 사냥 전략을 마련하며 창을 던지는 일까지, 사냥의 모든 단계에 참여했음을 배제할 수 없다.[199] 그러다가 구석기시대가 끝나갈 무렵부터 던지는 종류의 무기는 남성만 사용하도록 하는 변화가

---

* 한편으로 어린 시절 또는 청소년기부터 이런 활동을 익히기 시작했을 것이다. Sébastien Villotte, Steven E. Churchill, Olivier Dutour, Dominique Henry-Gambier, 《Subsistence Activities and the Sexual Division of Labor in the European Upper Paleolithic and Mesolithic: Evidence from Upper Limb Enthesopathies》, *Journal of Human Evolution*, vol. 59, p. 35-43, 2010.

일어난 것으로 보인다.

선사시대에 대한 고정관념 중에서 사냥만큼이나 잘 지켜진 분야가 있다면, 그것은 창작과 상징적 표현일 것이다. 고대 시대의 많은 저자들은 남자가 '성스러움'을 표현하는 창조자라면 여자는 작품의 대상인 '모델'에 불과한 세속적인 존재라고 생각했다. 선사시대 여성들은 실제 모델이거나 상상 속의 모델에 지나지 않았던 것일까?

여성 예술가, 여성 '샤먼'
: 가능한 해석

19세기 인류학자 대부분은[200] 여성이 필연적으로 창조력이 부족했을 것으로 생각했다. 이러한 이유로, 구석기시대의 동굴 예술품과 지닐 예술품은 남자가 만들었다는 가정을 바탕으로 150년이 넘게 해석되었던 것일까? 이 가설은 학계에서 대성공을 거두었다. 최근 발행된 저서에서도 "구석기시대에 예술을 시행하려는 장소로 선택된 곳에 갈 만한 체력적인 조건이 있어야 하며, 따라서 이러한 예술품의 절반 이상은 젊은 남성이 만든 것이었다"라는 내용을 볼 수 있다.[201] 신체 조건을 근거로 이러한 추론을 끌어냈다는 점이 놀라울 따름이다. 오늘날에도 동굴 탐사는 남녀노소 모두가 하고 있으니 말이다. 선사시대의 여성들은 매우 활동적이었으며, 어쩌면 우리 대부분보다 훨씬 체력이 좋았을 것이다. 이 예술품이 '사냥의 예술'이었을 것이기에, 분명히 남자가 만들었을 것이라는 주장이 제시되기도 했다. 지금은 많은 반박을 받는 가설인데, 우리가 앞서 살펴보았듯이 사냥을 나타내는 장면이 흔하지 않고 논란의 여지가 많기 때문이다. 게다가 때때로 예술품 근처에서 이런 동물의 뼈가 발견되기도 하는데, 동굴 벽에 그린 동물과 이들이 실제로 사냥해서 잡아먹은 동물 종류가 다른 경우가 많다. 그러나 막달레니안 시기로 분류된 프랑스 남서부의 동굴 벽화 유적에서는 이들이 가장 좋아했던 사냥감인 순록의 그림만 발견되었으므로 위에 해당하는 사례는 아니다.* 이런 그림과 조각은 2만 5,000년에 걸쳐서 제작되었고, 단순히 생계와 연관된 관습을 넘어 사회문화적 의미나 상징적인 의미를 지니고 있을 것이다.[202] 그러나 동굴 예술품은 남자가 남자를 위해 만든 것이라는 생각이 19세기 중반에 자리 잡았고,[203] 이것이 선사사회에 대한 이분법적 관점을 갖도록 만들었다.[204] 지금도 많은 전통 사회에서 여성이 예술 활동을 하고 있는데,** 어째서

---

* 예를 들어 라스코 동굴에서 '예술가'들이 주로 순록을 먹었지만, 그림에는 거의 나타나지 않는다는 점을 들 수 있다.
** 예를 들어 오스트레일리아의 일부 원주민 사회에서는 이런 활동을 여성만 할 수 있었다.

선사시대의 여성은 화가나 조각가가 아니었다는 것일까?

동굴 벽화든 지닐 예술품이든 누가 만들었는지를 알기는 매우 어렵지만, 최근의 연구는 동굴에 여성들이 왔음을 확인하고 있다. 프랑스와 스페인의 8개 동굴에서[205] 약 2만 5,000년 전에 만들어진 손자국 32개*가 발견되었는데, 그중 대다수는 여성이 만든 것이다.[206] 코스케 동굴(부슈 드 론)에서도 이와 똑같이 관찰되며, 남성보다 여성의 손자국이 더 많았다.[207] 이는 매우 중요한 사실이다.[208] 몇몇 선사학자들은 그림 옆에 찍힌 작은 크기의 손자국을 예술가들이 남긴 서명으로 생각하기 때문이다. 일반적으로 손자국은 전 세계적으로 발견되며 시기도 매우 다양하다. 예를 들어 인도네시아 보르네오 섬의 구아 마스리 II 동굴에서도 손자국이 발견되었는데, 남녀가 각기 동굴 벽의 다른 장소를 사용하기는 했지만[209] 함께 만든 것이다. 민속고고학자 장-미셸 샤진은 "이 연구로 구석기시대 예술이 남성의 독점적인 영역이 아니라, 여성도 예술가가 될 수 있었음을 알게 되었다. 앞으로 더 확인되어야 하겠지만 무속적인 상징과 치유자들이 손을 얹고 물건을 씹거나 숨을 뱉는 방식을 기본으로 사용하는 주술적인 방식과 합치한다. 많은 원시사회에서 여자 샤먼이 이것을 시행했다"라고 한다.[210] 일부 동굴 벽화가 믿음

---

* 손자국은 스텐실 기법으로 만들었다. 자신의 손을 동굴 벽에 대고 그 위에 자연 염료를 섞은 물감을 입으로 뿜어내는 방법이다.

과 연관된 동기로 만들어졌다는 가설 내에서, 여성이 의식을 이끌지 않았다고 배제할 수 있는 고고학적 자료는 아무것도 없다.[211] 선사학자들은 여성이 동굴에 있었음을 더는 부정하지 않지만, 여성이 작품 일부를 만들었다는 데 관해서는 의견이 일치되지 않는다. 심지어 이를 생각조차 하지 않는 전문가가 많은데, 그들은 입증할 증거가 없다는 점을 이유로 내세운다. 그렇지만 남성이 남긴 작품이라고 할 증거도 없지 않은가! 그러므로 선사 예술에서 가장 유명한 그림과 조각을 여성이 만들었을 가능성을 부정할 수는 없다.

이론적인 편견과 방법론적 편견이 성에 따른 노동 분업을 바탕으로 여성의 경제적 역할을 파악하게끔 한 기원이다. 여성의 가장 주된 임무를 출산으로 여겨서, 선사시대 예술을 단편적으로 해석하게 했으며, 더 나아가 특정한 물건과 행위에 젠더 가치를 부여하는 것을 지지했기 때문이다. 현재 매장 유구의 연구,[212] 특히 껴묻거리*와 망자가 몸에 지닌 장신구와 의복의 연구[213]로 이 길고도 먼 과거에 양성 간의 사회적 관계가 어땠는지 답이 될 만한 내용이 조금씩 밝혀지고 있다.

---

* 껴묻거리는 망자가 생전에 했던 활동을 알려주는데, 성과 관련될 뿐 아니라 문화적 전통과 종교적 전통에 따라 정형화된 물품이기도 하다.

그녀들의 사회적 위치

유럽과 근동지역에선 늦어도 14만 년 이후[214]로 죽은 사람을 매장했다. 구석기시대의 매장 유구에서는 여성의 뼈도 여럿 발견되었다. 15여 곳의 중기 구석기시대 유적에서* 남자, 여자, 어린이, 영아, 심지어 태아[215]에 이르기까지 40구의 네안데르탈 사람 뼈가 발견되었다.** 이러한 매장 유구가 발견된 곳으로 이스라엘의 콰프제 유적과 스쿨 유적이 있는데, 이곳에서는 호모 사피엔스의 사람 뼈가 나왔다. 구석기시대의 무덤은 모두 단독 매장이었지만, 라 페라시 유적***(도르도뉴)과 콰프제 유적은 다른데, 젊은 여성과 6살 어린이 그리고 여성의 유골 옆에서 성인 남성의 뼈가 발견되어 이들이 함께 묻혔던 것 같다. 유해는 옆으로 길게 누인 채 매장된 경우가 가장 많았고, 드물긴 하지만 등 쪽으로 똑바로 누

---

* 유럽의 중기 구석기문화는 35만 년 전에 나타나는데, 대형 동물을 사냥하고 석기 유형이 다양화되면서 르발루아 기술이라고 불리는, 도구 만드는 새로운 기술이 등장하고 매장도 나타났다. 데니소바인(알타이)과 4만 5,000년 무렵 호모 사피엔스가 유럽에 나타나기 이전 유럽에는 네안데르탈인만 살았다. 호모 사피엔스가 나타나면서 중기 구석기는 종료된다.

** 이들은 땅을 판 구덩이나 혹은 자연히 생긴 구멍을 다듬어서 만든 곳에 놓여 있었다.

*** 생후 한 달 된 신생아와 태아의 유체가 한 구덩이에 놓여 있었다. 자갈, 흙, 재로 덮여 있었는데, 재는 무덤 근처에 있던 화덕에서 가져왔을 것이다. 그 위에 아주 잘 만든 부싯돌 석기들(찌르개와 긁개)을 올려놓은 듯하다.

위 있는 예도 있다. 매장된 자세는 일반적으로 팔을 구부리고 있고 다리도 쪼그리고 있다. 즉, 대부분이 태아의 자세 또는 '웅크린 자세'[216]인 것이다. 남자의 무덤이 여자의 무덤보다 조금 더 많은데, 특히 근동지역에서 그렇다. 그러나 성을 결정할 수 없는 유골도 많이 있어서, 젠더에 따라 선택적으로 무덤이 조성되었다고 할 수는 없겠다. 매장 유구 가운데 일부는 정돈되어 있었는데, 붉은 흙이나 재나 숯이 많이 들어 있는 토양(화덕에서 온 듯함)을 유해 위에 뿌리거나 판석이나 돌로 유해를 덮기도 했다. 이 시기에 해당하는 유구 일부에서, 사람 뼈 근처에서 동물의 고깃덩어리(뼈가 있어서 확인 가능함), 사슴과 짐승의 뿔, 소과 짐승의 뿔, 매머드 상아 조각, 일반적으로 사용되지 않은 석기나 뼈 연모와 같은 유물이 발견되기도 했다. 그러나 이러한 부장품은 드물고 피장자의 성과도 관련이 없다. 매장 유구 전체에서 여성의 뼈가 발견된 것은 10곳으로, 16살에서 30살 사이의 네안데르탈 여성이 7곳에서 발견되었고,[217] 호모 사피엔스 화석이 3곳에서 발견되었다.[218] 라 키나 유적(샤랑트)에서 발견된 네안데르탈 여성만 껴묻거리와 함께 묻힌 것으로 보이는데, 여기저기 쪼인 흔적이 있는 석회암으로 만든 공 모양 석기sphère가 엉덩이 근처에 있었고, 부싯돌 긁개도 1점 있었던 것 같다.

후기 구석기시대가 되면 매장 유구가 조금 늘어나며, 여성의 뼈가 발견된 유구가 20개 곳이 넘는다.[219] 두 사람을 함께 묻는 사례가 늘어나는데, 여성과 어린이[220]가 함께 묻힌 경우가 대부분이고,[221] 세 명[222] 또는 여러 명[223]이 함께 묻힌 유구도 중기 구석기시대보다 많아진다. 예를 들어 체코의 돌니 베스토니체 II 유적의 세 명이 함께 묻힌 유구에서는 이제 막 청년기에 들어선 사람 뼈가 발견되었는데, 아직 논의가 진행 중이긴 하지만 이 사람은 여성으로 보인다. 등을 바닥에 대고 누운 채 쪼그린 자세였는데, 입에는 불에 탄 말의 갈비뼈 조각이 물려 있었다.[224] 다른 두 구의 젊은 남성은 아마도 그녀가 묻힌 이후에 매장된 것으로 생각된다. 왼쪽에 있는 남성의 오른팔은 왼팔 위에 놓여 있고, 오른쪽에 있는 남성의 손은 자신의 골반 위에 놓여 있었다.

몇몇 매장 유구는 이들 사회의 행위에 대한 중요한 정보를 제공한다. 산타 마리아 다그나노 동굴(이탈리아 오스투니 근처)에서 발견된 그라베티안 문화기의 매장 유구는 이런 점에서 독보적이다. 20살 여성의 뼈가 발견되었는데, 골반 근처에 분만한 태아의 뼈와 부싯돌 석기 몇 점이 있었다. 어머니의 유해는 커다란 구덩이 안에 놓여 있었는데, 왼쪽으로 누워 살짝 구부린 자세로 오른손은 배 위에 올리고 있고 왼손은 머리 아래에 두었다. 장신구를 많이 지니고 있었는데, 조가비 100여 개로 만든 머리쓰개*와 사슴의 젖니 송곳니가

---

* 조가비는 해양 복족강의 바다 달팽이 속cyclope이 대부분이다. 모두 구멍이 뚫려 있고, 머리쓰개를 만들려면 하나씩 연결해야 했을 것이다.

있는 펜던트 1개, 양쪽 팔목에 팔찌가 각각 1개씩 있었고, 조가비(나사조개, 개오지, 좁쌀무늬 고둥)*로 만든 목걸이도 있었다. 다른 유골들은 머리쓰개, 머리띠, 팔찌, 발찌, 목걸이, 펜던트를 지니고 있었는데, 주로 조가비[225]와 동물의 이빨[226]을 이용해서 만들었고, 이보다 드물긴 하지만 동물 뼈[227]나 돌[228]을 이용해서 만들기도 했다. 일부 유골의 옆에는 뼈와 동물의 이빨,[229] 뗀석기,[230] 뼈로 만든 유물[231]이나 선을 새긴 뼈나 돌[232]과 같은 유물[233]이 놓여 있었다. 장례 의식에서 황토로 시신이나 유구를 덮기도 했는데,[234] 붉은 흙을 사용하는 경우가 많았는데, 장례식 식사의 흔적이었거나[235] 불을 지핀 것[236]일 가능성도 있다.

동굴 예술이 확인된 곳에서는 그림이 있거나 새겨진 동굴 벽 가까운 곳에서 매장 유구가 발견되어 피장자와 예술품의 관계에 관한 질문이 제기되고 있다. 아브리 캅 블랑 유적(도르도뉴)이 이러한 사례에 해당하는데, 25살에서 30살 사이의 막달레니안 시기 여성의 뼈가 동굴 벽에 새김이 있는 곳의 아래에서 발견되었다. 그녀는 왼쪽으로 누워서 쪼그린 태아 자세를 취하고 있었고, 한 손은 얼굴 위에 올려놓았으며, 옆쪽에서 껴묻거리가 발견되었다. 치장된 그녀의 몸은 3매의

---

* 송곳니는 머리뼈 가까이에서 발견되었고, 조가비는 양팔 근처와 가슴과 배 위에 놓여 있었다. 이 조가비들이 옷에 꿰매어져 있었을 가능성도 생각해볼 수 있겠다.

판석으로 덮여 있었다. 일부 연구자들은 이 매장 유구와 동굴 벽에 새겨진 말 조각을 같은 시기의 것으로 보고 있으며, 심지어 당시의 조각가 중 1명이 묻힌 것이라고 주장하기도 하지만 현재로서는 확인되지 않은 가설이다. 그라베티안 시기에 살았던 '카비용의 여인'은 카비용 동굴의 벽에 새겨진 2개의 말 그림 근처에서 묻혀 있었다. 그녀는 바다 조가비와 사슴의 젖니로 장식된 머리쓰개를 썼으며, 왼쪽 무릎에도 역시 조가비로 만든 장신구를 차고 있었다. 유해 근처에는 머리 가까운 곳에 송곳과 펜던트가 놓여 있었는데, 두 점 모두 말뼈로 만든 것이었다. 이처럼 여성과 말이 조합된 사례는 이탈리아의 파글리치 동굴 유적에서도 확인할 수 있다. 2개의 말 그림 근처에서 2구의 그라베티안 시기의 매장 유구가 나왔는데, 하나는 사내아이였고, 또 다른 하나는 18세에서 20세 사이의 젊은 여성이었다.[237]

후기 구석기시대와 마찬가지로 중기 구석기시대에도 남성의 매장 유구가 여성보다 조금 많긴 하지만, 그 무엇도 성에 따라 매장이 차별적으로 있었다고 결론지을 수 없다. 성을 구별할 수 없는 개체가 많기 때문이다. 마찬가지로 남성, 여성, 어린이가 지닌 장신구와 황토 또는 껴묻거리 사이의 상호 연관성도 없다. 따라서 성에 따라 장신구와 껴묻거리의 특징이 크게 다르지 않다고 말할 수 있지만, 매머드의 상아만은 유독 남성의 매장 유구에서 출토되는 것 같다.* 동굴 예술품과 여성이 매장된 유구의 관계를 직접 증명할 수는 없지만, 위에서 언급한 3개의 동굴에서 말 그림이나 조각이 등장한 것을 주목해야겠다. 앙드레 르루아-구랑은 말이 남성적 원리를 상징한다고 생각했다.

민족지학적 연구에 따르면 일부 사냥-채집 사회에는 노동 분배와 권력 소유에 성차가 있었다. 그러나 선사시대에도 그런 성차가 존재했을까? 몇몇 연구자들은 여성의 매장 유구가 드문 점을 그 증거로 꼽는다. 이들은 '지도층^{élite}'에 속하는 개인들만 매장이 되었을 것으로 생각한다. 선사시대 유적의 숫자에 비해 매장 유구의 숫자가 적은 것은 분명하다. 그러나 이러한 차이는 여러 가지 요인으로 설명할 수 있다. 사람 뼈의 보존은 매장되어 있던 토양에 따라 다른데, 토양의 산성도가 높을수록 뼈가 더 많이 파괴되기 때문에 어떤 지역에서는 사람 뼈가 발견되지 않는다. 몇몇 동굴은 기후가 매우 따뜻하며 습할 때 동굴 안의 퇴적이 씻겨나가기도 하고, 사람들이 여러 차례 점유하거나 구석기시대에 많이 살았던 육식동물 때문에 퇴적이 없어진 동굴도 있다. 이러한 현상으로 인해 고고학 유구는 부분적으로 사라지거나

---

* 예를 들어 관절이 움직이는 '인형^{poupée}'이 브루노 II 유적에 있는 한 남자의 무덤에서 발견되었다. 아프리카에서는 코끼리의 상아가 흰색인 것이 토지를 비옥하게 해주는 조상들의 뼈를 연상시켜서, 죽은 자들의 세계와의 연관을 상징한다.

완전히 사라지기도 하는데, 특히 토양 안에 있던 뼈가 그렇다. 더구나 사람들이 이동하던 중 사망해 그곳에 매장됐을 가능성도 잊지 말아야 할 것이다. 동굴 유적이나 바위그늘 유적에서 발견되는 매장 유구와 달리, 야외의 매장 유구는 지표에서 드러나는 표지가 없어서 발견하기 어려운 데다 파괴되기는 더 쉽다. 당시 많이 서식하던 동굴하이에나와 같은 썩은 고기를 먹는 짐승들 때문에 유해는 더 빨리 사라지며, 악천후도 큰 영향을 준다. 그러나 이런 요인만으로는 매장 유구가 왜 그렇게 적게 발견되는지 설명할 수 없을 것이다. 그렇다면 매장을 하지 않는 집단이 있었을 가능성도 있다. 그렇다고 해서 장례 의식이 없었다는 의미는 아니다. 장례 의식 중에도 고고학적 증거를 거의 남기지 않는 사례가 있기 때문이다. 이런 모든 이유로, 매장 유구가 많지 않은 것과 선사시대 사회 내에 서열이 있었음을 연결시킬 수는 없다. 더구나 망자를 다루는 방식도 차별화되어 나타나지 않는다.[238] 예컨대 중요한 인물을 매장할 때의 순장*이나 희생

---

* 많은 역사 사회에서는 중요한 사람이 죽으면 그와 가까운 사람을 희생해서 함께 매장했다. '순장'이라 불리는 이 관습은 사체의 위치, 무덤을 꾸미는 방식, 매장 자세, 함께 매장된 장신구와 부장품의 성격과 분량에서 주피장자와 주변 사람들을 다루는 방식에 차이가 나기 때문에 알 수 있다. 몇몇 유적에서 발견된 여러 사람이 묻힌 무덤에서 '시체를 대칭적으로 배치'한 것이 알려져 있다. Alain Testart, *Les Morts d'accompagnement. La servitude volontaire (I)*, Éditions Errance, p. 183, 2004.

처럼 불평등한 행위를 입증하는 방식으로 연결할 수 있는 집단 매장은 전혀 없다. 오히려 기근이나 전염병 또는 사고로 집단 사망이 발생했을 가능성도 있다.[239]

구석기 사회에서의 서열화가 현재로서는 분명하게 드러나지 않는다고 하더라도,[240] 매장 유구에서 발견된 사람들은 나이도 다르고 성도 다르므로 매장되었다는 것만으로도 집단 내의 다른 구성원들과 구별될 가능성도 있다. 그 이유는 밝힐 수는 없다고 하더라도 피장자의 사회적 지위는 끌어낼 수는 있겠다. 생-제르맹-라 리비에르 유적[241](지롱드)의 매장 유구처럼, 특히 막달레니안 사회에서 이러한 사례를 볼 수 있다. 한 젊은 여성이 묻혀 있었는데, 72개의 사슴 젖니 송곳니[242]로 만든 호화로운 목걸이로 치장하고 있었다. 이 목걸이는 아주 잘 만들었을 뿐 아니라, 당시 이 지역의 기후가 매우 추워서* 사슴과 짐승이 거의 살 수 없었던 환경을 생각한다면 특별히 귀중한 물건이다. 따라서 그녀가 사회적으로 지위가 높은 집단의 구성원이어서 그랬거나, 공동체 내에서 그녀가 중요한 지위를 차지하고 있던 점이 반영된 것일 수 있다.[243]

---

* 이 이빨들은 칸타브리아 지역이나 지중해 지역에서 온 것인데 당시는 마지막 빙하기의 몹시 추웠던 때로, 이곳에 사슴이 살았다. Marian Vanhaeren, Francesco d'Errico, 《Le mobilier funéraire de la Dame de Saint-Germain-la-Rivière et l'origine paléolithique des inégalités》, *Paléo* n° 15, p. 195-238, 2003.

현재까지 구석기시대에 여성의 지위가 남성보다 낮았다는 가설을 입증하는 고고학적 자료는 전혀 없다. 여성을 표현하는 예술품이 많은 것을 근거로, 당시 사회에서 여성들이 믿음의 중심이 되기 때문에 오히려 사회적으로 높은 지위를 가지고 있었을 것이라고 주장하는 고고학자들도 있다.[244] 예술품 중 일부는 이를 입증해주는 듯하지만 이러한 이유가 전부였을까? 다른 연구자들은 이 까마득한 시기의 사회가 모계제 사회, 더 나아가 가모장제 사회였다고 주장하고 있다. 정말 그랬을까?

가모장제 사회

가모장제* 사회와 모계** 사회는 혼동하기 쉽다. '가모장제 matriarcat'[245]라는 용어는 어머니의 혈통을 의미하는 '모계'라는 용어와 달리, 그 어원에서 볼 수 있듯이 여성의 지배를 의미

---

* 여기에는 여자들이 권력을 차지한 것을 기반으로 형성된 사회 조직과 법적 제도가 있다. Pierre Bonte et Michel Izard, *Dictionnaire de l'ethnologie et de l'anthropologie*, PUF, p. 455, 1991.

** 이름을 계승하는 혈통을 따지는 방식과 사회 조직, 씨족 또는 계급의 출현, 재산과 역할 또는 특권은 어머니를 통해서 이루어졌다. 현재는 부계혈통제(아버지를 통한 승계)가 보편적이다. Robert Deliège, *Anthropologie de la famille et de la parenté*, Armand Colin, 《Cursus》, 2011.

한다. 고대 그리스어의 동사 '아르크ἄρχειν'에서 파생한 것으로 '이끌다', '명령하다'라는 뜻이다. 지배적인 암컷과 그 후손들을 기반으로 하는 위계 체계는 우리의 가까운 사촌인 보노보 원숭이 등 여러 동물 종에서 잘 관찰되며, 나Na족*은 1990년대까지 가모장제 사회였지만[246] 지금은 사라졌다.[247] 그러나 많은 사회가 모계 사회였고 지금도 그 체제를 유지하고 있다.[248] 수많은 저술가는 이미 고대부터 많은 문명에서 남자가 여성보다 경제적으로나 사회적으로나 우월한 권력을 가졌다고 주장하면서, 인류가 시작된 처음부터 이랬을 것이라 주장한다. 19세기의 여러 학자가 가모장제가 가부장제보다 먼저 있었다는 가설을 지지했지만, 이는 인정되지 않는다. 선사시대에 가모장제가 있었는가를 둘러싼 논쟁이 150년 넘게 계속되고 있지만, 여전히 치열하게 논쟁 중이다. '원초적 가모장제matriarcat originel'는 신화일 뿐이라고 생각하는 연구자들이 있는가 하면, 신석기시대에 가부장제가 나타날 때까지 존재했다고 생각하는 연구자들도 있다.[249]

집단이 섞여 생활하면서 아이의 아버지가 누구인지 확실하게 알 수 없었기에, 혈연관계는 어머니 쪽을 통해 이루어질 수밖에 없었을 것이다. 폴란드의 인류학자 브로니스와프 말리노프스키[250]와 스위스의 법학자 요한 바호펜은 이러

---

* 티베트 기원인 민족으로 중국 윈난성의 외진 계곡에 산다.

한 모계 혈통이 인류의 초기 사회에 있었을 것으로 생각했다. 바호펜은 고대 신화[251]와 여행기[252]를 근거로 1861년부터 "원시 시대époque primitive"는 모권으로 통치되는 "여성 지배 체제gynécocratie" 시대이며, 권력의 승계는 어머니에서 딸로 이어진다고 주장한다.* 19세기 말의 여러 인류학자[253]와 철학자[254]은 원시적인 가모장제가 존재했거나 최소한 남녀가 사회적으로 평등했음을 지지하게 된다. 그러다가 포식 경제(수렵-채집)에서 생산경제(농업-목축)[255]로 전환되면서, 남자가 권력을 차지하게 되었을 것이고, 먼저 부계제가 자리를 잡고 그 이후에 가부장제가 등장했을 것이라고 본다. 20세기 초반의 일부 인류학자들 가운데[256] 이 가설을 지지하는 사람들이 있었는데, 1930년대에 이 가설이 다시 채택된 것이다. 이들에 따르면 선사사회의 사회적 구조는 시간이 지나면서 변형되었을 것인데, 처음에는 부족이었다가[257] 가모장제와 정착 생활을 하게 되고[258] 최종적으로 가족(부부)과 유목민이 되었을 것이라 한다.[259] 러시아 고고학자 피오트르 에피멘코가 몇 가지 부정확한 점에 근거해 주장한 이 진화론적 가설은 지금은 완전히 폐기되었다.[260] 그는 여성은 출산하는 사람일 뿐 아니라 집을 지키고 가축을 다스리는 주인으로서[261] 그라베티안 사회에서 핵심적인 역할을 했을 것이라 주장한다.

---

* 요한 바호펜은, 여성들이 부족을 조직할 목적으로 '위대한 여신들' 숭배를 중심으로 출산의 '비밀'을 이용했을 것이라고 주장했다.

3장 / 선사시대 여성의 재발견

거의 30년 뒤 청동기시대 전문가 마리야 김부타스는 선인도-유럽 사회를 "여자 가장제matristiques"[262] 모계제matrilinéaires로 기술했다. 이 체제는 수천 년 동안 이어지다가,[263] 쿠르간 문화[264]와 관련 있는 중앙아시아의 초원지대 유목민 부족이 이동하기 시작한 기원전 3000년 전부터 점차 대체되었을 것으로 본다. "히포게움"* 문명으로 불리는 지중해 문명에서도 마찬가지로 이러한 유형의 모계 조직이 밝혀졌는데,[265] 역시 기원전 3500년 무렵 대체된 듯하다.[266] 기마민족인 이들은 모계제 사회였던 토착민들에게 가부장제와 전사 체제를 강요했을 것이라 보았다. 이 가설에 대해 반론이 제기되었는데,[267] 이들이 도착하기 훨씬 이전에 무기와 성벽을 쌓았던 흔적이 발견되었고 이들의 팽창이 평화적인 방식이었을 것이라는 이유에서다.[268]

1980년대와 1990년대에, 이번에는 여러 미국 역사학자들이 선사 문화는 모계제였겠지만 가부장제 사회[269]보다는 더 평등하고 평화로우며[270] 위계성이 약했을 것이라 주장하고 나섰다. 하지만 많은 연구자가 이 가설을 반박했다.[271] 이들 중 많은 이들이 가모장제 사회는 실제로 있었던 적이 없었고, 하나의 성이 다른 성을 지배하는 잃어버린 '황금시대

---

* 망자를 바위에 인공 동굴을 파서 매장하는 것이 특징이다. 가장 오래된 것은 몰타의 할사플리니 유적으로 기원전 4100년에서 기원전 3800년 사이에 조성되었다.

âge d'or'를 낭만적으로 드러내는 "현학적인 신화적 구상"에 불과하다고 생각한다.[272] 에마뉘엘 토드는 바호펜의 "여성 지배 체제"는 "환상"을 드러내는 것으로 보았는데, "여성의 지위는 모계제 사회보다 친족 관계가 분화되지 않은 사회에서 사실은 더 높기 때문"[273]이다. 따라서 본원적 모계제는 신화일 뿐이다! 토드를 지지하는 사람들은 민족학적 논거에 의존하는데, 토드의 견해에 반대하는 사람들이 경제적·사회적 관점에서는 동등하지만 남녀 관계는 평등하지 않은 전통 사회의 몇 가지 사례를 인용하는 것과 마찬가지다. 그러나 그렇게 자주 있는 경우가 아니더라도, 남아프리카의 산족처럼 양성 간 관계가 평등한 사회가 있었다는 증거를 부인할 수는 없다.

가부장제 또는 남성 지배의 출현을 기술적으로 발달한 사회에 한정해서 연계시키기 어렵다는 것은 민족학 자료를 통해 분명히 드러났다. 원초적인 가모장제를 지지하는 사람들도 이 견해를 비판하는 사람들처럼 신화를 사용했다. 가모장제 존재 가설은 전통적인 사회 내에서 가모장제가 지니고 있던 특성과 역할을 염두에 두지 않았다. 아프리카, 오세아니아, 아메리카 원주민의 여러 신화를 살펴보면, 처음에는 여성이 재산*과 의례를 지배하다가 남성에게 빼앗기게

---

* 불, 성물聖物, 도구, 무기, 곡물, 식물, 농사 기술 등.

된다.²⁷⁴ 여성들이 이를 관장하면서 재앙이 닥쳤기 때문이다. 그렇다면 원초적인 가모장제를 들먹이는 것은 남성의 지배에 명분을 주는 역할일 따름인 것이다.²⁷⁵ 그러나 신화는 일부만 사실을 근거로 하고 있을 뿐 아니라, 구전되면서 내용이 바뀐다. 우리가 알고 있는 신화는 분명 원래의 내용이 아닐 것이다. 따라서 일부 연구자들의 주장처럼 여성의 지배가 재앙을 몰고 왔을 것이라는 주장은 원래는 존재하지 않았을 수도 있고, 모든 신화에 등장하는 것도 아니다. 이처럼 여성이 권력을 제대로 행사하지 못한다는 생각은 19세기 서구사회에 확고하게 뿌리 내렸다. 바호펜이 모계제 사회는 "미숙한" 사회(원시적이고 자연과 연계되었음을 함축)와 마찬가지고, 가부장제 사회가 "성숙한" 사회(문명화되고 문화와 연계되었음을 함축)²⁷⁶와 하나라고 쓴 것에서 볼 수 있다. 그는 모계제에서 부계제로 넘어간 것은 "인간 지성의 진보"²⁷⁷였을 것이라고 했다. 프로이트를 포함해 20세기의 많은 정신분석학자²⁷⁸는 이 논제를 다시 가져다 썼다. 프로이트는 심지어 "우리가 여기서 다루고자 하는 것도 아니고 잘 알려진 것도 아닌 외부적인 조건의 영향으로 가부장제 사회가 가모장제 사회를 계승했는데, 당시에 적용되고 있던 규칙이 크게 흔들린 것은 당연했다. …그러나 어머니에서 아버지로 넘어온 이 격변에는 또 다른 의미도 있다. 정신이 본능을 이긴 것이며 문명의 진보가 이뤄진 것이다. 사실, 모성은 본능적으로 생겨나는 것이지만 부성은 추론과 가설을 기반으로 하는 추측이다"[279]라고 했다. 그러면서도 그는 인류 진화 과정에서 가모장제가 등장한 것이 문명을 전파하는 기능을 했을 것으로 보고 있기도 하다.[280]

월간지 《역사》의 1992년 11월호[281]에 등장하는 "가모장제는 존재한 적이 없다!"라는 간결한 문구는 남성이 지배하는 가부장제가 원래부터 있었던 게 아니라 경제적 질서와 같은 변화에 따라 차츰 자리 잡아갔으며, 이로 인해 이동 생활을 하는 사냥-채집 집단의 사회적 구조가 변형되었을 것이라는 이론을 많은 연구자가 받아들이지 않는 이유가 무엇인지 궁금하게 만들었다. 구석기시대에는 거의 없었던 재산의 비축은 정주 생활, 농경과 목축으로 가능해졌고, 이로써 재산을 보호한다는 새로운 영역이 등장하게 되었을 것이며, 이 임무는 체력이 더 좋다고 추정되는 남성에게 맡겨졌을 것이다.[282] 남성들은 점차 수확물과 가축의 소유자가 되면서 자신의 아이들에게 상속을 확보하려는 목적에서 부계 혈통을 세우게 되었을 것이다. 레비스트로스는 부권의 일반화로 아이들이 남자에게 귀속되고 통제되는 것이 인정되면서부터 부권이 사회적으로 조직을 이룬 곳에서 나타났을 것으로 보았다.[283] 이러한 혈통의 대체는 가부장제가 나타날 때까지 대체로 오랜 시간에 걸쳐 천천히 진행되었을 것이다. 따라서 신석기시대에 나타나는 경제적·사회적 변화가 남성과 여성 간의 관계를 크게 변화시켰을 가능성이 있다. 이것이 가부장제 시대의 시작이라는 점은 의심할 여지가 없지만, 최초로 성적 역할을 뒤집어엎은 것은 여성이 아니라 남성이었다. 기원전 3000년에서 1000년 사이에 여성의 권리와 자유가 훨씬 크고 여성성이 존중받으며 신성하게 여겨지던 혼성의 세계가 끝나자, 여성은 열등하게 취급되고 감금되었으며 자신의 모든 권리를 상실해, 남성이 여성을 지배하는 새로운 세상이 설립된 것이다. 이 새로운 문명이 시작될 때 힘의 우월성이라는 위대한 이야기가 시작되어서, 시간이 지날수록 신화(이미지와 상징으로), 관념(개념으로), 종교(신성한 법으로), 과학(생리학)[284]으로 점점 굳혀지게 되었을 것이다.

1884년부터 엥겔스는 모계 혈통이 부계 혈통으로 점차 바뀐 것이 여성의 종속을 가져온 원인 중 하나라고 파악했다. 그는 모권이 뒤집힌 것을 "여성이 역사적으로 참패한 것"[285]이라고 생각했다. 이보다 120년 뒤 토드 역시 부계제 원칙이 복잡한 가족 형태에 유리하게 작용했고, 얼마 지나지 않아 유라시아 대부분 지역으로 퍼졌으며, 이 때문에 여성의 지위가 낮아졌고, 그 결과 문화의 전수에 있어 여성의 역할이 미약해졌다고 보았다.[286] 이처럼 모권 체제(모계제이면서 가모장제*인)가 드문 것은 남성의 지배가 보편적인 것으로

---

* 현대 인류학적 개념으로는, 모계제 사회이면서 모거제 사회(남편이 부인의 가족과 함께 삶)인 곳은 가모장제 사회다.

설명될 것이다. 여성의 예속은 폭력의 한 형태이며 성에 따른 노동 분업의 결과일 것이다.[287]

아주 드문 사례를 제외하고는 대부분의 역사적 사회, 전통 사회 또는 현대 사회에서 무기 사용과 사냥, 전쟁은 남성 전용이었고 가치 있게 평가된다는 주장이 일반적이다. "생명을 주는 일이 아니라 자신의 목숨을 걸었기 때문에 사람은 동물보다 우월해졌다. 인류 중에서 생명을 부여하는 성이 아니라 생명을 죽이는 성에 우월성이 부여된 것은 바로 이 때문이다."[288] 보부아르는 이렇게 쓰면서, 도구와 무기를 만들고 위험을 감수하는 것을 '초월transcendance'의 한 형태로 연관시킨다. 그러면서 남성을 문화 쪽에 두고 여성은 자연 쪽에 두었다. 세계와의 일종의 유기적인 관계 내에서 남성은 자신의 조건을 극복하고 여성은 '한 곳에 머물러 있다demeure'. 일종의 '보상'의 형태라는 해석도 있다. 남자는 생명을 줄 수 없고(출산), 어린아이를 먹일 수도 없어서(수유), 무기를 독점하는 쪽으로 갔으리라는 것이다. 또 다른 연구자들은, 남자가 원래 폭력적인 성향이 더 강하다며 이를 생물학적으로 설명하려고 한다. 폭력성은 남성 호르몬인 테스토스테론 때문일 것인데 그 비율이 남성에게서 더 높기 때문이다.* 한편 여성은 생존과 자기방어를 위해 어느 정도 공격

---

* 여성이라 하더라도 스트레스를 받거나 성적 충동을 느끼면 남성 호르몬이 증가한다.

성을 가질 수 있지만, 교육으로 영향 받은 뇌에서 이를 조절할 수 있다. 에리티에가 주장하듯이,[289] "이처럼 남성이 더 폭력적으로 된 것은 분비되는 테스토스테론의 양 때문이 아니라 여성이 성차별적인 교육에 영향을 더 많이 받았기 때문이다." 그런데 가부장제는 여성을 억압하는 사회적 제도이기만 한 것은 아니다. 남성들에게 "힘, 전투, 강인함을 의무로"[290] 생각하도록 압력을 줘 남성들마저도 소외시켜버린다.

구석기 사회에서 여성은 아이를 낳고 양육하면서 집단의 영속에 매우 중요한 역할을 했다. 새로 태어난 아이의 아버지가 누구인지 확실히 알 수 없었으므로, 모계 혈통이 나타났을 가능성은 매우 크다. 여성들은 다양한 활동에 참여하면서 경제적으로 실질적인 역할을 했으며, 구석기시대 예술에서 여성과 관련된 이미지를 많이 표현한 것을 보면 여성의 사회적인 지위는 남자와 동등했을 것이고, 집안 내부에서는[291] 오히려 더 높았을 가능성도 있다. 따라서 우리는 구석기 사회가 모계 사회였거나 양성이 동등한 사회였다고 생각하는 것이 논리적이겠다. 그러나 이른바 여성이 지배하는 가모장제 사회 또는 가부장제 사회가 있었다고 입증할 만한 단서는 지금까지 전혀 발견되지 않았다. 신석기시대에 모계제 혈통이 조금씩 부계제 혈통으로 변해갔을 수 있겠지만, 모든 곳에서 그랬던 것은 아니다. 아직도 지구상의 몇몇 지역에는 모계제 사회가 남아 있기 때문이다.

일반적으로 구석기시대 말기, 특히 신석기시대[292]와 금속기시대*에 경제적·사회적 변동이 있었다고 주장한다. 기원전 7000년부터 비옥한 초승달 지대(지금의 이란, 이라크, 레바논, 이스라엘-팔레스타인, 시리아, 터키)를 비롯한 근동지역에 거주하던 사람들 일부가 유럽으로 이주해 새로운 생활 방식을 확산시키게 된다. 기원전 1만 2500년 무렵부터 정주 생활을 하던 이들은 기원전 9000년 무렵 엠머 밀,** 보리, 렌틸콩 같은 순화된 식물의 씨앗을 유럽으로 이주했고, 염소, 양, 소 과 짐승을 데리고 왔다. 첫 번째 인구 이동의 물결이 발생했을 때 이주자들은 새김무늬 토기 문화의 소유자들인데, 중부 지역과 지중해 연안의 서쪽 지역, 발칸반도, 우크라이나 남부에서 출발해 바닷길을 통해서 유럽에 도착했다. 이탈리아 남부의 많은 유적에서 점토로 만든 대단히 추상적으로 표현된 여성상이 몇 개 발견되었다. 두 번째 이동은 기원전 6000년 중반에 있었는데, 이주자들은 농업과 가축을 기르던 사람들로, 흑해 지역에서 출발해 다뉴브강을 거슬러 올라왔

---

* 유럽에서는 원시시대를 문자는 없었으나 최초의 역사적 문명인들과 같은 시기에 존재했던 사람들을 아우르는 시기로 설정하고 있으며, 금속 제작이 처음으로 나타나는 것이 특징이다. 경제는 농업과 목축이 근간이 되며 그러모으기와 사냥도 보조적인 수단으로 쓰였다. 이 시기는 크게 순동시대Chalcolithique(기원전 3200년 무렵), 청동기시대, 철기시대의 세 시기로 나뉜다. 요즘은 순동시대를 신석기시대에 포함시키는 경우가 많다.
** 이삭이 2개씩 나는 밀로, 현재 널리 재배되는 밀 품종의 조상 중 하나. (옮긴이)

다. 이 다뉴비안 문화는 중부 유럽 지역에서 먼저 발달해 온 대 지역의 유럽까지 퍼져서, 파리 분지에서도 발견되었다(기원전 5200년). 이러한 변화가 새로운 사회에서 여성의 지위를 변화시키고 남녀 간 관계를 변모시켰던 것일까?

신석기시대와
금속시대의 여성

여성의 지위는 신석기시대에 낮아진 걸까? 여기에 대한 의견은 나뉜다. 몇몇 연구자들이 그렇다고 생각하지만, 다른 연구자들은 여성이 농업의 시작에 중심적인 역할을 했기 때문에 오히려 여성의 지위가 향상되었을 것으로 생각한다. 동굴 예술품과 지닐 예술품의 연구, 무덤, 집단 매장 유구에서 발견된 사람 뼈가 보여주듯이 여성의 역할과 지위는 시기*와 지역[293]에 따라 다양했던 것으로 보이므로, 이를 일반화하기는 어렵다.

스페인의 지중해 지역에서 발견된 동굴 예술품에서는**

---

* 신석기시대는 근동지역에서 5,500년간 계속되었고, 유럽에서는 3,500년간 지속했다.
** 레반트 예술은 기원전 1만 년부터 기원전 6500년 사이로 연대가 측정되었다.

한창 움직이고 있는 수백 명의 사람이 바위그늘의 벽에 그리거나 새겨져 있는 것을 볼 수 있다. 구석기시대 예술과는 다르게, 여성을 표현한 경우는 남성을 표현한 경우보다 훨씬 드물다(최대 100여 개). 여성이 남성보다 작게 표현된 경우가 많았는데, 바구니를 들고 있거나 앞쪽으로 내민 팔 끝에 매달린 우묵한 그릇을 들고 있기도 하고, 때로는 춤추는 모습으로 등장하며, 말에 타고 있는 경우도 가끔 있다. 여성은 혼자 있거나 여성으로만 구성된 작은 집단으로 표현된 경우가 많았는데, 남성들이 다양하게 활동하는 장면에서는 여성들의 모습을 찾아보기 힘들다. 남성들은 농사를 짓거나 가축(소 떼)을 돌보고, 꿀을 수확하고, 춤을 추기도 하며, 대부분 활과 화살로 무장하고 사냥을 하거나 전쟁을 하고 있었다. 그러나 신석기시대 늦은 시기인 포르토 바디스코 동굴 유적(풀리아, 이탈리아)과 엘 시빌 동굴 유적(발토르타, 이탈리아)에서는 무장한 두 집단이 대치하는 장면에 적어도 4명의 여성이 등장하고 있다.[294] 성에 따른 노동의 분화는 신석기시대 초기의 예술에서 꽤 분명히 나타나고 있다. 이러한 그림에서는 여성들이 채집만 담당한 것처럼 보이지만, 이들의 뼈를 연구해보니 다른 활동도 했다는 것이 밝혀졌다. 신석기시대 중부 유럽의 몇몇 여성의 팔은 현대의 여성 스포츠 선수보다 더 강했다.[295] 이처럼 믿기 힘들 만큼 강한 팔의 힘은 땅을 갈고 곡식을 거둬들이고 곡식 알갱이를 갈돌로 가는 등 농업과 연계된 활동에서 만들어졌을 것이다. 여성들은 가죽을 다루고 바구니를 짜고 실을 만들고 옷감[296]도 만들었을 것이다. 청동기시대와 철기시대*에도 몸집이 다부지고 근육이 발달한 여성들이 확인되므로, 이들이 이 시기에 담당했던 역할에 대해 다시 생각해보아야 할 것이다. 이 시기의 몇몇 여성들은 비교적 힘이 적게 든다고 여겨지는 가사노동만이 아니라 힘이 많이 드는 일도 했다. 사냥은 남성들이 한 것으로 보이는데, 일부 뼈에 활이나 작살과 같은 무기를 반복적으로 사용해서 생기는 상처가 나타나고 있다.[297]

마찬가지로 무덤에서 발견된 유물들로 보면, 남자와 여자의 무덤과 관계없이 나오는 유물이 있는가 하면, 어떤 유물은 남자의 무덤 혹은 여자의 무덤에서만 발견되었다. 자귀(나무 다듬는 도구), 도끼, 부싯돌, 화살촉은 언제나 남성의 유골 또는 성을 판별할 수 없는 유골과 함께 발견되었다. 따라서 이런 종류의 도구와 무기는 남성 전용으로 보이며, 이는 남자들만 돌과 나무를 다루고 불을 피우고 사냥하고 전쟁을 했다는 의미를 내포한다. 그런데 신석기시대 사회 전체가 그랬던 걸까?

---

* 철기시대는 기원전 1200년쯤 시작되어 1세기 무렵 종료된다. 이 시기는 크게 2개로 나뉜다. 초기 철기시대는 할슈타트 문화이며, 유럽 지역에서 기원전 1200년 무렵부터 기원전 5세기까지 발달했다. 후기 철기시대는 라 테네 문화인데(켈트 문화의 전성기), 기원전 450년부터 기원전 25년까지 있었다.

신석기시대가 시작된 직후 최초의 농경 사회에서 사회-경제적 조직은, 어쩌면 정치적 조직까지도, 여성과 함께 발달한 것 같다.[298] 근동지역 신석기시대 고고학 전문가 자크 코뱅은 구석기시대에 여성이 담당한 것으로 생각되는 식물 채집과 야생식물 길들이기가 연속성을 갖는다고 주장했다.[299] 여성들이 야생식물을 채집해 살림터로 가져왔고, 그 씨앗이 땅에 떨어져 싹이 텄을 것이다.[300] 이렇게 해서 씨를 뿌린다는 생각을 하게 되었을 것이다. 농부가 된 여성들은 쟁기라든가 곡물 알갱이를 가는 갈판 등 여러 농사용 도구를 고안했을 것이다. 몇몇 연구자는 이러한 기술적 지식이 어머니에서 딸로 전수되어[301] 여성들이 사회적으로 높은 지위를 갖게 되고, 심지어 남자보다 높은 지위를 갖게 되었을 것으로 생각한다.

　기원전 6000년 무렵, 사회 조직의 변화가 일어난다. 이때는 식량이 풍부해지면서(곡식 저장고가 많이 나타나는 것으로 확인된다) 인구가 폭발적으로 늘어났고, 정주 생활*도 크게 확대되었다. 목축**이 발달하고 새로운 기술을 익히면서 그동안 여성들이 담당하던 농업과 관련된 작업을 점차 남자들이 차

---

* 최초의 마을은 근동지역에서는 기원전 7000년 무렵에 등장하고, 유럽에서는 기원전 4500년 무렵에 등장한다.
** 최초의 가축(염소, 양, 소)은 근동지역에서 기원전 9000년경에 길들었고, 유럽은 기원전 6800년경 발칸 지역에서 처음으로 확인된다.

지하게 되었을 것이다. 털과 우유를 얻기 위해 동물을 이용하면서 여성이 집안 내부로 격리되는 일이 늘어났을 것이다.[302] 재산이 증가하면서(농지, 초지, 가축, 식량 저장), 남자들은 공동체 내에서 점점 더 중요한 위치를 차지하게 되었을 것이다. 이러한 변화는 사회적 관계의 형태를 바꾸었고, 지배 계층과 전사 집단을 포함하는 계급이 나타나면서 성별 노동 분업이 더욱 뚜렷해졌으며, 부거제와 부계제가 보편화되었을 것이다. 여성의 사회적 지위를 완전히 뒤집어놓은 이러한 변화는 기원전 5000년 무렵부터 감지된다. 여성 무덤의 껴묻거리 구성은 성에 따라 분화된 작업과 연관된 도구가 많고 다양하지 않은데다가, 발견된 여성 인골의 건강 상태에서도 이러한 변화가 감지된다. 힘든 노동이나 반복된 임신과 연관된 질병이 증가했을 뿐 아니라 단백질이 부족한 먹거리로 인해 영양실조도 늘어났다. 식량이 전분과 식물성 위주였던 것은 충치의 증가로 확인된다.[303] 그렇지만 모든 여성이 이러한 상황이었던 건 아니다. 여성이 장신구를 잘 갖춘 채 매장되거나 질병이나 상흔도 거의 없는 경우도 여럿 있다.[304] 따라서 여성의 지위는 사회적인 위치에 따라 다양했으리라 생각된다. 성대하게 매장된 한 여성의 무덤에 많은 양의 토기가 놓여 있었던 사례가 증명하듯이, 몇몇 지역에서는 중요한 인물로서 성대하게 장례식을 지냈던 듯하다.[305] 이처럼 망자를 다루는 방식이 다른 것은 신석기시대가 끝날 때까지 계속된다. 영국의 스톤헨지 거석문화 유적은 기원전 2800년에서 기원전 2100년 사이에 지역사회의 지배층이 의식을 거행하는 장소로 사용되었다.[306] 여러 연령대가 섞인[307] 유골 23개체가 한 구덩이 안에서[308] 발견되었는데, 이 중에 14명의 여성이 포함되어 있다는 것은 이들의 사회적 지위가 남성과 동등했음을 보여준다.[309] 남성의 무덤과 유골을 처리하는 방식에도 개인적인 편차가 심한 것으로 드러난다. 따라서 성별 노동 분업이 무엇보다도 사회 내부에서 불평등이 증가하고 위계화되면서 발생한 노동의 사회적 분업은 아니었는지 검토해야 할 것이다.

일부 신석기 사회에서만 그랬던 것이 아니라 청동기 사회와 철기 사회에서도 여성들은 남성의 전유물로 여겨지는 사냥[310]에 참여했을 뿐 아니라 전쟁[311]에도 참여하곤 했다. 샹파뉴 지방의 철기시대 여성의 지위에 대해 클로에 벨라르는 다음과 같이 적절히 지적했다. "전차 무덤*과 함께 묻힌 남자를 '족장chefs'이라고 여긴다면, 전차와 함께 묻힌 여자도 같은 지위였다고 생각하지 못할 근거는 없다. 경제적 권력, 더 나아가 정치적 권력까지 있는 지위가 일부 여성에게 주어졌다는 것을 생각해볼 수 있겠다."[312]

---

* 구덩이 한 곳에 1명이나 2명의 유해나 재를 전차나 성대하게 꾸며진 마차와 함께 매장하는 장례 의식이다.

여성 전사들

19세기의 가부장적 서구사회는 여성 전사들의 존재를 받아들이지 못한다. 1880년대에 스웨덴 비에르케 섬의 북단에서 발견된 비르카 유적의 유물에 대한 해석은 이런 점에서 뜻하는 바가 크다. 무기(검, 창 2개, 화살촉 25개)와 말 2마리, 말이 갖춰진 장기판과 함께 매장된 사람 뼈는 남성으로 분류되었다. 1세기 넘도록 이 무덤은 바이킹족의 전사 족장을 구별하는 기준으로 사용되었다. 인골을 인류학적으로 검토한[313] 2014년부터 이러한 해석에 대해 의문이 제기되었지만, 과학계가 이 사람 뼈가 여성의 것이라는 것을 인정하기 위해서는 새로운 발굴[314]과 DNA 분석을 기다려야만 했다.[315] 9세기 중반에 살았던 바이킹 전사로 일컬어지던 이 남자는 사실은 키가 170cm가량이고 나이는 30대인 여성 전사였다. 함께 매장된 장기판이 전술 연습용이었을 것으로 보이기 때문에, 어쩌면 그녀는 전쟁을 이끌던 여성 족장이었을지도 모른다.[316] 논쟁의 여지가 없어 보이는 확실한 증거가 있는데도, 몇몇 남성 고고학자들은 이러한 해석을 받아들이지 않고 그녀가 사회에서 실질적으로 차지하던 위치와는 상관없이 가까운 사람들이 망자에게 전사의 옷을 그냥 입혀준 것이라고 주장한다.

그러나 다른 발굴에서도 바이킹 전사가 모두 남자가 아니었음이 이미 밝혀진 바가 있다. 그밖에도 무장하고 남자들과 함께 전쟁에 참여했던 젊은 여성에 대한 영웅담도 많이 전해진다. 볼숭 영웅담이라든가 바이킹 함대를 이끌고 아일랜드에 도착한 여전사 잉헨 루아드의 이야기가 담긴 10세기 아일랜드 민요처럼 말이다. 물론 일부 연구자들은 이런 여전사들이 후대에 '미화'된 것으로 생각한다! 앞의 사례처럼 다른 바이킹 무덤들도 해석이 잘못되었을 가능성이 있다. 바이킹 사회에서 여성이 맡은 역할이 후대 사회의 것과 같았다고 입증해주는 것이 전혀 없기 때문이다.[317] 여전히 많은 남성이 여왕이나 여자 섭정을 제외하고 여성들이 군사적인 역할을 맡는 것은 생각조차 할 수 없다고 주장하고 있다. 이것은 가모장제가 존재했고 가부장제가 그 뒤를 계승했다는 생각과 같은 맥락인 경우가 많다. 여러 작가가 여전사에게 아마조네스Amazones라는 이름을 주고, 여성들이 전사였음을 입증하는 수많은 역사적 증언이 있는데도, 역사가와 인류학자 대부분은 이들의 존재가 신화일 뿐이라고 한다.

여성이 말을 타고 전쟁에 나설 수 있다는 생각을 받아들이지 않은 것은 고대로 거슬러 올라간다.[318] 그러나 아마조네스 전설이 탄생한 것도 이때다. 몇몇 저술가들에게 이들은 전설적이고 신비한 존재이지만,[319] 다른 이들에게는 실존했던 사람들이다.[320] 헤로도토스와 고대의 몇몇 저술가들은 이들을 스키타이 여전사들로 생각했다.[321] 기원전 2000년 무렵, 스키타이족이 점령하고 있던 카파도키아(터키)를 이집트인들이 침공했을 때 스키타이 남자 전사들은 전멸한 상태였는데, 스키타이 여전사들이 무기를 들었다.[322] 이 고대 그리스의 역사가보다 한 세기 가까이 지난 뒤, 아테네의 웅변가 이소크라테스는 아테네의 가장 무서운 적으로 트라키아인, 페르시아인, 아마조네스가 이끄는 스키타이인을 지목했다.[323] 로마의 지리학자 폼포니우스 멜라(1세기)는 아마조네스가 돈강, 아조프해와 카스피해 근처에 있다고 했다.[324] 몇몇 자료에 따르면, 기원전 513년 돈강과 우랄강 사이에 있는 스키타이와 사르마티아에서 벌어진 전투에서 페르시아의 다리우스 1세를 퇴각시켰다고 한다.[325] 미국의 여성 고고학자 지닌 데이비스-킴볼은 대부분 검은 머리인 몽골족 중에 금발 여성이 있는 것이 몽골족과 지금은 사라진 종족 간 교배를 입증하는 증거라고 보았다. 이 종족의 기원은 정확하게 알려지지 않았으나 아마도 스키타이-사르마티아 아마조네스일 가능성이 있다.[326]

서사시권敍事詩圈[327]을 비롯한 많은 그리스 문헌[328]와 라틴 문헌[329]이 이들의 모험담을 전한다. 아마조네스는 주변의 가장 멋진 남자들과 1년에 한 번 성관계를 맺고 남자아이들은 살해하거나 하인으로 쓰려고 신체를 훼손한다는 것이다. 여왕이 이끄는 이들은[330] 무기 다루는 훈련을 하고 말을 탔으며 사냥하고 전쟁을 했다. 이들은 활을 더 쉽게 쏘기 위해 어렸을 때 오른쪽 젖가슴을 태워버렸다.[331] 이는 헤로도토스가 했던 말이 잘못 전해지면서 생긴 전설로 보이는데, 헤로도토스는 "아마조네스"라는 말을 "젖꼭지가 없다"[332]라는 뜻으로 사용했다. 이런 문헌을 통해 기사이며 전사로 키워진 아마조네스라는 잘못된 전설이 탄생한 것이다. 반달 모양 방패를 장착하고, 창과 활-화살로 무장하고, 때로는 도끼를 들었다고 묘사된 아마조네스는 전쟁을 좋아했다. "신들과 같았던 헥토르는 펠레우스의 아들에게 패배했다. 장작더미가 그를 삼켜버렸고, 대지는 그를 덮어버렸다. 트로이인들은 용감한 아이아키데스의 무서운 힘을 몹시 두려워하면서 프리아모스 도시에 있는 피난처에 남아 있었다. …이때 테르모돈강 깊은 곳에서 여신과도 같은 펜테실레이아*가 나타났다. 그녀는 잔인한 전쟁을 좋아했지만, 트로이가 수모를 면하고, 그들의 나라가 비난받지 않기를 원했다. 그녀는 자신의 여동생인 히폴리테를 죽인 것을 영원히 후회했다. 펜테실레이아는 암사슴을 쫓아가면서 창을 던졌다가 의도치 않게 히폴리테를 살해했다. 아레스의 숨결로 태어난 여전사는 살인으로 더럽혀진 곳을 깨끗이 하고, 무서운 에리니에스를

---

* 아마조네스의 여왕으로 헥토르가 사망한 뒤 트로이인들을 돕기 위해 왔다. 펜테실레이아는 포위된 마을 앞에서 벌어진 많은 전투에서 승리를 거뒀으나 아킬레스에게 패배했다. 아킬레스는 죽어가는 그녀를 바라보며 사랑에 빠졌다.

달래며, 동생의 이름으로 그녀를 어둠 속에서 끝까지 따라가려고 트로이 땅에 나타난 것이다. 이 여신들은 부도덕한 흔적을 놓치는 일이 없고, 죄를 지은 사람들은 절대로 그녀들을 피할 수 없기 때문이다. 펜테실레이아와 함께 온 12명의 여전사는 모두 고귀하며, 중단 없는 전쟁과 전투를 사랑했다. 아무리 신분이 높더라도 모두 펜테실레이아에게 복종했고, 그녀들 위에서 펜테실레이아는 빛을 발했다."[333] 이 서사시에서 아마조네스는 수많은 전쟁을 벌였지만 패배하는 경우가 많았다. 일리아드에서 그녀들이 장례식을 치르는 도시를 세웠거나 보호하는 역할처럼 긍정적인 영웅의 모습이라면, 테세우스* 신화에서는 "영웅에게 복종하고 집안일을 하도록 보내지는"[334] 단순한 여자들로 등장한다.

각각의 대륙마다 자신들의 아마조네스가 있다. 여전사들은 보르네오를 비롯한 아시아에서도 기록되고 있고 아프리카의 무타파 제국(1450~1629) 군대에도 있었다. 15세기의 짐바브웨에는 5,000명에서 6,000명의 여군이 있었고, 남아메리카에도 이러한 사람들이 있었다. 스페인 탐험가 프란치스코 드 오레야냐[335]가 이끌던 탐험대의 연대기 작가였던 스페인 도미니칸 신부회 가스파르 데 카르바할은 1542년 6월 24

---

* 테세우스가 안티오페를 납치하자, 아마조네스가 그녀를 구하기 위해 아티카 반도로 쳐들어가지만 테세우스에게 패배하고 만다. 아마조네스의 전투라고 불리는 테세우스 영웅담의 에피소드, 기원전 5세기.

일 마라뇽강(페루) 근처에서 여성이 이끄는 원주민들에게 습격을 받았다고 증언했다. 이 여성들은 고대 그리스 신화에 나오는 유명한 아마조네스처럼 피부가 희고 키가 크며 근육질이었는데, 옷을 거의 입지 않고 활과 화살로 무장했다고 기술했다.[336] 지리학자이자 탐험가였던 앙드레 테베의 글에서도 이 여성들을 만날 수 있다.[337] 처음에는 고대에 기술되었던 아마조네스에다가 아메리카의 아마조네스를 새롭게 추가하게 되었다고 기뻐했던 그였지만, 나중에는 《세계 지리지》에서 그저 머리가 긴 원주민이었을 터인데 "그것을 믿었던 실수를 저지른 것이 무척 아쉽다"[338]고 적고 있다. 좀 더 최근의 일로는 '다호메이의 아마조네스' 활동이 전해진다. 서구인들은 고대 다호메이 왕국(지금의 베냉)의 폰Fon족 여성으로 구성된 군대를 이렇게 불렀다. 18세기에 나타난 이들은 완전히 여성으로만 조직된 군대로 19세기 말까지 전투를 했다.[339] 유럽 상인들이 먼저 이들의 존재를 알렸고, 1890년대에는 용병들이 이들에 대해 보고했다. 다호메이 왕국을 식민지로 만들 때 프랑스 군대와 함께 전투를 벌였던 이들은 "자신들의 자유를 지키기 위해 죽는 것도 두려워하지 않았던, 대단히 용감하고 대담한 여성 군단"[340]이었다고 한다.

 20세기에 들어서서 이번에는 고고학이 이런 신화를 뒷받침하고 나선다. 유럽 동부와 중앙아시아 지역의 초원지대에서 조사가 이뤄지면서 이 지역의 철기시대 일부 민족 중에서 여성들이 기마병이자 전사였다는 것이 입증된 것이다. 러시아와 카자흐스탄의 경계지역에서 발견된 무덤은 기원전 600년부터 기원전 200년 사이에 조성된 것인데, 그 안에서 성대하게 치장하고 무기와 함께 매장된 여성 인골이 발견되었다.[341] 고고학자들은 매장된 사람들이 스키타이 여성 전사가 분명하다고 생각한다. 2000년대 이후부터 새로운 발굴과 분석이 이뤄지면서 유골의 성을 확인할 수 있게 되면서, 여전사의 존재를 확인시켜주었다. 2019년 12월 러시아 과학원 조사단이 데비차Devitsa V 유적(보로네즈 지역[342])의 분구묘 내부에서 따로 매장된 4구의 스키타이 여성들의 뼈를 찾아냈다. 약 2,500년 된 무덤이다.[343] 12~13살 사이의 어린 여자아이 1명, 20~29살 사이의 여자 1명, 25~35살 사이의 여자 1명이었다. 그리고 45~50살 사이의 여자 1명인데, 평균 기대수명이 30~35살이었던 스키타이 여성들 사이에서 공경 받았을 만한 나이다. 이들 곁에는 무기(창, 화살, 쇠칼)와 마구馬具가 놓여 있었다. 이들이 전설적인 아마조네스처럼 여전사이자 활잡이였음을 입증하기에 충분한 자료다. 젊은 여성은 유리구슬로 만든 팔찌, 청동 거울, 그릇 2개, 창 2개와 함께 '기마 자세'* 형태로 매장되었다. 가장 나이가 많은

---

* 인류학자들은 이런 자세가 되려면 사후에 다리의 힘줄을 잘라야 한다고 생각하고 있다.

여성은 칼라토스calathos*라고 부르는 의식용 머리 장식을 하고 있었고, 금 함량이 70퍼센트 정도 되는 합금으로 만든 보석을 하고 있었으며, 옆에는 쇠로 만든 칼과 철제 화살촉이 있었다. 그런데 이는 특이한 경우가 아니다. 지난 10년간 이 조사팀은 돈강 지역에서 무기류와 함께 매장된 11구의 젊은 여성 무덤을 발견했다.[344] 데비차 V 유적이 예외적인 것은 같은 지역에서 연령대가 모두 다른 여성 4명의 무덤이 발견되었다는 점이다.

이 발견이 있기 두 해 전에는, 아르메니아의 고고학자들이 주변에 많은 보석과 귀중품이 놓여 있는 것으로 보아 지위가 높은 것으로 보이는 20대 여성이 묻혀 있는 무덤을 찾아냈다.[345] 면밀한 조사를 통해 피장자가 말을 자주 탔으며** 활잡이였음이 밝혀졌다. 엉덩이(골반뼈) 주변과 종아리에 골절과 상흔이 여럿 남아 있었고, 한쪽 허벅지에는 화살촉이 박혀 있었다. 이런 정황으로 볼 때 이 여성은 여전사였음이 확실하다.[346] 이는 아르메니아에서 두 번째로 발견된 여성 전사의 뼈이기도 하다. 이러한 발굴로 아마조네스의 존재에 대한 논쟁이 다시 시작되었는데, 고대 역사가들 가운데 몇몇은 이 무덤들이 발견된 곳과 같은 지역인 코카서스 지방

---

* 모자 또는 모자 형태의 바구니로 양모 또는 과일을 담는 데 썼으며, 고대 그리스 예술에서 풍요와 다산의 상징으로 자주 사용됨.(옮긴이)
** 팔에 부착된 근육과 엉덩이 근육이 매우 발달했다.

에 아마조네스가 있다고 했었다. 불가리아에서 몽골 지역에 이르기까지, 스키타이와 인접한 부족(사르마티아인)에 속하는 무덤은 지금까지 1,000개 이상 발굴되었다. 일부 집단 매장 유구에서는 무장한 여성이 전체 무덤의 37퍼센트를 차지하고 있다.[347] 전설이 현실로 된 듯하다.

고대의 여러 문헌에 따르면[348] 같은 시기에 유럽 서쪽 지역의 켈트족 여성들 역시 무시무시한 여전사였으며,* 상체에 옷을 입지 않고 말을 탄 여성이 새겨진 동전에서 보이는 것처럼 기마병이었을 가능성이 있다. 켈트족 사회에서 여성은 독립적이었다. 정치적인 사안과 군사적인 사안에 대해 의견을 내놓았고, 집회에서 갈등이 발생했을 때 중재하는 권리도 가지고 있었다. 그녀들 중 일부는 여왕으로서[349] 최고 권력을 행사했고, 군대를 이끌고 전쟁에 나갔다. 그 외에도 여성들이 공적인 업무에 적극적으로 참여했기에, 고대 그리스와 로마의 저술가들[350]이 켈트족을 문명화되지 않은 종족**으로 분류했던 것이다. 역사가 장 마르칼이 《켈트족 여성. 신화와 사회학》에서 제안했던 것처럼, 우리는 이 오래된 문명에서 영감을 얻어야 할지도 모른다. "모든 현대 사회에서

---

* 기원전 450년에서 기원전 25년까지 있었던 철기시대 후기인 라 테네 문화에서 특히 그렇다.
** 여성들의 이처럼 유다른 역할은 게르만족-노르만족 전통의 이교도 사회에서 시행되던 법에서 찾을 수 있는데, 여기에는 성에 따른 계층화나 평등주의가 없고 상호보완적이다.

지금까지 전혀 경험해보지 못한 강도로 여성의 문제가 제기되는 시대를 맞아 남자와 여자 각각의 역할이나 부부의 존속, 결혼의 합법성에 대해 때로는 날카롭게 논쟁을 벌일 때, 고대 켈트족의 이러한 전통에 관심을 기울이는 것은 해결책을 찾으려는 시도로 적절하고 유익하지 않을까? 과거로부터 미래를 밝히는 것은 절대 늦지 않다."[351]

1940년대 초반, 여전히 대중들의 마음속에 존재하던 아마조네스는 미국의 심리학자이자 만화 스토리 작가 윌리엄 몰턴 마스턴에게 영감을 주었다.[352] 그는 여성 참정권 운동을 비롯한 페미니스트 운동과 제2차 세계대전 중 여성의 사회 참여에 영향을 받았으며, 1941년 슈퍼 히로인 다이애나를 탄생시켰다. 다이애나는 아마조네스가 헤라클레스에게 패한 이후 도망쳤던 테미시라 섬을 통치하는 히폴리테 여왕의 딸이다. 다이애나는 이 섬에 불시착한 미군 비행사 스티브 트레버와 함께 미국에 가서 범죄자와 싸우는 원더우먼이 된다. 그녀는 자유롭고 강하며 용기 있는 여성을 대표하며, 남자들에게만 허용되던 모든 활동과 직업을 영위한다. 그러나 이 여자 만화 주인공은 1954년부터 이미 논쟁을 불러온다. 남자아이들을 겁먹게 한다는 것이다! 1960년대 말이 되면, 그녀는 자신의 사무실을 떠나지 않는 비서 다이애나 프린스가 된다. 1980년대가 되어서야 다이애나는 아마조네스로서 정체성을 회복할 수 있었다. 미국의 여성 감독 패티 젱

킨스가 연출한 영화 〈원더 우먼〉에서처럼 말이다.

적어도 기원전 600년 이전의 유럽에서는 여성이 여왕이고 섭정이며 여황제였다. 귀족이건 평민이건 인류의 역사를 빛냈던 수많은 전쟁과 혁명에 참여했고, 남자들과 마찬가지로 자유를 위해 투쟁했다. 그 가운데 몇몇은 유명할지 몰라도, 더 많은 이들은 사람들의 기억에서 사라졌다. 시대적인 흐름에 영향을 받아 19세기의 역사학자 대부분은 이 여성들의 이름을 역사에서 지워버렸다. 이 시기 의학 이론은 아리스토텔레스와 히포크라테스를 계승한 '4체액설'을 재가동해서 남성의 기질(능동적)과 여성의 기질(수동적)로 구별했다. 자신과 남의 피를 흘리게 하는 것이 남성에게 적절하다고 설정된 능력에 가치를 부여했고, 전쟁 행위가 특히 그것을 완수하는 것으로 되었다.[353] 근대에도 남장까지 한[354] 여전사들이 있긴 하지만, 이 시기에 여성들은 전쟁터에서 점차 멀어지는 것으로 보인다. 내전을 제외하고는 20세기 초반에도 여성들은 전투와 떨어져 있었다.[355] 하지만 이들 여전사는 기개와 담력, 죽음을 두려워하지 않는 것이 남자만의 전유물이 아님을 입증했다. "여자 영웅이 남자 영웅을 만든다."[356]

여신들

형태가 어떠하든 간에, 아주 오래전부터 인간이 영혼을 섬겨왔음을 가정하는 것은 비교적 논란의 여지가 적다. 그렇지만 인류 역사의 아주 이른 시기부터 여신이나 어머니 여신에게 바치는 제례가 있었으며, 이것이 남성 신이나 유일신(남성, 인간은 그의 형상임)보다 앞선다고 주장하면 논란이 쏟아진다.[357] 고대 신화와 여기에 나타나는 신의 계보*를 다시 읽어보면, 태초의 여신이나 풍요의 여신 또는 다산의 여신에게 올리는 원초적인 제례가 있었다는 가설로 이어진다. 20세기 초반에 처음 등장한[358] 이 가설은 1970년대와 1980년대 미국 연구자들에게 많은 지지를 받았다. 선사시대부터 현대에 이르기까지 여신은 많은 작가와 예술가에게 영감을 주었는데, 이들 중에 미국의 주디 시카고가 있다. 1974년부터 1979년까지 시카고는 여성의 역사를 기리는 설치 작품을 만들었다. 특히 '역사Histoire'[359]에서 배제된 여성들에게 헌정하는 작품이다. 브루클린 미술관에 전시된 그녀의 작품 〈디너 파티〉에는 태초의 여신들 혹은 어머니 여신들이 식탁

---

* 신통계보학théogonie은 기원과 계보에 대한 신화적인 이야기를 지칭한다. 이것은 독창적인 이야기로 구성되며, 우주생성이론(우주와 세상의 탄생을 묘사)과 동일시되는데, 그중에는 분리할 수 없거나 인류 발생론(인류의 탄생과 인류의 운명을 서술)이 자주 등장한다.

에 둘러앉아 있다. 그중에는 출산, 풍요, 창조, 대지를 상징하는 가이아와 네이트가 있고, 임신, 탄생, 또는 성, 사랑과 연결되는 풍요의 여신들이 있다.

세계의 거의 모든 문화에서 땅은 여성으로 받아들여지고[360] 사람들이 들어가는 동굴도 여성을 상징하는 때가 많다. 선사시대 사람들은 그림을 그리고, 조각하고 새기고, 동물, 사람, 기하학적 도형을 그리기 위해 바로 이 지하세계로 모험을 떠났다. 매장 유구에서 볼 수 있듯이 이들은 상징적인 생각과 형이상학적 사유를 가졌다. 이러한 동굴 예술품을 선사시대 사람들이 믿음을 표현한 것으로 생각하는 선사학자들이 여럿 있다.[361] 라스코 동굴처럼 몇몇 동굴에는 성소聖所라는 용어가 사용되기도 했는데, 앙리 브뤠이 신부는 이곳을 "선사시대의 시스티나 성당"이라고 불렀다. 이곳에서 제의를 거행했을 것이고 풍요와 연계된 행위도 있었을 것이다.[362] 이들에게 있어 앙글르-쉬르-랑그랭유적(비엔)의 아브리 부르두아 유적[363]에서 발견된 실물 크기로 돋을새김 된 여성 윤곽 4점이 그 증거가 될 것이다. 머리와 다리는 없지만 생식기는 뚜렷하게 표현되었다. 이러한 증거는 여기서 그치지 않는다.

선사시대 예술품 가운데 여성의 표현이 많은 데 대해, 여러 고고학자는 땅을 섬기고 여성의 신성화된 이미지를 통해 풍요와 다산을 숭배하는 것이 중심이 되는 의식이 있었으리라는 가설을 내세웠다. 제2차 세계대전 때까지 연구자 대다수는 "비너스"로 불렸던 여성 조각상이 여신의 모습이라고 생각했다.[364] 그녀들의 "둔부 지방축적"을 "원시적인 예술적 관행으로, 좋은 일이 생기도록 임신한 여성의 형태를 풍만하게 만든 형태로 여긴 것이다."[365] 장 피에르 뒤아르는 여성 조각상의 모습이 사실은 일반적인 비만증이고 여성의 다양한 생리적 단계를 표현한 것으로 보고 있다.[366] 게다가 우리가 다산을 상징하는 여신의 원형을 보여준다고 생각하는 특징(풍만한 가슴과 복부, 강조된 생식기)[367]이 모든 조각상에서 나타나는 것도 아니다. 구석기시대에 일부 동굴이나 바위 그늘에서 제의가 있었음을 인정하더라도, 단독 혹은 다수의 여성 신을 숭배하던 장소가 있었음을 증명하는 고고학적 자료는 전혀 없다.

이러한 장소는 아마도 구석기시대의 끝 무렵에 나타났을 가능성이 있으며,[368] 신석기시대에 나타났을 가능성이 더 크다. 많은 연구자가 구석기시대의 여성 조각상과 신석기시대의 여성 조각상이 상징적인 연속성을 갖는다는 가설을 지지하지만,[369] 이들 사이에는 적어도 3,000년이라는 시간적 단절이 있다.* 신석기시대에는 여성상이 몰타 유적[370]과 같은 거석 유적에서도 발견되거나, 터키의 차탈 휘위크와 같은

---

* '비너스'는 기원전 1만 2000년쯤 사라지고 '어머니 여신'이라 부르는 여성상이 근동지역에서 기원전 9000년부터 나타나기 시작한다.

마을 유적에서도 발견되고 있다. 차탈 휘위크 유적에서는 동물 모습이나 사람 모습[371]의 인형이 많이 발견되었다. 40개의 여성 인형 중에서 가장 독특한 것은 점토로 만든 〈표범과 있는 여인〉 또는 〈맹수와 있는 여인〉인데, 곡식 저장고에서 발견되었다. 이는 표범 모양의 팔걸이가 있는 의자에 앉아 있는 여성을 표현한 것이다. 표범[372]의 머리 위에 여성의 손이 놓여 있고, 다리 사이에서 둥근 형태를 볼 수 있는데 이를 신생아의 머리로 보기도 한다. 그렇다면 그녀는 출산 중이었을 것이다.[373] 차탈 휘위크 유적에서 발견된 이 여성 인형은 보기 드문 형태이고[374] 이질적이며, 크기가 작고 훼손된 움이나 곡식 저장소에서 주로 발견된 것으로 보아, 믿음이나 종교적인 의례가 아닌 다른 기능도 가졌을 가능성이 있다.[375] 성소 바깥쪽에서 주로 발견되는 신석기시대의 여성상은 보호용 부적이나 행운을 비는 물건, 점괘일 수 있고, 부유함의 상징일 수도 있겠다.[376] 그러나 이들 중 일부가 여신을 상징하거나 신에게 바치는 제물(봉헌물의 일종)일 가능성이 있다는 가설을 부정할 만한 고고학적 자료는 전혀 없다. 구석기시대와 마찬가지로, 이것들을 제작한 동기는 시간과 지역(근동지역, 유라시아), 문화에 따라 다양할 것이기 때문이다.

많은 연구자가 이러한 여성상을 신화[377]에 자주 등장하는 어머니 여신[378]의 원형으로 보아서, 신석기시대부터 원초적이고 보편적인 '어머니'를 숭배했다고 주장했다. 여성은 종족의 재생산과 장기적인 생존을 구현하기에, 이러한 숭배가 '영원한 회귀'[379]라는 신화가 탄생하는 시간의 순환 차원으로 나타난 것이다. 어머니 여신은 근동지역의 식물 재배와 함께 나타나서 최초의 농민 집단[380]의 확장과 함께 유럽 전역으로 퍼져나갔을 것이고 남성 신보다 먼저 숭배를 받았을 것이다. 고대에는 널리 퍼졌겠지만, 신석기시대부터 이러한 관습이 있었다는 데 대해서는 모두의 의견이 일치하진 않는다.[381] 특히 1970년대에 선사고고학자 마리야 김부타스의 연구 결과가 나오면서 이러한 해석은 신랄한 비판을 받게 된다. 그녀에 따르면, 흑해 주변의 신석기시대 유적에서 여성상이 어디서나 많이 출토되는 것은 어머니 여신을 섬기는 관습이 시작되는 것을 입증하며, 선인도-유럽 사회에서 여성의 우월한 위치를 보여주는 것이다.[382] 그녀가 이름 붙였듯이,[383] 이러한 '여신의 선사 문화'는 모계제 사회이며 정착 생활을 하고 농사를 짓고 평화로우며 구성원이 평등하다는 특성이 있다. 기원전 5000년 후반부터 중앙아시아 초원지대의 사람(쿠르간 문화)들이 영역을 확장하기 시작하면서, 이 문화는 점차 사라진다. 그녀의 가설은 격렬한 논쟁을 불러왔고,[384] 1970년대에서 1980년대까지 미국에서 '어머니 여신'이라 부르는 연구 흐름으로 나타난다. 수많은 문화에서 여신은 남자 신에게 굴복당하고 복종하게 되었는데, 독일의 철학자 하이데 괴트너-아벤트로트[385]는 이를 '추락chute'이라고 불렀다. 이는 문화에 따라 시기적으로 다양하게 나타났던 것으로 생각된다.[386] 멀린 스톤은 우리가 이미 여러 차례 인용한 적 있는 중요한 인물 중 하나다. 1976년 그녀는《하느님이 여자였던 시절》[387]이라는 상당히 자극적인 제목의 책을 썼으며, 19세기 말 미국에서 탄생한 "여성 신학"의 국제 운동에 큰 영향을 주게 된다.

또 다른 가설은 1960년대 중반에 탄생한다. 근동지역에 '어머니 여신'과 '황소 신'[388]을 모두 섬기는 숭배가 있었으리라는 주장이다. '여신과 황소'가 결부된 상징은 농업과 목축이 출현하기 직전에 시작되었다. 이는 사람들의 생각이 기술적·경제적·사회적 혁신보다 앞선다는 것을 의미한다.[389] 근동지역의 신석기시대 종교에 대한 논문 3편을 모아 펴낸《여신과 곡물》에서, 알랭 테스타르는 농업의 탄생과 여성 신격의 지배를 결부시킨 가설에 대해 의문을 제기하는 한편, 목축을 알리는 황소 숭배의 존재에 대해서도 의문을 나타냈다.[390] 그는 진짜 소뿔이건, 그리거나 빚어진 것이건(소머리 모양 장식), 사냥에서 얻은 전리품(외부에 자신의 부유함을 알리는 신호이거나 그 집에 사는 사냥꾼의 능숙함의 증거)이거나 희생 행위의 기념물일 수 있다고 생각한다.[391] 그러나 그의 해석은 이것들을 남긴 사람들의 추상적인 뜻을 전면 부정하는 것이다. 이들 사회의 일부에서, 여성상과 소뿔 모양의 장식이 이러한 이중 숭배를 상징했을 가능성을 배제할 수는 없다. "아버지에 대한 생리적인 사실을 더 알게 되었을 때, 어머니 여신에게 아들 또는 연인, 남자 형제 또는 배우자인 남성 파트너를 주었다. 물론 그가 생명을 부여하는 역할이긴 하지만, 숭배에서 실제로는 부수적인 존재여서 여신에 비해 낮은 지위를 차지했다."[392]

1990년대가 되자 많은 페미니스트 고고학자들이 "어머니 여신"의 존재에 대해 의문을 제기하기 시작했다.[393] 여전히 많은 학자가 이 가설을 지지하고 있기는 하지만,[394] 받아들이지 않는 사람들도 있다. 이 가설을 인정하지 않는 사람들이 신석기시대 사람들에게 신앙이 있었다는 것에 대해 문제를 제기하는 것이 아니다. 그들의 연구에 따르면 당시 사람들이 꼭 여신을 숭배했다고 보기는 어렵고, 영혼이나 조상을 섬겼을 가능성도 있다는 것이다.[395] 하지만 우리는 여전히 아무런 증거도 갖고 있지 않다. 현재, 신석기시대에 유일하고 보편적인 어머니 여신을 숭배했다는 것은 고고학적으로 입증되지 않는다. 신석기시대 여성상과 고대 여신 숭배 사이에 수천 년의 시간 차이가 있어서 그런 것이 아니라, 일부 사회에 신성함을 상징하는 존재가 있었을 가능성을 배제해야 하기 때문이다. 여러 가설 중 하나일 따름이다. 다양한 시공간에서 어머니 여신을 섬기는 문화가 있었고, 이것을 통해 혈통을 만드는 존재로서 여성을 숭배했음을 인정하는 것은 곧 모계제, 더 나아가 가모장제의 존재를 인정하는 것이다. 다수의 남성은 이를 받아들이기 망설이겠지만 말이다.

유럽과 근동지역에서 발견되는 선사시대의 여신상 사이에 유사한 점이 있다는 것에 주목해, 연구자들은 많은 신의 계보에서 등장하는 고대의 풍요 또는 다산의 여신으로 귀결되는 신화적인 융합이 있었을 것으로 주장하고 있다.[396] 이들 여신 중 몇몇은 세상을 창조하거나 인간을 만들었다.* 여신 네이트는 레바논 지역에서 탄생한 이집트의 태초 여신으로, 7개의 천으로 세상의 경계를 만들었고,[397] 수메르 지역 대지의 여신인 닌후르사그는 진흙으로 사람을 만들었는데 그 가운데 길가메시의 각별한 친구인 엔키두도 있다.[398] 세계 각지의 신화에서 어머니 여신 또는 위대한 여신들을 만날 수 있다.[399] 이들은 유일신 종교에서 섬기는 신과 다르게 "눈에 보인다."[400] 이들 중 가장 유명한 것은 그리스 신화에 등장하는 가이아다.[401] 태초 여신 가이아는 헤시오도스의 《신들의 계보》에서 "어머니 여신" 또는 "대지의 어머니"로 되어 있다. 카오스에게서 태어난 가이아는 남자 없이 홀로 3명의 아들을 낳았고[402] 자연의 여신인 님프들도 낳았다. 그리고 자기 아들들과의 사이에서 여러 태초 신들을 낳았는데,[403] 그중에 티탄족 1세대[404]와 외눈박이 거인 키클롭스가 있다. 켈트족의 판테온에서 "위대한 어머니"(맘 고즈 또는 아나)는 켈트족 신

---

* 고대 로마제국에서 카이사르가 통치할 때 비너스를 로마 민중의 어머니로 여겼다(베뉴스 제메트릭스, 가족의 설립자라는 뜻—옮긴이).

전체의 원초적인 어머니다.[405] 그녀는 다산과 출산, 여성성과 아내의 표상이며,[406] 땅의 풍요로움과 비옥함을 상징한다. 손이나 어깨 위에 풍요의 끈을 들고 있는 것으로 표현되는데(로셀의 "비너스"도 마찬가지임), 파종과 수확을 위해 그녀를 숭배했다. 도끼나 뿔이 달린 짐승(소과 짐승)과 함께 있는 경우도 많은데, 그녀는 제의를 담당하는 종교적 권력을 가지고 있었고 사람들에게 사법적인 권력도 행사했다. "어머니 여신"에게 헌정하는 숭배와 신석기시대에 세우는 거석문화[407] 사이에는 일종의 문화적 유산이라 할 수 있는 연결이 있을 것이다.[408]

1세기에 팔레스타인 지역에 등장한 기독교는 얼마 지나지 않아 어머니 여신 신앙을 거부했다. 325년에 열린 제1회 니케아(지금의 터키 이즈니크) 공회의에서, 성령의 도움으로 신의 아들을 낳은 마리아는 여신이 아니라 '신의 어머니'[409]로서 추앙받게 되었다.[410] 《하느님이 여자였던 시절》에서 멀린 스톤은, 유대-그리스도교가 남성 신의 숭배와 가부장제를 한꺼번에 받아들이게 하면서 최고신이 어머니 여신이던 과거 종교의 기억까지 지우려 했다고 비난했다.

"처음부터 원래 그랬다"[411]라는 내용을 자주 읽지만, 신화는 원초적인 모습 그대로 전해지지 않는다. 새로운 버전이 나와 옛것을 덮어쓰고 대체하는 것이다. 수백 년의 세월이 흐르면서 수도승 등 가부장적 사고에 젖은 번역자들은 원전 신화의 내용을 여러 차례 바꾸고 다시 손질했다.⁴¹² 이들이 "가부장제가 장악한 여신을 과소평가하고 무시하고 거부한 것으로" 생각해볼 수 있지 않을까?⁴¹³

지난 150년간 이루어진 고고학 유적에 관한 해석은, 여성이 특정한 일을 담당한 것으로 규정해 이들의 존재가 겉으로 잘 드러나지 않게 만들었다. 선사시대 여성들의 일은 '유지maintenance' 또는 '보조assistance(요즘 쓰는 말로 하자면 보살핌care과 연관)'라는 용어로 뭉뚱그려졌고, 경제적 역할(그러모으기/사냥)도 보잘것없게 만들었다. 그러나 새롭게 발견된 고고학 자료를 통해 선사시대 여성이 인간화 과정에서⁴¹⁴ 남성만큼 중요한 역할을 했음이 밝혀지고 있다. 인간으로 전화하는 과정에서 필수적인 행위는 여성, 특히 어머니로서의 여성이 시작이었다. "인간은 동물계에서 모성적 보살핌의 기초적인 역할을 계승했고, 우리가 '사회적 이타심'이라 평가할 수 있는 기초를 발달시키고 보편화했다. 다른 사람의 안전과 행복을 위해 집단 구성원에 대해 서로 관심을 두는 것 말이다."⁴¹⁵ 여성들이 어린아이들을 기르면서 언어를 포함해 문화의 첫 번째 형태를 전수해주었다고 생각할 수 있겠다. 더구나 부거제 선사시대 사회에서 다른 집단에 합류하기 위해 자신이 태어난 집단을 떠나야 했던 여성들은 지식과 전문 기술의 교환을 도왔을 것이다. "부모의 역할이라는 좁은 시각"⁴¹⁶을 벗어나서, 아프리카의 몇몇 집단처럼 당시에는 아이들의 교육과 보호가 성과 관계없이 집단 전체의 일이었다고 생각할 수 있겠다. 같은 맥락에서, 여성의 위치는 종교적 가르침과 법적 불평등이 여성을 열등하고 종속되게 만들었던 특정한 역사시기보다 오히려 더 좋았다고 할 수 있겠다.

선사시대 여성에 대한 상징적인 표현은 편견과 가설을 가지고 해석한 것인데도, 일부 페미니스트 연구자들은 이를 바탕으로 선사시대 여성들을 비판했다. 이들은 선사시대 여성들이 수동적이고 남성에 복종한 피해자로 자신들의 삶을 비참하게 만들었다면서, 이 시기를 "자연 상태état de nature"라고 여겼다. 《제2의 성》(1949)의 〈역사〉에서 보부아르는 고고학 자료를 전혀 참고하지 않고 생물학적 결정주의[417]에 함몰되어, 농업 이전의 선사시대 사회에서 여성의 위치는 이들의 '본성nature' 때문에 소외되었다고 기술했다. 여성이 출산과 아이 양육 때문에 지식과 전문 기술을 만들어내는 데 적합하지 않았으리라는 것이다.[418] 보부아르는 여성의 역할을 과소평가하고[419] 남성의 역할이 가치 있다고 했다.[420] 이로부터 47년 뒤, 프랑수아즈 에리티에는 보부아르와 같은 방식으로 양성의 역할을 구별했다. 생명을 낳은 여성과 생명을 앗아가는 힘을 갖는 남성으로 구별하고, 이렇게 해서 남성은 더 높은 단계로 접근할 수 있다고 했다. 그러나 에리티에는 이러한 남성의 활동을 생명을 낳지 못하는 것에 대한 보상에 해당한다고 보았지만,[421] 보부아르는 이것을 우월한 위치에 도달하는 유일한 길로 인식했던 듯하다.[422] 따라서 그녀는 생명을 만들면서 이것을 빼앗아갈 수 있는 권력을 쥔 남성만이 인간다워지는 변화의 과정에 참여해서 동물성을 극복했다고 보았다.[423] 보부아르는 프리드리히 엥겔스의 글에서 영향을 받아 자신의 철학 일부를 정리했지만 엥겔스가 여성의 지위가 농업과 목축이 시작되고 가부장제가 시작되면서 낮아졌다고 생각했던 것과 달리[424] 오히려 여성의 지위가 좋아졌다고 보았다.[425] 그녀는 여성의 출산과 약한 체력은 일상생활에 필요한 일들을 완수하는 데 걸림돌이 되었고,[426] 오직 남성들이 혁신을 만들어냈으며 사회경제를 이끌어갔다고 생각했는데, 이러한 생각은 선사시대 여성들의 존재가 거의 드러나지 않도록 집필한 선사학자와 인류학자의 시각을 그대로 답습한 것이다. 보부아르가 지나칠 정도로 논리의 전개를 발전시킨 것은, 이는 그 먼 옛날 여성의 지위를 암울하게 바라보는 집단적인 사유에 뿌리를 두고 있기 때문이다. 이러한 추정은 생물학적 결정론과 인류 사회 초기부터 남성이 지배했다는 주장을 옹호하는 이론을 강화해버린다. 그녀가 처음에 생각했던 것이 이런 모습은 아니었겠지만 말이다.

나는 그 먼 옛날이 에덴동산이나 황금기처럼 이상적인 시기였다고 주장하는 것은 아니지만, 여성이 인류가 처음 시작되었을 때부터 영원히 종속되었다는 보부아르의 주장은 지지할 수 없다. 수십만 년 동안 이어졌던 구석기시대에 여성이 사회, 경제, 문화적 활동에 참여하지 않았다고 배제할 만한 고고학적 증거는 전혀 없다. 시간과 문화와 공동체의 전통과 기능, 그들의 가치체계에 따라 그 역할은 다양했지만, 여성도 남성과 마찬가지로 인류의 진화에 공헌했다.

이러한 주장을 할 수 있는 것은 글쓴이가 여성 선사학자로서 그동안 참여한 연구가 있고, 150년이 넘도록 고고학 자료가 여성을 무시하는 이념을 반영하고 있기 때문이다. 이러한 사실을 망각하고, 나의 이런 주장을 그저 여성운동 지지자나 활동가의 정치적 발언이라고 보는 사람도 있을 것이다. 여성이 경제적으로나 정치적으로나 역할이 전혀 없는 학문적·사회적 분위기였던 19세기 중반의 생각이 지금도 이어지고 있지만, 이른바 원초적인 '여성적 특성nature féminine'과 연계된 신화를 비판하고 무너뜨릴 때가 되었다. 원초적인 형태가 있었으리라는 정형화된 생각은 구석기시대 여성 예술품 해석에서 수없이 만날 수 있지만, 적어도 다시 검토는 해보아야겠다. 선사시대의 사회와 문화는 최근까지 우리가 생각했던 것 이상으로 다양하고 복잡했다. 인류 최초의 여성들에 대해 다시 인식한다면, 수 세기 동안 꼭꼭 닫혀 있던 문을 열어젖힐 수 있을 것이다.

4장
끝없는 저항

"하지만 누가
폭풍을 피해서 살고 싶겠어요?"
- **프리다 칼로**

기억 틈새로 이름들이 떠오른다. 학교에서 듣기는 했지만 배운 적은 없고, 곳곳에서 거론되기는 하지만 남자가 지배하고 서술한 역사와 반대쪽에 서 있다. 가부장적인 문화를 바탕으로 만들어진 규칙들을 더욱 단단히 하기 위해 이들의 이름은 아직도 예외적으로 소환될 따름이다. 그렇다. 뛰어난 여성들이 있었다. 역사와 문화에 뚜렷한 흔적을 남긴 여전사, 여신관, 여시인, 여성 학자, 여성 철학자, 여성 모험가들이 있었다. 말 그대로 그 누구보다 뛰어나고 용감하고 비범한 사람들이다. 자신의 자리를 차지하기 위해 길을 헤쳐나가고, 사회와 맞서고, 설득해야 했기 때문이다. 여성들이 자신을 정당화하려는 똑같은 성향에 늘 사로잡힌 것처럼 보이는 것은, 지배당하고 억압받는 사람들의 증상을 반영한다. 부당하다는 느낌은 정신적으로 나쁜 영향을 주어 압제 구조를 살찌운다. 그렇기에 여성과 남성 모두 이러한 영향을 떨쳐버릴 때가 되었다.

고대부터 중세까지

> "그럼 나쁜 것이 무엇이라고 말할 수 있을까?
> 그녀들의 미덕으로 천국에 갈 권리는 없는 것일까?
> 어떤 죄목으로 이들을 비난하는 것일까?"
> - 크리스틴 드 피장[1]

몇몇 위대한 여성이 있었지만, 이들이 고대 문명의 역사책에서 언급된 적은 거의 없다. 당시의 많은 사회에서 여성들은 남성에게 복종했고 사회에서 차지하는 지위가 보잘것없었다. 또 다른 사회에서는 여성들의 역할과 지위를 인정하지 않았다.

메소포타미아 문명의 함무라비 법전에 따르면,[2] "남편은 부인의 생명의 주인도 아니고 재산의 주인도 아니다. 남편이 일방적으로 이혼하려면, 부인에게 자기 재산 일부를 주어야 한다." 기원전 2세기 아나톨리아 지방에 살았던 히타이트 민족³ 여성은 종교적인 의식을 집전할 수 있었고(여사제), 판결을 할 수 있었으며, 전쟁에 나갔고, 하투실리 3세의 부인이었던 푸두헤파처럼 여왕으로서 왕과 함께 왕국을 통치했다. 고대 이집트의 여성은 아버지에게 예속되지 않았으며, 남편이나 아들에게도 예속되지 않았다. 이집트인들은 왕위의 정통 계승권이 부계가 아니라 모계에 있다고 생각했기 때문에, 여성들은 파라오(하트셉수트)가 될 수 있었고, 파라오와 권력을 나눌 수도 있었다(네페르티티, 네페르타리, 클레오파트라). 그러나 페르시아, 고대 그리스, 고대 로마의 여성들은 정치적인 지위를 전혀 갖지 못한 듯하다. 고대 아테네의 고대 시대와 고전 시대(기원전 8세기 중반~기원전 4세기 초반)의 여성들은 시민에서 제외되었는데, 아리스토텔레스가 내린 정의에 따르자면⁴ 시민은 정치 권력을 행사하는 사람이다. 이 사회는 가부장적이어서, 남성보다 열등한 존재로 여겨진 여성들은 남성 후견인의 보호 아래 가정에만 머물러야 했고 자기 재산을 전혀 갖지 못했다. 솔론⁵의 국법 중 일부 항목은 여성의 독립성을 제한되게 만들어버렸다. 그러나 플라톤은 《국가》와 《법률》에서 여성도 재능에 따라 동등한 교육을 받고 똑같은 작업을 분배받아야 한다고 여성의 교육과 평등에 대해 거론하고 있는데, 이는 당시의 시대적인 상황으로 볼 때 혁명적인 제안이었다. 아마도 그가 정의의 능력주의를 주장하고 인간의 영혼에 성이 없다고 했던⁶ 형이상학을 신봉했기 때문이었을 것이다. 그러나 플라톤은 예외적인 사례이고, 대부분의 고대 그리스 작가들은 여성에 대한 배려가 부족했음을 명확하게 보여준다. 에우리피데스는《아울리스의 이피게네이아》에서 이를 잘 드러내고 있다. "태양 아래 있는 한 남자의 생명은 수천 명의 여성보다 더 소중하다."

철학, 문학, 연극, 회화, 조각 등등 온갖 표현의 형태는 남성들 차지였고, 화가인 시지쿠스의 라라,[7] 사포, 프락실라, 술피시아, 코르니피시아 같은 여성 시인 등 극소수의 여성들이 후대까지 전해지고 있다. 학식이 높았던 페리클레스의 연인 밀레의 아스파시아도 그중 하나였는데, 페리클레스는 그녀를 열렬히 지지해주었고, 소크라테스를 포함해 당시 아테네의 유명한 인사들 대부분이 그녀를 추앙했다. 아스파시아가 기원전 5세기의 아테네 정치에 일정한 영향을 주었을 것으로 생각되기도 한다.

영웅 서사시에서 남자를 돋보이게 해주는 역할을 하는 여자는 전쟁과 업적, 그리고 그녀들의 아버지, 남편, 남자 형제, 아들의 능란함과 사유 능력이라는 위업 앞에서 점점 존재감이 희미해진다. 남성성에 대한 문학적 발명은《일리아드》에서 만들어졌는데, 이상적인 육체와 정신을 지닌 남자 개인에게 반박할 수 없는 우월성을 부여하면서, 이런 이유로 여자는 남성성에 다가갈 수 없다고 표현한다.[8] 서구사회에서 이러한 남자-여자 간의 관계 개념은 20세기까지 계속된다. 후에 헬레니즘 제국 시대(기원전 320년~기원전 30년)에는, 몇몇 여성들이 공직을 수행하거나 남자들이 차지하고 있던 공무를 수행하게 된다. 스파르타의 여성들은 대체로 남자들과 대등했다고 생각되는데, 전사들의 어머니이기 때문이었다.

고대 로마에서 로마법은 가장pater familias의 법이었다. 가장에게는 자신의 노예, 아이는 물론이고 자기 부인까지 포함하여 사람의 목숨을 죽이고 살릴 수 있는 권리가 있었으며, 여성이 노예처럼 여겨지는 경우가 많았다. 이처럼 로마법이 반여성주의적이기는 하지만, 법과 풍습은 구별될 필요가 있다. 기원전 3세기 초반의 로마 여성들, 특히 귀족 여성들은 자유로운 편이었고 교육을 받은 경우도 많았으며,[9] 국가의 문화적인 행사뿐만 아니라 정치적인 행사에 참여하기도 했다. 기원전 195년, 로마 여성들은 오피아 법에 격렬히 반대한다. 2차 포에니 전쟁 중에 표결된 이 법은 사치스러운 옷을 입지 못하게 하고 쌍두마차를 타지 못하게 했다. 로마 여성들은 이 법을 철회시키기 위해 강적 대 카토 집정관과 맞서 자신들의 정치 활동 참여를 승인받고 권력을 차지할 수도 있는 백지 증서를 받아낸다.[10] 마침내 요구는 받아들여졌고, 공적인 사안에 대한 여자들의 영향력이 커지게 된다.

기원전 1세기, 유명한 웅변가인 키케로는 호르텐시아라는 만만치 않은 경쟁자를 만나게 된다. 웅변가 호르텐시우스의 딸로, 부유하고 학식이 있던 호르텐시아는 제2차 삼두정치 체제(옥타비아누스-아우구스트, 마르쿠스 안토니우스, 레피두스)가 줄리어스 카이사르의 암살자들에게 맞서는 전쟁 비용을 마련하기 위해 로마 최고 부유층 시민에게 부과한 세금을 반대하고 나섰다. 호르텐시아는 포룸 로마눔에 올라가 1,400명의 여인에게 다음과 같이 호소한다. "명예, 지휘권, 정치에는 우리를 위한 자리가 없고, 그들은 끔찍한 결과를 가지고 당신들을 서로 이용하는데, 우리가 왜 세금을 내야만 합니까? 전쟁 때문이라고 당신들은 말합니까? 우리는 전쟁이 아니었을 때도 이미 세금을 냈지만, 여성이라는 이유로 모든 권한에서 제외되지 않았습니까?"[11] 그녀의 연설 이튿날, 삼두정치 지도자들은 이들 여성 가운데 1,000명의 세금을 면해주고 남성 자산가들에게 전쟁을 위해 힘써줄 것을 독려한다.

로마의 여성들이 공화국 말기와 제정에서 비교적 자유로웠던 것은 남자들의 마음에 전혀 들지 않았다. 여성 혐오자이자 외국인 혐오자였던 시인 유베날리스는 문학처럼 남성이 전유하던 분야에까지 여성들이 참여하는 것을 걱정스럽게 바라본다. "너의 침대에 있는 여자는 특별한 문제가 없어. 그렇게 기교에 치우친 문장으로 논리를 묘사하다니! 그녀는 역사에서 몇 가지를 놓칠 수도 있어. 그리고 책을 읽을 때는 전체를 이해하지 못해! 쉴 틈 없이 당황스럽게 만드는 여자에 대해 말하지 마. 언어를 정확히 발음하지 못하면서도, 팔레몬의 문법은 무슨. 어떤 학식 있는 여자가 내가 알지도 못하는 구절을 내게 들려줬어. 그리고 교육이 부족한 다른 여자 친구가 저지른 오류를 들춰냈지. 남자들은 그냥 지나가는 것인데…"[12]

아무리 법으로 강제하려 해도 그 내용이 모순되는 것이라면, 그 시대와 재능 있는 이들은 이런 법의 명령을 멸시하게 된다. 그로부터 200년 뒤, 4세기의 로마 제정 사회에는 성공적으로 녹아든 몇몇 여성 학자들이 있었다. 유명한 히파티아는 그리스 출신의 수학자이자 천문학자였으며 알렉산드리아의 플라톤 학당을 훌륭하게 이끌었다고, 역사가 콘스탄티노플의 소크라테스는 증언하고 있다. "알렉산드리아에 히파티아라는 이름의 여성이 있다. 철학자 테온의 딸이다. 다른 철학자들을 뛰어넘을 정도로 학식이 매우 뛰어나 플라톤의 뒤를 이어 플라톤 학당을 이어받았다. 그리고 원하는 모든 사람에게 지식을 나누어주었다. 이것이 철학을 하려는 사람들이 그녀를 추종한 이유였다. 히파티아는 교육하는 것에 대해 자부심이 넘쳤고, 정부를 상대할 때도 냉철하게 맞섰다. 그리고 남자들 사이에 있는 것에 대해 전혀 부끄러워하지 않았는데, 그녀의 학식이 너무도 빼어나므로 오히려 그녀와 마주한 사람들이 부끄러워하고 두려워했기 때문이다."[13]

고대의 일부 사상가들은 여성의 지적 열등성과 도덕적 열등함에 대한 편견을 반대했다. 로마 스토아학파의 세네카와 무소니우스 루푸스는 "남자와 대등한 이성적 재능"을 받은 여성들도 동등하게 교육받을 능력이 있으며, 그녀들도 "덕성을 향한 가장 확실한 길인 철학을 연구해야 할 것이다"라고 주장했다.[14] 그리스의 철학자 플루타르코스는 여자도 남자만큼 덕성이 있다고 보았다. 《도덕론》에서 용맹한 삶과 용기, 압제자에게 저항하는 행동을 보여준 여성들의 사례를 인용했다.

4세기부터 로마의 가부장제는 서구의 기독교 발달에 관여하기 시작한다. 미망인 마르첼라는 로마의 여성 수도원 설립에 크게 공헌한다. 스트리돈의 제롬(히에로니무스)의 절친한 친구였던 그녀는 히에로니무스가 불가타 성경을 라틴어로 번역하는 작업을 도왔다. 최근 복원된 프리스킬레의 로마 시대 카타콤(2~5세기)에 있는 프레스코화에서 볼 수 있듯이, 초기 교회 때는 여성이 미사를 집전할 수 있었는데, 바티칸은 이 해석을 인정하지 않고 있다. 기독교가 교리와 법을 갖춘 교회가 된 이후로, 여성들은 신성한 임무에서 빠르게 도태된다. 처음에는 교회가 여성들을 보호해주는 역할을 하는 듯 보이지만, 점차 권력이 공고해지면서 "퇴행적인 움직임"이 자리 잡는다.[15] 히파티아의 사례가 대표적이다. 그녀는 415년에 한 무리의 기독교 수도승들에게 살해당하는데, 여자가 그렇게 학식이 높다는 것을 받아들일 수 없었던 이들이 그녀의 몸을 난도질하고 불에 태워버렸다. 그러나 이들과 달리 기독교에 반대하는 사람들은 "철학의 순교자"라는 기념물을 세웠다. 1957년이 되어서야 교황 비오 12세가 여성과 남성이 법과 존엄성에서 동등하다고 선언한 것을 기억해야 할 것이다.[16]

6세기에 나타나는 수녀원은[17] 일부 여성들에게 물질적인 안전을 보장해주고, 영적인 삶을 가능하게 해주었으며, 때로는 교육의 기회도 주게 된다. 수도원장과 동등한 권위를 갖는 수녀원장이 이런 기관을 운영했다. 이들 중 몇몇은 명성을 얻게 되는데, 12세기의 학식 있는 빙엔의 힐데가르트 같은 인물이 있다. 그녀는 많은 저서를 남긴다.

8세기 중반까지 여성들은 법적으로 남편의 지배를 받고 있었지만, 귀족 계층은 사회적 신분이 상대적으로 높았고 권력에 접근할 수 있었다. 교양을 갖춘 그녀들은 교회(성녀 제네비에브는 451년에 있었던 훈족의 침입에서 파리를 지켜낸다), 수도원을 세우고(푸아티에의 성녀 라드공드) 군주들에게 조언을 주거나(클로비스의 왕비였던 클로틸드 여왕은 그를 기독교도로 개종시켰다) 왕국을 세운다(프레데공드 여왕, 브륀오 여왕). 그러나 이후의 카롤링거 왕조에서는 여성들은 정치적 영향력을 전혀 갖지 못한 것으로 보인다.

서구 기독교 사회에서 11~13세기는 고대와 기독교 문헌뿐 아니라 아랍 문화권과 페르시아(이븐 시나) 철학자와 학자들의 글이 라틴어로 활발하게 번역되는 점이 두드러진다. 십자군 전쟁도 여기에 영향을 주었다. 귀족, 평민 가리지 않고 많은 여성이 적극적으로 성전에 참가한다. 1097년 제1차 십자군 전쟁에 참여한 부르고뉴의 플로린은 덴마크의 십자군 왕 스벤의 왕비인데, 이슬람교도와 교전 중 사망한다. 제2차 십자군 전쟁 때는 "황금 다리의 여인"이 기사처럼 무장한 여성들을 지휘했는데, 독일 호헨슈타우펜 왕가의 콘라트 3세 휘하에 입대한 이들이다. "연대기 작가들은 그녀들이 다마스의 성벽 아래에서 놀라운 활약을 했다고 보고한다."[18] 여성들은 교회가 이단이라고 평가하는 새로운 신앙 운동에도 참여하게 된다. 피에르 발도와 그의 추종자들로 구성된 '리옹의 빈자들'(발도파)은 1184년 가톨릭교회가 이단으로 선고하고 파문한 집단이다. 파문 이유 중 하나는 여성을 포함한 평신도가 강론을 하는 것이었다. 마찬가지로 카타리파는 여성도 위령안수예식*을 받으면 "완벽한parfaite" 삶에 접근할 권리가 있다고 했다. 또한 여성이 보통은 강론을 맡지 않지만, 선량한 사람들에게 부여된 모든 임무를 수행할 수 있었다. 그러나 이로부터 백 년 뒤에는 밀라노의 구뤼엘마(또는 보헤미아의 구뤼엘마)의 경우처럼 보편교회에서 벗어나는 것이 좋지 않게 여기게 된다. 구뤼엘마는 처음에는 가톨릭교

---

* 혹은 콘솔라멘툼consolamentum이라 한다. 예수의 이름으로 손을 얹는 영적 세례다(카타리파의 독특한 성사였음).

회의 성녀로 추앙되었지만, 죽은 뒤에는 추종자 구뤼엘미트와 함께 이단으로 선언되었다. 이들을 구뤼엘마를 여성 성령의 화신으로 보고 '여성들의' 교회라 부르는 새로운 교회를 세우고자 했다. 12세기의 유명한 아키텐의 엘리오노르처럼, 많은 여성 성주가 남편이 전쟁으로 없을 때 영지를 통치했다. 기사들이 자신의 '귀부인Dame'에게 환심을 사려고 하고 궁정 연애를 하던 때다. 이들은 마상시합에서 대결을 벌였고, 음유시인들은 실현 가능성이 거의 없는 사랑을 노래했다. 13세기 아서 왕의 전설 문학에 등장하는 여성은 언제나 권력과 지혜를 가진 사람으로 묘사되고(켈트 문화의 전통인 듯), 영웅 퍼시벌과 란슬롯은 그녀들의 사랑을 쟁취하기 위해 위험을 무릅썼다. 하지만 로마법이 부활하고 국가의 중앙집권화가 이루어지면서 여성의 권리는 모든 분야에서 축소된다. 여성들은 다시 "법적 미성년자mineures"가 되어 수리아 나파로아코 왕녀나 샹파뉴 공작부인 또는 블랑카 데 카스트야 왕녀 등 아주 드문 사례를 제외하고는, 대부분 특권을 잃어버리게 된다. 블랑카 데 카스트야 왕녀는 남편인 루이 8세가 죽자 섭정이 된다.

14세기가 되자 살리카 법전이 적용되면서 남성의 특권이 확장되었고,* 여성은 작고한 왕의 딸을 포함해 모두가 왕위

---

* 왕의 장남만 왕위를 계승할 수 있는 것을 장자우선권이라고 말한다. 위그 카페 치하인 987년부터 적용된 법이다.

계승권을 상실하게 된다. 1374년 그동안 역사적·신화적으로 유명한 여성들을 총망라한 책이 출간되는데, 여기에 처음으로 등장하는 인물은 물론 이브다.[19] 저자인 피렌체의 보카치오는 남성의 우월성을 믿어 의심치 않는 사람이었다. 그는 대부분의 전기에서 여성들을 표로 정리했는데 경박함과 이기심, 탐욕 등등 이른바 여성의 결점을 비난하는 것이어서 그리 유쾌하지 않다.[20] 이 작품은 여성을 공적 영역에서 배제하는 것을 정당화한다. 크리스틴 드 피장은 같은 시대 사람들이 보여주는 여성 혐오에 반발하고 여성을 위해 변론했다. 미망인이자 학식 있는 여성이었던* 크리스틴은 최초의 여성 전업 작가 가운데 하나이기도 하다.[21] 《사랑의 신에게 보내는 편지》(1399)와 《장미가 말하다》(1402)에서 그녀는 대담하게도 《장미 이야기》[22]에 등장하는 남성 우위론적 발언을 공격했다. 이로 인해 그녀는 학계와 친구들에게 맹렬한 비난을 받게 되는데, 그들 모두가 남성이었다. 크리스틴의 작품 중에서 가장 유명한 《여성들의 도시》(1404~1405)는 당시에 남성이 쓴 것으로 분류되었는데, 크리스틴은 자신의 관점 자체도 여성들을 대상으로 한 편견, 특히 "천성적으로 naturelle"[23] 열등하다는 편견에 영향을 받았다는 것을 인식하게 된다. 그녀는 화자와 이성 부인, 공정 부인, 정의 부인과

---

* 천문학자 샤를 5세의 딸로, 당시 다른 여성들보다 훨씬 높은 수준의 교육을 아버지로부터 받았다.

나누는 대화를 통해 사회를 우화적으로 기술했다. 과거 여성의 모습을 소환하면서 여성들도 사회에 이바지하며 희망찬 삶을 이어나갈 수 있음을 보여주었다.[24] 크리스틴은 이 책에서 여러 주제를 다루는데, 그중에는 여성도 남성과 같은 교육을 받아야 한다는 것이 있었다. 그녀가 비난 받았던 이유도 이처럼 시대를 앞선 생각 때문이었다.[25] 크리스틴은 당시 남자들에게만 허용되던 분야를 다루는 저술을 간행했고, 이 때문에 많은 남자들에게 비난받게 된 것이다.[26] 그러나 이는 그녀가 샤를 5세와 그의 뒤이은 샤를 6세의 궁정에서 명성을 누리는 데 지장을 주지는 않았다. 그녀의 유명세는 르네상스 문학계에서도 계속 이어진다. 여성 작가 루이즈-펠리시테 드 케랄리오가 크리스틴의 재평가를 시도했으나,[27] 19세기 문학사가들은 이 "유식한 체하는 여성 학자"를 계속해서 무시했다. "좋은 딸, 좋은 아내, 좋은 어머니이자, 나머지는 우리의 문학계에서 가장 공인된 유식한 체하는 여성 학자 중 한 사람으로, 여성 작가라는 참을 수 없는 계보의 첫 번째 사람이다."[28]

1980년대가 되어서야 페미니즘이 확대되면서, 이 진정한 '문학가'[29]의 작품이 문학계에서 제대로 된 자리를 되찾는다. 크리스틴 드 피장은 시대를 앞서간 페미니스트였을까? 이 질문은 논쟁거리다. 그녀는 남자와 여자 사이의 지적인 불평등에 대해 타고난 성질 때문이 아니라 교육이 부족하기 때문으로 보았고 이것이 여성에 대한 편견이라고 했지만,[30] 가부장적인 구조에 대해서는 의구심을 갖지 않았고 순결과 인내처럼 전형적으로 '여성적féminines' 가치라고 여겨지는 것에 문제를 제기하지는 않았다.[31] 크리스틴은 14세기 말부터 15세기 초까지 살았던 여성이다. 따라서 시대적 한계를 생각한다면, 자기의 입장을 용감하게 밝히고 시대를 앞서간 인물이라는 것은 틀림없다.

르네상스부터 계몽시대까지

> "남자와 여자는 완전히 하나여서
> 남자가 여자보다 더 여자와 같다면,
> 여자는 남자보다 더 남자 같을까?"
> -마리 드 구르네[32]

서구에서 카스티야의 이사벨 1세, 잔 다르크, 잔 아셰트는 중세시대에서 르네상스로 넘어가는 15세기를 대표하는 위대한 여성들이다. 이 시기에 인쇄술이 발명되고 유럽인들의 탐험이 시작되었다. 에라스무스(1466~1536), 토머스 모어(1478~1535)와 같은 몇몇 사상가들은 아이들을 제대로 교육하려면 남자와 마찬가지로 여자도 교육받을 필요가 있다는 의견이었지만, 배운 지식을 가정 밖에서 사용하면 안 될 것이라며 선을 분명히 그었다. 르네상스는 고대 전통의 정신을 이어받았기에, 여자는 사회적으로나 정치적으로나 남자에게 예속되는 위치였다. 예술에 표현되는 여성의 모습이 아름다움의 전형으로 변했지만,[33] 여전히 틀에 박힌 모습이어서 부인들은 정조를 상징하는 작은 개나 흰 족제비와 함께 그려지는 때가 많았다.[34] 기혼 여성이 법적으로 남편의 권위 아래 있는 '무능력자'가 되는 것은 16세기의 일이다.

쾰른 출신의 인문학자 코르넬리우스 아그리파는 사회적으로 만연한 여성 혐오주의에 역행해서 여성을 찬양했는데, 특히 복음서에 등장하는 여성들을 칭찬했다. "마리아는 제일 잘났다는 남성보다 훌륭하고, 여성 중에서 가장 못난이도 유다보다 낫다."[35] 15세기에 불붙은 여성 교육에 대한 논쟁은 다양한 책들이 출간되면서 계속되는데,[36] 이 중에는 두 명의 베네치아 여성 문학가들도 있다. 모데레타 폰테(모데스타 달 포조)가 1600년에 출간한 《여성들의 가치》에는 이틀 간 벌어지는 남자들의 소송이 등장한다. 이 소송이 끝나자 "여성들이 얼마나 품위 있고, 남자들보다 훨씬 완벽한지 명확하게 드러난다."[37] 같은 해에 루크레지아 마리넬라의 《여성의 기품과 탁월함 그리고 남성의 결함과 타락》이 출간된다.[38] 유럽 여러 나라에서 여왕이 될 수 있었지만,[39] 프랑스에서는 극소수 여성만이 왕권에 접근할 수 있었으며, 그것도 섭정만 할 수 있었다.[40]

이제 막 시작한 종교개혁은 여성들의 문자 교육을 촉진했다. 여성들이 성경과 신성한 문서들을 자국어로 읽을 수 있도록 허용되면서, 그녀들 중 일부가 신학을 연구하는 것이 가능해진 것이다. 여성 신학자 마리 당티에르(1495~1561)는 종교계에 여성이 적극적으로 참여할 것을 권하면서, 여성도 남성과 마찬가지로 신성한 문서들을 이해할 수 있기 때문이라고 글을 쓴다. "우리는 복음이 2개인가? 하나는 남자를 위한 것이고 다른 하나는 여자를 위한 것인가? 하나는 현자들을 위한 것이고 또 다른 하나는 대중을 위한 것인가? 우리는 주님 안에서 모두 하나가 아닌가? 우리는 바울, 아폴로, 교황이나 루터 중 누구의 이름으로 세례를 받을 것인가?"[41] 마르틴 루터(1483~1546)는 남자와 여자가 세례를 받음으로써 하나님 앞에 동등하다고 생각하지만, 여전히 여자의 역할은 결혼해 남편을 돕는 것이며 아브라함의 아내였던 사라를 '여성'의 모범적인 모습이라고 생각한다. 17세기의 개신교 교파인 재세례파再洗禮派나 퀘이커 교파만 여성들이 설교할 수 있게 하고 목회자가 될 수 있도록 한다.

17세기에 마자랭 추기경이 여자들이 정치를 비롯한 궁정의 온갖 일에 참견한다고 불평하듯이, '위대한 아가씨(몽팡시에 공작부인)'와 같은 몇몇 여성은 프롱드의 난 시기에 대포를 쏘거나 정략결혼을 거부하기도 했다. 하지만 프랑스 왕국의 다른 곳에서는 여성의 상황이 그다지 긍정적이지 않았다. 마리 드 구르네(1565~1645)는 여성 문인이자 몽테뉴의 수양딸이었다. 그녀는 여성의 처지에 대해 항의하고[42] 여성 혐오도 아니고 여성 찬양[43]도 아닌, 양성 간의 평등을 주장한다. 지적으로 열등하게 취급되는 것을 거부하는 여성들이 표현할 수 있는 길을 열어준 것이다. 독일 철학자 에마뉘엘 칸트(1724~1804)는 과학이 "숭고한 이해력entendement sublime"에 속하기 때문에, 여성이 이것을 이해할 수 없다고 주장한다. 그러나 고대부터 인정받은 여성은 그리 많지는 않지만[44] 여성들도 법과 과학 분야에서 연구해왔기에, 능력이 없다고 우기는 것은 근거가 없다. 독일의 안나 마리아 판 슈르만은 빼어난 학식으로 17세기 유럽 전체에서 유명했다. 《여성을 위한 지혜롭고 쉬운 화학》의 저자인 마리 뫼르드락도 같은 사례다.[45] 그녀는 "영혼은 성이 전혀 없으므로les esprits n'ont point de sexe" 여성이 남성과 같은 교육을 받을 수 있다면 동등하게 될 수 있다고 주장한다.[46] 그녀의 책은 크게 성공해서, 1666년부터 1738년 사이에 12판이 출간되었다.* 하지만 다른 여성들의 저작물은 비공개로 남거나 저자가 마법 혐의로 감옥에 갇히기도 했다. 마르틴 드 베르트로가 이런 사례다. 1632년 발간된 《프랑스의 광산과 채광에 대한 진정한 보고》의 첫 번째 쪽에서는 남자와 동등하게 과학적 연구를 잘 운

---

* 프랑스어로 5쇄, 독일어로 6쇄, 이탈리아어로 1쇄가 출판되었다.

용할 수 있는 그녀의 권리와 능력에 대해서 강조한다. "많은 이들이 내가 산을 파는 것보다 집안 살림을 더 잘할 것이라는 판단을 내린다. …고대의 역사를 읽지 않았던 이들의 의견이라서 용서할 수 있는데, 과거의 여성들은 무기를 들고 대단히 전투적이고 대담하고 용감했을 뿐 아니라 철학도 잘 알고 있어서, 그리스인들과 로마인들의 공립학교에서 가르치기도 했다."[47]

이로부터 40년 뒤, 개신교로 개종한 데카르트 철학자 프랑수아 풀랭 드 라 바르(1647~1723)는 여성에게 가해지는 불공정성과 그녀들이 놓인 상황적 불평등은 사실 편견에 근간을 둔 것이라 확신하고 두 편의 중요한 글을 썼다.[48] 그는 여기에서 여성이 제대로 된 교육을 받고 모든 직업에 제한 없이 접근할 수 있어야 한다고 주장한다. 이는 여성이 "천부적으로" 열등하다는 도그마가 오래전부터 있던 것이고 많은 학자의 의견이 같다고 해서 진실은 아니기 때문이라고 한다. 그는 사회가 여자들에게 열등한 지위를 부여하고 이를 강요했다고 생각한다. "여성의 지위가 낮다는 이유로, 사람들은 그녀들이 자연적으로 열등한 존재일 수밖에 없다고 추론하고 그녀들을 이러한 상황 속에 묶어두기 위해 이처럼 근거가 없는 추론을 근거로 삼고 있다." 그는 유명한 '영혼은 성이 없다L'esprit n'a pas de sexe'[49]라는 격언을 만든 사람이기도 하다. 보부아르는 《제2의 성》에서 이것을 부각해 인용한다. "남자들이 여자들에 관해서 쓴 모든 것은 의심받아야 한다. 그들은 판단을 내리는 사람인 동시에 그 패거리의 일원이기 때문이다."[50] 그러나 여성의 교육은 여전히 비웃음을 사는 주제였다. 몰리에르의 연극에는 교육받은 몇몇 여성이 '매우 우스꽝스러운 사람'으로 등장한다. 〈학식을 뽐내는 여인들〉(1672)에서 지식에 대한 갈망을 채우려는 여성들이 원하는 것은 남성에 대한 권위를 얻는 데 도움이 되는 지식이다. 극작가는 이런 점에서 여자들이 우스꽝스럽다고 생각하는데, 그녀들이 집안일을 소홀히 하면서 가족의 균형을 망가뜨린다는 이유 때문이다. "그게 솔직하지 않은가, 그리고 여자들이 공부하고 아는 게 많은 건 여러 면에서 좋을 것이 없어. 아이들의 영혼에 좋은 덕성을 만들어주고, 가정이 잘 돌아가도록 하고, 사람들을 보살피고, 절약하면서 지출하는 것이 여자의 공부이고 철학이 되어야지."[51]

이러한 생각은 다음 세기에도 계속된다. 특히 철학자 조셉 드 마이스트르는 1808년에 딸인 콘스탄스에게 쓰기를 "우리가 알고 있는 박식한 여성 중에서 학문 때문에 불행해지거나 웃음거리가 되지 않은 사람은 거의 없다"[52]고 말이다. 페넬롱은 이러한 의견에 동의하지 않았다. "몇몇 여성이 자신의 지식을 뽐내려다가 우스꽝스러워졌다고 해서 여성 전체가 정말 무식하다고 비난하면 안 된다."[53] 장 드 라 브뤼에르 역시 동의하지 않았다. 그는 《특질들》(1688)에서 이렇게 썼다. "어떤 이유에서든 남자들은 여자들의 이러한 무지 때문에 덕을 볼 수 있고, 여성들을 곳곳에서 지배할 수 있어 행복해한다. 여성들에게는 불리한 곳에서 말이다. 학문과 지혜가 같은 주제로 합치된 것을 발견하게 된다면, 나는 굳이 저자의 성(性)을 찾아보지 않고 존경한다. 그리고 지혜로운 여자는 학문에 관한 생각이 별로 없다고 말하거나, 박식한 여자는 대부분 지혜롭지 않다고 말한다면, 당신은 방금 읽은 내용을 벌써 잊어버린 것이다. 여성들은 특정한 결점 때문에 학문으로부터 외면당하는 것이다. 그러므로 당신들과 마찬가지로, 여성은 이러한 결점이 적을수록 더 현명해질 것이고, 이렇게 된 여성이 학자가 되는 것이 훨씬 적절하지 않겠는가. 또는 여성은 학자가 되기 위해 자신의 많은 결점을 극복했을 것인데, 이것이야말로 더 현명해진 것은 아닌가라고 결론을 내리고자 한다."[54]

18세기도 여성의 독립에 대해 그다지 우호적이지는 않았으나, 그래도 여성을 예속시키는 것이 이성에 합당하느냐는 질문이 제기되었다. 이에 대한 답으로, 1700년에 영국의 여성 신학자 메리 아스텔은 여성의 복종을 정당화하는 이론들을 비판하고 나선다.[55] 여성은 정치 활동과 사회 활동에서 점차 배제되었고, 스스로 생계를 해결할 수 있는 여성의 수가 매우 적어졌다. 예를 들어 1755년 파리 의회는 여성의 의료 행위를 금지하는 규칙을 제정했다. 유럽 귀족층 여성 문인과 과학자 들은 이른바 여성이 지적으로 열등하다는 가설을 고발하기 위해 표현의 자유를 누릴 수 있는 유일한 공간인 문학 살롱을 열게 된다.[56] 이 토론과 지식의 교환과 생산의 장소에서 유명한 철학자들은 여성 지식인들을 만나게 되면서[57] 이들을 변호하게 된다. 디드로는 여성에게 부여된 자연적인 가치(섬세함, 부드러움, 사랑, 예민함) 일체가 그녀들을 육체적·정신적으로 열등하게 만든다고 생각한다. "우리가 그녀들에게 품위 있다고 하니까 체질이 섬세해지고, 지나치게 감성적인 것이 원인이 되어 허약해지고, 연구 업무에는 적절하지 않은 연약한 신경을 갖게 되는 결과가 만들어지는 것이다."[58] 당시 여성의 권리를 위한 투쟁의 선구자 가운데 한 사람으로 프로이센의 대 테오도르 히펠을 언급하지 않을 수 없는데, 그는 계몽주의에는 그다지 호의적이지 않았다. 칸트의 친구이기도 했던 그가 쓴 2편의 글 〈결혼에 대하여〉[59]와 〈여성의 사회적 승격에 대하여〉[60]는 여성의 권리에 대한 진정한 선언이었다. 히펠은 이들 글에서 남성과 여성 간의 법적 평등과 사회적 평등은 이들의 교육적 조화를 위해 필요하다고 주장한다. 그에 따르면 양성 간의 차이는 자연스러운 것이라기보다는 사회적으로 만들어진 것이기 때문이다.

여성에게 사회가 막강한 아버지와 남편의 권위를 부여하고, 종교 조직이 복종과 예속을 강요했지만, 뒤팽 부인(결혼

전 이름은 루이 마리 마들렌 기욤 드 퐁텐)(1706~1799)은 여성을 위한 교육을 받을 수 있어야 할 뿐 아니라, 공직에 임용될 수 있어야 하고 당시까지 남성 전유였던 지위까지 가질 수 있도록 해달라고 요구한다. 그녀는 장-자크 루소의 도움을 받으며 몇 년에 걸쳐 1,200쪽에 가까운 엄청난 저서 《남성과 여성의 평등에 대하여》를 집필하지만 끝내 출간되지는 못한다. 몽테스키외는 여성이 통치를 할 수는 있지만 가장이 될 수 없다는 생각을 지지했는데, 뒤팽 부인은 여성의 입장을 옹호하며 이 주장에 반론을 제기하기도 한다. 몽테스키외는 뒤팽 부인을 좋아했었다고 한다. 그래서 역사가 로랑 베르시니는 "그가 여성에게 그렇게 많은 적대적인 선언을 했던 것은 실패한 사랑에 대한 앙심 때문은 아니었을까?"라고 의문을 제기하고 있다.[61] 뒤팽 부인을 사랑했으나 역시 거절당한 루소가 드러나지 않게 여성 혐오적인 글을 쓴 것도 이 때문은 아닐까? 18세기 동안 몇몇 여성들은 과감한 도전을 펼치는데, 식물학자 잔 바레는 1766년부터 1769년까지 "토라진 여자와 별La Boudeuse et L'Étoile호"[62]를 타고 부갱빌의 탐험에 참여했다. 바레는 남자처럼 꾸미고 세계 일주를 했다. 당시에는 여성이 선박 승무원이 되는 것을 금지했기 때문이다.[63]

18세기의 많은 학자가 여성 해방을 위한 투쟁을 지지하고,[64] 계몽철학은 인간의 보편적 가치에 대한 확신을 천명했다. 하지만 현실에서는 백인이 아닌 사람들, 기독교인이 아닌 사람들, 귀족이 아니거나 유산층이 아닌 사람들, 그리고 물론 여자 등 다양한 범주의 개인들이 이러한 보편성에서 배제되었다.

혁명의 소용돌이 속에서

> "단두대에 오를 권리가 여성에게 있다면,
> 연단에 오를 권리도 있다."
> - 올랭프 드 구주[65]

프랑스 혁명기는 남성과 여성의 불평등을 증가시켰고, 이런 상황은 19세기 내내 더욱 강화된다. 실제로 프랑스대혁명은 〈인간과 시민의 권리 선언〉에서 모든 인간의 평등성과 개인의 자유를 천명했고, 공적 생활에 참여하기를 희망하는 몇몇 여성의 의지가 있었지만,[66] 여성은 사적인 공간으로 밀려나게 된다. 25세 미만이거나 외국인, 채무변제 능력이 없는 사람, 하인과 마찬가지로 여성은 "수동적인 시민"[67]이 되어 투표권을 갖지 못했다.* 1793년부터는 시위에도 참여할 수 없게 되며, 국민방위대(시민군)의 성원이 되지 못하는데,

---

* 1789년 12월 22일에 열린 국민회의에서 여성들은 공식적으로 투표권을 박탈당한다. 1791년에 제정된 헌법에서 이 상태가 유지되었고, 1793년 7월 24일에 열린 국민공회의 표결을 거쳐 박탈당한다.

여성들은 1792년부터 이 권리를 요구해왔었다. 1793년 4월 30일에 시행된 명령으로 인해 그나마 군대에 복무하고 있던 여성이 배제되어서, 세탁부와 종군 여자 상인만 남기고 군대를 따라다니던 더 많은 여성(배우자, 창녀, 요리사)은 쫓겨나게 된다.[68] 실제로 혁명 잡지《파리의 혁명들》의 편집자는 "용맹함은 남자의 것일 수밖에 없다"라고 부르짖는다. "총과 전쟁을 우리에게 넘겨주시오. 당신들의 섬세한 손가락은 바늘을 잡고 험난한 인생의 길에 꽃을 심는 일을 해야 하오. 당신들에게 있어서 용맹함은 가정의 무게와 집안 살림의 고통을 감내해내는 것이오."[69]

같은 해 9월 21일자 법규부터 여성도 남성과 마찬가지로 국가의 강렬한 상징인 삼색 모표를 의무적으로 착용하게 되고, 이를 지키지 않으면 처벌받을 수도 있었다. 그런데 몇 년 뒤 "모표를 착용하는 것이 훌륭한 제도가 될 수 있도록" 여성이 삼색 모표를 착용하는 권리에 대한 문제가 제기되었다.[70] 일부 의원은 여성을 정치권에서 완전히 몰아내야 한다고까지 주장한다. 여성의 정치 모임 금지를 목적으로 하는 법을 제정하기 위한 1793년 10월 30일 보고서에서,* 국회의원 아마르는 여성에게는 "천성적으로par nature" 참정권을 행사하고 정부의 사안에 참여할 만한 자질이 없다고 주장한

---

* 1793년 10월 30일에 공표된 법령으로 1항에서 다음과 같이 명시하고 있다. "어떤 이름이든 여성의 정치조직과 민중 협회는 금지한다."

다. "관습과 자연마저도 여자들에게 직무를 주었다. 남자들의 교육을 시작하기, 공공의 덕성을 위해 어린이들의 영혼과 마음을 준비시키기, 이들을 선한 길로 이끌기, 자유를 위한 정치적 숭배 안에서 이들의 영혼을 끌어올리고 교육하기. 이것이 그녀들이 가정을 돌본 후에 할 일들이다."[71]

여성이 정치 행사에 참가하면 "남자 같은 여자들"이라며 괴물 취급을 받았다. 루소는 《에밀》에서 이렇게 분석한다. "훌륭한 재능을 숭고하게 끌어올려서는, 여성의 임무는 모두 소홀히 하고, 마드무아젤 니농 드 랑클로가 했던 것처럼 남자같이 행동하기 시작한다."[72] 1792년부터 1799년 사이에, 유명한 메르베이유즈*는 당시 프랑스 사회가 여성에게 바라던 순종과 유혹의 이미지를 제공하게 된다. 오히려 혁명에 열심히 참여했던 여성들은 탄압받고 때로는 처형을 당한다. 많은 여성이 프랑스혁명에 적극적으로 참여했으며, 페르니그 자매처럼 1792년 발미 전투와 제마프 전투에서 싸운 여성들도 있었다. 네덜란드인 에타 팔므 다엘더,[73] 여성의 무장을 청원한 초콜릿 제조업자 폴린 레옹,[74] 벨기에의 여성 혁명가 안-조세프 테루안 드 메리쿠르, 살롱을 열었고 단두대에서 처형당한 로랑 부인, 여성 문인 올랭프 드 구주처럼 많은 여성이 자신의 요구사항을 분명히 내세우게 된다. 이

---

* 프랑스혁명기 공안 정치 동안에 파리에서 유행했던 귀족의 하위문화. (옮긴이)

들 가운데 구주는 유산층 출신으로 문학과 연극에 푹 빠져 있던 교양 있는 여성이었다. 당찼던 그녀는 1874년에 노예 제도를 반대하고 기존 체제에 도전하는 〈자무르와 미르자 또는 흑인 노예들〉이라는 작품을 집필했는데,[75] 이 때문에 바스티유 감옥에 갇히게 된다. 그녀는 여자가 입법적·정치적·사회적으로 남자와 같은 권리를 가질 수 있도록 투쟁한다. "의무의 정체성은 권리의 정체성으로 이어져야 한다." 그녀는 〈여성과 여성 시민을 위한 권리 선언〉[76] 제17조에서 [77] 여성을 위한 특별한 권리는 없다면서(Ⅶ조), 이러한 평등을 요구한다. 1791년 9월 5일에 이 선언문을 작성한 구주는 그해 10월 28일 열리는 입법의회에서 이를 발표하려 했지만, 의회에서는 그녀의 요청을 받아들이지 않았다. 이 요청이 거절되고 몇 달 뒤, 구주는 여성들에게 행동에 나설 것을 권고한다. "여성이여, 우리도 우리끼리 혁명을 일으킬 때가 되지 않았는가? 여성들이 늘 서로 고립되고, 여자를 헐뜯고, 타인을 불쌍하게 여기면 사회와 절대로 하나가 되지 못할 것이다."[78]

구주는 페미니즘을 지지하고 사형 제도를 반대하고(왕의 추방을 주장했다) 지롱드파를 공개적으로 지지했다. 이것이 사유가 되어, 급진파가 몰락한 이후 그녀는 체포되어 1793년 11월 3일에 단두대에 올랐다. "그녀는 정치인이 되길 원했지만, 법은 본인의 성에 적절한 미덕을 망각한 이 여성 음모자를 처벌한 것이다."[79]

1792년 3월, 안-조세프 테루안 드 메리쿠르는 여성 시민들에게 무장 조직을 만들자고 권유하고,* 미님 우애협회 앞에서 다음과 같이 선언한다. "프랑스 여성들이여, 제가 여러분께 한 번 더 말씀드립니다. 우리의 운명에 걸맞게 일어납시다. 우리의 족쇄를 풀어버립시다. 여성들이 수치스러운 무능함에서 벗어날 때가 되었습니다. 남자들의 무시와 오만, 부당함으로 여성들은 오랫동안 예속됐습니다. 공공 집회에서는 그들의 배우자와 함께 자유의 적을 무찌르기 위해 싸우면서, 우리들의 시간을 우리들의 어머니, 갈리아족, 자랑스러운 게르만족 시절로 되돌립시다."[80] 그러나 여성들에게 강요된 조건을 벗어던질 수 있는 적절한 때가 아니었다. 많은 여성의 처형에 박수를 보냈던 피에르-가스파 쇼메트의 주장을 증언하면서, 피에르 다르몽은 회고록에서 다음과 같이 비난한다. "남자 같은 여자, 최초로 여자들의 사회를 세우고자 했던 파렴치한 올랭프 드 구주는 가정을 내동댕이치고, 정치를 하고, 범죄를 저지르고자 했다. …이렇게 부도덕한 존재들은 모두 법의 철퇴를 받고 무력화되었다. 당신들 [공화주의자들]도 이들을 본받고 싶은가? 아니다! 당신들은 자연이 바라는 대로 될 때 비로소 진정으로 흥미롭고 존경받

---

* 320명의 파리 여성들이 무장한 여성 국가방위대를 창설할 권리를 요구하며 서명한 청원서를 폴린 레옹이 입법의회에 제출한 것에 뒤를 이음.

을 가치가 있을 것이라고 느낄 것이다. 우리는 여성들이 존중받기를 원한다. 이것이 우리가 여성들에게 스스로를 존중하라고 강권하는 까닭이다."[81]

프랑스 혁명기에는 유명한 여성들 외에 일반 여성들도 국민의회와 혁명 법정에 꾸준히 참석했다. 1794년 12월부터 "법정의 단골손님들"이라 불렸던 자코뱅파 여성 지지자들은 반동 세력이 돌아올 것을 염려해 산악파와 공포파 의원들을 강력하게 지지한다. 이들은 바느질거리를 가지고 나타났기 때문에, 얼마 지나지 않아 "뜨개질하는 여성들"로 불렸다. 19세기는 이들을 일컬어 "단두대의 광녀들", "격앙파"라고 평가했다. 혁명을 반대하는 세력은 그녀들을 피에 굶주린 프랑스 혁명기의 괴물로 만들어버린다.

한편 여성에게 지워진 숙명에 대해 반론을 제기하기 시작한 몇몇 남성이 있었다. 1789년 프랑수아 부아셀의 《인류요강》[82]이 발간된다. 이 책은 '인간의 세 가지 재앙', 즉 사유재산과 종교, 여성을 노예로 만드는 결혼을 고발하고, "지식과 자율의 길로 인간의 여정에 도움이 되도록" 이를 없애야 한다고 주장했다. 장 조레스는 부아셀이 사회주의의 길을 열어주었다고 평가한다. 부아셀은 철학자이자 법률가이고 자코뱅 정치 단체의 지도자이면서, 여성을 옹호하는 가장 위대한 사람 중 하나다. 그에게 있어 "여성은 남성보다 위대하며 인류의 어머니다." 그는 "자기 재산을 물려줄 아이를 얻기 위해 여성을 소유하고 분배하려 한다"라며 남자들을 비난한다. 엔Aisne의 지롱드파 의원인 니콜라 드 콩도르세도 여성의 투표권을 지지하는 태도를 밝히면서 여성의 대의를 위해 적극적으로 참여한다. 그는 민주적인 국가는 1787년부터 한 번도 존재한 적이 없었다고 선언하며, "여성이 시민권을 행사한 적이 한 번도 없었기 때문"[83]이라고 했다. 3년 뒤 그는 국가적 삶의 일부인 권리에서 여성을 제외하려는 주장을 비판한다.[84] 이 수학자는, 여성이 남성보다 자질이 부족한 것은 동등한 교육을 받지 못했기 때문이라고 했다. 프랑수아 풀랭 드 바르처럼 그도 양성 간의 차이는 "자연스러운 naturelles" 것이 아니라 "편파적인 법lois iniques"에서 비롯된다고 생각한다. "그것은 자연이 아니라, 교육이다. 이러한 차이를 만들어내는 사회적 생활 방식이다. ⋯따라서 여성들이 자신들의 천부적인 권리를 누리는 것을 계속 거부하려고 논거를 끌어대는 것은 부당하다. 그 이유라고 한다면 여성들이 이러한 권리를 누리지 못한다는 현실만 있을 따름이다."[85]

1793년 4월 29일, 코트-뒤-노르의 의원 피에르 귀요마르는 국민의회에 제출한 소책자에서, "어떤 사회의 절반의 사람들이 다른 절반의 사람들이 소유하는 자신의 희망을 말할 수 있는 절대적 권리를 박탈할 권리는 없다. 우리가 흑인들의 피부색에 대한 편견을 없앴듯 성에 대한 편견을 극복하자"[86]라고 주장한다. 그러나 이처럼 뜨겁게 권리의 평등을 지지했던 그의 요구는 관철되지 못했다. 자크-마리 루제의 주장도 마찬가지였다. 같은 해 4월, 이 오트-가론의 국회의원은 《프랑스 헌법 계획》이라는 소책자를 발간하고 여성의 참정권과 정치 참여를 지지하고 나선다. 국회의원 루이-조셉 샤를리에는 의회가 여성들이 정치 단체를 만들지 못하게 하려고 하자, 1793년 10월 30일에 의회에서 다음과 같이 발언한다. "우리가 직전에 인용한 불편함이 있기는 하지만, 우리가 무슨 원칙을 가지고 여성들이 평화롭게 모이는 권리를 빼앗으려 하는지 모르겠다. 적어도 여러분이 여성도 인류의 일부라는 것을 공감한다면, 사유하는 모든 존재에게 공통된 권리를 박탈할 수 있겠는가." 그의 의견 역시 지지를 얻지 못하고 여성 단체는 폐지된다.

프랑스 혁명기에 다수의 여성이 활동했고, 양성 간 불평등에 적대적인 몇몇 남성들의 반대가 있었지만, 이러한 차별은 1804년 3월 21일 프랑스 민법전이 공포된 이후 19세기 내내 강화된다. 이 법은 기혼 여성을 "어린이와 미치광이들과 동등한" 법적 미성년자로 만들면서 여성의 자유를 제한했다. 민법상으로 남자와 거의 대등한 권리를 갖는 것은 미망인뿐이었다.[87]

나폴레옹 법전은 법으로 여성의 권리를 빼앗고, 여성의 열등함을 제도로 만들어버린다.

213조 남편은 아내를 보호해야 하고, 아내는 남편에게 복종해야 한다.

214조 아내는 남편과 함께 살아야 할 의무가 있고, 남편이 거주하기에 적당하다고 생각하는 곳이면 어디든지 따라가야 한다.…

215조 아내는 남편 허락 없이는 법정 소송을 할 수 없다.…

217조 아내는… 법적 행위에서 남편의 협력 또는 서면으로 된 동의가 없으면, 무상이나 유상으로 증여하거나 양도하거나 저당 잡히거나 취득할 수 없다.

229조 남편은 아내의 불륜을 이유로 하여 이혼을 요구할 수 있다.

230조 남편이 공동 거주 공간으로 정부를 데리고 들어오면, 아내는 불륜을 이유로 이혼을 요구할 수 있다.

372조 (자식은) 성년이 되거나 친권이 해제될 때까지 부모의 권한에 속한다.

373조 아버지는 이러한 권한을 단독으로 행사한다.

1421조 남편은 가정의 재산을 단독으로 관리한다.

1428조 남편은 아내의 개인 재산 전체를 관리한다. 그는 부인 소유의 동산과 소유물에 대한 거래를 단독으로 행사한다. 남편은 아내의 동의 없이 아내 소유의 부동산을 양도할 수 있다.

정치인이자 철학자이고 작가인 피에르 조제프 프루동은 여성의 해방을 반대하며 싸웠던 남성 가운데 대표적인 인물이다.[88] 산업혁명 초기에 여성 노동자들은 일자리를 찾기가 매우 어려웠다. 극심한 반대에 부딪히면서도 여성들은 정치적인 의지를 표현하고 장차 자신들이 자리를 차지하게 될 새로운 사회의 건설에 적극적으로 참여했으며, 특히 좌파와 공화파, 공상적 사회주의자, 사회주의자들과 연합한다. 여성 노동자이자 문인인 플로라 트리스탕은 1840년대 사회주의와 페미니즘 활동가 중에서 중요한 인물 중 하나이다.[89] 1840년대는 여성들이 자신의 권리를 인식하는 데 중요한 전환점이 된 시기다. 사회에서 여성의 자리를 둘러싼 논쟁이 마침내 국가 내부에서, 특히 언론을 통해 일어난다(잡지 《공화국》, 《평화적 민주주의》).

1848의 여성들

> "가장 억압받는 남자가
> 다른 존재를 억압할 수도 있는데,
> 바로 자기 아내다. 여성은
> 프롤레타리아 중에서도 프롤레타리아다."
>
> - 플로라 트리스탕[90]

19세기 초반, 공상적 사회주의 철학자 샤를 푸리에(1772~1837)는 독립적인 소규모의 사회적 생산 단위를 기반으로 하는 사회 조직 팔랑스테르를 권유한다. 이는 생산과 소비 협동조합의 한 형태로, 구성원인 남자들, 여자들, 아이들은 서로 다른 특성과 감정을 가졌지만, 상호보완적으로 단결된 조직이다. 그는 시대를 앞서간 인물이었다. 예를 들어 탁아소 설치를 제안하며, "사회적 진보는 자유를 향한 여성의 진보와 비례해서 일어나고 여성의 자유가 감소하는 것과 비례해 사회적 질서가 쇠락한다"라고 주장한다.[91] 그의 투쟁에는 유명한 작가들이 동참해 여성의 해방을 주장하게 되는데, 오노레 드 발자크처럼 특히 박식한 귀족 여성들이 운영하는 살롱에 자주 드나들던 사람들이다. 1829년 말에 발행된 《결혼의 생리학》은 '성찰Méditations'로 이루어진 부부의 행복에 관한 상황을 정리한 목록이라 할 수 있다. 발자크는 이 글에서 결혼을 전쟁으로 서술하면서 여성의 입장을 옹호하고[92] 양성 간의 평등 원칙을 지지한다. "문명을 돌려놓아라! 생각을 고쳐라! 이것이 당신들의 외침이다! 당신들은 여성을 교육하는 것에 두려움을 느끼는 것이 틀림없다. 이 때문에 스페인의 사례에서 분명히 알 수 있듯이, 어리석은 자들을 통치하기가 박식한 사람들을 통치하기보다 훨씬 쉽다. …무지함. 이것이 전제군주제가 유지될 수 있는 유일한 길이다. … 그런데 당신들은 당신들의 부인들이 책을 요구하게 될 그

중요한 순간을 최대한 늦추려고 하고 있다. 이것이 당신들에게는 쉬울 것이다. 당신들은 먼저 경멸하는 태도로 학식이 많은 여자의 이름을 들먹일 것이다. 그리고 그녀의 요청에 따라 우리 이웃들이 현학적인 여성들에게 붙이는 조롱을 설명할 것이다. …딸들은 노예로 성장하고, 자신들의 할머니처럼 카나리아에게 먹이를 주거나 식물표본을 만들고 벵갈장미에 물을 주고, 장식 융단을 짜거나 깃을 세우거나 하는 것을 본받기 위해 이 세상에 존재한다는 생각에 익숙해질 것이다…"[93]

1830년대에 여성 해방은 생시몽주의 교리*의 핵심이었다. 이 사상의 여성 추종자들은 혁명기에 표명되었던 '자유로운 여성femmes libres'이라는 요구를 다시 살려내기 위해 활동한다. 이런 사람들 가운데 하나가 언론인 클레르 데마르(1799~1833)다. 그녀는 1832년에 발간한 소책자[94]에서, 〈인간과 시민의 권리 선언〉을 여성에게도 적용할 것을 주장한다. "민중이여, 당신들 삶의 절반을 차지하는 어머니, 배우자, 딸들이 그녀들에게 드리워진 착취를 극복해야만, 당신들은 진정으로 자유롭고 위대해질 것이다." 그녀는 더 나아가 민법

---

* 생시몽주의Saint-simonisme는 생시몽의 사회-경제와 정치적 교리에 바탕을 둔 이념적 흐름으로, 그의 이름에서 명칭이 비롯되었다. 그의 지지자로 실증주의의 창시자인 오귀스트 콩트와 마리 탈롱, 클레르 바자르, 세실 푸르넬 등 많은 여성을 꼽을 수 있다.

전에 대항해 들고 일어선다. "당신들은 우리에게 민법전의 조항을 적용한다. 그런데 이 법을 기안할 때 우리가 참여했는가? 민법전이 우리의 취향과 본성에도 적절한가?"[95]

이로부터 14년이 지난 1848년 3월 16일, 작가 제니 데리쿠르(1809~1875)는 이혼의 부활을 주장하는 청원을 보낸다. 여성들은 스탕달이라는 아군을 발견하게 되는데, 그는 《적과 흑》(1830)과 《파르마의 수도원》(1839)에서 여성의 예속적인 처지에 대해 날카롭게 비판했다. 1842년, 의사이자 시인인 에티엔 드 뇌프빌도 프랑스 여성의 조건을 해학적으로 고발하고자 펜을 들었다. "한마디로, 프랑스 여성들은 어찌나 자유로운지 무서울 정도다!"[96] 조금은 덜 빈정거리는 다음 장에서 그는 이렇게 쓰고 있다. "나는 이 젊은이들이 비아냥거리는 회의주의가 부럽지 않다. 이들은 모든 여성을 다루기 쉬운 정부 수준으로 만들고, 여성들의 신선한 감각을 한 번도 함께 나누지 않았다. 나는 그들을 불쌍히 생각한다. 그것은 다른 자아로부터 행복과 지지와 위로를 얻는 아름다운 것이기 때문이다. 여자를 모독하는 자는 저주를 받을 것이다!"[97]

1848년 혁명은 여성의 시민권과 사법권 투쟁에 새로운 전환점이 된다. 2월, 파리 민중 일부가 자유주의자와 공화주의자들의 지휘 아래 루이-필립 국왕에게 반기를 들었고, 루이-필립 국왕은 손자인 오를레앙공 필립에게 같은 달 24일에 왕위를 넘겨준다. 바로 이날, 제2공화국이 선포되면서 7월 왕정이 폐지되고 임시 정부가 들어선다. 3월 4일부터 프랑스는 마리안느Marianne라는 젊은 여성을 공화국의 상징으로 삼는다. 바로 이틀 전 임시 정부는 21세 이상의 모든 남성에게 선거권을 선언했다. 하지만 여성은 아니었다! 프랑스에서 이 '남성 보통 선거권'은 1944년까지 계속되었으며, 이는 여성 언론인, 작가, 노동자에 이르기까지 여성들을 푸리에주의나 생시몽주의 또는 사회주의를 받아들이고 봉기에 가담하도록 만들었다.

스스로를 '1848의 여성들'로 일컬은 이들은 노동권, 투표권, 남성과 동등한 교육을 받을 권리 등 여성의 권리가 마침내 인정되도록 투쟁했다. 이들은 조직(사회 재단과 정치 단체)의 힘과 언론(여성주의 신문의 창립)의 힘을 확신했다. 3월, 여성 언론인 유제니 니보예(1796~1883)는 《여성의 소리》*라는 일간지를 창간하고 운영했다. 3개월 뒤에는 여성 사회주의자 잔 드로잉(1805~1894)이 자신처럼 노동자 출신인 데지레 게이(1810~1891)와 함께 《여성의 정치》**를 창간한다. 드로잉은 1831년 '여성의 복종'[98]에 반대하는 항변을 작성하기도 했

---

* "사회주의자와 정치 신문, 모든 여성을 위한 기관Journal socialiste et politique, organe d'intérêts pour toutes les femmes"이라는 부제를 달았다.
** "여성과 여성 노동자의 이익을 위해 발간된 신문Journal publié pour les intérêts des femmes et par une société d'ouvrières"이라는 부제를 달았다.

다. 이 신문에서 이들은 아주 비참했던 여성 노동자들의 일상생활이 개선되기를 희망하면서 임시 정부에 일자리와 도움을 요구했으며, 사회적 산업 작업장(국영 작업장)을 만들어 달라고 요청한다. 4월부터 여성들은 혼성 정치 단체에서 자신들의 의견을 내고자 노력했지만, 남성들의 지지가 약하고 적대적이기까지 하자(일부 반여성주의자들이 토론을 방해함) 여성 정치 단체 또는 여성의 상호 교육단체를 직접 만들게 된다. 이 단체를 통해 여성들은 어머니의 의무라는 명분을 내세우며 이혼제도의 부활 등 더 많은 여성의 자율성을 강력히 요구했다. 이혼제도의 부활은 유제니 니보예가 제안한 것인데, 5월에 열린 국회에서 기각되었다.

'1848의 여성들'은 사법적 평등을 주장하는 정치 운동에서 적극적인 역할을 한다. 여성권리위원회의 회장인 마리-잔 부르주아는 3월 22일 파리 시장에게 연설하면서 모두를 위한 보통 선거를 주장한다. 파리 시장은 이에 관한 결정을 4월에 선출된 국회로 넘긴다. 이 선거에서는 여성이 후보가 될 수 없었고 투표권도 없었다. 이러한 제약에도 불구하고, 유제니 니보예는 공화주의자 작가 조르주 상드(1804~1876)의 입후보를 제안하지만, 상드가 이를 거절한다. 그러나 상드는 증조모 뒤팽 부인처럼 여성의 시민권 쟁취를 위한 투쟁을 지지하고 개인들, 특히 여성들이 탄압받고 비참하게 사는 보수적인 사회의 편견에 대한 투쟁을 지지했다(인디아나Indiana, 1832). 다만 상드는 투표권을 자유롭게 행사하기 위해서는 시민권이 반드시 먼저 획득되어야 한다고 판단해, 이 입후보가 불법이라고 생각하여 받아들이지 않은 것이다. 언론은 '1848의 여성들'을 조롱하기 위해 이 사건을 크게 다루었다. 공화국 임시 정부는 여성들의 요구를 들으려 하지 않고, 6월에 《여성의 소리》를 폐간시킨다. 빅토르 콩시데랑 의원 혼자만 6월 19일에 국회에서 여성 참정권을 용감하게 제안한다. 국회가 국영 작업장을 폐쇄에 항의해 파리 민중이 일으킨 '6월 봉기'(6월 22~26일)는 잔혹하게 진압된다. 222명의 부상자를 포함한 600명의 여성이 생-라자르 감옥에 투옥되었다가 무죄를 선고받는다. 6월 26일 법령* 이후 여성이 모든 대중 토론에 참여할 수 없게 되자, 데지레 게이와 잔 드로잉은 8월에 새로운 협회를 만들고 사회주의 성향을 띤 새로운 신문 《여성의 견해》[99]를 펴낸다.

12월 10일, 루이 나폴레옹 보나파르트가 공화국의 대통령으로 선출된다. 그러나 여성들의 요구사항은 1849년 1월 5일자 《평화적 민주주의》 신문에 앙리에트(오르탕스 빌드)가 고발했던 것처럼, 일종의 '침묵의 음모conspiration du silence' 때문에 여전히 수용되지 않았다. 여성 작곡가이자 푸리에주의 활동가인 앙리에트는 모든 국회의원에게 "사회적 진보는 여

---

* 특히 정치 클럽 폐쇄를 명령했는데, 극좌파 사회주의자들만 이 법령에 반대한다고 선언한다.

성의 권리 확장에 달려 있다"라고 새겨진 메달을 보낼 것을 제안했으나, 이 또한 받아들여지지 않는다.[100] 잔 드로잉은 금지를 어기고, '진정한 여성 공화주의자'의 보편적 원칙이라는 이름으로 1849년 5월 13일 선거에 출마한다. 그녀에게 있어 "민중의 대의와 여성의 대의는 긴밀하게 연결되어서 양성평등이야말로 진정한 진보의 조건"이기 때문이다. 그녀의 출마는 그리 많은 지지를 받지 못했고, 여성의 노동권과 투표권을 위한 활동가들의 열망은 조롱거리가 되었다. 여성의 해방이 가정 질서에 재앙이 될 것이라는 구실이었다![101]

이보다 1달 전에 《민중》지에 익명으로 게재된 한 논평은 이 출마에 대해 격렬하게 비난하고 있다. 이 글은 프루동이 쓴 것으로 추정된다. "너무 심각한 사안이라 도저히 침묵을 지키고 있을 수 없는 일이 최근 사회주의자 모임에서 발생했다. 한 여성이 진지하게 국회에 후보로 나선 것이다. …공중도덕과 정의의 이름으로 그런 부류의 의도와 원칙을 강력하게 비판해야만 한다. …양성 간의 정치적 평등, 다시 말해서 공적인 지위에서 여성과 남성을 같게 보려는 것은, 논리적으로나 인간의 인식이나 사물의 본성에서 전혀 터무니없는 것을 주장하는 궤변이다. …가정과 가족, 이것이 여성의 성소다." 이러한 구실은 1918년에 다시 사용된다. 많은 여성이 1차 세계대전 동안 공장과 작업장에서 일했지만, 전쟁이 끝나고 평화가 찾아오자 다시 가정으로 돌아가야만 했다.[102]

여성들의 투쟁은 유럽 전역[103]과 미국[104]으로 확산되었지만, 프랑스에서는 1848년 혁명 이후로 여성의 사회적 신분이 외려 퇴보하게 된다. 이는 정치를 기반으로 한 남성의 사회적 지배 때문이었다.[105] 피에르 조제프 프루동의 반여성주의에 반발해, 제니 데리쿠르는 1856년 12월에 〈프루동 씨와 여성들의 질문〉이라는 글을 《정치와 종교 잡지》에 싣는다. 프루동은 여성의 이른바 태생적인 열등감을 반박하기 위해 내세운 논쟁에 답하지 않았지만, 1857년 같은 잡지에 실린 편지에서는 그녀들의 주장을 "현재 진행 중인 전반적인 혁신의 과장된 증상이자, 정확하게는 성적인 허약함과 스스로 인지하고 통제할 수 없는 무능력에서 기인하는 공황"[106]이라고 치부하면서 "십자군 족속"이라고 조롱하는 것에 그친다.

이러한 주장이 불러온 맹렬한 반대에도 불구하고, 그는 "자유로운 여성"[107]에 대한 신랄한 비판을 멈추지 않는다. 여성의 물질적 독립과 도덕적 독립을 매우 중요하게 생각했던 데리쿠르는 "여성 해방은 여성을 인정하고 여성이 자유로우며 사회적 원칙과 도덕적 원칙 그리고 노동 앞에서 여성이 남성과 동등함을 선언하는 것이다"[108]라고 답한다. 당시 남성들은 여성들이 공장에 출입하는 것을 비겁한 경쟁으로 여겼는데, 특히 프루동주의 조합원[109]들이 그러해서, 이들은 1866년 제네바에서 열린 국제노동자연맹 총회에서 여성 노동의 거부를 표결하게 된다.

여성들을 지지하는 몇몇 중요 인사들도 있었는데,[110] 존 스튜어트 밀이 대표적으로, 그는 "여성의 본질"[111]이 존재할 것이라는 생각을 받아들이지 않는다. 언론인이자 자유사상가인 레옹 리셰도 그 가운데 하나다.* 그러나 프루동은 남성 중심의 사회주의라는 사유가 형성되도록 계속 영향을 주었고, 이 생각은 제2차 세계대전 때까지 이어진다.

19세기 말에도 양성 간의 평등을 위한 여성의 투쟁**은 계속되었다. 여성들은 많은 신문을 창간하고 운영했다.*** 《민중의 외침》을 운영한 세브린은 "읽고 쓸 줄도 모르는 무식한 사람들. 동물을 함부로 다루는 막된놈들, 무뢰한들(포주), 밤낮으로 술에 취해있는 주정뱅이들, 게으름뱅이들, 병이 치유된 듯이 구는 반미치광이들과 미치광이들, 그리고 바보들이 유권자다. 그리고 …이런 사람들이 자신들보다 열등하다고 여기는 여성들에겐 한 가지 의무만 있다. 세금을 낼 의무다. 그리고 한 가지 권리만 있다. 입을 다무는 권리다."[112]라고 이 상황을 비판한다.

1886년, 이번에는 유명한 루이즈 미셸(1830~1905)이 여성

---

* 1869년 4월, 그는 《여성의 권리》라는 주간지를 만들고, 1년 뒤에는 '여성의 권리를 위한 협회'를 세웠는데, 마리아 드렘이 의장을 맡았다.
** 여성은 남성보다 늘 임금이 적고 자유롭게 사용할 수 없으며 투표권도 없었다.
*** 그 가운데는 페미니스트 여배우 마르그리트 뒤랑이 1897년에 만든 일간지 《라 프롱드》가 있다.

들의 대의를 호소하기 위해 펜을 든다. "우리를 짓뭉개고, 우리를 파는 노예". "양성 간의 평등함이 인정되었다면, 이는 인간의 어리석음을 없앨 굉장한 돌파구가 될 것이다. …나는 한 번도 마치 우리 종족 안에 지성이 너무 많다는 듯이 이를 쇠약하게 만들 방법을 찾는 인간들을 이해해본 적이 없다. …노예는 무산대중이고, 노예 중에서도 가장 노예는 여성 무산대중이다. …곳곳에서, 남자는 사회로부터 고통을 받는다. 그러나 이들이 받는 어떤 고통도 여성의 고통에 비교할 수 없다."[113] 교사이자 무정부주의 지지자인 그녀는 여성들에게 사회에서 자신들의 합당한 지위를 구걸하지 말고 차지하라고 격려하는데, 여성들 역시 "인간의 권리"[114]를 차지하려면 투쟁해야 하기 때문이라고 한다.

12년 뒤, 언론인이자 정치가인 쥘 게드는 여성의 노동권을 강하게 옹호한다.[115] "남자가 조금 더 힘이 센 것 같다고 해서, 또는 자신의 일자리를 주고 보수를 주는 사람이라고 해서, 여자를 남자 마음대로 할 수 없다. …'화류계 여자 아니면 청소부', 남자가 만들어놓은 그 유명한 궤변의 딜레마의 진실에 이보다 더 잘 들어맞는 것은 없다. 피에르 조제프 프루동… 아니다. 여자들이 머무를 곳은 이제는 집안만이 아니다. …왜 무슨 권리로, 우리가 바라는 부인이건 어머니건 간에, 혹은 어느 쪽도 아닌 여자들에 대해 말하지 못하게 하는가, 여자들도 적절한 방식으로 자기 의사를 사회적으로 표현할 수 있어야 하지 않겠는가? 남자와 마찬가지로, 여자에게도 자신의 능력을 종합적으로, 자유롭게 발전시킬 수 있도록 보장하라."¹¹⁶

20세기와 그 이후

> "우리가 세계적 거장들의 작품을 읽고는 있지만,
> 그것이 쓸모 없겠다는 생각이 든다."
> - 레오노라 미아노¹¹⁷

20세기 초반에 여성은 노동권*도 없고 투표권도 얻지 못한다. 그러나 많은 여성이 자신의 능력을 증명했고 여러 분야에서 사회적으로 놀랄 만한 성과를 이룬다. 특히 과학 분야에서 이러한 성과를 거두었는데, 마리 퀴리는 1903년 노벨 물리학상을 받았고(남편 피에르 퀴리, 앙리 베크렐과 공동 수상), 1911년에 노벨 화학상을 받았다. 선사학은 19세기 후반과 20세기 전반의 이러한 사회적 맥락 속에서 탄생하고 발전하게 된다.

레옹 아방수르의 《페미니즘의 기원부터 현재까지의 일반

---

* 프랑스에서는 1907년이 되어서야 기혼 여성이 합법적으로 자신의 임금을 자유롭게 처분할 수 있게 되었고, 그 후 거의 70년 가까이 지난 1972년에 여성과 남성의 동등한 임금이라는 원칙이 프랑스 법에 명시된다.

적인 역사》를 언급하지 않고는 이 장을 끝낼 수 없을 것이다. 1889년에 출생한 그는 브장송 고등학교의 역사-지리 교사로, 여성의 권리를 열렬하게 옹호했다.[118] 그가 1921년에 쓴 서문은 놀랄 정도로 현대적이다. "위대한 혁명이 완료되었다. …여성들은 과거에 법 전문가 전원에게 열등한 존재로 취급되었고, 대중들에게 남성의 도움 없이는 살아갈 능력이 없다고 여겨져, 국정 자문에서 '지적 능력 미숙'으로 제외되었다. 하지만 오랫동안 여성들은 여호와의 저주가 이브를 내던졌던 질곡에서 조금씩 일어나고 있다. …지난 50년간, 특히 1914년 이후 여성들은 볼테르의 말을 따르자면, '남자들이 할 수 있는 모두 것을 할 능력'이 있음을 보여주었다. 이것은 어떤 이론적 주장도 힘을 쓸 수 없는 엄밀한 사실이다. 결론적으로 머지않은 미래에(아마도 생각보다 훨씬 빠르게) 여성들은 지구상에서 남자와 동등해질 것이며, 이는 터무니없는 말이 아닐 것이다."

아방수르는 오랫동안 자신의 권리를 위해 싸워온 여성들에게 감동적인 헌사를 바치면서 서문을 마무리한다. "여성들은 역사적 불공정성으로 자신들에게 불리하게 되어 있는 것을 바로잡기 위해 수 세기 동안 투쟁하고 고통을 받으며 자기 머리와 팔로 일해 왔다. 시간이 흐르면서, 고대 경주자들의 '횃불'처럼 '반항'이 '사상'을 퍼뜨렸다. 그리고 공식적인 저술을 옆으로 밀어두고 과거의 삶인 진정한 역사를 생각하고자 노력하는 사람들은, 여성들이 즐거워서 그랬건 필요해서 그랬건 간에, 인간 활동의 모든 분야에서 남성들이 하는 일을 언제나 알고 있었음을 놀라운 마음으로 깨닫게 된다. 이런 사람들이 양성평등을 주장하고 있다. 그녀들은 이미 이것이 가능하다는 것을 보여주고 있다. 이론적인 페미니즘, 실천적인 페미니즘은 모두 우리의 도덕과 사상이 발전하는 것을 설명해준다. 이것들이 앞으로 조금씩 완성해 나갈 위대한 혁명을 예고하고 있다."[119]

여성들의 투쟁은 19세기 말에 여러 나라에서 페미니즘 운동이 시작되면서 한층 강화되었는데,[120] 이 가운데 최초의 운동은 미국에서 1888년에 창설된 국제여성단체협의회가 벌이기 시작했다.[121] 페미니즘 운동의 요구사항 중 가장 핵심이 되는 것은 투표권 획득으로,[122] 150년 이상 투쟁하게 된 길고도 험난한 여정이었다. 1879년부터 여러 국가가 여성에게 투표권을 주었고,[123] 교황 비오 10세도 1918년 여성의 투표권을 원칙적으로 인정했지만, 프랑스에서는 1935년에도 여전히 여성이 투표권을 행사하지 못했다.[124]

프랑스 상원은 1919년 하원에서 통과된 여성의 투표권에 관한 법률안을 17년 동안이나 일관되게 거부한다.[125] 여성 변호사들이 이러한 상황을 항의하고 나선다. 1924년 봄에는 《라 프롱드》지의 편집장 마리아 베로나[126]가 여성 예술가, 언론인, 변호사, 의사, 탐험가로 구성된 명단을 파리의 유권자에게 제시하면서 "남성과 여성이 함께 일하지 않으면 우리는 살아가는 데 성공할 수 없다"라고 주장한다.[127] 7년 뒤 제르맨 푸앵소-샤퓌[128]는 이 부당함에 대해 강력하게 비판한다. "우리의 이른바 보통선거는 단지 성이라는 특권을 갖고 우리의 전체 정치 조직을 움직이는 소수의 이익을 위해 사실상 이 나라의 성인 중 절반 이상의 권리를 제외하고 빼앗고 있다. …법을 지키고 세금을 내고 완수해야 할 행정 절차에는 두 종류가 아니라 한 종류의 시민만 있다. 따라서 여성들은 남성들에게 부과된 것과 같은 규칙을 따르고 있다. 여성들은 자신의 입장이 전혀 반영되지 않은 법을 준수하고 있다. 여성들은 동의하지 않는 세금을 낸다. 인간과 시민의 권리 선언에는 세금 납부를 투표로 정할 수 있는 합법적인 특권이 시민에게 있다고 분명하게 되어 있지만, 여성과는 아무런 상관이 없는 것이다."[129] 그러나 아무런 변화도 일어나지 않은 채 상원이 계속 고집을 부리자, 1932년 3월 31일 하원은 "하원의원들이 이 주제에 대해 표결하고 공포한 내용을 상원이 인정하도록, 정부는 상원에 모든 영향력을 발휘하라"며 다시 한 번 촉구하고 나선다.[130]

상원 의원들이 뜻을 꺾지 않자, 1934년 급진적인 페미니즘 활동가 루이즈 바이스는 '새로운 여성' 운동을 결성했다. 이 운동의 활동가들은 "우리에게 투표권을 주어야 당신들의 양말을 기워줄 것이다"라는 문구가 새겨진 양말을 1936년 6

월 2일 전체 상원 의원에게 선물하는 것 같은 극적인 행동을 조직했다. 이런 상황을 용납할 수 없었던 레옹 블룸 총리는 6월 14일에 3명의 여성 정무차관을 임명했지만, 상원은 1936년 7월에 여성 투표권에 대한 법안을 최종적으로 부결시킨다.* 마침내 프랑스에서 여성의 투표권이 인정된 것은, 프랑스 공산당 서기장 페르낭 그르니에가 1944년 3월 24일에 알제에서 열린 임시국회에 수정안을 제출하면서다. 드골 장군의 발언이 결정적이었는데, 특히 그는 1944년 3월 18일에 "새로운 정부는 프랑스의 모든 남성과 모든 여성이 선출한 대표로 구성되어야 한다"라고 선언했다.[131]

같은 해 4월 21일, 프랑스 여성들은 드디어 "남성들과 같은 조건에서 선거하고 선출될 수 있게 된다."[132] 2년 뒤에는 모든 분야에서 여성과 남성이 동등하다는 원칙이 헌법 서문에 명시된다.[133] 1947년 제르맨 푸앵소-샤퓌가 최초의 여성 장관이 된다.[134] 하지만 그다음 여성 장관은 1974년이 되어서야 등장하는데, 시몬 베유가 보건부 장관을 맡게 된다. 1991년 5월 15일 에디트 크레송이 수상이 되었지만, 여전히 여성이 정치적 고위직에 도달하는 것은 어렵고 느리다.

서구에서 여성은 20세기에 들어 하나의 완전한 주체로 인

---

* 교육부 장관에 세실 브륑스비크, 보건부 장관에 쉬잔 라코르, 학술연구부 장관에 이렌 졸리오-퀴리를 임명했다.

정되고 권리도 획득했지만,* 진정한 해방은 여성과 남성이 동등한 선출직 권한과 선출직 직무(1999), 정당명부식 비례대표제의 남녀 동수(2000년 6월 6일자 법령), 지방 선출직 명단 구성에서 남녀의 엄격한 교체와 시도 집행부의 남녀 동수 의무(2007년 1월 31일자 법령)와 더불어 21세기가 되어서야 이루어진다. 2008년, 프랑스 헌법 1조 1항은 이렇게 보완된다. "법은 직업적, 사회적 책임뿐 아니라 선출직 권한과 선출직 공무에 여성과 남성이 평등하게 접근할 수 있도록 장려한다."

한편 여성들은 완성하기 힘든 또 다른 투쟁을 이어갔다. 즉 자기 육체에 대한 전유권을 되찾고 성적으로 스스로 주인이 되는 일이다. 페미니즘 운동의 결과 유럽과 미국에서 중요한 진전이 20세기 후반이나 되어 이루어졌고,[135] 마침내 여성들은 남성의 장악으로부터 자신들의 성을 해방시킬 수 있었다.[136] 1971년 4월 5일 《르 누벨 옵세르바퇴르》지에 실린 〈343명 선언문〉 이후 1970년대에는 커다란 변화가 일어난다. 보부아르가 작성한 〈나는 낙태를 했다〉라는 글에 서명한 이 343명의 여성은 '자유로운 피임법 사용과 낙태의 자유'를 주장한다.

---

* 프랑스에서 1950년대 말부터 여성들은 남성들과 같은 권리를 조금씩 얻게 된다. 예를 들어 여성들은 남편의 허가 없이 직업적인 활동을 할 수 있게 되며, 1965년에는 은행 계좌를 개설할 수 있게 된다.

이들의 주장이 마침내 받아들여진 것은 당시 보건부 장관 시몬 베유가 1974년 11월 26일에 국회에서 역사적인 연설을 한 이후였다. "현재 상황은 나쁩니다. 저는 비참하고 비극적이라고까지 말하겠습니다. …어떤 여성이 자신의 임신을 중단하겠다고 결정했는데, 그들[의사들]이 그녀에게 조언과 지원을 주지 않는다면, 의사들은 그녀가 고독과 불안 속에서 자기 신체를 영원히 훼손시킬 수 있는 최악의 상황으로 몰아넣게 된다는 것을 알고 있습니다. 그러나 그들은 재력이 있고 정보가 있는 여성이라면, 이웃 나라 심지어는 프랑스 내의 일부 병원에서 위험하지도 않고 법의 처벌도 받지 않으면서, 임신 중절을 할 수 있다는 것도 알고 있습니다. 그리고 이 여성들이 남들보다 부도덕하다거나 생각이 없는 사람이라고 할 수 없습니다. …이런 여성이 해마다 30만 명입니다. …이제 이런 무질서를 끝낼 때가 되었습니다. 이런 부당함을 멈추는 것이 옳겠습니다."[137]

1980년에 강간은 15년에서 20년 사이의 징역에 처할 수 있는 범죄가 되었고, 1984년에는 성폭력을 처벌하는 법이 제정되었다. 1990년에는 프랑스 최고 법원인 파기원이 배우자 성폭행을 인정했으며, 2년 후에는 직장 내 폭력과 성희롱의 처벌을 법으로 인정하게 된다.[138] 이러한 모든 법이 있는데도, 2017년 10월 '와인스타인 사건' 이후 #BalanceTonPorc, #MeToo, #NousToutes 등의 운동이 보여주듯이, 여성에 대한

성적·성차별적 폭력은 계속되고 있다.[139]

한편 '와인스타인 사건'의 충격으로 남자다움에 관한 토론이 다시 불붙게 된다. 철학 교수 올리비아 가잘레는 《남자다움에 대한 신화》에서, 남성의 우월성에 대한 신화가 사회의 기반에 얼마나 영향을 끼쳤는지를 보여주는데, 여성의 복종을 정당화하고 조직화시켰을 뿐 아니라 남자들에게도 '남자다울 의무'를 부담스럽게 부과했음을 알 수 있다. 오늘날 '남자다움의 위기'를 말하는 몇몇 사람들이 있지만, 그 원인은 여성의 해방이 아니다. "이것은 남자다움이라는 덫에 스스로 빠진 것이다. 원래는 남자들이 여자를 가두기 위해 만든 덫이었지만, 어느새 남자들 자신들도 여기에 걸려든 것이다."[140] 여성 해방은 남자들을 불안하게 만들기도 하겠지만, 오히려 그들에게 이익이 된다. 남자다움을 새롭게 정의하도록 하고 '수컷다움'이라는 고대적인 시각에서 벗어날 수 있게 해주기 때문이다.[141] 지난 세기부터 성적으로 막강한 남자의 전형이 무너지고 있기는 하지만, 완성되려면 아직 멀었기에 이는 앞으로도 계속 이어져야 한다.

2019년 4월 23일, 국제연합에서 열린 회의에서 미국은 '성과 생식의 건강'을 연상시키는 구절을 철회하라고 요구하며 거부권 행사를 들먹였다. 문제가 된 부분에는 전쟁 무기처럼 사용되는 강간에 대항하기 위한 결의로 낙태를 지원한다는 내용이 들어 있다. 그런데 이는 앞서 2009년과 2013

년 결의에서는 받아들여졌던 내용이다. 러시아와 바티칸, 사우디아라비아, 바레인 등이 트럼프 행정부와 호흡이 맞았음을 주목해야 한다. 이러한 태도는 콩고의 의사 데니스 무퀘게가 자주 고발했듯이, 무력 충돌 중에 성폭력의 피해자인 여성들이 종종 잔혹한 신체 훼손의 대상이 되기에 더욱 개탄스럽다. 2018년에는 무퀘게와 이라크 레반트 무장단체 IS의 노예였던 야지디 나디아 무라드가 '성폭력을 전쟁 무기로 사용하는 것을 끝내기 위한 노력'으로 노벨 평화상을 수상했다.

남자들의 말을 믿는다면, 지난 몇 세기 동안 여자들은 일종의 특혜를 받아왔다. 전쟁과 경제와 정치의 고통에서 보호받았다는 말이다. 그러나 20세기 후반의 페미니스트들은 이러한 특혜를 거부하고 권리의 보편성을 요구하게 된다. 1949년부터 보부아르[142]는 《제2의 성》에서 가부장적 사회에서 여성의 종속적인 지위, 특히 더 낮은 교육 수준과 결혼 제도에 대해 문제를 제기한다. 이 책은 여성들이 자신과 사회적 지위에 대한 인식을 크게 바꿔놓았다. 여성들은 '행운과 행복을 가지려고 멋있는 왕자님'을 기다리는 신데렐라나 잠자는 숲속의 공주가 되기를 더는 바라지 않는다. 보부아르에 따르면, 여성들은 "자유가 실체를 알 수 없는 신비한 것으로 활용되는 것이 아니라, 추상적인 권리와 구체적인 가능성이 자신에게 주어지기를 원하기 때문이다."

보부아르는 이에 대해 다음과 같이 정당함을 증명한다. "반여성주의자들은 역사에서 두 가지 상반된 주장을 끌어낸다. 첫째로 여자는 한 번도 위대한 것을 창조한 적이 없다. 둘째로 여성의 사회적 지위가 여성의 훌륭한 인성을 꽃 피우는 데 방해가 된 적이 없다. 그러나 이러한 두 가지 주장은 악의적이다. 특혜를 받은 몇몇 여성들이 성공했다는 것이 집단 수준에서 체계적으로 저하되었던 데 대한 보상이나 변명이 될 수 없다. 게다가 이러한 성공 사례가 드물고 제한적이었다는 것 자체가 여성이 불리했음을 증명해준다.

…사회는 여성에게 공장, 대학, 사무실의 문호를 개방했지만, 결혼이야말로 여성에게 있어 다른 모든 사회적인 삶의 참여가 면제되는 가장 명예로운 직무라고 계속 생각하고 있다. 현재 여성의 조건을 제어하는 것은, 사실 새로운 문명이 가장 오래된 전통을 기초로 하여 남겨둔 완고한 것들이다. …여전히 부모들은 자기 딸에게 개인적 발전을 장려하기보다는, 결혼을 위해 키우고 있다. 여성들도 여기에 장점이 많은 것을 알고 스스로 그것을 원한다.

이 때문에 여성은 전문화가 덜 되는 경우가 많고, 남자 형제들보다 제대로 교육받지 못하는 결과를 가져오며, 직업에도 덜 헌신적으로 임하는 결과를 가져온다. 이로써 여성이 스스로 열등해지는 악순환이 성립된다. 이 열등감은 남편을 찾고자 하는 그녀의 욕망을 더더욱 강하게 만든다. …이 모든 것은 여성이 열심히 남자들의 마음에 들려고 노력하게 된다. 여성은 아직도 예속의 상태에 있다. 이것이 여성이 자신을 위해서가 아니라 남자들이 원하는 대로 자신을 인식하고 선택하는 결과로 되는 것이다."[143]

지난 몇 세기 동안 여성들은 권리의 동등함을 위해 투쟁 중이다. 하지만 프랑스를 비롯해 대부분의 많은 국가에는 수많은 어려움이 남아 있다. 이는 여성이 높은 지위로 승진하거나 동등한 월급을 받는 것, 또는 성차별과 폭력의 종결이라는 문제와 연계된다. 매년 3월 8일은 세계여성의 날로, 1982년 제정되었지만 이러한 상태를 변화시키기에 충분치 않다. 남자는 물론 여자의 인식도 바뀌어야 한다. 특히 역사와 선사시대에서 각자의 역할을 복원해야 한다. 지난 60여 년간 여성사 연구에서 전념하는 과제는 '여성들을 보이게 하라'는 것이다. 여성 역사가 미셸 페로의 주장처럼, 여성사는 이러한 "특수성의 실체에 관해 연구해야 할 것이다."[144]

1960년대까지 여성에 대한 가설은 대부분이 남성들이 작성한 것이었다. 그래서 철학가이자 심리분석학자인 모니크 다비드-메나르의 표현을 가져다 쓴다면, "놀랍도록 반역사적"[145]이었다. 이는 극소수 여성이 학문 분야의 연구자[146]나 작가*가 될 수 있도록 해주는 대학 교육을 받았던 것과 분명

---

* 버지니아 울프는 1929년 발간된 《자기만의 방》에서 창작 활동을 하려면 여성에게 적어도 "약간의 돈과 자신의 방"이 있어야 한다고 강조한다.

히 관련이 있다. 20세기가 될 무렵 아주 조용히 등장한 여성사는 영미 역사가들의 연구와 1960년대 말에 일어난 사회운동 덕분에[147] 미국에서 먼저 발달했고 뒤이어 유럽에서도 발달하게 된다.

1973년, 앙투아네트 푸케는 프랑스 여성해방운동MLF* 활동가들과 함께 '여성 출판사'를 세우고, 프랑스와 외국의 여성 작가들의 글을 출판한다. 그녀의 동기는 정치적인데, 이 출판사를 통해 "진보되어야 할 것은 여성 해방이다"라는 것을 보여주고자 한다. 그러나 10년 뒤, 미국인 조앤 스콧은 "여성의 역사를 일반 역사에 포함하고, 그것을 내부에서 변형시키려는 야망은 실현되지 않았다"[148]라고 비판한다.

1980년대가 되어서야 이 여성 역사가와 다른 여성 연구자들은[149] 남성 지배의 역사적 과정을 분석하는 데 사회적 개념으로서 '젠더'를 도입하게 된다. 조앤 스콧은 '남성'과 '여성'이라는 범주를 무너뜨리고자 노력한다. 스콧에 따르면 이러한 범주는 사회를 이분법적이고 불평등하게 조직한다. "여성사는 젠더라는 관점을 결부시킬 수밖에 없는데, 이는 양성 간의 인지된 차이를 기반으로 하는 사회적 관계의 '설정 요소élément constitutif'다. 그리고 젠더는 권력의 관계를 의미하는 첫 번째 방식이기도 하다."[150] 따라서 여성과 남성이 어

---

* 푸케는 1968년 프랑스 여성해방운동의 창립에 참여했다.

떻게 발달하는지 이해하고, 여기에서 파생된 양성 간의 관계를 이해하려면, 생물학적인 성인 섹스와 사회적, 정치적인 성인 젠더를 구분할 필요가 있다.

여성의 역사와 젠더의 역사[151]는 대단히 민감한 영역으로 논쟁이 끊이지 않는데, 특히 프랑스에서 그렇다. 많은 연구자와 정치인들은 이를 타당하지 않다고 간주하며, 여성사의 진정한 학문적 가치를 부정하고 이를 과격한 페미니즘 운동의 한 형태로 여기고 있다.[152] 그러나 1980년대 이후 진행된 연구는 여성사가 매우 마땅할 뿐 아니라 여성의 지위와 시간에 따른 변화를[153] 이해하는 데 꼭 필요하다는 것을 증명해주었다.[154]

페미니즘 운동으로 인해 여성의 역사가 집단이기주의에 가까워 보일 수도 있다.[155] 그러나 이는 남성의 지배와 그 결과를 조명한 것이 여전히 강한 반발에 부딪히고 있기 때문은 아닐까? 이반 야블론카가 말했던 것처럼, "역사와 사회과학을 탈남성화"[156]하는 것이 필요하다면서도, 이들 분야의 자유와 독립을 위한 투쟁에 페미니스트 사상이 이론적으로 이바지한 것은 언급되지 않고 있다. 이 투쟁에 앞장선 사람들은 남자들이 아니라 여자들이었다. 프랑스 대혁명기와 19세기의 여성들이 시민권과 정치적 권리를 요구한 것이다. 가부장제를 받아들인 일부 여성은 남성의 공범이 되었지만, "수용은 동의가 아니다."[157] 문제는 예속의 선택이 아니라, 남성의 지배로 인해 제한된 선택만 있었기에, 여성의 선택지가 없다는 점이다. 만약 여성이 가부장제에 복종하는 것을 동의하고 받아들인다면, 이는 결과적으로 이 체제가 존속된다는 것을 의미한다.[158] 여성사는 과거에 있었던 양성 간의 관계를 검토하기도 하지만, 남자다움, 폭력, 성생활, 합의, 가부장제, 가사노동 분배와 모성에 관한 질문들을 통해 현재의 양성 관계도 살핀다.

2000년대부터는[159] 여성사에 유용한 원전 문서, 시청각 자료, 프랑스어권을 위한 서지 목록과 관련된 많은 안내서가 출간된다.[160] 조앤 스콧 이후 거의 30여 년이 지났을 때, 여성 역사학자 이사벨 에르노는 "여성사와 젠더사는 역사를 변화시키지 못했고, 그 공헌에 대해서도 인정받지 못했다"[161]고 하면서, 이 작업에 맞부딪히는 저항이 너무 세기 때문이라고 강조한다. "이 작업은 너무 유토피아적인 걸까, 아니면 저항 요소가 너무 강해서 실현되기 어려운 걸까?" 역사에 대한 해석은 우리가 놓인 관점에 따라 달라진다. 그렇기에 에르노가 제안한 것처럼, "하나로 통제된 것이 아닌 새로운 형태의 서사를 만들어낼 수 있는"[162] 인류학적 접근과 학제 간 접근을 기반으로 반론을 만들어내는 방식으로 연구할 필요가 있다. 우리는 에르노의 주장에 동조할 수밖에 없는데, 그것이 미력하나마 우리가 이 책에서 하려는 일이기 때문이다.

에필로그
여성과 페미니즘의 과거와 현재

 우리는 혁명의 새벽에 있다. 여성으로 밝혀진 바이킹 여전사로부터 스키타이의 아마조네스가 있었고, 최근의 고고학적 연구는 예술품으로 꾸며진 동굴 안에 선사시대의 여성들이 있었던 것을 밝혀냈다. 선사시대에 여성 예술가들이 존재했던 것이다. 성에 따라 역할이 배분되었다고 하는 선입견 일부는 무너졌다. 과학적이라기보다는 이데올로기에 더 가까운 성차별주의자들의 주장을 무너뜨리는 것은 특히나 젠더 고고학이 해야 할 작업이다. 아직 시작 단계에 불과하지만, 이제 틈이 벌어졌다. 그 틈은 여성이 역사 안에서 올바른 자리를 되찾기 전에는 닫히지 않을 것이다.
 선사학은 이 전쟁에서 핵심적인 역할을 한다. 가부장제가 근본적인 명분을 찾고자 하는 먼 과거의 심연을 선사학이 탐구하기 때문이다. 하지만 고고학은 이에 대한 어떤 정당성도 주지 않는다. 오히려 우리의 지식이 많아질수록 가부장제에 인류학적 근거가 전혀 없음이 드러난다. 가부장제는 우리 사회에서 "자연스러운" 느낌이 들 만큼 깊이 뿌리 내리고 있지만, 기준을 바꿔서 가장 오래된 사회로 시간을 거슬러 올라가면, 젠더 사이의 위계화가 사실은 편견에 근거한다는 것을 이해하게 된다. 가부장제는 그것을 지지하는 사람들이 우리에게 믿게 만들려고 하는 것보다 훨씬 취약하다. 그런데도 여성 해방 운동이 탄생하고 50년이 지났지만, 이 제도는 여전히 존속하며 파괴적인 영향을 만들고 있다.

여성에게 가해지는 폭력은 계속되고 있다. 그렇다, 자기 부인을 때리는 것은 결코 당연한 일이 아니다. 프랑스에서는 매년 20만 명의 여성이 동거인에게 구타를 당한다. 이들 중 상당수는 이로 인해 목숨마저 잃는다. 2019년 프랑스에서는 146명의 여성이 이렇게 사망했다.* 많은 연설과 노력에도 불구하고[1] 어떻게 이런 불행이 계속되는 것일까?[2] 이는 오랜 시간에 걸쳐 집단적인 무의식 속에 부인은 남편의 소유물이라는 생각이 깊이 뿌리 박혀 있기 때문이다. 19세기에는 이러한 살인을 "소유주의 범죄"라고 불렀다. 지금은

---

* 2019년 프랑스에서 146명의 여성이 현 동거인이나 과거의 동거인에 의해 목숨을 잃었다. 젠더사이드 협회에 따르면 그 수는 150명이다.

"치정 범죄"로 부른다. 나아진 게 거의 없다. 그중에서 열정과 관련된 경우는 전혀 없으며, 모두 여성의 신체를 소유하려는 범죄이기 때문이다.

이처럼 여성을 독차지하려는 것은 여성에 대한 성적인 통제로부터 시작되는 게 분명하다. 19세기 말부터 여성들은 자기 신체의 주인임을 주장해왔고, 1970년대부터는 성적 쾌락을 누릴 권리를 주장하고 있다.[3] 그러나 성적 쾌락을 느끼게 해주는 기관으로 여겨지는 클리토리스의 일부나 전체를 종교나 관습을 내세워 제거하는 것처럼, 수많은 여성이 생식기를 훼손당하는 희생자가 되고 있다.* 프랑스에서도 2017년이 되어서야 클리토리스를 포함하는 여성의 완전한 생식기가 자연과학 교과서에 실렸다.[4] 여성의 생식기는 꺼릴 것도 아니고 부끄러운 것도 아니다. 클리토리스를 무시하는 것은 여성의 성적 쾌락 자체를 부정하는 일이다.

가부장제는 "자연스럽지" 않으며, 성의 이분법과 위계를 바탕으로 사물의 질서를 확립하는 사고와 행동 방식이다. 가모장제는 과거에 있었고, 지금도 존재한다. 이들 사회는 하나의 성이 다른 성을 지배하는 가부장제 사회를 거꾸로 투영하는 거울이 아니라, 양성 간에 정치적으로 그리고

---

* 2004년 세계보건기구는 유럽 내에서 이루어진 여성 할례 건수를 매년 18만 건으로 집계했다. 프랑스의 국립인구연구소에 따르면, 프랑스에서는 매년 5만 3,000건 발생한다.

실질적으로 동등한 사회로서[5] 경제적인 활동과 종교적인 활동이 상호보완적인 것으로 이해된다. 우리는 여기에 도달하려면 아직 멀었다. 서구사회에서 불평등은 가정, 정치, 경제, 종교에 이르기까지 모든 분야에 남아 있다.

세계경제포럼의 예측에 따르면, 현재의 추세로 간다면 노동계의 평등은 220년 뒤에나 이루어질 것이라 한다.[6] 기업에서 급여를 많이 받는 여성의 수는 극히 드물다. 여성들은 시간제 업무에 시달리며, 주로 저숙련 직종에 종사하고, 특정 직종에 대한 접근성에도 격차가 있다.* 연구 분야에서도 최근 몇 년간 여성의 지위가 개선되기는 했으나 불평등은 여전하다. 프랑스 과학 아카데미에는 남성보다 훨씬 적은 수의 여성이 소속되어 있다.** 19세기가 거의 끝나갈 때까지도 여성은 이곳에 들어갈 수 없었고, 학술적 직업에 종사할 수도 없었다. 그렇지만 이미 17세기부터 여성들은 많은 공헌을 해왔다. 적지 않은 여성들이 익명이나 가명을 사용해 저명한 학술지에 논문을 발표했다.[7] 아주 예외적인 경우

---

* 2018년 10월 12일자 《르 몽드》 신문의 논단에서, 520명의 여성 역사학자들이 역사학 분야에서 성적 평등이 이뤄지지 않는 것을 고발한다. 2010년 블루아에서 열린 므네모시네 협회의 제1차 좌담회에서도 여성 수상자의 숫자가 너무 적다고 이미 규탄했다. 므네모시네 협회는 여성의 역사와 젠더의 역사를 지지하는 협회다.

** 회원 268명 가운데 여성은 32명이다. 과학아카데미는 1666년에 창설되었는데 여성이 처음 회원으로 선출된 것은 1979년 물리학자 이본 쇼케-브뤼아였다.

를 제외하면[8] 이 여성들은 남성 학자들의 그늘에 가려져 있었으며, 연구 업적이 한 번도 인용된 적이 없다. 연구 결과를 표절 당하거나 심지어 도용되기도 했다. 이런 일은 지금도 일어나고 있다.

역대 노벨상 수상자 가운데 여성은 3퍼센트를 차지하고,[*] 수학계의 필즈상을 받은 여성은 단 1명이며(2014), 1954년부터 매년 수여되는 프랑스 국립과학연구센터CNRS의 금메달을 받은 여성은 5명이다. 오늘날 이러한 선구적인 여성들이 받아 마땅한 영예를 얻고 있긴 하지만, 학계 전체로 볼 때는 여성이 대규모 조직이나 연구 센터의 수장을 맡는 사례가 여전히 드물다. 2019년 프랑스 국립과학연구센터장 앙투안 프티가 연구원들에게 보낸 서한을 보면, 그는 가족주의적인 분위기를 살짝 띠우면서 "지원하지 않는 사람을 승진시키는 것은 어렵다"고 주장하며 자신을 변호한다. 이렇게 말하기보다는, 학술 연구 분야가 평등하지 않은 것은 남자들끼리 운영하고 선택하기 때문이라고 설명해야 하는 게 아닐까?[**]

고고학 분야를 예로 들면, 직업 자체는 남녀가 함께 일하

---

* 1901년부터 20명에 불과한데, 물리학 3명, 화학 5명, 생리학이나 의학에서 12명이 있었다. 2020년까지 남성 수상자는 863명이고, 여성 수상자는 52명이다.

** 2019년 7월 15일, 6명의 연구자가 양성평등최고위원회를 떠났다. 사임한 사람들은 이 위원회의 '콜레주 데 페르소날리테' 중에 여성 연구자가 없는 것을 비난했다.

기는 하지만 발굴 조사현장에 여성 연구자의 숫자가 늘어난 것은 20세기 끝 무렵이다.[9] 2016년 국립예방고고학연구소의 전체 인력 중 61퍼센트가 여성이었지만, 그중 현장 조사나 담당 지역 업무의 책임을 맡은 여성은 3분의 1에 불과했다. 발굴 조사현장에서 여자 대학생들과 여성 연구원들이 희롱의 대상이 되고, 업무를 성적으로 차별해서 분배하는 행태를 고발한 2020년 6월 10일자 《르 몽드》지 논단이 증명해주듯이, 변화는 느리고 지배 구조는 여전하다.

아직까지 양성 간의 평등이 부족한 것은 잡지, 사진, 영화, 광고, 비디오 게임, 만화 등등 우리들의 시각적인 환경과도 관련이 있다. 대부분 이성애적인 남성의 관점에서 해석되어 독자나 관객들에게 이러한 시선을 강요하며, 세상을 바라보는 시각이 오롯이 남성 중심이다.[10] 이러한 남성적 시선으로 이루어진 선사시대의 여성상을 무의식적으로 받아들였던 것은 말할 필요도 없을 것이다.

성차별적인 편견은 음식에서도 나타난다. 여성은 생선, 차, 채소를 선호하고 남성은 고기, 맥주, 기름진 음식을 좋아한다고 널리 알려져 있다.[11] 그러나 음식에 대한 취향은 뇌 속에 고정된 것이 아니며, 이러한 차이는 어릴 때부터 전수되는 문화적인 전통으로 만들어지는 것이다.[12] 박물학적 패러다임은 성적 이형을 고스란히 유전적인 것으로 받아들이고, 문화적인 행위가 이것에 큰 영향을 미친다는 사실을 축소하려 한다. 일부 학자들은 이러한 음식물 차별이 신석기 시대부터 나타난 것으로 보는데, 남성과 여성의 키와 몸집에 영향을 주었을 것으로 생각한다. 단백질이 풍부하고 고기 중에서도 가장 좋은 부위를 먹은 남자아이들은 여자아이들보다 키도 더 크고 체격도 훨씬 좋아졌을 것이다.[13] 젠더화된 이러한 문화적 행위는 남성과 여성의 신체를 다르게 만들었을 것이다. 한편 오늘날 서구사회에서 이러한 신체적 차이는 약해지는 추세다. 오늘날 여성들은 점점 자신의 신체를 통제하고 지배 체제를 고발하고 있다. #MeToo의 영향으로 상황이 변화하고 있으며, 때로는 우리가 기대했던 것보다 더 빠르게 변화한다는 것을 보여준다.

어째서 가부장제는 우리의 민주주의 체제에서도 이렇게나 오래 유지될까? 이것이 경제적 지배와 정치적 지배를 기반으로 할 뿐만 아니라, 캐롤 길리건이 심리적 지배라고 불렀던 것에 특히 영향을 받기 때문일지도 모른다.[14] 이른바 전형적인 여성적 성격이 존재한다는 것인데, 다른 사람과의 관계를 중시하는 돌봄care의 윤리다(보살피기, 배려, 감정이입). 이는 천성적인 것이 아니라 경험을 통해 만들어진다.* 가부장제 체제에서 남자아이와 여자아이는 성에 따라 양식화된 상이한 방식으로 양육되며, 특히 다른 사람과의 관계 형성이

---

* 미국의 철학자이자 심리학자로 '돌봄' 개념을 만들었다. Carol Gilligan, *Une voix différente*, Flammarion, 1986.

그렇다. 연약함은 여성적인 것으로 여기므로, 사내아이들은 모든 감정 표현을 감추고 없애야만 한다.[15] 이러한 무관심은 예속과 탄압이라는 정치적인 질서를 만든다. 이처럼 정치적인 가부장제는 심리적인 가부장제로 살찌워진다.[16] 남성과 여성의 차이는 우리의 유전자 속에 각인된 것이 아니다. 돌봄은 모두가 나눌 수 있는 능력이다. 사내아이들도 다시 시작할 수 있도록 이러한 태도를 배워야만 한다. 가부장제를 끝내기 위해서는 심리적 가부장제가 사라져야 한다.[17]

이러한 움직임은 프랑스어권에서는 프랑스어가 남성적인 것에서 탈피하는 데서도 시작된다. 중세 프랑스어는 현대 프랑스어보다 성적으로 평등했다. 남성형이 여성형보다 더 우선한다고 공표한 것은 17세기의 일이다.[18] 남성형이 더 "고상하기" 때문인데, 18세기에 들어 이러한 문법 규칙이 채택되면서 남자가 여자보다 우월하다는 논리로 정당화되고 있다.[19] 그 이후로 프랑스어권의 초등학생들은 여러 세대에 걸쳐 "남성형이 여성형보다 우선한다"라는 규칙을 꾸준히 반복하면서, 사회 내에서 다르고 성적으로 서열화된 자리에 들어갈 준비를 하게 된다.[20]

변화는 받아들이기 어려운 것이다. 이는 '포괄적 맞춤법'이라는 성 중립적인 맞춤법을 둘러싼 논쟁이 격렬한 데서 극명히 드러난다.[21] 프랑스어권에서 직업의 명칭을 여성화하기 시작한 지 40여 년이 되었지만, 프랑스 학술원이 마침내 직업, 직위, 작위, 계급을 나타내는 단어의 여성화를 인정한 것은 2019년 2월 28일이다. 이는 특히 여성 작가 도미니크 보나의 발의 덕택이었다. 우리는 이러한 큰 변화의 시작에 있을 따름이다. 장차 공공장소, 조각상, 길, 광장, 중학교와 고등학교에서 드디어 여성들이 보일 것이다. 그녀들도 역사에 공헌했다.

오랫동안 그렇게 믿어왔지만, 여성은 '자연적nature'으로 열등하거나 예속된 존재가 아니다. 이러한 믿음 때문에 지난 수백 년 동안 남성은 여성의 성을 부당하게 통제하고 여성이 사회 내에서 집안이라는 제한된 공간에서 머물도록 했다. 그들은 경전과 성스러운 문서, 지식인들의 글을 통해 이러한 행위를 정당화했다. 그런데 이 글들은 모두 남성이 쓴 것이다. 최근 수십 년의 철학, 역사, 인류학, 사회학 연구는 남성과 여성이라는 생물학적 개념이 불변하지도 않고, 보편적이지도 않다는 것을 보여준다. 다른 사람이 여성을 소유할 수 있다는 것은 '자연스럽지' 않다.

지난 수백 년 동안 사회와 문화가 자신이 원하는 역할이라는 단순화된 틀에 여성들을 억지로 밀어 넣었다면, 이제 양성 간의 상호 보완을 생각할 때가 되었다. 어느 한 성이 다른 한 성을 지배하는 것이 아니라는 말이다. 가부장제는 다른 체제로 대체되어야만 한다. 이제 남녀가 함께 그것을 만들 일만 남았다.

인류 진화의 주요 연표

기원전 800만 년경 인간과 침팬지의 분리

기원전 420만 년경 동아프리카 지역에서 최초의 오스트랄로피테쿠스 출현

기원전 330만 년경 동아프리카 지역에서 최초의 석기 등장

기원전 240만 년경 동아프리카 지역에서 최초의 호모 속 출현

기원전 200만 년경 호모 속으로 대표되는 옛사람들이 아프리카에서 유라시아 지역으로 최초 이동

기원전 70만 년경   아프리카에서 온 하이델베르크인 유럽 도착. 네안데르탈인의 조상일 가능성 있음

기원전 43만 년 스페인 라 시마 데 로스 우에소스 유적에서 발견된 최초의 네안데르탈인 뼈

기원전 41만 5,000년   유럽에서 불을 사용하기 시작. 이스라엘은 79

만 년 전일 가능성이 있음

기원전 30만 년 모로코에서 발견된 가장 오래된 호모 사피엔스

기원전 14만 년~기원전 10만 년 근동 지역에서 발견된 네안데르탈인과 호모 사피엔스의 최초의 무덤

기원전 7만 5,000년 호모 사피엔스가 제작한 가장 오래된 치레걸이. 남아프리카 블롬보스 유적에서 발견

기원전 5만 2,000년~기원전 4만 년 인도네시아 보르네오에서 발견된 최초의 동굴 벽화. 프랑스는 기원전 3만 5,000년 무렵(프랑스 쇼베 동굴, 아르데슈 지방), 오리냐시안 문화기의 호모 사피엔스가 제작

기원전 4만 년 최초의 지닐 예술품 〈사자 남자'Homme-lion〉. 독일 홀렌슈타인-슈타델 동굴 유적의 오리냐시안 문화기의 호모 사피엔스가 제작

기원전 3만 6,000년~기원전 3만 3,000년 벨기에와 러시아 알타이 지역에서 늑대 길들이기 시작

기원전 2만 년~기원전 1만 5,000년 중국과 일본에서 토기 제작 시작

기원전 1만 2,000년 비옥한 초승달 지대, 근동 지역과 중동 지역에서 최초의 정착 마을 등장

기원전 1만 500년~기원전 8,500년 비옥한 초승달 지대, 근동 지역과 중동 지역에서 염소와 양 가축화 시작

기원전 9,500년 비옥한 초승달 지대, 근동 지역과 중동 지역에서 식물 재배 시작(보리, 밀)

기원전 4,000년　이집트와 파키스탄 발루치스탄에서 금속, 구리, 금 제작 기술 등장

◎ 유럽의 선사시대

전기 구석기시대　기원전 76만 년~기원전 35만 년 무렵

중기 구석기시대　기원전 35만 년~기원전 3만 5,000년 무렵

후기 구석기시대　기원전 4만 3,000년~기원전 1만 년 무렵

중석기시대　기원전 9,700년~기원전 6,400년 무렵

신석기시대　기원전 6,400년~기원전 2,500년 무렵

청동기시대　기원전 2,200년~기원전 800년

철기시대　기원전 1,200년 무렵~1세기 말

옮긴이의 말

선사시대의 여성, 그 감추어진 이야기

선사학은 지금은 사라진 과거 인류의 사회와 문화를 연구하는 분야다. 연구하는 시기가 300만 년 이전에서 1만 년 이전까지 매우 폭이 넓고, 다루는 주제도 이들이 사용하던 도구부터 시작하여 예술품에 이르기까지 무척 광범위하다. 그러나 이 시대를 이해할 수 있는 자료는 극히 제한적이어서 연구하기가 그리 쉽지 않다. 선사학은 19세기 중반부터 프랑스와 영국 등 유럽을 중심으로 시작된 신생 학문이다. 유럽의 문화는 기독교와 고대 그리스·로마문화를 기반으로 하며, 특히 19세기는 남성 중심의 가부장적 가치관이 지배하던 시기였다. 남성 중심적인 관점에서 이루어진 선사시대에 대한 해석에는 이러한 시대정신이 고스란히 반영되어 있다.

이것이 과연 제대로 된 해석이냐는 질문을 던지고 있다.

이 책은 선사시대 여성의 역할에 대해 지금까지와 다른 새로운 관점에서 살펴보고, 이를 통해 이 시대를 더 올바르게 이해하고자 한다. 글쓴이 마릴렌 파투-마티스는 프랑스 국립자연사박물관 소속의 여성 연구자다. 네안데르탈 사람과 현생인류의 행위를 주제로 활발하게 연구하는 중견 연구자로서 학술 연구 외에도 과학 지식을 대중에게 전달할 수 있는 다큐멘터리나 영화 등에 활발히 참여하고 있다. 에드몽 바스티드 상(2018), 유제니 드 로즈몽 상(과학 부분, 2002), 싱거 폴리냑 재단 메달(1995) 등을 수상했고, 2014년에는 레지옹도뇌르 훈장의 슈발리에 서품을 받았다.

2020년 프랑스에서 출간된 이 책은 여섯 부분으로 구성되어 있다.

머리말에서는 선사시대를 바라보는 도식화된 고고학적 해석을 살펴보고, 이것이 과연 타당한 것인지 문제를 제기한다. 이어 1장에선 선사시대 여성을 향한 남성적인 시각을 비판적으로 검토하고, 더불어 선사시대 사람에게 부여된 동물적인 특성과 고정 관념에 대해서도 비판적으로 고찰한다.

2장에서는 여성에 대한 그릇된 시선이 고착된 역사적·사회적 배경을 살펴보고 있다. 여성에 대한 폄하와 왜곡된 시선의 역사는 무척 오래된 것이어서, 고대 그리스로 거슬러 올라간다. 이 시기는 앞서 언급했던 것처럼, 유럽 사상사의 바탕을 이루는 한 축이다. 고대 그리스는 민주정이라는 정치체제를 만들어낸 시대이지만, 여성에 대한 인식은 놀랍도록 낮다. 여성은 시민권을 가질 수 없었으며, 경제적·사회적으로도 종속된 처지였다. 플라톤, 아리스토텔레스를 비롯하여 많은 철학자가 여성을 미숙한 인간 또는 잘못된 남성으로 인식한 저술을 남겼다. 이것이 서양의 인식에 지대한 영향을 끼쳤다. 이뿐 아니라, 고대 의술을 대표하는 히포크라테스도 여성에 대한 의학적 편견의 뿌리가 되는 인물이다. 이렇게 구축된 여성에 대한 시각은 기독교가 유럽의 종교로 뿌리를 내리면서 더더욱 왜곡되었다. 기독교는 유럽 문화의 바탕을 이루는 두 번째 축이다. 초기 교회는 여성을 비롯하여 소외된 사람을 끌어안았지만, 기독교가 교세를 확장하고 로마제국의 종교로 자리 잡고 대형 종교로 성장하는 과정에서, 교회 안에서 여성은 점점 입지가 좁아지더니 마침내 예속적인 존재가 되었다. 기독교는 인간의 모든 고통인 '원죄'가 여성 때문에 시작되었으며, 이 때문에 여성은 모든 비난과 멸시를 받아 마땅하다고 생각했다. 유럽은 1천 년이 넘게 이러한 기독교적 교리 안에서 움직이던 사회였고, 이러한 사회적 배경에서 여성에 대한 인식은 낮을 수밖에 없었다. 여기서 더 나아가 여성은 독립된 존재로 인정받지 못했으며, 육체마저 남성의 소유물처럼 인식되었다. 르네상스와 계몽시대를 거치면서 유럽 사회는 기독교라는 획일화된 세계관에서 벗어날 수 있었지만, 여성에 대한 부정적인 인식은 '과학'이라는 틀을 빌려 오히려 더더욱 공고해졌다. 이러한 관점과 인식이 20세기까지 계속되면서 성차별적인 인식과 해석의 바탕이 된 것이다.

3장은 최근 새롭게 발견된 고고학 자료와 연구 결과를 바탕으로 지금까지의 해석을 검토하여 문제를 제기하고, 젠더 고고학을 비롯하여 새로운 해석을 제안하고 있다. 이 책의 중심 부분이라고도 할 수 있다. 구석기시대 '여성상(비너스)'과 '새김 그림' 등 예술품을 통해서 당시 여성의 사회적인 역할을 들여다본다. 먼저 구석기시대 예술에 대한 지금까지의 해석을 소개하는데, 이것들이 얼마나 남성 중심적인 시선이었는지, 더 나아가 과학적 근거가 얼마나 취약한지 보여주고 있다. 풍부한 사례와 연구 결과를 근거로, 글쓴이는 구석기시대의 여성이 남성 못지않게 인류의 진화와 문화 발전에 온전한 주체로서 공헌했다고 주장하고 있다. 이어서 신석기시대와 금속 시대에 살았던 여성의 위치에 대해서도 고찰하고 있다. 신석기시대는 인류의 정착 생활이 보편화되고, 농경과 목축이 시작되면서 생산 경제로 전이되는 시점이다. 이러한 변화는 가족 관계와 양성 관계, 사회적 변화까지 불러온다. 글쓴이는 이때부터 여성의 사회적 지위가 낮아지고 양성 관계가 뒤틀리기 시작했다고 생각한다. 특히 여성은 신석기시대까지만 하더라도 신성한 존재로 숭배를 받지만, 이후로 여성 신은 지위가 약해지다가 점차 남성 신으로 대체된다. 그러나 최근에 발견된 고고학 자료와 해석은 지금까지 당연하게 여겼던 해석이 옳지 않음을 보여주고 있다.

4장에서는 이러한 사회적 인식에 맞선 여성들의 끝없는 저항을 살펴보고 있다. 여성의 사회적 지위가 낮았던 고대 그리스나 로마 시대뿐 아니라, 기독교의 영향으로 여성이 모든 죄악의 근원으로 취급받았던 중세시대에도, 일부 여성들은 이런 악조건을 극복하고 자신들의 몫을 톡톡히 해냈다. 그리고 여성에 대한 그릇된 인식을 바로잡고자 애를 썼다. 르네상스와 계몽시대 이후에도 여성들의 이러한 노력은 계속되었으나, 안타깝게도 여성의 지위를 크게 변화시키지는 못했다. 1789년에 일어난 프랑스 혁명은 신분으로 차별을 받던 사회를 없애고 인권과 자유, 평등을 내세운 시민사회를 가져왔다. 이 혁명에서도 여성들은 남성들과 함께 새로운 사회를 만들고자 많이 노력하였지만, 이들의 역할은 부정되었고 받아들여지지 않았다. 그리고 20세기에 이르러서도, 여성들은 여전히 사회적 차별과 억압에서 벗어나기 위해서 고군분투했음을 알 수 있다. 특히 프랑스 여성들은 참정권을 갖기 위해 프랑스 혁명부터 애를 써왔지만, 이들이 정작 투표권을 얻은 것은 1944년이 되어서였다. 여성 연구자로서 현장에서 이러한 차별을 직접 경험했을 글쓴이의 목소리가 많이 들리는 부분이기도 하다.

　마지막 장은 페미니즘의 역사와 여성이 앞으로 나갈 길에 대한 제안이다. 4장에서 언급했던 노력 덕분에 현대 여성의 지위가 예전보다 좋아졌다고는 하지만, 아직도 해결해야 할 과제가 많다. 글쓴이는 미래 사회에는 어떤 성이 다른 성을 지배하는 파괴적인 관계가 아니라 양성이 서로를 잘 이해하고 이를 바탕으로 보완하는 관계여야 한다고 말한다.

　이 책은 지금까지 너무나도 당연하게 받아들여졌던 선사시대 사회에 대한 남성 중심적 인식이 바뀌어야 한다는 제안이다. 글쓴이가 말한 것처럼, 지금까지의 해석과 이해를 뒤집을 수 있는 자료가 아직은 충분치 않다. 게다가 여성에 대한 왜곡된 인식은 그 뿌리가 몹시 깊어서 쉽게 바뀌기도 힘들 것이다. 그러나 글쓴이가 제안한 것처럼, 그저 바라보는 관점만 다양해져도 우리는 선사시대 사람들과 사회를 새롭게 이해할 수 있다. 이것이 그들을 제대로 이해하는 길이 될 것이다.

번역을 처음 의뢰받았을 때, "아! 세상 정말 좁구나!" 하는 생각이 스치고 지나갔다. 옮긴이가 프랑스에서 박사논문 제출 자격 과정을 밟을 때 수업을 들었던 교수님 중 한 분이 바로 이 책의 글쓴이였기 때문이다.

　선사학은 인류의 과거 사회를 연구하는 분야다. 특히 문자가 발명되기 이전 시기이기 때문에 남아 있는 물질 자료를 통해 접근할 수 있을 따름이다. 연구하는 시간의 폭이 넓은 것에 비해 우리가 가질 수 있는 자료는 극히 제한적이다. 따라서 민족지 자료와 현대 수렵-채집 집단의 자료를 선사시대 사회를 이해하는 데 참고 자료로 삼아왔다. 이 과정에서 글쓴이가 날카롭게 지적했던 것처럼 많은 오해와 오류가 발생했다. 이 책을 읽다 보면, 서구에서 여성에게 부과한 시선이 얼마나 잔인하고 어처구니없는 것이었는지 절실히 느껴진다.

이 책은 그동안 당연하게 받아들여졌던 여러 해석이 사실은 과학적 논거가 취약하고 편견으로 바라본 것이었음을 날카롭게 지적한다. 글쓴이는 고대 그리스의 고전에서부터 21세기에 이르기까지, 다양하고 방대한 자료를 통해 우리가 알고 있다고 생각했던 선사시대 여성의 역할이 사실은 극히 왜곡된 것임을 보여준다. 더 나아가 여성에 대한 편견과 오해는 사회적으로 오랜 뿌리를 가지고 있는 것이라 이로부터 자유로워지기는 쉽지 않겠지만, 새로운 관점에서 이를 바라볼 것을 제안하고 있다. 그리고 인류가 더 나은 미래를 위해 양성 관계를 건강한 방식으로 새롭게 정의할 필요가 있다고 제안하고, 이를 새롭게 바라보자는 의견을 내놓고 있다.

한국어판에서는 원서에 없었던 그림 자료를 추가하여 독자들의 이해를 도울 것으로 기대된다. 모쪼록 이 책이 독자 여러분에게 과거의 우리를 만나는 좋은 기회가 되었으면 하는 바람이다.

의미 있는 책을 번역할 기회를 주신 프시케의숲 성기승 대표님과 꼼꼼하게 편집을 진행해주신 안민재 님께 감사드린다. 한결같은 모습으로 곁을 지켜주는 가족에게도 고마움의 뜻을 전한다.

2022년 겨울,
공수진

주

인용구
1) Jacques Chancel, *Radioscopie*, Éditions du sous-sol, 2018.

프롤로그
1) 지그문트 프로이트, 〈터부와 처녀성(Le Tabou de la virginité)〉 in *La Vie sexuelle*, PUF, p. 71, 1969(1re éd., 1912).
2) 스위스의 정신분석학자 칼 구스타브 융(*Types psychologiques*, 1921)은 모든 시대의 문화와 종교에서 가장 많이 표현되는 두 가지 원형(archétype) 중 하나는 남성의 상상 속에서의 여성을 상징하는 아니마(anima)이고, 다른 하나는 여성의 상상 속에서 남성을 상징하는 아니무스(animus)라고 했다.
3) Carl Gustav Jung, *Dialectique du moi et de l'inconscient*, Gallimard, 《Idées》, p. 181, 1973.
4) 시몬 드 보부아르(Simone de Beauvoir), 《제2의 성(Le Deuxiéme Sexe)》, tome I, Gallimard, p. 222, 1949.
5) Nicole-Claude Mathieu, 《Études féministes et anthropologie》 et 《Différenciation des sexes》, in Pierre Bonte et Michel Izard(dir.), *Dictionnaire de l'ethnologie et de l'anthropologie*, PUF, 1991.
6) Travaux de l'archéologue américaine d'origine lituanienne Marija Gimbutas.
7) Joan Wallach Scott, *Gender and the Politics of History*, Colombia University Press, 1988; Danielle Léveillé, *L'Androcentrisme en anthropologie. Un exemple: les femmes inuit*, Cahiers de recherche du Groupe de recherche multidisciplinaire féministe (GREMF), Université Laval, 1989; Kate Millett, *La Politique du mâle*, Seuil, 1983(1re éd., 1969); Christine Delphy, *L'Ennemi principal*, tome I: *Économie politique du patriarcat*, Éditions Syllepse, 《Nouvelles questions féministes》, 1998.
8) Françoise Héritier, Michelle Perrot, Sylviane Agacinski et Nicole Bacharan, *La Plus Belle Histoire des femmes*, Seuil, p. 21-27, 2011.

1장 선사시대 여성을 향한 몽상적인 시각

1) 1889년 개최된 만국박람회 '인류학적 연구와 과학에 대한 회고전(Rétrospective du travail et des sciences anthropologiques)'의 인류학, 민족지학 분야에서 이 조각품이 처음으로 대중에게 공개되었을 때 큰 소동이 벌어졌다.
2) 체코의 화가 프란티쉐크 쿠프카(František Kupka)의 작품 〈인류의 시작. 무스테리안 시기 샤펠-오-생 동굴의 거주자(Les Débuts de l'humanité. L'habitant de la grotte de la Chapelle-aux-Saints à l'époque moustérienne)〉가 1909년 2월 20일자 《일뤼스트라시옹(Illustration)》지에 실렸다. 이 작품은 원숭이와 비슷하고 원시적인 인간의 신화(여기서는 네안데르탈 사람)를 만드는 데 언론이 어떤 영향을 주었는지 보여준다.
3) 조각가 엠마뉘엘 프레미에의 1580년대 작품인 〈곰과 싸우는 석기시대 남자(Homme à l'âge de pierre aux prises avec son ours)〉, 막심 페브르의 회화 작품 〈두 어머니(Deux mères, 1888)〉에서는 곤봉으로 무장한 어머니가 자신의 두 아이를 지키고 있다. 폴 자맹(Paul Jamin)의 작품 〈매머드로부터 도망치기(La Fuite devant le mammouth, 1885)〉가 있고, 〈위험한 조우(Dangereuse rencontre, 1899)〉에서는 한 쌍의 남녀가 사자들과 맞서고 있다.
4) 페르낭 코르몽의 회화 〈석기시대(Âge de pierre, 1884)〉, 안젤르 드라살(Angèle Delasalle)의 회화 〈사냥의 귀환(Le Retour de la chasse, 1898)〉, 프레데릭 블라슈케(Frederick Blaschke)의 〈네안데르탈 여성과 아이, 1929〉 조각, 《인류 이전의 파리(Paris avant les hommes》, Passard, 1861)에 등장하는 피에르 부아타르(Pierre Boitard)의 삽화 〈화석 인류(L'Homme fossile)〉.
5) 루이 마스크레(Louis Mascré)의 〈크로마뇽 인종의 막달레니안 시기 예술가(L'Artiste magdalénien de la race de Cro-Magnon)〉 폴 리셰의 환조 조각 〈최초의 예술가(Premier Artiste, 1890)〉; 폴 자맹의 회화, 〈석기시대의 장식 예술가(Un peintre décorateur à l'âge de la pierre)〉, 〈들소 초상화(le portrait de l'aurochs, 1903)〉.
6) 《원시 인류(L'Homme primitif, 1870)》에 들어 있는 루이 피귀에(Louis Figuier)가 그린 〈선사시대 가족(La Famille préhistorique)〉 삽화.
7) 앙리-자크 푸르멍(Henri-Jacques Proumen)의 〈이브, 남자의 전리품(Ève, proie des hommes, 1934)〉.
8) 레옹 랑브리(Léon Lambry), 〈라마, 동굴의 요정(Rama, la fée des cavernes)〉. 1928년에 발간된 《라 스멘느 드 쉬제트(La Semaine de Suzette)》에 게재됐다.
9) 1897년 발간되었다. 앙투안느 칼베(Antoine Calbet)가 아름답지만 다소 외설

적인 삽화를 그렸다.
10) 벨기에 출신 작가 조셉 앙리 오노레 보엑스(Joseph Henri Honoré Boex, 1856~1940)와 세라팽 쥐스틴 프랑수아(Séraphin Justin François Boex, 1859~1948)의 필명. 1908년부터 이들은 공동 작업을 하지 않고 대(大) 로니 (J.-H. Rosny aîné)와 소(小) 로니(J.-H. Rosny jeune)로 활동했다.
11) Jean M. Auel, *Les Enfants de la terre*, Presses de la Cité. 1980년부터 2011년까지 6권으로 출간되었다.
12) Pascal Semonsut, *Le Passé du fantasme. La représentation de la préhistoire en France dans la seconde moitié du XXe siècle(1940-2012)*, Éditions Errance, p. 165-171, 2013.
13) 연구 결과에 따르면, 이 '이미지'는 샤를 페로(Charles Perrault, 1628~1703)의 동화《푸른 수염(La Barbe bleue)》과 1888년쯤 제작된 영국 작가 에드먼드 에반스의《그가 그녀를 성의 계단으로 끌고 간다(Il la traîne dans les escaliers du donjon)》에 실린 그림에서 아이디어를 얻은 것으로 보인다.
14) 막심 페브르의 〈침입자(L'Envahisseur, 1884)〉와 같은 작품.
15) 로니(J.-H. Rosny)가《La Revue indépendante》21호(1988년 7월 발간)에 실은 〈선사시대의 장면(Scènes préhistoriques)〉이나 1895년에 발간된《기원, 선사시대에 대한 소론(Les Origines, essai sur les temps préhistoriques)》이 그렇다.
16) 대 로니가 1909년 발간한《불의 전쟁(La Guerre du feu)》이 그렇다.
17) Marylène Patou-Mathis, *Préhistoire de la violence et de la guerre*, Odile Jacob, 2013.
18) 스코틀랜드의 민족지학자 존 퍼거슨 맥레넌(John Ferguson McLennan), 영국의 인류학자 에드워드 타일러(Edward Tylor), 영국의 선사학자 존 러벅(John Lubbock), 영국의 사회학자 허버트 스펜서(Herbert Spencer) 등이 있다.
19) 미국 작가 로버트 아드리(Robert Ardrey)는《아프리카 창세기: 동물의 기원과 인간의 본성에 관한 개인적 연구(African Genesis: A Personal Investigation into the Animal Origins and Nature of Man, 1961)》에서 이렇게 주장했다. 프랑스에서는《카인의 후예들(Les Enfants de Caïn, Stock, 1963)》로 출간되었다. 아드리는 인간이 타고난 포식자라는 견해를 널리 퍼뜨렸다.
20) 지그문트 프로이트,《문명 속의 불편함(Malaise dans la civilisation, 1929)》, p. 64-65, PUF, 1981.
21) 장자크 루소(Jean-Jacques Rousseau),《인간 불평등 기원론(Discours sur l'origine et les fondements de l'inégalité parmi les hommes)》, 1755.

22) Marylène Patou-Mathis, 앞의 책.
23) 프리드리히 엥겔스(Friedrich Engels), 《가족, 사유재산, 국가의 기원 (L'Origine de la famille, de la propriété privée et de l'État)》, 1884. 위키소스(Wikisource)에서 볼 수 있음.
24) 전사 계급과 노예 계급의 출현은 일부 매장 유구에서 확인된다. 예를 들어, 기원전 4,500년에서 3,500년 사이에 조성된 구르니에(Gournier) 유적(드롬 Drôme)에서는 장례식 과정에서 노예들이 희생되었다. Alain Testart, Christine Jeunesse, Luc Baray, Bruno Boulestin, 《Les esclaves des tombes néolithiques》, *Pour la science*, n°396, p. 74-80, octobre 2010.
25) 1951년 데이비드 프렌치(David French), 앨런 홀(Alan Hall), 제임스 멜라아트(James Mellaart)가 강으로 나뉘는 2개의 인공 언덕(tell, 고대의 유구遺構가 누적되어 만들어진 인공 언덕-옮긴이)을 발견했다. 동쪽의 인공 언덕은 기원전 7,560년에서 기원전 6,400년 사이에 주로 사용되었고, 서쪽의 인공 언덕은 기원전 6,000년에서 기원전 4,340년 사이에 만들어진 것이다. James Mellaart, *Çatal Hüyük. A Neolithic Town in Anatolia*, McGraw-Hill, 1967.
26) 영국의 고고학자 이언 호더(Ian Hodder)는 1993년 차탈 휘위크 유적을 재조사했다(《Çatal Höyük: the Leopard Changes its Spots. A Summary of Recent Work》, *Anatolian Studies*, n°64, p. 1-22, 2014). 인류학자 알랭 테스타르(Alain Testart)는 〈표범과 함께 있는 여인(Dame aux léopards)〉에서 여인이 위엄 있게 앉아 있는 모습을 사회의 계층화가 시작된 것으로 해석한다. *La Déesse et le grain.Trois essais sur les religions néolithiques*, Éditions Errance, 2010.
27) 페루의 인류학자이자 고고학자인 루스 솔리스(Ruth Solis)가 조사한 카랄(Caral) 문명은 기원전 2,600년에서 기원전 2,000년 사이로 거슬러 올라간다. Ruth Solis, *La ciudad sagrada de Caral-Supe en los albores de la civilización en el Perù*, Universidad Nacional Mayor de San Marcos, Fondo Editorial, 1997).
28) 하라파 문명이라고 부르기도 한다. 기원전 2,600년에서 기원전 1,900년 사이에 형성된 것으로, 지금의 파키스탄 주변에서 많은 유적이 발견되었다.
29) 켈트 신화에서 드루이드 그디온(Gwydion)은 마법의 지팡이로 여신 아리한로드(Arihanrod)를 '강간'한다. 수메르 신화에서 엔키(Enki)는 금지된 일인데도 불구하고 우투(Uttu)를 강간한다. 그리스-로마 신화에서는 인간을 유혹하기 위해 신들이 교활한 방법을 사용하는데, 다른 사람으로 변신을 하기도 했다. 리숍(Lysope)을 강간하는 세피스(Cephysis), 제우스와 레아의 신화.

30) Georges Vigarello, *Histoire du viol. XVI*ᵉ *- XX*ᵉ *siècle*, Seuil, 《L'Univers historique》, 1998.
31) Donald Winnicott, *Jeu et réalité, l'espace potentiel*, Gallimard, 《Folio》, p. 149, 2004 (1ʳᵉ éd. anglaise, *Playing and Reality*, 1971).
32) Françoise Héritier-Augé, 《Famille》, *in* Pierre Bonte et Michel Izard(dir.), *Dictionnaire de l'ethnologie et de l'anthropologie*, PUF, p. 273-275, 1991.
33) Robin Fox, *Anthropologie de la parenté. Une analyse de la consanguinité et de l'alliance*, Gallimard, 1972.
34) John Ferguson McLennan, *Primitive Marriage. An Enquiry into the Origin of the Form of Capture in Marriage Ceremonies*, 1865.
35) 프리드리히 엥겔스, 《가족, 사유재산, 국가의 기원》, 1884.
36) 클로드 레비스트로스(Claude Lévi-Strauss)가 자신의 저서 《친족 제도의 기본 구조(Les Structures élémentaires de la parenté)》에서 주장했던 명제다.
37) 마르셀 모스(Marcel Mauss), 《선물론. 고대 사회의 교환의 형태와 이유(Essai sur le don. Forme et raison de l'échange dans les sociétés archaïques)》, PUF, 《Quadrige》, p. 149-279, 1973.
38) 현재도 여전히 일부 사회에서는 남성 친척 집단이 재물에 대한 대가로 여성을 양도하기도 한다. '신부대(신랑 집에서 신부를 데려오는 조건으로 신부 집에 지불하는 대가-옮긴이) 또는 약혼자 대금'은 결혼으로 발생하는 손실을 메우기 위해 여자 쪽 부모에게 보상하는 개념이다. 지참금은 상속 지분을 미리 주는 형태라고 할 수 있다. 벨기에의 인류학자 로베르 드리에주(Robert Deliège)는 평등주의 사회나 사회적 지위가 같은 계층 내에서 결혼 상대를 정하는 결혼의 방식에서도 '신부대(prix de la fiancée)'가 특징인 경우가 많다는 것을 발견했다. '지참금(dot)'은 계층화된 사회에서 더 일반적이며, 특히 인도 사회에서처럼 여성이 자기 신분보다 한 단계 위의 남성과 결혼하는 경우에 더 흔하다는 것이 확인되었다. Robert Deliège, *Anthropologie de la famille et de la parenté*, Armand Colin, 《Cursus》, 2011.
39) Françoise Héritier-Augé, 앞의 책.
40) 찰스 다윈(Charles Darwin), 《인간의 유래와 성 선택(La Descendance de l'homme et la sélection sexuelle)》, 에드몽 바르비에의 프랑스어 번역본, 1881. 위키소스에서 볼 수 있음.

2장 선사학은 어떻게 등장하게 되었나

1) Nicole-Claude Mathieu, 《Études féministes et anthropologie》 et 《Différenciation des sexes》, in Pierre Bonte et Michel Izard(dir.), *Dictionnaire de l'ethnologie et de l'anthropologie*, PUF, 1991.
2) 《안티고네(Antigone)》, 기원전 442년.
3) Jean Verdon, *Les Femmes en l'An Mille*, Perrin, p. 19, 1999. 갈리카(Gallica)에서 사용할 수 있음.
4) 《신학대전(Summa Theologiae)》 1권, 제92 문제 제1절.
5) 여성의 탄생은 종종 신비롭고 초자연적인 기원일 때가 있다. 이집트 신화에서는 베르브(Verbe)가 임신시킨 네이트(Neith)가 세상을 만든다. 그녀는 일곱 개의 직물과 일곱 개의 옳은 말로 세상의 경계를 정하는데, 그녀의 첫 번째 말로 땅이 만들어진다(한 언덕 위에 에스나Esna, 사이스Saïs, 피네트제르Pinétjer, 부오토Bouto라는 네 성소가 있다). 두 번째 말로는 도시(Dep)와 평안의 땅(Saïs)을 만들고, 세 번째 말로 30위의 내재하는 신을 만들며, 네 번째 말로 식물과 동물을 만들고(그들의 식량), 다섯 번째 말로 그의 아들 레(Rê, 태양의 신)을 만들고, 여섯 번째 말로 인간과 신을 만들었다. 아들의 눈물로 인간을 만들고, 아들의 침으로 신들을 만들었다. 일곱 번째 말로 만든 것은 자기 아들을 위한 보호였다. Nadine Guilhou et Janice Peyré, *Mythologie égyptienne*, Marabout, 2005.
6) 〈창세기〉 2장 18절, 20~24절. 불어권 국가를 위한 교회전례협회(Association épiscopale liturgique pour les pays francophones) 번역, 온라인 출판물.
7) 유대교와 기독교에서 모두 신의 말씀으로 인정하는 경전. 히브리 성경 또는 타나크(Tanakh)는 기원전 3세기에서 기원전 1세기 사이에 만들어진 가장 오래된 성서다. 이 경전은 먼저 기원전 270년 알렉산드리아에서 고대 그리스어로 번역되었고(70인역 성서), 2세기에 라틴어로 번역되었다. 그리고 390년부터 405년까지 히에로니무스(saint Jérôme, 347~420)가 히브리어 원전(불가타 성경)을 번역했다. 히에로니무스는 로마 가톨릭교회의 4대 교부 중 하나다. 히브리 성경은 2세기 중반부터 '구약성서'로 불리게 되었다. 유대교는 앞쪽의 5권에 해당하는 모세 5경을 토라(Torah)라고 부른다.
8) 신약성서는 예수의 삶과 가르침을 그의 제자들이 기술한 것으로, 363년에 열린 라오디게아(Laodicée) 공의회에서 인정된 문서 전체를 말한다. 4대 복음서(마테오의 복음서, 마르코의 복음서, 루가의 복음서, 요한의 복음서)와 14개의 서신이 포함되었는데, 서신은 대부분 바울(saint Paul, 1세기 무렵

~67/68)이 쓴 것이다. 히에로니무스는 그리스어 성서를 라틴어로 처음 번역했다.

9) 스위스의 개신교 신학자인 다니엘 마르게라(Daniel Marguerat) 명예교수는, 당시의 여성들이 초기 교회의 공동체에 적극적으로 참가할 수 있었지만, 이 과정에서 국가의 권위를 받아들여야만 했다고 본다. Daniel Marguerat,《Saint Paul contre les femmes?》, *Le Dieu des premiers chrétiens*, Labor et Fides, 1990.

10) Ambrosiaster, 〈고린토인들에게 보낸 첫 번째 편지의 14절과 34절에 대해(À propos de Corinthiens) 1: 14, 34〉. 알려지지 않은 라틴어 작가로 다마스(Damase) 교황 재위 기간인 366년부터 384년까지 바울의 13개의 서신에 대한 주해를 작성한 것으로 추정된다.

11) 〈고린토인들에게 보낸 첫 번째 편지〉 11장 4~8절, 프랑스어권 국가를 위한 교회전례협회 번역, 온라인 출판물 인용

12) "모습이 주로 나타내야 하는 것과 관련해, 즉 영적 본성과 관련해, 하나님의 모습이 남자에게도 있고 여자에게도 있다. 그러나 하나님의 모습이 여자에게서 발견되지 않는 방식으로 남자에게 있다는 것은 사실이다. 하나님이 모든 피조물의 원리이자 목적인 것처럼, 남자는 여자의 원리이자 목적이다. 그러므로 사도는 "남자는 하나님의 모습이자 영광이지만, 여자는 남자의 영광이다"라고 말할 때, "남자는 여자에게서 나오지 않았지만 여자는 남자에게서 나왔다. 그리고 남자는 여자 때문에 창조되지 않았지만, 여자는 남자 때문에 창조되었다"(〈고린토인들에게 보내는 첫 번째 편지〉 11장 7절)"라고 덧붙인 이유다. 토마스 아퀴나스,《신학대전(Summa Theologiae)》 제1부, 제93문제 제4절.

13) 랍비주의 유대교의 기본 경전 중 하나.

14) 《백과전서(L'Encyclopédie)》, 〈여성(femme)〉 항목, VI권, 470쪽.

15) "남자로 태어난 사람 중에서 비겁하고 정의롭지 않게 삶을 보낸 사람은 다음 생에서 여자로 태어나는 것이 분명하다." 플라톤,《티마이오스(Timée)》, Flammarion,《GF》, 1969).

16) 아리스토텔레스,《동물생성론(De la génération des animaux)》, I권, 82f. Pierre Louis, Les Belles Lettres, 1961, 프랑스어 번역본.

17) "불구가 된 부모에게서 불구인 아이가 태어나기는 하지만 정상인 아이도 태어나듯이, 여자는 여자이지만 여자가 아니라 남자다. 사실 여자는 우연히 잘못된 남자다.", 같은 책, II권, IV장.

18) 같은 책, I권, 728a.

19) 같은 책, VII장, 4.
20) "따라서 자연이 짝짓기를 한 모든 종의 동물들에게서 정자, 즉 씨앗이 생성되어 나오는 것이라 정의할 수 있다. 이것이 생식의 원초적인 움직임이다." 같은 책, VI장, 6.
21) 히에로니무스(Jérôme de Stridon), 《파마키우스에게 보내는 편지(Lettre à Pammachius)》, 교회문서번호 LVII.
22) 히에로니무스, 《크테시폰에 보내는 편지(Lettre à Ctésiphon)》, 교회문서번호 133, 3장
23) 토마스 아퀴나스(Thomas d'Aquin), 《신학대전(Summa Theologiae)》 제1부, 제92문제 제1절.
24) 체사레 롬브로소는 법의학의 창시자이자 이탈리아 범죄학을 성립한 창시자 중 한 사람이다. 그는 골상학을 근거로, 신체적 특징으로 '선천적인 범죄자'를 구별할 수 있다는 이론을 세웠으며, 범죄성을 유전되는 것으로 생각했다.
25) Cesare Lombroso et Guglielmo Ferrero, *La Femme criminelle et la Prostituée*, Félix Alcan, 1896. 갈리카에서 사용할 수 있음
26) 폴-조셉 발트테즈(Paul-Joseph Barthez)는 다음과 같이 논문을 시작하고 있다. "우리는 모두 '여성이 인류의 일부가 아니다(mulieres homines non esse)'라고 주장하는 익명의 논고에 대해 들었다." 《백과전서》, 《여성(인류학)》, VI권, 471쪽, 1751.
27) 의사인 샤를 클라피에스(Charles Clapiès)가 번역했다.
28) 이 전설은 언어적인 질문에서 유래되었을 것이다. 주교는 호모(homo)라는 용어가 인간 전체를 의미하는지 아니면 남자만 뜻하는지 궁금했을 것이다. 고전 라틴어에서 호모라는 용어는 생물학적 성의 구별 없이 사람 전체를 의미한다. 비르(vir)는 남성을 가리키고 페미나(femina) 또는 물리에(mulier)는 여성을 뜻한다. 6세기에 비르는 신학적 의미로서는 점점 영적인 의미로 사용되는데, 은총의 힘, 다시 말해서 덕성(virtus)을 갖고 있는 남자나 여자를 지칭하게 되었다. 반면 호모라는 단어는 남성을 지칭하는 데 더 많이 쓰이고 여자한테는 잘 쓰지 않게 되었다.
29) Roxane Darlot-Harel, *Un épisode de la 《guerre des sexes》? Valens Acidalius/Charles Clapiès, Paradoxe sur les femmes, où l'on tâche de prouver qu'elles ne sont pas de l'espèce humaine*, 1766, minimémoire de master 2, 2016.
30) 같은 책.

31) 제우스의 명령에 따라 불, 금속 대장장이, 화산의 신인 헤파이스토스가 진흙과 물로 판도라를 만들고, 지혜 등을 관장하는 아테나 여신이 생명을 주었고, 판도라에게 공예 기술을 주고 화려한 옷을 입혀주었다. 아프로디테는 판도라에게 미모를 주었고, 아폴론은 음악의 재능을 주었다. 한편 헤르메스는 호기심, 거짓말과 설득의 기술을 주었고, 그녀의 어머니인 헤라는 질투를 주었다. 판도라는 최초의 남자를 만들 때처럼 메소포타미아에서 가져온 점토로 만들었다. 기원전 5000년 전에서 4000년 전의 일이다. Jean Haudry, *Le Feu dans la tradition indo-européenne*, Archè Milano, p. 345, 2016

32) "신들의 전령은 여자에게 이름을 주고 판도라라고 불렀다. 올림포스의 신들은 부지런한 사람들에게 판도라라는 치명적인 선물을 주었다."(헤시오도스, 《일과 나날》). 헤시오도스가 여성을 인간이 겪는 모든 불행의 기원으로 여긴 생각은 그루지야의 오래된 전설에서 차용되었을 것이다. Georges Charahidzé, *Prométhée ou le Caucase. Essai de mythologie contrastive*, Flammarion, 1986.

33) 〈창세기〉에서 '원죄'라는 표현은 분명하다. "야훼께서 사람에게 이렇게 명령하셨다. '이 동산에 있는 나무 열매는 무엇이든지 마음대로 따먹어라. 그러나 선과 악을 알게 하는 나무 열매만은 따먹지 마라. 그것을 따먹는 날, 너는 반드시 죽는다'"(창세기 2장 16, 17절, 프랑스어권 국가를 위한 교회전례협회 번역본). 바울의 〈로마인들에게 보내는 2번째 편지〉에서도 원죄를 찾아볼 수 있다(5장 12절). "한 사람이 죄를 지어 이 세상에 죄가 들어왔고 죄는 또한 죽음을 불러들인 것같이 모든 사람이 죄를 지어 죽음이 온 인류에게 미치게 되었습니다"(프랑스어권 국가를 위한 교회전례협회 번역본).

34) 〈창세기〉 3장, 6, 11~13, 15, 17, 20, 23절(프랑스어권 국가를 위한 교회전례협회 번역본).

35) Roland Hureaux, *Gnose et gnostiques. Des origines à nos jours*, Desclée De Brouwer, 2015.

36) 〈집회서〉(외경), 42장 12~13절.

37) 《마누 법전》 II권, 213, 214절. 《마누 법전(Manusmṛti 또는 Mānava-Dharmaśāstra)》은 힌두교 다르마 전통의 법전으로 기원전 2세기에 작성되었을 것으로 추정한다.

38) 역사학자 앙리 아르봉(Henri Arvon)의 주장에 따르자면, 베다 시대(기원전 2000년~기원전 6세기)에 여성의 지위는 노예만큼 낮았다고 한다. 여성은 가부장제 사회에서 가족 간의 교환품에 지나지 않았다. Henri Arvon, *Le*

Bouddhisme, PUF, 《Que sais-je?》, 1972.
39) 같은 책.
40) 같은 책에서 인용된 XI권, 543쪽.
41) Tertullien, *De l'ornement-de la toilette-des femmes*, Livre I, chap. 1, in Œuvres de Tertullien, Antoine-Eugène Genoud, 2e édition, 1852(프랑스어 번역본). 카르타고 출신인 이 신학자가 여성에 관해서 한 주장은 놀랍기 그지없다. 그가 말년을 의탁했던 모타누스파(Montanisme)에서는 여성들이 상당한 역할을 하고 있었기 때문이다. 기독교에서는 모타누스파를 이단으로 취급한다.
42) Pierre Joseph Proudhon, *De la justice dans la Révolution et dans l'Église*, tome I, 1858 〈여성은 예쁜 동물이다(La femme est un joli animal)〉.
43) 《인간 종의 자연사(Dans L'Histoire naturelle du genre humain)》는 뒤파르(Dufart)가 프랑스 혁명력 9년(1800~1801)에 2권의 책으로 발행했다. 줄리앙-조셉 비레이(Julien-Joseph Virey)가 1824년에 같은 책을 개정했는데, 여기에서 인종의 구분을 위계화했다. 그는 인류의 기원과 연대에도 관심을 가졌다.
44) 줄리앙-조셉 비레이의 생각은 1823년에 간행된 "심리, 도덕, 문학적 관계에서 본 여성(*De la femme sous ses rapports physiologique, moral et littéraire*, Éditions Crochard)"에서 반복된다.
45) 프랑스 혁명력 2년 브뤼메르 달 9일(1793)에 열린 의회에서 발언한 내용이다. *Archives numériques de la Révolution française-Archives parlementaires*, séance du 30 octobre 1793, tome 78, p. 50).
46) 파나리온(Panarion) 79, 6, 1. 살라미스 또는 사이프러스의 에피파니오(Épiphane de Salamine ou de Chypre)는 5세기의 주교이자 기독교 신학자다.
47) Jacques Jouanna, *Hippocrate*, Fayard, p. 239-245, 1992.
48) 피에르 카바니스(Pierre Cabanis), 〈성이 사유의 특성과 도덕적 감정에 미치는 영향(L'influence du sexe sur le caractère des idées et des affections morales)〉, Cinquième Mémoire des *Rapports du physique et du moral de l'homme*, p. 321, 1798. 위키소스에서 볼 수 있음. 피에르 카바니스의 《성이 사유의 특성과 도덕적 감정에 미치는 영향 논문집(Les Mémoires des Rapports du physique et du moral de l'homme)》은 12편의 논문으로 구성되었다. 6편은 1796년부터 1797년까지 연구소 회원들 앞에서 낭독했고, 1798년에 발간됐다. 나머지 6편은 1802년에 2권으로 출판된 최종본에 추가됐다. 로랑 스리즈(Laurent Cerise) 박사가 1843년에, 루이 페이스(Louis Peisse)가 1844년에 각각 편집했다.

49) Jacques-Louis Moreau de la Sarthe, *Histoire naturelle de la femme, suivie d'un traité d'hygiène appliquée à son régime physique et moral aux différentes époques de sa vie*, Duprat, en 3 volumes, 1903.
50) Leigh Van Valen, Brain Size and Intelligence in Man, *American Journal of Physical Anthropology*, n°40, p. 417-423, 1974.
51) George J. Romanes, 〈Mental Differences Between Men and Women〉, *Popular Science Monthly*, n°31, 1887.
52) 독일 생리학자 요한 슈푸르츠하임(Johann Spurzheim)과 프랑스계 독일 신경의학자 프란츠 요제프 갈(Franz Joseph Gall)이 작성했다. 슈푸르츠하임은 프란츠 요제프 갈의 '지적 생리학' 이론을 '골상학(phrénologie)'이라는 이름으로 대중적으로 만들었다. 그리고 갈의 *Anatomie et physiologie du système nerveux en général et du cerveau en particulier. Avec des observations sur la possibilité de reconnoitre plusieurs dispositions intellectuelles et morales de l'homme et des animaux par la configuration de leurs têtes*(vol. 1, Frederic Schoell, 1810)의 저작물에도 참여했다. 슈푸르츠하임은 다수의 이론을 출간했는데, 그중 *Principes de l'éducation*(1821)과 *Nature morale et intellectuelle de l'homme*(1832)이 있다.
53) Paul Broca, 〈Sur le volume et la forme du cerveau suivant les individus et suivant les races〉, *Bulletins de la Société d'anthropologie*, n°2, p. 48-50, 1861.
54) 같은 책, 15쪽.
55) 같은 책, 16쪽.
56) 같은 책.
57) 같은 책.
58) 폴 브로카의 제자로, 고등연구실습원(École pratique des hautes études, EPHE)의 인류학 연구소 부국장과 파리 인류학회의(Société d'anthropologie de Paris, SAP)의 사무총장을 지냈다. 체질인류학에 이데올로기나 정치적 확장을 반대하고, 당시에 유행했던 인종 불평등의 개념을 반박했다.
59) 찰스 다윈, 《인간의 유래와 성 선택》, 에드몽 바르비에의 프랑스어 번역본, 1881. 위키소스에서 사용할 수 있음.
60) Paul Topinard, Le poids du cerveau d'après les registres de Paul Broca, *Revue d'anthropologie*, série 2, 5, p. 1-30, 1882.
61) 같은 책.
62) Alexander Von Brandt, 〈Rapport sur le poids du cerveau〉, 1867, *in* Léonce

Manouvrier, 〈Sur l'interprétation de la quantité dans l'encéphale et dans le cerveau en particulier〉, *Bulletins et mémoires de la Société d'anthropologie de Paris*, 1885.

63) Charles Darwin, 〈Caractères sexuels secondaires chez l'homme〉, *in La Descendance de l'homme et la sélection sexuelle*, chap. XIX, C. Reinwald, 1881 (3e édition). 위키소스에서 사용할 수 있음.

64) Léonce Manouvrier, 앞의 책.

65) Louis Lapicque, 〈Comparaison du poids encéphalique entre les deux sexes de l'espèce humaine〉, *Comptes rendus des séances de la Société de Biologie*, séance du 9 novembre, n°63, p. 434, 1907.

66) Catherine Vidal, *Nos cerveaux, tous pareils, tous différents!*, Belin, 〈Égale à Égal〉, 2015.

67) Catherine Vidal, *Hommes, femmes: avons-nous le même cerveau?*, Le Pommier, 2007; *Le cerveau évoluetil au cours de la vie?*, Le Pommier, 2009.

68) 미국의 신경과학자 리스 엘리엇(Lise Eliot)은 남녀의 오른쪽 뇌와 왼쪽 뇌의 차이를 보여주는 연구 결과는 단 1개로, 다른 50여 개의 연구 사례와 모순된다고 명확히 밝히고 있다. Lise Eliot, *Cerveau rose, cerveau bleu*, Robert Laffont, 2011.

69) Sandra F. Witelson, I. Glezer, Debra L. Kigar, 〈Women have greater density of neurons in posterior temporal cortex〉, *Journal of Neuroscience*, n°15, p. 3418-3428, 1995.

70) 이 결과는 8세부터 22세 사이의 여성 521명과 남성 428명의 뇌를 연구하여 얻은 결과다. Madhura Ingalhalikar et al., 〈Sex differences in the structural connectome of the human brain〉, *PNAS*, vol. 111 [2], p. 823-828, 2014.

71) 특히 미국 신경생물학자 아포스톨로스 조르조풀로스(Apostolos Georgopoulos)는 여성의 뇌와 남성의 뇌는 완전히 다르다고 한다. 그의 주장은 〈Male and Female Brains Are Different, but Researchers Still Exploring What that Means〉 de *CBC News*, 3 mars 2016 논문에 인용되었다.

72) 예를 들어 뇌의 피질은 여성이 더 두껍고 뇌의 용량은 남성이 더 크다. Michael Price, 〈Study finds some significant differences in brains of men and women〉, *AAAS, Science*, 2017.

73) Platon, *Timée* 90e, Flammarion, 〈GF〉, 1969.

74) Jacques Jouanna, 〈La Naissance de l'art médical occidental〉 in Mirko D,

Grmek(dir.), *Histoire de la pensée médicale en Occident*, tome I: *Antiquié et Moyen Âge*, Seuil, p. 54-56, 1995.

75) 〈성, (도덕): 절대적으로 말하는 섹스는, 아니 오히려 아름다운 섹스는 여성에게 붙여지는 수식어다…〉(Louis de Jaucourt, *L'Encyclopédie*, tome XV, p. 138, 1ʳᵉ éd., 1751). 마찬가지로, 의사인 피에르 루셀(Pierre Roussel)은 생물학적인 성을 언급하지 않고 남성에 대한 글을 작성한다.

76) Pierre Roussel, *Système physique et moral de la femme*, 1775. 갈리카에서 이용할 수 있음. 프랑스대혁명 이후 이 글은 19세기 내내 여러 번 출판되었다.

77) Hippocrate, *Des maladies des femmes*, Livre I, 1853.

78) Jacques Jouanna, *Hippocrate*, Fayard, p. 239-245, 1992.

79) Platon, *Timée* 91b, c

80) Elsa Dorlin, *La Matrice de la race. Généalogie sexuelle et coloniale de la nation française*, La Découverte, p. 24, 2006.

81) Pierre Roussel, 앞의 글.

82) Jean-François de Saint-Lambert, *Principes des mœurs chez toutes les nations ou Catéchisme universel*, vol. 1, 1798.

83) Pierre Cabanis, 〈L'influence du sexe sur le caractère des idées et des affections morales〉, Cinquième Mémoire des *Rapports du physique et du moral de l'homme*, p. 327, 1798. 위키소스에서 사용할 수 있음.

84) 〈Réflexions sur le courage des femmes〉, le *Mercure de France* 1745년 3월호에 실린 논문

85) Pierre Cabanis, 앞의 글, Cinquième Mémoire, p. 356.

86) Émile Durkheim, 〈La prohibition de l'inceste et ses origines〉, *Année sociologique*, vol. I, p. 1-70, 1897. 《사회학 저널(Journal sociologique)》에 복간됨, PUF, p. 37-101, 1969.

87) Laura Lévi Makarius, *Le Sacré et la violation des interdits*, Payot, p. 24, 1974.

88) 같은 책, 22~23쪽.

89) Jean-Paul Roux, *Le Sang. Mythes, symboles et réalités*, Fayard, p. 61-63, 1988.

90) 레위기 15장 25~28절, 프랑스어권 국가를 위한 교회전례협회 번역본.

91) 코란 II장 222절.

92) Jean-Loïc Le Quellec et Bernard Sergent, 〈Menstruations(origine)〉, in *Dictionnaire critique de mythologie*, CNRS Éditions, p. 776-778, 2017.

93) Jean-Loïc Le Quellec et Bernard Sergent, 〈Vagin(origine)〉, 같은 책, p. 1313-

1317.

94) "참수당한 전사의 머리를 은유한 달과 생리의 관계는 2개의 브라질 원주민 신화에서 언급된다. 쿠니바(Kuniba)의 전설에서는 자신을 고발한 여자 형제에게 복수하기 위해 남자가 달로 변해 여자를 생리로 괴롭힌다." Claude Levi-Strauss, *Mythologiques III. L'origine des manières de table*, Plon, 2014, Kindle, emplacement 1444.

95) René Girard, *La Violence et le sacré*, Grasset, p. 61, 1980.

96) Jean-Paul Roux, *Le sang. Mythes, symboles et réalités*, Fayard, 11, 57쪽, 1988.

97) 같은 책, 11쪽, Laura Lévi Makarius, 앞의 책, 22쪽.

98) 민족지학자 로라 레비 마카리우스에 따르면, 여성은 자신의 '더러움'을 '객관적인 현실'로 받아들인다고 한다. Laura Lévi Makarius, 앞의 책, 60~61쪽.

99) Bertrand Hell, *Le Sang noir. Chasse et mythe du Sauvage en Europe*, Flammarion, p. 84, 1994.

100) Alain Testart, *L'Amazone et la cuisinière Anthropologie de la division sexuelle du travail*, NRF, 2014.

101) 같은 책, 133쪽.

102) Yvonne Verdier, *Façons de dire, façons de faire. La laveuse, la couturière, la cuisinière*, chap I, Gallimard, p. 23, 1979.

103) Françoise Héritier, *Masculin/Féminin. La pensée de la différence*, Odile Jacob, p. 26, 1995.

104) "아직 아기였을 때 공주는 사춘기가 되면 벌어질 저주를 받는다. 사춘기가 되면 공주는 가시덤불 숲 한가운데서 깊은 잠(=스스로에게 갇힘)이 들게 된다. 용감한 왕자가 와서 그녀에게 입을 맞춰야만 잠에서 깨어날 수 있었다. 공주를 기다리고 있는 성년의 나이와 출산은 그녀 어머니의 얼굴로 표현되고, 노년의 모습은 요정 카라보스(Carabosse)의 모습으로 표현된다.", Bruno Bettelheim, *Psychanalyse des contes de fées*, Robert Laffont, 1976.

105) Hilde Olrik, 〈Le sang impur. Notes sur le concept de prostituée-née chez Lombroso〉, *Romantisme*, n°31, Sangs, p. 167-178, 1981.

106) 생리 중인 여성은 마요네즈를 상하게 한다. 사냥에 불운이 찾아온다, 여자가 사냥에 참여하면 고기가 상한다, 식물이 말라 죽는다 등의 미신이 이를 잘 보여준다. 아주 오랫동안 탐폰이나 생리대 광고에서는 생리혈을 푸른색 액체로 나타냈다!

107) In Maurice Olender, *Race sans histoire, Points*, 〈Essais〉, p. 18, 2009.

108) 2세기에 중관학파(中觀學派)를 세운 사람이다(대승불교).
109) *La Précieuse Guirlande des avis au roi*, 달라이 라마가 *Comme la lumière avec la flamme. Le Bouddhisme du Tibet*, Éditions du Rocher, 1997에서 인용.
110) René Girard, *La Violence et le sacré*, Grasset, p. 56-57, 1980.
111) 같은 책, 58~59쪽.
112) Sigmund Freud, 〈Le tabou de la virginité〉 in *La Vie sexuelle*, PUF, p. 71, 1912.
113) 《삼위일체론(Le Traité tripartite)》(p. 98)은 콥트어로 쓰인 나그 함마디(Nag Hammadi) 문서다. 발란티누스파의 어느 지도자가 저술한 것으로, 이 교파가 기반으로 하는 교리 체계를 알 수 있는 저작물이다. Louis Painchaud et Einar Thomassen, éditions Peeters(Louvain), Presses de l'Uni versité Laval(Québec), 1989의 프랑스어 번역본.
114) Jean-Baptiste Louyer-Villermay(1775-1837), élève de Pinel: *Traité des maladies nerveuses ou vapeurs, et particulièrement de l'hystérie et de l'hypocondrie*, deux éditions, en 1816 puis 1832.
115) Frédéric Dubois d'Amiens, *Histoire philosophique de l'hypocondrie et de l'hystérie*, 1833.
116) 의학 사전《팡쿠케(Panckoucke)》의 "신경증(Névrose)" 항목은 정신과 전문의 필립 피넬(Philippe Pinel)이 작성했다. 같은 책에서 "광증(Folie)"을 작성한 정신과 전문의 장-에티엔 에스키롤(Jean-Étienne Esquirol)은 이러한 차이를 거짓이라고 반박했지만, 자신의 논문에서 광증을 보여주는 4개의 판화 삽화에서 4명의 여성이 우울함, 분노, 백치, 정신착란 사례를 대표하는 모습으로 표시했다.
117) 줄리앙-조셉 비레이와 루이-자크 모로 드 라 사르트에 따르면, 정신병원은 1838년 처음으로 설치되었다고 한다.
118) 의사인 샤를 르 푸아(Charles Le Pois)가 대표적이다. *Discours de la nature, causes et remèdes des maladies populaires accompagnées de dysenterie*, 1623). 의사인 피에르 브리케(Pierre Briquet)가 1847에 자신의 책 *Traité clinique et thérapeutique de l'hystérie*에서 이것을 확인했다.
119) 오스트리아의 병리학자 요제프 브루어(Josef Breuer, 1842~1925)와 공동으로 연구했다. *Studien über Hysterie –Études sur l'hystérie –*, 1895.
120) Jules Michelet, *L'Amour*, 1858.
121) Jules Michelet, *La Femme*, Livre I, p. 48, 1859.

122) Honoré de Balzac, *Physiologie du mariage*, 1829.

123) 아리스토파네스(Aristophane)의 《리시스라테: 군대를 해산시키는 여자(Lysistrata: celle qui délie l'armée)》. 기원전 411년에 쓴 희극이다. 자신들을 고통스럽게 만드는 전쟁을 끝내기 위해 아테네 여성들은 리시스트라테의 주도로 남편과 잠자리 갖기를 거부한다. 그리고 남편들이 목이 빠지게 기다리고 있는 사이 여자들은 스파르타 대표단과 평화를 협상하게 된다.

124) Xénophon, *L'Économique*, VII, 22, 24, 26, 30.

125) Pierre Roussel, *Système physique et moral de la femme*, 1775. 갈리카에서 사용할 수 있음.

126) Julien-Joseph Virey, art. 〈Femme〉 dans le *Dictionnaire des sciences médicales*.

127) Pierre Cabanis, 〈L'influence du sexe sur le caractère des idées et des affections morales〉, Cinquième Mémoire des *Rapports du physique et du moral de l'homme*, p. 354 et p. 358, 1798.

128) Pierre Cabanis, *ibid.*, Cinquième Mémoire, p. 363.

129) Jean-Joseph Virey, art. 〈Homme〉 dans le *Dictionnaire des sciences médicales*.

130) Pierre Joseph Proudhon, *De la justice dans la Révolution et dans l'Église*, tome I, 1858.

131) Henry d'Humières, *Vérités sur l'action du maréchal Pétain*, Lettres du monde, 2003에서 인용된 페탱 원수의 라디오 연설 발췌.

132) Pascal Riché, 〈Non, Vichy n'a pas inventé la fête des Mères(mais presque)〉, *L'Obs*, 31 mai 2015.

133) Raphaël Liogier, *Descente au cœur du mâle. De quoi #MeToo est-il le nom?*, Les liens qui libèrent, 2018.

134) "여자들은 정숙하고 단정한 옷차림을 해야 합니다. 머리를 지나치게 꾸미거나 금이나 진주로 치장을 하거나 비싼 옷을 입지 말고". 바울의 〈디모테오에게 보내는 두 번째 편지〉 2장 11절~14절(〈첫 번째 편지〉 2장 9절)

135) Laetitia Ciccolini, 〈Devenir chrétienne à Carthage(IIe-IIIe siècle)〉, *Centre interdisciplinaire d'études du religieux (Cier)*, numéro spécial Actes de la journée Jeunes chercheurs sur la conversion, 2011.

136) 코란, 33장 59절.

137) 그들에게 있어 "처녀성은 은혜의 선물이다". *Du voile des vierges*, chapitre

X, in *Œuvres de Tertullien*, tome III, Eugène-Antoine de Genoude, seconde édition, 1852, 프랑스어 번역본.

138) Tertullien, *Du voile des vierges*, chapitre VII, *ibid*.

139) 같은 책, XI장.

140) 페로의 이 동화는 바실레가 죽고 난 뒤인 1634년에 출판된 나폴리 지역의 동화집 《펜타메로네(Pentamerone, 동화들의 동화)》에 실려 있는 〈해와 달과 탈리아(Sole, luna e Talia)〉에서 영감을 받은 것이다(제5권: 다섯째 날, 다섯 번째 여흥).

141) Giambattista Basile, 〈Le Soleil, la Lune et Thalie〉, *Pentamerone*, journée V, conte 5. 위키소스에서 사용할 수 있음

142) "여자가 다른 육체관계의 상대를 가지면 비난을 받지만, 남자의 경우는 반대로 이런 상대가 많을수록 정력과 같은 말이 된다. 이는 완전히 보편적인 현상이어서, 내가 도덕적 할례(excision morale) 또는 할례(excision)라고 부르는 것은 여성의 육체적 즐거움을 인정하지 않음을 의미하고 있다. …사람들이 여성들이 즐기는 것을 방해하고, 성적 절정을 느끼는 것을 방해한다면, 이는 여성들이 세상을 즐기고, 시민권을 누리고, 소유권을 방해하는 것이다. 여자 자신이 누군가가 소유하는 물건이 된다면, 여자는 소유자가 될 수 없다. 따라서 오늘날 우리가 요구해야 하는 것은, 여성이 자신의 몸에 주권을 가질 수 있는 평등이다. 사람들이 여자들의 이를 인식하지 못한다면, 나머지를 안다고 해도 아무 소용이 없다." Raphaël Liogier, 앞의 책.

143) 피에르 카바니스는 "인간 조직에 대한 지식과 체액, 나이, 성, 기후, 질병이 신체의 배치에 가져올 수 있는 변형은 사유와 도덕의 형성과정을 극명하게 보여주고 있다"라고 했다. 앞의 책, 첫 번째 논문, 71쪽.

144) "자신의 약점을 알고 있는 여자는, 많은 사유가 필요한 때가 되면 이런 것이 자신을 위해 만들어지지 않았음을 잘 알고 있다." Pierre Cabanis, 앞의 책, 5번째 논문, 357쪽.

145) Pierre Roussel, *Système physique et moral de la femme*, 1775.

146) Pierre Cabanis, 앞의 글, 5번째 논문, 341-342쪽.

147) 같은 글, 5번째 논문, 374쪽.

148) Julien-Joseph Virey, *De la femme sous ses rapports physiologique, moral et littéraire*, Éditions Crochard, p. 424, 1823

149) Julien-Joseph Virey, 앞의 책.

150) "이러한 여자들은 보는 것은 어렵지 않은데, 쉽게 확인할 수 있는 여러 가

지 이유로 해서, 여자들은 이런 유형의 신경 질환에 훨씬 잘 걸리기 때문이다. 그녀들이 증기를 쐬면, 그녀들이 원래는 갖지 못했던 통찰력, 지적 능력, 사고력의 상승, 말솜씨가 생기는 경우가 종종 있다. 그리고 건강을 되찾게 되면 질병이 사라진다는 좋은 점도 있다.", Pierre Cabanis, *Rapports du physique et du moral de l'homme*, 첫 번째 논문, 1798.

151) Cesare Lombroso et Guglielmo Ferrero, *La Donna delinquente, la prostituta e la donna normale*(1893). *La Femme criminelle et la Prostituée*, Jérôme Millon, p. 157, 1991라는 제목으로 번역된 프랑스어판.

152) *Dictionnaire des sciences médicales*에 실려 있는 줄리앙-조셉 비레이의 "남자(Homme)" 항목 발췌문.

153) 같은 글.

154) Pierre Cabanis, 앞의 글, 367쪽.

155) "학식 있는 여성은 대체로 아는 것이 없다. 그녀들은 사물과 사상 모두를 뒤죽박죽으로 만들어서 혼동한다." 같은 글, 368쪽.

156) 같은 글, 369쪽.

157) "무기를 잡고, 연단에서 설교하거나 집회에서 연설한다.", 같은 글, 369쪽.

158) Jean-Jacques Rousseau, *Émile ou De l'éducation*, tome IV, Livre V, p. 475, 1782. 위키소스에서 사용할 수 있음.

159) Pierre Joseph Proudhon, *De la justice dans la Révolution et dans l'Église*, tome I, 1858.

160) 같은 글.

161) Charles Darwin, *On the Origin of Species by Means of Natural Selection (Sur l'origine des espèces au moyen de la sélection naturelle)*, 1859.

162) Charles Darwin, 〈인간의 신체 적합성(Conformation corporelle de l'homme)〉, in *La Descendance de l'homme et la Sélection sexuelle*, Edmond Barbier, C. Reinwald 번역, 1891. 갈리카에서 사용할 수 있음.

163) Charles Darwin, 〈인간의 2차적 성 특징(Caractères sexuels secondaires chez l'homme)〉, 같은 책.

164) Charles Darwin, 〈남녀의 능력 차이(Différence dans les facultés des deux sexes)〉, 같은 책, 615쪽~618쪽.

165) 같은 글.

166) 같은 글.

167) 예를 들어 찰스 다윈은 예술과 학문에서 뛰어난 여성이 적다는 것을 근거

로 하여 "남녀의 지적 능력에서 가장 큰 차이를 만드는 것은 남자가 도달하는 지점에, 여자는 그 어떤 분야에서도 도달할 수 없다는 점이다. 이를테면, 계획을 실행하는 데 필요한 본질이나 깊이 있는 생각, 사유, 상상력도 그렇고, 심지어 단순한 감각이나 손을 사용하는 일도 그렇다"고 말했다. 같은 글.

168) "여자가 남자와 동등해지려면, 여자가 성년이 되었을 때, 에너지와 인내심을 훈련받고, 이성과 상상력이 더 높은 수준으로 발휘해야 한다. 그렇게 되면 여자들은 이러한 자질을 모든 후손에게 물려줄 수 있을 것이고, 특히 성년이 된 딸들에게 물려줄 수 있을 것이다. 이 계획에 따라 모든 계층의 여자들이 향상되려면 한 가지 조건이 필요하다. 더 높은 수준의 미덕을 가진 여성들이 다른 여성보다, 여러 세대에 걸쳐서 후손을 더 많이 낳아야 한다.", 같은 글.

169) 찰스 다윈 국제연구소의 웹사이트에 실린 패트릭 토트(Patrick Tort)의 주장으로, 그는 이 기관의 학술 소장이다. 《다윈주의와 진화 사전(Dictionnaire du darwinisme et de l'évolution)》, vol. 2, PUF, 1996의 1638~1642쪽에 있는 〈여성(Femmes)〉과 *L'Effet Darwin*, Seuil, 2008을 참조했다.

170) 이것은 다윈의 이론에 반대하는 독일의 인종차별주의자 프란츠 프루너-베이(Franz Pruner-Bey)와 사무엘 모턴(Samuel Morton)의 입장이다. 사무엘 모턴은 미국의 의사로, 머리뼈의 측정치를 가지고 이른바 '객관적으로' 인종을 분류하고자 했다. 그는 '백인종(코카서스 인종)', 특히 튜턴족과 앵글로색슨족은 머리뼈가 크기 때문에 뇌도 클 것이라 주장했다. 따라서 이들이 다른 '인종'보다 지능 면에서 우월하다고 결론 내렸다. Samuel G. Morton, *Crania Americana; or A Comparative View of the Skulls of Various Aboriginal Nations of North and South America. To Which is Prefixed an Essay on the Varieties of the Human Species*, J. Dobson, 1839; et Samuel G. Morton, *Crania Aegyptiaca. Observations on Egyptian Ethnography, Derived from Anatomy, History, and the Monuments*, J. Penington, 1844.

171) Samuel G. Morton, *An Illustrated System of Human Anatomy. Special, General and Microscopic*, Grigg, Elliot and Co, 1849.

172) Carl Vogt, *Leçons sur l'homme. Sa place dans la création et dans l'histoire de la terre*, C. Reinwald, p. 250-252, 1865.

173) Georges Romanes, 〈Mental Differences Between Men and Women〉, *Popular Science Monthly*, n°31, 1887. Bettyann Kevles, *Females of the Species: Sex and Survival in the Animal Kingdom*, Cambridge, MA: Harvard University Press, p.

8-9, 1986에서 발췌 인용함.
174) 여성과 '인종'에 대한 이와 같은 몇몇 생각으로 논란의 여지가 매우 크지만, 군중 행동의 전문가로서는 유명하다. Gustave Le Bon, *Psychologie des foules*, 1895.
175) Gustave Le Bon, *Les Lois psychologiques de l'évolution des peuples*, 1894.
176) Gustave Le Bon, 〈La psychologie des femmes et les effets de leur éducation actuelle〉, *Revue scientifique*, n° 46 (15), p. 449-460, 1890.
177) Gustave Le Bon, *Les Lois psychologiques de l'évolution des peuples*, 1894; Stephen Jay Gould, *La Mal-mesure de l'homme*, Odile Jacob, p. 138-140, 1996에서 인용.
178) Émile Durkheim, 〈La prohibition de l'inceste et ses origines〉, *Année sociologique*, vol. I, p. 1-70, 1897. 1969년에 복간된 《사회학 저널(Journal sociologique)》, PUF, p. 37-101.
179) Simone de Beauvoir, *Le Deuxième Sexe*, tome I, Gallimard, 〈Idées〉, p. 285-286, 1949.
180) Éric Fassin, 〈L'empire du genre. L'histoire politique ambiguë d'un outil conceptuel〉, *L'Homme*, 3-4 (n° 187-188), p. 375-392, 2008.
181) Judith Butler, *Trouble dans le genre. Le féminisme et la subversion de l'identité*, La Découverte, p. 109, 2006.
182) Christine Guionnet et Érik Neveu, *Féminins/masculins. Sociologie du genre*, Armand Colin, 2014.
183) 꽤 의미 있는 방식으로, 프로이트는 '검은 대륙'의 여성의 성생활을 규정했다. Die Frage der Laienanalyse, Raymond Corbey, 〈Freud et le Sauvage〉 *in Des sciences contre l'homme*, vol. 2, Autrement, p. 97, 1993가 인용함.
184) Élisabeth Roudinesco et Michel Plon, *Dictionnaire de la psychanalyse*, Fayard, 2011.
185) Christine Vidal, *Hommes, femmes: avons-nous le même cerveau?*, Le Pommier, 2007.
186) Lise Eliot, *Cerveau rose, cerveau bleu*, Robert Laffont, 2011.
187) 《아이리시 타임스(The Irish Times)》 2013년 4월에 발간된 〈젠더는 사회적으로 구성되지 않는다(Gender is not a social construct)〉라는 논문에서 미국의 윌리엄 리빌(William Reville)은 출생 전 호르몬의 영향과 2004년에 사망한 캐나다의 다비드 라이머(David Reimer)의 사례를 언급하고 있다. 라이머는

성 정체성이 다시 설정된 사례로, 생물학적 성 정체성을 무시당하고 생후 22개월부터 어린 여자아이로 양육됐다. 그러나 본인을 항상 남자아이로 생각했다. 그의 사례는 성 의학자 존 머니(John Money)가 밀착 관찰했는데, 머니는 성적 정체성은 타고날 뿐만 아니라 습득과 교육으로 만들어진다고 본다.

188) Stephen Jay Gould, *La Mal-mesure de l'homme*, 앞의 책.
189) 바울의 〈에페소인들에게 보낸 편지〉 5장 21~24절. "여러분은 그리스도를 공경하는 정신으로 서로 복종하십시오. 아내 된 사람들은 주님께 순종하듯 자기 남편에게 순종하십시오. 그리스도께서 당신의 몸인 교회의 구원자로서 그 교회의 머리가 되시는 것처럼 남편은 아내의 주인이 됩니다. 교회가 그리스도께 순종하는 것처럼 아내도 모든 일에 자기 남편에게 순종해야 합니다." 프랑스어권 국가를 위한 교회전례협회 디지털 번역본.
190) "여자는 조용히 복종하는 가운데 배워야 합니다. 나는 여자가 남을 가르치거나 남자를 지배하는 것을 허락하지 않습니다. 여자는 침묵을 지켜야 합니다. 먼저 아담이 창조되었고 이브는 그다음에 창조된 것입니다. 아담이 속은 것이 아니라 이브가 속아서 죄에 빠진 것입니다." 바울의 〈디모테오에게 보낸 첫째 편지〉 2장 11~14절. 프랑스어권 국가를 위한 교회전례협회 디지털 번역본. 유대교를 믿었던 고대 로마의 역사가 플라비우스 요세푸스(Flavius Josèphe)는 "율법이 말하기를 여자는 모든 면에서 남자보다 열등하다. 그러므로 여자는 모욕을 당하기 위해서가 아니라 관리를 받기 위해 복종해야 한다. 이는 신이 남자에게 준 권능이기 때문이다." *Contre Apion* II, 201. 93년경에 작성된 문서.
191) "여자는 교회 집회에서 말할 권리가 없으니 말을 하지 마십시오. 율법에도 있듯이 여자들은 남자에게 복종을 해야 합니다." 〈고린토인들에게 보낸 첫 번째 편지〉 14장 34절, 프랑스어권 국가를 위한 교회전례협회 디지털 번역본.
192) "시키는 대로 하지 않는 여자는 인연을 끊고 보내 버려라." 〈집회서〉 25장 26절.
193) "그리고 너는 이스라엘 백성에게 일러두어라. 누구든지 아들 없이 죽으면 그의 유산을 딸에게 상속시켜라. 딸마저 없으면 그의 유산을 친형제들에게 상속시켜라. 형제도 없으면 그 유산을 삼촌들에게 상속시켜라. 삼촌도 없으면 문중에서 그와 가장 가까운 친척에게 그 유산을 상속시켜라. 그것은 그의 차지가 될 것이다. '나 야훼가 모세에게 내리는 이 명령은 이스라엘 백성이 지킬 법규이다.'" 〈민수기〉 27장 8~11절, 프랑스어권 국가를 위한 교회전

례협회 디지털 번역본.
194) 코란 IV장 34절.
195) 심지어 일부 구절은 "신들은 여자가 존경하거나 존중받을 때만 기뻐하며, 그렇지 않으면 다른 모든 영적인 행위가 쓸모없이 된다"고 말한다.
196) 한 명 또는 여러 명의 브라만이 이상적인 사회를 위해 지켜야 할 규칙을 정해 운문으로 쓴 법전이다.
197) "그들이 번성을 바란다면, 여자는 아버지, 남자 형제, 남편, 시댁의 남자 형제들로 존중을 받아야 하고, 이들이 있어야 한다. 여자가 존중을 받으면 신은 만족한다. 여자가 존중을 받지 못하면 모든 공양이 헛되다. 여자가 불행한 가족은 아주 빠르게 시들어버린다. 그렇지 않은 가족은 늘 번성을 누린다. 자신들의 번영을 걱정하는 남자들이라면 축제일과 의식에서, 여성들에게 장신구와 옷, 맛있는 것을 제공하고, 늘 여성을 존중해야 하는 이유다.", 《마누 법전》 제3장, 55~59절, Georges Strehly의 1893년 산스크리트 번역본과 Marc Szwajcer의 디지털 책.
198) "여자아이, 젊은 여자, 나이 든 여자 그 누구도, 자신만의 권력을 행사해서는 안 된다. 자신의 집에서도 안 된다. 여자는 어렸을 때는 아버지에게 의지하고, 젊어서는 자신의 남편에게 기대야 하며, 만일 남편이 죽었거든 아들에게 의존해야 한다. 여자는 절대로 독립을 누려서는 안 된다. 여자는 아버지나 남편, 자녀들과 떨어지기를 원하면 안 된다. 이들과 헤어지면 여자가 양쪽 집안을 불명예스럽게 만들기 때문이다.", 《마누 법전》 5권, 147~149절, 같은 책; "여자는 밤낮으로 집안의 남자들(남편과 다른 남자들)에게 자신의 자유를 맡겨야 한다. 여자가 감각의 대상에 (너무) 집착하면 사람들이 그녀들을 권위로 잡아야 한다. 어렸을 땐 아버지가 그녀들을 보호해주고, 젊은 시절에는 남편이 보호해주며, 늙어서는 아들이 그녀들을 보호해준다. 여자는 절대로 독립해서는 안 된다."《마누 법전》 9권, 2~3절, 같은 책.
199) 《마누 법전》 5권, 154절, 같은 책.
200) 고대 그리스의 철학자이자 장군이었던 크세노폰(Xénophon, 기원전 430년경~기원전 355년)은 여자를 철저하게 감독해야 한다고 생각했다. "내가 그녀를 부인으로 삼으리라고 그 누가 알 수 있었겠는가, 소크라테스? 그녀가 내게 왔을 때는 15살이 채 안 되었고, 그 이후 몇 년을 면밀하게 감독을 받으면서 지냈다. 가능한 한 가장 적게 보고 듣고 말하도록 말이다."《가정론(Économique)》.
201) "사람이 집안의 모든 가축을 지배하는 것이 좋다. 이렇게 해서 가축이 살

아남을 수 있기 때문이다. 마찬가지로 남녀의 관계는 당연히 남자가 우수하고 여자는 열등하니, 남자가 이끌고 여자가 따라가는 것이다.", 아리스토텔레스, 《정치학》, 10-14, 1254b, Loeb Classical Library.

202) "이처럼 자유민 남자가 노예뿐 아니라 여자와 아이들도 지배한다. 그리고 영혼의 본질은 모든 생명체에 있지만, 그 정도는 모두 다르다. 노예는 숙고(熟考)가 전혀 없다. 여자는 숙고가 있기는 하지만 권위가 부족한 형태다. 그리고 어린아이는 그것을 미숙한 형태로만 가지고 있다." 아리스토텔레스, 《정치학》, II권, 5, 1260a, Loeb Classical Library, 45쪽.

203) 아리스토텔레스, 《정치학》 VIII권, A, 1337a, Loeb Classical Library.

204) "인간은 필연적으로 정치적인 사회보다 부부로 살고 싶어 하는데, 특히 가족이 도시보다 앞서 만들어졌고, 도시보다 더 필요하다. 그리고 모든 생명체의 번식은 일반적이다. 그러나 다른 생명체의 결합은 더 멀리 가지 않지만, 남자는 출산만을 위해서가 아니라, 생존에 필요한 것을 찾고자 여자와 결합하는 것이다. 그래서 결합이 끝나는 즉시 일이 나뉘어서, 일부는 남자에게 가고 다른 일부는 여자에게 가는 것이다." 아리스토텔레스, 《니코마코스 윤리학(Éthique à Nicomaque)》, Jean Voilquin 번역본, Classiques Garnier, 1961, VIII, leçon 12, 7.

205) 그는 90년에서 127년 사이에 16편의 시를 지었고 그의 작품은 《풍자(Satires)》라는 책으로 모았는데, 중세시대에 아주 인기가 있었다.

206) "귀족이건 그렇지 않건, 방탕한 여자들은 모두 몰려든다. …적어도 남자들은 앞날을 대비할 줄 안다. 그래서 가장 현명한 남자들은 개미처럼 추위와 허기를 두려워하게 된다. 그러나 여자는 재물이 없어지고 있음을 전혀 느끼지 못한다. …휴전이나 휴식 없이 그녀가 새총처럼 아주 빠른 생략 삼단논법을 던지게 하지 말라. 여자는 책을 읽기는 하나 아주 적게 읽고, 심지어 제대로 이해하지도 못한다. 아! 내가 현자 팔레몬(Palemon)의 글씨체 위에 있는 검은 악마 같은 휨새를 얼마나 싫어했던가. 문장을 계산해서 말하고, 옛날 저자들을 찾아내서 고대를 말하는 그녀들! 촌스러운 차림새로, 그녀는 남자의 입으로는 알아차리기도 힘든 잘못을 지적한다. 사람을 질리도록 만드는 우아함! 남편이 문법의 규칙쯤 어기면 어떤가!" Juvénal, *Satire VI, Les femmes*.

207) "율법처럼 자연도 여자를 남자에 대해 복종하는 상태로 둔다." Irénée de Lyon, *Contre les hérésies*, Livre III, Fragment 32.

208) "남자가 여자를 다스리는 것이, 반대의 경우보다 자연의 질서에 맞는다

는 것은 의심의 여지가 없다. 이것이 사도들이 세운 원칙에도 맞는다. "여자의 머리는 남자다"라고 했고, "여자들이여, 남편에게 순종하라"고 했다. 성 베드로도 "사라(Sara)도 아브라함에게 순종했고, 그를 주인이라고 불렀다"라고 썼다. 성 아우구스티누스, 《현세의 쾌락에 대한 욕망에 대해(De la concupiscence)》, 1권, 10장. "사람들 사이에서, 여자가 남편과 아이를 섬기는 자연의 질서에서 온 것이다. 이것은 (원칙에 따라서) 더 작은 것이 더 큰 것을 섬기는 일이 옳기 때문이다. …더 약한 뇌가 더 강한 뇌를 섬기는 것은 자연적으로도 정의임을 보여준다. 이것은 노예와 주인의 관계에서도 뚜렷하게 증명되는데, 주인이 생각이나 힘에서 노예보다 뛰어나기 때문이다. Saint Augustin, *Questions sur l'Heptateuque*, Livre I, chapitre 153.

209) Antonius de Butrio, *Commentaria*, II, fol. 89r. John Wijngaards의 라틴어 번역본, l'institut Wijngaards pour la recherche sur le catholicisme.

210) 특히 1140년부터 1150년 사이에 제정된 그라티아누스 교령집(décret de Gratien)은 1234년에 교회법이 되었으며, 1582년부터 1917년까지 시행된 《교회법대전(Corpus Juris canonici)》의 기초가 되었다.

211) *Corpus Juris canonici in l'Abbé André, Droit Canon*, vol. 2, col. 75, 1859.

212) Annie Jaubert, *Les Femmes dans l'écriture*, Cerf, 1992.

213) 초판이 나온 이후 1486년에서 1669년까지 라틴어로 30쇄를 더 찍었다.

214) 영국의 알란 맥팔레인(Alan Macfarlane, *Witchcraft in Tudor and Stuart England*, 1970): 미국의 에드워드 윌리엄 몬터(Edward William Monter, *Witchcraft in France and Switzerland: The Borderlands During the Reformation*, 1976): 프랑스의 로베르 데시몽(Robert Descimon, *Qui étaient les Seize? Mythes et réalités de la Ligue parisienne, 1585-1594*, Librairie Klincksieck,1983).

215) Mary Daly, *Gyn/Ecology: The Metaethics of Radical Feminism*, Beacon Press, 1978.

216) Silvia Federici, *Caliban et la sorcière. Femmes, corps et accumulation primitive*, Entremonde, p. 253, 2014.

217) Jules Michelet, *La Sorcière*, 1862.

218) Chritina Larner, *Witchcraft and Religion: The Politics of Popular Belief*, Blackwell, 1984.

219) Alison Rowlands, 〈Witchcraft and Gender in Early Modern Europe〉 *in The Oxford Handbook of Witchcraft in Early Modern Europe and Colonial*

      America, Oxford University Press, p. 449-467, 2013.
220) Pierre Cabanis, *Rapports du physique et du moral de l'homme*, 5번째 논문.
221) 같은 책, 첫 번째 논문, p. 278.
222) Julien-Joseph Virey, *De la femme sous ses rapports physiologique, moral et littéraire*, 1823
223) Pierre Cabanis, 앞의 책, 5번째 논문, 358쪽.
224) Julien-Joseph Virey, 앞의 책.
225) 《파리의 가정(Le Ménagier de Paris)》은 당시 서지학자였던 1846년에 제롬 피숑(Jérôme Pichon) 백작이 처음 발간했다. 원래 1393년 어느 파리 남자가 자신의 부인을 교육하려고 만든 책으로, 도덕과 가정경제학에 대한 이론을 담고 있다.
226) "하나님의 계명은 여성이 주님에게 하듯이 남편에게 순종하라고 하신다. 예수 그리스도가 교회의 수장이듯이, 남편도 아내의 수장이기 때문이다. … 우리가 성경에서 읽듯이, 이브는 복종하지 아니하고 오만하게 굴어서, 그녀뿐 아니라 그녀의 후손들도 하나님께 저주를 받았다. 기록에 따르면, 그녀가 죄를 짓기 이전에는, 여자가 남자로부터 그의 갈비뼈로 만들어졌어도 전혀 예속되지 않다가, 조금씩 천천히 복종하게 되었다고 했다. 그러나 신의 저주를 받은 이후, 그녀가 필요했기에 남편에게 완전히 복종하게 되었다. 그녀가 원하건 원치 않건 그녀의 후손들은 고통을 겪게 되었고 남편이 원하는 것에 복종하게 되었다. 이것은 그녀들의 계명으로 받아들여질 것이다.", Jérôme Pichon, *Le Ménagier de Paris*., I권, 1부-구별, 6조, 1846.
227) 이 책에는 요리법도 들어 있어서 20세기와 21세기에 재해석되고 있다.
228) Jérôme Pichon, 앞의 책, I권, 1부, 7조.
229) 같은 책, III권, 2부, 1조.
230) *Dictionnaire raisonné des sciences, des arts et des métiers*의 "여성(인류학)" 항목에서 저자인 의사 폴-조셉 바르테즈(Paul-Joseph Barthez)는 해부학자만 여자를 손상된 남자라고 본 것이 아니라고 하면서, 15세기의 이탈리아 철학자 마르실리오 피치노(Marsile Ficin)를 인용하며 "플라톤 철학자들도 비슷하게 생각하고 있었다"고 했다. 특히 고대 그리스-로마 시대 철학자 플로티노스(Plotin, 205~270)의 《엔네아데스(Ennéade)》 3권의 제2부가 그렇다. *L'Encyclopédie*, 1re éd., 1751, tome VI, p. 469. 위키소스에서 사용할 수 있음
231) 극작가인 조셉-프랑수아-에드워드 코르상블뢰 시에르 드 데마이(Joseph-François-Édouard de Corsembleu Sieur de Desmahis)가 집필함, *L'Encyclopédie*,

1re éd. 1751, tome VI, p. 472.

232) "여성(법률학)" 항목에서 이렇게 제안하고 있다. "일반적으로 여성들의 조건은 엄밀한 의미의 남자의 조건과 어쨌든 다르다. …남자들은 성적인 특권과 체질의 힘으로, 자연스럽게 모든 종류의 직무에 참여할 수 있다. 반면 여성들은 성적인 연약함과 천성적인 예민함으로 인해 여러 가지 직무에서 배제되거나 일부 참여가 불가능하다. …여성들은 주교직이나 다른 혜택을 가질 수 없고, 크건 작건 간에 성직자가 될 수 없다. …프랑스와 같은 일부 군주제 국가에서, 딸은 기혼이건 혹은 미망인이 되었건 간에 왕위를 물려받을 수 없다. 여성은 군인이 될 수도 없고 예외적으로 특별한 예우를 받는 경우를 제외하고는 훈장을 받을 수도 없다. 왕국 전체가 따르고 있는 로마법에 따르면, 여성은 공직을 담당할 수 없다. 따라서 여성은 판사가 될 수 없고, 어떤 행정직을 맡을 수 없으며, 변호사나 검사의 직무도 맡을 수 없다. …사람들은 속된 말로 증인이 되려면 여자 2명이 있어야 한다고 한다. 그렇다고 해서 여성의 증언이 남성의 것과 대비해서 산술적으로 계산되는 것도 아니다. 그저 여성의 증언은 대체로 가볍고 변하기 쉽다는 것이 근거가 되는 것이다. … 기혼 여성은 혼인이라는 신성한 계약으로 한 남자와 부부가 된다. 혼인 상태에서 여성이 어떤 방식으로 인정되어야 하는가에 대해서는, 몇몇 비평가들이 여성에 대해 부정적으로 쓴 비평에 의존하지 않을 수 없다. 우리가 참조할 수 있는 가장 순수한 자료는 성경이다. …이처럼 구법이나 신법을 따라도 기혼 여성은 남편에게 순종해야 한다. 그녀는 남편에게 헌신(in scaris mariti), 다시 말해 남편에게 복종해야만 하는 것이다. 여성이 현재 상태의 의무를 소홀히 한다면, 남편은 부인을 당연히 바로잡을 수 있다. …남편이 아내에게 갖는 힘의 본질적인 효과는, 아내가 남편에게 순종해야 하고, 자신의 소유인 지참금이 아닌 재산에 대한 것이 아니라면, 남편의 동의나 허락 없이는 재산이 없다는 것이다." Chevalier de Jaucourt, *L'Encyclopédie*, 1re éd., 1751, tome VI, p. 471.

233) ⟨Femme(Droit nat.)⟩, Chevalier de Jaucourt, 같은 책, p. 475-477

234) Pierre Cabanis, 앞의 책, 2번째 논문, 6장

235) 체사레 롬브로소는 이것이 "열등한 특성"을 가진 사람들 사이에서 "잠재적인 범죄성"에 유리하게 작용한다고 보았다. Dvora Groman et Claude Faugeron, ⟨La criminalité féminine libérée: de quoi?⟩, *Déviance et société*, 3-4, p. 363-376, 1979에 인용됨.

236) 기사 조프루아 드 라 투르 랭드리(Geoffroi de La Tour Landry)가 1371년에

서 1373년 사이에 집필한 유명한 《딸을 위한 교육서(Livre pour l'enseignement de ses filles)》를 보라. 그는 자신의 딸들을 위해 이 책을 썼다.

237) Christine de Pisan, *La Cité des dames*, I, XXXIII, 1405. Traduction de Thérèse Moreau et Éric Hicks, Stock, 1986.

238) Germaine de Staël, *Delphine*, 1802; *Corinne ou l'Italie*, 1807.

239) Germaine de Staël, *De la littérature considérée dans ses rapports avec les institutions sociales*[1800], in *Œuvres complètes* de madame la baronne de Staël-Holstein, volume 1, p. 305, 1844. 갈리카에서 사용할 수 있음.

240) Sylvain Maréchal, *Projet de loi portant défense d'apprendre à lire aux femmes*, 1801. 위키소스에서 사용할 수 있음. 철학가 제너비에브 프레스(Geneviève Fraisse)가 *Muse de la raison. Démocratie et exclusion des femmes en France*, Gallimard, 〈Folio〉, 1995에서 인용한 저자.

241) Jules Michelet, 〈Pourquoi l'on ne se marie pas〉, *La Femme*, 1860. 위키소스에서 사용할 수 있음

242) 같은 책, 주 4, 〈La femme dans la société〉.

243) 1836년 6월 23일 조셉 펠레 드 라 로제르(Joseph Pelet de la Lozère) 교육부 장관이 발표한 칙령은 코뮌마다 여자아이를 위한 초등학교를 적어도 한 곳을 마련하라고 권고했다면, 1850년 3월 15일의 팔루(Falloux) 법은 800명 이상이 거주하는 코뮌에서 여자아이를 위한 초등학교 한 곳을 세우라고 목표를 설정했다.

244) 1861년 언론인 줄리-빅투아르 도비에(Julie-Victoire Daubié, 1824~1874) 등 여럿의 지지 덕분에, 여성이 최초로 프랑스 고등학교 졸업 자격 및 대학 입학 자격을 받았다(리옹, 자유 응시생en candidate libre). (자유 응시생이란 고등학교 졸업생이 아닌 일반인 응시자를 말한다-옮긴이).

245) 1862년 10월 1일, 엘리자 르모니에(Élisa Lemonnier, 1805~1865)가 소녀들을 위한 직업학교를 처음으로 열었다. 재봉학교였다!

246) André Léo, *La Femme et les mœurs: monarchie ou liberté*, 1869. 갈리카에서 사용할 수 있음. 오늘날에도, 아이가 자신이 어떻게 태어났는지 물어보면 "아빠가 엄마 뱃속에 작은 씨앗을 심었기 때문이야"라는 식으로 대답한다. 마치 여성이 단지 씨받이에 불과한 것처럼 말이다.

247) 파리인류학회에 여성으로서 처음 가입했고(1870), 찰스 다윈의 《종의 기원》을 프랑스어로 번역하여 그의 사상을 알린 것으로도 유명하다.

248) Clémence Royer, *Introduction à la philosophie des femmes: cours donné à*

Lausanne: leçon d'ouverture, 1859[온라인].

249) 쥘 페리(Jules Ferry)는 몰리에르 홀에서 "모든 계급을 위한 교육의 평등을 주장하는 것은, 절반만 하기 위한 것이 아닙니다. 나는 남녀 모두를 위해 이러한 평등을 요구합니다"라고 연설했다(Jules Ferry, *Discours et opinions*, Armand Colin, 1893. 갈리카에서 사용할 수 있음). 페리는 교육과 예술부에 들어오자마자 세브르(Sèvres)에 여성사범학교를 만들고 여성의 교수 자격증을 만들었다. 이는 1879년 8월 9일부터 시행된 폴 베르(Paul Bert) 법과 관련이 있는데, 이 법에서는 '검은 경비병'(사범학교 학생들이 검은색 긴 코트를 입고 다녀서 붙은 별명-옮긴이)으로 불리던 교사를 양성하기 위해 각 도(道)에 남자 사범학교뿐 아니라 여자 사범학교를 의무적으로 만들도록 했다. 1년 뒤 그는 여자 공립고등학교를 세웠다(1880년 12월 21일 발표된 하원의원 카미유 세Camille Sée 법). 교육학자 옥타브 그레아르(Octave Gréard)가 이 계획을 열렬히 지지했는데, 그는 1882년 드라랭 프레르 출판사(Delalain Frères)에서 간행된 《여성을 위한 중등교육(L'Enseignement secondaire des filles)》의 저자다.

250) 여전히 그가 주도해 1881년에서 1882년에 제정된 법으로 6살에서 13살까지의 아이들을 위한 초등학교가 만들어졌는데, 교육은 무상이고 의무이며 종교에서 분리된 것이었고, 여자아이들과 남자아이들을 분리하지 않았다.

251) 1880년 1월 24일 카미유 세가 의회에서 한 연설, in *Lycées et collèges de jeunes filles*, Cerf et Fils, p. 191-192, 1888.

252) 장-자크 루소는 여자에게 가장 중요한 자질은 온화함이라고 했다. "여자는 정신력, 활력, 용기, 자기희생이 부족하다. 그러나 그녀들은 어머니이기에 헌신적이고 예민하다." 《에밀(Émile ou De l'éducation)》, 1762.

253) Jean-Jacques Rousseau, *Lettre à d'Alembert*, 주 XX.

254) "일반적으로 성, 또는 이른바 아름다운 성은 사람들이 여성에게 주는 수식어이고, 이것을 그녀들에게서 떼어내려고 하지 않는다. 그녀들이 세상을 꾸며주는 역할을 주로 하기 때문이다. 여성 특유의 상태에 어울릴 것들, 다시 말해 겸손, 자제, 온화, 연민, 그리고 부드러운 영혼의 미덕에 이르기까지, 이 마땅한 칭호에 어울릴 만한 것들이 모두 모이기를. 음악, 캔버스에 색조를 배합하는 예술은 여성들에게 어울리는 오락거리다. 그러나 그녀들의 정신을 배양하는 것이 한층 더 중요하고 본질적이다. 한편으로 여성들의 행복한 생식 능력은 사랑과 은총을 영원하게 한다. 사회는 그녀들에게 정중함과 가장 섬세한 취향을 빚지고 있다. 그녀들은 평화로운 시민이 가장 아

끼는 기쁨을 만들어준다. 순종하는 신중함과 보잘것없고 서툰 기술로 그리고 예술도 없이, 그녀들은 미덕을 고무시키고, 행복한 느낌을 되살아나게 해주고, 인간의 삶에서 일어나는 모든 일을 부드럽게 만들어준다. 이러한 것이 영광이며, 이러한 것이 아름다운 성의 힘이다." 〈성(도덕)〉 항목, Louis de Jaucourt, *L'Encyclopédie*, 1re éd., 1751, tome XV, p. 138. Disponible sur Wikisource).

255) Odile Roynette, 〈La construction du masculin. De la fin du xixe siècle aux années 1930〉, *Vingtième Siècle. Revue d'histoire*, n°75, p. 85-96, 2002/3.

256) Sandra Puccini, 〈La femme ou l'humanité inachevée〉 in, Claude Blanckaert, *Des sciences contre l'Homme*, vol. 1, Autrement, 〈Série Science et société〉, 8, p. 50-63, 1993.

257) Colette Guillaumin, *L'Idéologie raciste, genèse et langage actuel*, Gallimard, 〈Folio essais〉, 2002.

258) 같은 책, p. 50.

259) 파리 코뮌(1871년 파리 시민들이 세운 사회주의 자치정부-옮긴이)의 정부 검사 피에르-가스파 쇼메트(Pierre-Gaspard Chaumette)가 부르짖듯이 말이다. Comme Olivier Blanc, *Marie-Olympe de Gouges. Une humaniste à la fin du xviiie siècle*, Éditions René Viénet, 2003에서 인용.

260) 조르주 상드(George Sand)의 *De la justice dans la Révolution et dans l'Église*, tome 1.의 예.

261) Pierre Joseph Proudhon, *Avertissement aux propriétaires ou lettre à M. Considerant, rédacteur de la Phalange sur une défense de la propriété*, troisième mémoire sur la propriété, p. 80, 1841. 갈리카에서 사용할 수 있음.

262) "따라서 나는 지금 여성의 해방에 갈채를 보내는 것이 아니라, 오히려 이와 반대로 여성을 가둬둘 필요가 있다면 그렇게 할 것이다.", Pierre Joseph Proudhon, 같은 책, p. 79.

263) Arthur Schopenhauer, *Essai sur les femmes*, 1851.

264) "고대 그리스 여성의 위치를 생각해보자. 꽤 괜찮았다. 현재 상태는 중세 봉건시대의 야만적인 잔재가 남아 있어서 인위적이고 부자연스럽다. 여성은 자신의 가정을 돌봐야 한다. 우리는 그들을 잘 먹이고 잘 입히지만, 사회의 일에 참여하게 해서는 안 된다. 그녀들도 종교에 대해서 알아야겠지만, 시와 정치를 알아서는 안 되고, 종교적인 책과 요리책만 읽어야 한다. 음악, 그림, 춤, 그리고 정원 가꾸기와 쟁기질을 가끔 하는 것은 괜찮다. 나는 에페

이로스(Épire)에서 여자들이 도로를 잘 관리하는 것을 보았다. 왜 건초 제조나 우유 짜는 일 말고 다른 일은 안되는 것일까?, Thomas Moore, *Letters and Journals of Lord Byron*, vol. II, p. 399, 1830.

265) 그는 카미유 클로델(Camille Claudel)의 '천재성(génie)'을 "자연에 대한 반항"이라고 3번 이상 선언했다. 그는 요한 스트린드베리(Johan Strindberg)의 반여성주의적 논제와 싸워가며, 자신의 불행한 누이인 '가난한 매춘부'의 재활이라는 형태로 매춘에 대한 수필을 썼다. Octave Mirbeau, *L'Amour de la femme vénale*, 1922; Pierre Michel, *Le Cas Octave Mirbeau: entre "gynécophobie" et féminisme*[온라인].

266) 카롤린 레미(Caroline Rémy)의 필명. 옥타브 미르보(Octave Mirbeau)는 1890년 5월 12일 《골루와(Le Gaulois)》의 찬사로 가득한 기사에 대한 감사로 이 글을 썼다.

267) 1894년 12월 9일 《르 주르날(Le Journal)》지에 실린 글에서 발췌.

268) "현대 사회에서 여성은 자기 자신이 될 수 없다. 남성들이 입안한 법률과 남성적 관점에서 여성의 행위를 판단하는 변호사와 판사가 함께 하는 배타적인 남성 사회다.", Notes pour une tragédie contemporaine, 1878년 10월 1일 로마에서 작성함.

269) Joan Wallach Scott, *Gender and the Politics of History*, Columbia University Press, 1988; Danielle Léveillé, *L'Androcentrisme en anthropologie, un exemple: les femmes inuit*, cahiers de recherche du Groupe de recherche multidisciplinaire féministe (GREMF), Université Laval, 1989.

270) Kate Millett, *La Politique du mâle*, Seuil, 1983[1969]; Christine Delphy, *L'Ennemi principal*, tome 1: *Économie politique du patriarcat*, Éditions Syllepse, 〈Nouvelles questions féministes〉, 1998.

271) Eleanor Leacock, 〈Women's Status in Egalitarian Society: Implications for Social Evolution〉, in *Current Anthropology*, vol. 19, p. 247-275, 1978.

3장 선사시대 여성의 재발견

1) 이러한 여성 개척자로 다음과 같은 사람들을 꼽을 수 있다. 프랑스의 여성 선사학자 마르트 페캬르(Marthe Péquart), 쉬잔느 드 생-마튀랭(Suzanne de Saint-Mathurin), 아네트 라밍-엉페레르(Annette Laming-Emperaire), 아를레트 르루아-구랑(Arlette Leroi-Gourhan), 드니즈 드 손느빌-보르드(Denise de

Sonneville-Bordes)가 있다. 영국에는 고고학자 메리 리키(Mary Leakey), 마거릿 머레이(Margaret Murray, 1890년대부터 이집트에서 연구)와 모드 커닝턴(Maud Cunnington)이 있다. 그리스 연구자로는 안나 아포스톨라키(Anna Apostolaki)와 세미니 파파스피리이-카루주(Semni Papaspyridi-Karouzou)가 있다. 노르웨이 연구자로는 에바 페트(Eva Fett), 벵케 슬로만(Wencke Slomann)이 있으며, 미국 연구자로는 해리엇 보이드-하웨스(Harriet Boyd-Hawes), 블랑쉬 윌리엄스(Blanche Williams)가 있다. 독일의 요한나 메스토르프(Johanna Mestorf)와 리투아니아 출신의 미국 고고학자 마리야 김부타스(Marija Gimbutas)도 당연히 빼놓을 수 없다.

2) Margarita Díaz-Andreu et Marie-Louise Sørensen, *Excavating Women. A History of Women in European Archaeology*, Routledge, 1998.

3) William A. Haviland, Dana Walrath, Harald E. L. Prins et Bunny McBride, *Evolution and Prehistory. The Human Challenge*, Wadsworth, 2007.

4) 베르겐(Bergen) 대학 박물관의 교수로 노르웨이의 철기시대에 성에 따른 역할과 지위에 관해 연구한다.

5) 1979년 노르웨인 고고학회는 "그들은 모두 남자였는가(Were they all men)?"라는 제목으로 학술대회를 개최했다. Marie-Louise Sørensen, *Gender Archaeology*, Cambridge, Polity Press, 2000.

6) 지금까지도 유명한 논문에서, 마거릿 콩키와 재닛 스펙터는 자신들의 연구 분야에 대해 페미니스트적 관점에서 비판해 정리했다(Margaret Conkey et Janet Spector, 〈Archaeology and the Study of Gender〉, in *Advances in Archaeological Method and Theory*, vol. 7, p. 1-38, 1984). 이로부터 7년 뒤, 조안 게로와 콩키는 이른바 '페미니스트 고고학' 분야의 글을 모아 책으로 펴냈다(Joan Gero et Margaret Conkey [dir.], *Engendering Archaeology.Women and Prehistory*, Wiley-Blackwell, 〈Social Archaeology〉, 1991). 이들은 6년 뒤 〈Programme to Practice. Gender and Feminism〉, *Archaeology. Annual Review of Anthropology*, vol. 26, p. 411-437, 1997을 발표했다.

7) Kelley Hays-Gilpin, 〈Feminist Scholarship in Archaeology〉, *Annals of the American Academy of Political and Social Science*, 92 (571), p. 89-106, 2000.

8) Joan Gero, 〈Sociopolitics and the Woman-at-Home Ideology〉, *American Antiquity*, vol. 50, p. 342-350, 1985.

9) Cheryl Claassen, 〈Questioning Gender: An Introduction〉, *in Exploring Gender Through Archaeology. Selected Papers from the 1991 Boone Conference*,

Madison: Prehistory Press, 1-32 (p. 4).
10) Roberta Gilchrist, *Gender and archaeology. Contesting the Past*, Routledge, 1999.
11) Bruce C. Trigger, *A History of Archaeological Thought*, Cambridge University Press, 2006.
12) Anne Augereau, *La Condition des femmes au Néolithique. Pour une approche du genre dans le néolithique européen*, mémoire d'habilitation à diriger des recherches, université Paris-I-Sorbonne, 2018.
13) Chloé Belard, *Pour une archéologie du genre. Les femmes en Champagne à l'âge du Fer*, Hermann, p. 269-270, 2017.
14) Caroline Trémeaud, *Genre et hiérarchisation dans le monde nord-alpin, aux âges du Bronze et du Fer*, BAR International Series 2912, 2018.
15) 특히 영국의 동물행동학자 리처드 도킨스(Richard Dawkins, *The Ancestor's Tale. A Pilgrimage to the Dawn of Life*, W&N, 2004)과 미국의 생화학자 앨런 윌슨(Allan Wilson et al., 〈Mitochondrial DNA and two perspectives on evolutionary genetics〉, *Biological Journal of the Linnean Society*, 26 (4), p. 375-400, 1985)과 영국의 유전학자 브라이언 스카일스(Bryan Skyles, *The Seven Daughters of Eve. The Science that Reveals our Genetic Ancestry*, W. W. Norton and Co., 2001)가 있다.
16) 구석기시대 예술은 대부분 동물을 표현한 것이며, 사람은 전체의 6퍼센트에 불과하다(Patrick Paillet, *Qu'est-ce que l'art préhistorique? L'Homme et l'image au Paléolithique*, CNRS Éditions, 2018). 인간의 모습을 표현한 그림은 500여 개로 헤아려진다(Raphaëlle Bourrillon, *Les Représentations humaines sexuées dans l'art du Paléolithique supérieur européen: diversité, réminiscences et permanence*, thèse de l'université de Toulouse-II-Le Mirail, 2009).
17) 더 자세한 내용은 라파엘 부르리옹(Raphaëlle Bourrillon), 카롤 프리츠(Carole Fritz), 조르주 소베(Georges Sauvet)가 쓴 논문을 읽어볼 것을 추천한다. 〈La thématique féminine au cours du Paléolithique supérieur européen: permanences et variations formelles〉, le *Bulletin de la Société préhistorique française*, 109 (1), 2012, p. 85-103.
18) '비너스(vénus)'는 오스트리아의 선사학자 요제프 좀바티(Josef Szombathy)가 빌렌도르프(Willendorf) 유적에서 발견된 여인상에 붙인 이름이다. 석회

암 덩어리를 조각한 것으로 일부가 붉은 황토로 덮여 있었으며, 1908년에 오스트리아에서 발견되었다. 비너스라는 단어가 함축하는 의미 때문에 부적절한 이름이다.

19) 1959년 《라스코, 그림과 새김(Lascaux, peintures et gravures)》을 집필해 1962년에 발간했다. 나중에 영문 번역본이 《구석기시대 동굴 예술의 의미(La Signification de l'art rupestre paléolithique)》(Éditions Picard)라는 제목으로 출간되었다.

20) 동굴 입구와 천정의 그림이 그려진 부분과 함께 동굴 중앙과 주변부 공간에서 발견되었다.

21) 사슴 그림으로 둘러싸인 중심부는 윤곽선 그림으로 구성되어 있다. 반대쪽에 있는 또 다른 한 쌍은 사슴과 멧돼지로 보이는데, 켈트 신화에서도 같은 동물들이 쌍을 이룬다. 중세 전설에서는 사슴과 곰이 짝을 이루고, 말과 멧돼지가 다른 짝을 이루며(예를 들어 트리스탄과 이졸데), 인도-유럽 전설에서 멧돼지와 곰이 등장한다. 이렇게 짝이 되는 한 쌍 중에 늘 같은 성을 상징하는 동물이 있다. 예를 들어서 말과 사자는 늘 남성을 상징하고 들소는 여성을 상징한다. 그러나 문화에 따라서 상징하는 성이 달라지기도 한다.

22) Raphaëlle Bourrillon, *Les représentations humaines sexuées dans l'art du Paléolithique supérieur européen: diversité, réminiscences et permanence*, 앞의 책. 마다질(Mas d'Azil) 유적에서 출토된 말 앞니에 새겨진 여인의 흉상을 추가해야 한다.

23) 로셀(Laussel) 유적(도르도뉴), 페슈 메를르(Pech Merle) 유적(로트), 쇼베(Chauvet) 유적(아르데슈) 또는 알비의 라 마들렌 유적(la Magdeleine des Albis) (타른)의 사례가 있다.

24) 그는 생리학적 사실주의 가운데 성적인 것, 비언어적인 신체 동작을 통한 의사소통, 생물학, 사회적인 것이나 병리학과 관련된 사실주의를 구별한다. Jean-Pierre Duhard, *Réalisme de l'image féminine paléolithique*, CNRS Éditions, Cahiers du Quaternaire, n°19, 1993). 그는 1996년 제롬 미롱(Jérôme Millon) 출판사에서 간행된 《구석기시대 남성 이미지의 사실주의(Réalisme de l'image masculine paléolithique)》의 저자이기도 하다.

25) '작은 크기의 여성 흉상'으로 마다질 유적(아리에주, 말의 앞니에 새김)에서 나온 것이 있고 그리말디 유적(이탈리아, 동석으로 만든 조각상)에서도 나왔다. 그리말디 유물은 루이 줄리앙(Louis Jullien)이 1883년부터 1895년 사이에 발견했으며, 1898년에 고고학자 살로몽 레이나슈(Salomon Reinach)가

논문으로 발표했다.
26) 2008년에 슈바벤 쥐라 지역에서 발견되었으며, 오리냐시안 문화로 분류되었다.
27) 앙드레 르루아-구랑의 주장에 따르면, '비너스'가 출토되는 모든 고고학 문화층 사이에는 문화적 관계가 있었을 것이며, 몇 가지 해부학적 특징으로 보았을 때 비너스는 동부 유럽에서 시작되어 서부 유럽으로 퍼져나갔을 것이다. 가장 먼저 이 가설을 비판한 것은 레온 팔르(PLéon Pales)와 마리 타생 드 생-페뢰즈(Marie Tassin de Saint-Péreuse)이고(*Les Gravures de la Marche: II. Les humains*, Ophrys, 1976), 나중에 장-피에르 뒤아르도 이를 비판했다. 뒤아르는 비너스의 모습이 비슷해 보이는 것은 생리학적 이유로, 여성의 신체가 노화하면서 비슷한 변형의 과정을 거치기 때문이라고 설명한다(Jean-Pierre Duhard, *Réalisme de l'image féminine paléolithique*, 앞의 글). 이 작품을 만든 작가들에게 그들만의 고유한 스타일이 있었다는 의미는 아닐까?
28) 그리말디 유적과 시베리아의 말타(Mal'ta) 유적에서 발견된 여인상들.
29) 델핀 뒤퓌(Delphine Dupuy)의 연구에 따르면, 이 유적에서는 매우 사실적으로 표현된 여인상들이 주로 발견되었다. 상아로 만든 것(7점)도 있지만, 특히 석회석으로 만든 것이 많다(모두 159점이며 이 가운데 105개는 미완성품). Delphine Dupuy, *Fragments d'images, images de fragments. La statuaire gravettienne, du geste au symbole*, thèse de doctorat, archéologie et préhistoire, université de Provence-université de Aix-Marseille-I, 2007.
30) 머리나 다리가 없거나, 머리와 다리가 모두 없기도 하다(Delphine Dupuy, 같은 책).
31) Delphine Dupuy, 〈L'incomplétude et le morcellement du corps féminin dans l'imaginaire paléolithique: les sculptures gravettiennes de Kostienki 1-I(Plaine russe 22 000-23 000 ans BP)〉, *in* Jean Clottes(dir.), 〈L'art pléistocène dans le monde〉, *Préhistoire, Arts et Sociétés*, numéro spécial 65-66, p. 1471-1491, 2010-2011.
32) Delphine Dupuy, *Fragments d'images, images de fragments. La statuaire gravettienne, du geste au symbole*, 앞의 책, 247쪽.
33) 연결되지 않는 것이 분명해 보이는데, 오리냐시안 문화와 그라베티안 문화 사이에 5,000년의 단절이 있고, 그라베티안 문화와 막달레니안 문화 후기 사이에도 5,000년의 공백이 있기 때문이다.
34) 프랑스와 러시아에서 더 그렇지만, 이탈리아, 독일, 오스트리아, 체코와 슬로바키아도 그렇다.

35) 가가리노(Gagarino) 유적(러시아)에서는 너비 5미터가 넘는 타원형 막집 내부에서 비너스가 7개 발견되었고, 말타 유적에서는 비너스가 모두 막집의 한쪽에 놓여 있었다.
36) 끝부분을 뾰족하게 떼어낸 것들이 많다.
37) 그리말디 유적에서 발견된 〈목에 구멍이 뚫린 여인(La Femme au cou perforé)〉의 사례.
38) 홀레 펠스(Hohle Fels) 유적에서 발견된 것이 그렇다.
39) 가가리노 유적과 그리말디 유적에서 발견된 여인상 일부에게 제안된 가설이다.
40) 돌니 베스토니체 유적의 〈관절 인형(poupée articulée)〉(Peter Ucko, *Anthropomorphic Figurines of Predynastic Egypt and Neolithic Crete*, Éditions A. Szmidla, 1968), 퐁탈레스(Fontalès) 유적(타른-에-가론느 지방)의 〈비수(Stylet, 匕首)〉, 그리고 브라상푸이 유적에서 발견된 여러 점의 조각상 파편이 발견되었는데, 〈여자아이(Fillette)〉, 〈인형 밑그림(Ébauche de poupée)〉, 〈북(Navette)〉, 〈펜던트〉 또는 〈비수〉라고 부른다. 브라상푸이 유적을 발굴한 앙리 델포르트는 서로 연결된 유물 2점도 찾았는데, 인간 윤곽 형태의 긴 뼛조각이 2개로 쪼개진 소과 짐승의 뼈끝의 우묵한 부분에 들어 있었다. 그는 이것을 인형과 인형의 요람을 연상시킨다고 해석했다. Henri Delporte, 〈Fouilles de Brassempouy en 1982, 1983 et 1984〉, *Bulletin de la Société de Borda*, 399, p. 475-489, 1985.
41) Édouard Piette, 〈La station de Brassempouy et les statuettes humaines de la période glyptique〉, *L'Anthropologie*, VI, p. 129-151, 1895; Paul Broca, 〈Sur le volume et la forme du cerveau, suivant les individus et suivant les races〉, *Bulletins de la Société d'anthropologie*, tome 2, p. 97, 1861. 브로카는 같은 논문의 15쪽에서 다음과 같이 기술하고 있다. "… 여자의 뇌가 상대적으로 작은 것은 신체적으로 열등하고 지적으로 열등한 것과 연관이 있었다."; Marcellin Boule, *Hommes fossiles, éléments de paléontologie humaine*, Masson, 1921; René Verneau, *Les Races humaines*, Baillière, 1890.
42) 1949년 퍼시벌 커비(Percival Kirby)의 논문 〈The Hottentot Venus〉, *Africana Notes and News*, 6 [3], p. 55-62이 나온 이후, 많은 논문에서 이 주제를 다루었다. 아프리카 문학 전문가인 번스 린드포스(Bernth Lindfors)의 논문(1983~1985, 1996)도 읽어볼 것을 권한다. 이 글은 1810년부터 1815년 사이 당시 영국 언론의 반응을 분석했다.

43) 1994년부터 남아프리카 공화국은 사라 바트만의 유해를 돌려달라고 요구했다. 이 요구는 2002년 3월 6일 프랑스 문화재 반환법이 개정되고 나서야 비로소 받아들여졌다. 바트만의 유해는 2002년 5월 3일에 케이프타운에 도착했고, 남아프리카 공화국의 여성의 날인 5월 9일에 그녀의 고향 마을 행키(Hankey)에서 장례식이 거행되었다. 사라의 부족과 맨체스터 예수교회의 의식에 따라 그녀의 일부 유해는 화장된 뒤, 코이산족 대표들, 남아프리카 공화국의 대통령 타보 음베키(Thabo Mbeki)와 장관들이 참석한 가운데 매장되었다.

44) Nicolas Baudin, *Voyage de découvertes aux terres australes, exécuté par ordre de Sa Majesté, l'empereur et roi, sur les corvettes le Géographe, le Naturaliste et la goëlette le Casuarina, pendant les années 1800, 1801, 1802, 1803 et 1804*, l'Imprimerie impériale, 〈Historique〉, vol. I, 1807.

45) Georges Cuvier, *Extrait d'observations faites sur le cadavre d'une femme connue à Paris et à Londres sous le nom de Vénus hottentote*, Mémoires du Museum, III, p. 259-274, 1817.

46) 특히 막달레니안 문화기의 유물들이 그렇다. 도르도뉴의 빌라(Villars) 동굴, 동굴 벽화가 있는 생-시르크(Saint-Cirq) 동굴, 코마르크(Comarque) 동굴, 프롱삭(Fronsac) 동굴에서 발견되었다. Brigitte et Gilles Delluc, 〈La grotte ornée de Villars. Révision de la décoration et apports nouveaux〉, *Préhistoire du Sud-Ouest*, 2017); Brigitte et Gilles Delluc, 〈La grotte ornée de [Dordogne]〉, *Bulletin de la Société préhistorique française*, n° 84,364-393, 1987; Brigitte et Gilles Delluc, 〈La grotte ornée de Comarque à Sireuil [Dordogne]〉, *Gallia Préhistoire*, 24, p. 1-97, 1981; Jean-Pierre Duhard, Brigitte et Gilles Delluc, 〈Une femme sculptée dans la grotte ornée magdalénienne de Comarque à Sireuil [Dordogne]〉, *Bulletin de la Société historique et archéologique du Périgord*, CXX, p. 843-850, 1993; Jean-Pierre Duhard, Brigitte et Gilles Delluc, 〈La grotte ornée de Fronsac [Vieux-Mareuil, Dordogne]〉, in Société préhistorique française, *La Vie préhistorique*, Éditions Faton, p. 416-421, 1996.

47) 그라베티안 문화의 유물이 그렇다. 페리고 지역의 퀴삭(Cussac) 동굴과 로트의 페슈 메를르 동굴의 천정에서 발견되었다. Jacques Jaubert et al., 〈Le projet collectif de recherche "Grotte de Cussac" [Dordogne, France]: étude d'une cavité ornée à vestiges humains du Gravettien〉, in Jean Clottes [dir.], 〈L'art pléistocène dans le monde〉, *Préhistoire, Art et Société*, n° spécial, tome LXV-

LXVI, p. 325-342, 2010-2011; Marc Delluc, 〈Grotte de Cussac. Commune Le Buisson-de-Cadouin [Dordogne]〉, *Spelunca mémoires*, n°34, p. 167-172, 2009); Michel Lorblanchet, *Art pariétal. Grottes ornées du Quercy*, Éditions du Rouergue, 2018.

48) 이 그림들은 막달레니안 문화로 분류되었다. Brigitte et Gilles Delluc, 〈Les fouilles de la grotte de La Roche à Lalinde [Dordogne]〉, in *La Préhistoire du canton de Lalinde*, Les Pesqueyroux, p. 123-156, 2008; Brigitte et Gilles Delluc et Francis Guichard, 〈Les fouilles de la grotte de La Roche à Lalinde [Dordogne]〉, *Préhistoire du Sud-Ouest*, n°16, p. 185-205, 2008.

49) Brigitte et Gilles Delluc, 〈Les figures féminines schématiques du Périgord〉, *L'Anthropologie*, n°99, p. 236-257, 1995.

50) 페리고 지역에 있는 생-시르크 동굴, 프롱삭 동굴, 레 콩바렐(Les Combarelles) 동굴에서 발견되었다. Monique et Claude Archambeau, 〈Les figurations humaines pariétales de la grotte des Combarelles〉, *Gallia Préhistoire*, n°33, p. 53-81, 1991). 프롱삭 동굴의 폭이 좁은 〈여인들의 회랑(galerie des Femmes)〉에 줄지어 있는 4개의 여성 윤곽은 메인 패널의 중앙과 천장을 차지하고 있다. 다른 그림과 겹쳐져 있는 2개는 말, 들소, 사람의 머리 그리고 2개의 손자국과 마주하고 있다. Jean-Pierre Duhard, 〈Brigitte et Gilles Delluc, La grotte ornée de Fronsac [Vieux-Mareuil, Dordogne]〉, 앞의 책.

51) 코마르크 유적과 라 퐁-바르제스(La Font-Bargeix) 동굴 유적(도르도뉴)의 패널 중앙에 있으며, 10여 개가 줄지어 있는 그림이다. Brigitte et Gilles Delluc, 〈La grotte ornée de La Font-Bargeix [Champeaux-et-la-Chapelle-Pommier, Dordogne]〉, travaux de l'Institut d'art préhistorique de l'université de Toulouse-Le Mirail, XXXII, p. 9-47, 1990).

52) 예를 들어 고대 근동지역의 종교와 힌두교의 요니(Yoni, 여성의 생식기 상)가 있다.

53) 이것은 259개로 헤아려졌는데, 그 가운데 115개는 지닐 예술품이고 144개는 동굴 예술품이었다. Raphaëlle Bourrillon, Carole Fritz et Georges Sauvet, 〈La thématique féminine au cours du paléolithique supérieur européen: permanences et variations formelles〉, *BSPF. 2012*. n°109 [1], p. 85-103.

54) 특히 도르도뉴, 푸아투-샤랑트(Poitou-Charentes), 피레네 지역. Raphaëlle Bourrillon, *Les Représentations humaines sexuées dans l'art du Paléolithique supérieur européen: diversité, réminiscences et permanence*, thèse de

l'université de Toulouse-II-Le Mirail, 2009.

55) 외음부 모습을 윤곽으로 표현한 예술품(contour)은 두 가지 유형 안에 2개의 다른 형태가 있는 것으로 알려져 있는데, 각각 배(梨) 모양과 유선형이다. 막달레니안 문화에서는 삼각형과 유선형만 나타나며, 그나마도 페리고와 피레네 지역에만 있다. Raphaëlle Bourrillon, Carole Fritz et Georges Sauvet, 앞의 책.

56) 라파엘 부리용은 외음부 그림 168개를 조사했는데, 58개는 타원형이고 110개는 삼각형이었다. 타원형은 대체로 오리나시안 문화와 그라베티안 문화에 속했고(40/58), 삼각형은 막달레니안 문화에서 많이 나타났다. Raphaëlle Bourrillon, 앞의 책.

57) 체코 공화국의 브르노 유적이나 코스티엔키 I 유적처럼 뼈, 상아, 그리고 돌까지 사용해서 만들었다.

58) 스페인의 코발라나스(Covalanas) 동굴 유적과 욘(Yonne)의 아르시-쉬르-퀴르(Arcy-sur-Cure)동굴 유적의 사례가 있다.

59) 얼부풀어서 떨어진 동굴 벽에서 오는 경우가 많다. 아브리 라 페라시(La Ferrassie) 유적의 오리나시안 문화층에서 발견된 것이 그렇고, 도르도뉴의 아브리 블랑샤르(Abri Blanchard) 유적, 아브리 카스타네(Abri Castanet) 유적, 아브리 로셀(Abri Laussel) 유적, 아브리 푸아송(Abri Poisson) 유적, 아브리 셀리에 유적도 이런 사례다.

60) 아리에주(Ariège)의 베데이약(Bédeilhac) 동굴.

61) Jean-Pierre Duhard, *Réalisme de l'image féminine paléolithique*, CNRS Éditions, Cahiers du Quaternaire, n°19, 1993.

62) 도르도뉴의 아브리 셀리에 유적, 아브리 라 페라시 유적의 사례. Brigitte et Gilles Delluc, 〈Les figures féminines schématiques du Périgord〉, *L'Anthropologie* n°99, p. 236-257, 1995.

63) 도르도뉴의 아브리 블랑샤르 유적, 아브리 카스타네 유적, 아브리 라 페라시 유적(같은 책).

64) 앙드레 르루아-구랑에 따르자면, 마그달레니앙 문화로 분류된 도르도뉴의 코마르크 유적, 생 시르크 유적, 프롱삭 유적처럼 다른 그림과 동떨어져서 가지굴 근처에 있는 경우가 많다(같은 책).

65) 도르도뉴의 라 퐁 바르제스 유적의 프리즈와 같은 예가 있다. Brigitte et Gilles Delluc, 〈La grotte ornée de La Font-Bargeix [Champeaux-et-la-Chapelle-Pommier, Dordogne]〉, 앞의 책.

66) 도르도뉴의 라 카바이유(La Cavaille) 동굴이나 푸르노 드 디아블(Fourneau du Diable) 유적의 예가 있다. Brigitte et Gilles Delluc, 〈Les figures féminines schématiques du Périgord〉, *L'Anthropologie* n°99, p. 236-257, 1995.
67) 여성의 윤곽은 코마르크 유적이나 레 콩바렐 I 유적에서처럼 네모꼴 안에 들어 있는 삼각형 외음부가 패널 한가운데에 새겨져 있는데, 이 패널에는 사람 1명, 인간의 형체 1개, 도식화된 여성 그림이 모여 있다(같은 책).
68) Claude Liebenson, *Le Féminin dans l'art occidental? Histoire d'une disparition*, Éditions de la Différence, 〈Les Essais〉, p. 17, 2007.
69) 라파엘 부리용에 따르면, 8개 중 1개는 막달레니안 문화 중기 이전이며, 독일 괴네스도르프(Gönnersdorf) 유적에서 나온 작은 장식판을 제외하고, 외음부와 남근이 결합한 형태는 페리고 지역의 유적에서만 나타난다. Raphaëlle Bourrillon, *Les Représentations humaines sexuées dans l'art du Paléolithique supérieur européen: diversité, réminiscences et permanence*, thèse de l'université de Toulouse-II-Le Mirail, 2009.
70) Raphaëlle Bourrillon, Carole Fritz et Georges Sauvet, 〈La thématique féminine au cours du Paléolithique supérieur européen: permanences et variations formelles〉, *BSPF* n°109(1), p. 85-103, 2012; Jean-Pierre Duhard, *Réalisme de l'image masculine paléolithique*, Éditions Jérôme Millon, 1996.
71) Denis Vialou, Sexualité et art préhistorique, in François Sacco et Georges Sauvet, *Le Propre de l'homme*, Delachaux et Niestlé, p. 151-171, 1998.
72) Jean-Pierre Duhard, *Réalisme de l'image féminine paléolithique*, CNRS Éditions, Cahiers du Quaternaire , n°19, 1993, p. 189.
73) Sandra G. Harding, *The Science Question in Feminism*, Cornell University Press, 1986.
74) Henri Delporte, *L'Image de la femme dans l'art préhistorique*, Éditions Picard, p. 45, 1993.
75) Raphaëlle Bourrillon, 〈Les figures humaines sexuées segmentées et isolées: pérennité et ruptures〉, in Dario Seglie, Marcel Otte, Luis Oosterbeek, Laurence Remacle, *Prehistoric Art-Signs, Symbols, Mith, Ideology*, Bar international Series 2028, p. 21-28, 2009.
76) Jean-Pierre Duhard, 앞의 책 참조.
77) 라파엘 부리용은 지닐 예술품 중 33개의 남근을 확인했고 동굴 벽화에서는 10개의 남근을 확인했다. 프랑스의 도르도뉴와 피레네 지역에서 주

로 발견되고, 후기 구석기시대 중에서도 특히 막달레니안 시기에 많다. 동굴 벽에는 새기거나 손으로 그렸으며, 환조나 지닐 예술품의 몸체에 새겼다(주로 순록이나 사슴의 뿔을 사용). 이들은 표현하는 방식은 사실적이기도 하고 도식화되기도 했는데, 기하학적인 선으로 꾸민 예도 있다. Raphaëlle Bourrillon, Les Représentations humaines sexuées dans l'art du Paléolithique supérieur européen: diversité, réminiscences et permanence, 앞의 책. 지닐 예술품 중에서 가장 오래된 남근은 뿔에 새긴 것으로, 들소의 뿔로 보인다. 아브리 블랑샤르 유적(세르작Sergeac, 도르도뉴)에서 발견된 것으로, 오리나시안 시기의 화덕자리 옆에서 발견되었다. 코스케 동굴(부쉬-드 론)의 벽 가운데 한 곳에 새겨진 남근은 아주 사실적인데, 귀두와 음낭이 선으로 표시되어 있다. 이는 이스튀리츠(Isturitz) 유적에서 발견된 환조와 더불어 음낭이 표시된 보기 드문 사례다.

78) Dale Guthrie, *The Nature of Paleolithic Art*, University of Chicago Press, 2006.
79) George Henri Luquet, *L'Art primitif*, G. Doin et Cie, 1930; Timothy L. Taylor, *The Prehistory of Sex. Four MillionYears of Human Sexual Culture*, Bantam, 1996.
80) 남자들은 같은 모계 집단의 여자한테는 가지 않는다. 이렇게 해서 근친상간 금기를 지키는 것이다. Cai Hua, *Une société sans père ni mari. Les Na de Chine*, Presses universitaires de France, 1997.
81) 같은 책.
82) Patrick Paillet, *Qu'est-ce que l'art préhistorique? L'homme et l'image au Paléolithique*, CNRS Éditions, 2018.
83) 라 마르슈(La Marche) 유적에서 3,000개가 넘는 석회석 장식판이 발견되었는데, 대부분 막달레니안 시기의 것으로 사람의 몸을 표현하거나 풍자화와 비슷하게 얼굴을 표현한 사례가 많다. Léon Pales et Marie Tassin de Saint-Péreuse, *Les Gravures de la Marche: II. Les humains*, Ophrys, 1976.
84) Robert Bégouën et al., 〈Plaquette gravée d'Enlène, Montesquieu-Avantès〉, *BSPF*, n°79 (4), p. 103-109, 1982
85) Jean-Pierre Duhard, *Réalisme de l'image féminine paléolithique*, 앞의 책.
86) 이 여성 윤곽들은 쿠르베(Courbet) 동굴(타른), 아브리 퐁탈레스(Abri Fontalès) 유적(타른-에-가론느), 라랭드(Lalinde)의 라 로슈 드 비롤(la Roche de Birol) 유적(도르도뉴)의 막달레니안 문화층 3개에서 발견되었다. Jean-François Alaux, 〈Gravure féminine sur plaquette de calcaire, du Magdalénien

supérieur de la grotte du Courbet⟩ (commune de Penne, Tarn), *BSPF*, n°69 (4), p. 109-112, 1972. 또한 독일에서도 발견되었는데, '괴네르스도르프의 여인들(Dames de Gönnersdorf)'로 부른다. Gerhard Bosinski, Francesco D'Errico, Petra Schiller, *Die Gravierten FrauendarstellungenVon Gönnersdorf*, Franz Steiner Verlag, 2001.

87) 10여 개가 찾아진 레 콩바렐 유적이 그렇다. Monique et Claude Archambeau, ⟨Les figurations humaines pariétales de la grotte des Combarelles⟩, *Gallia Préhistoire*, n°33, p. 53-81, 1991.

88) 대부분 막달레니안 시기의 것으로, 이렇게 도식화된 남성의 모습이 가늘고 배가 튀어나오게 표현된 경우는 매우 드물지만(레 콩바렐 동굴과 라 퐁 바르제스 동굴), 발기된 남근인 경우는 많다(라스코 동굴, 레 콩바렐 동굴, 생-시르크 동굴, 수-그랑-라크Sous-Grand-Lac 동굴). Monique et Claude Archambeau, 앞의 책; Brigitte et Gilles Delluc, ⟨La grotte ornée de La Font-Bargeix [Champeaux-et-la-Chapelle-Pommier, Dordogne]⟩, travaux de l'Institut d'art préhistorique de l'université de Toulouse-Le Mirail XXXII, p. 9-47, 1990; Brigitte et Gilles Delluc, ⟨La grotte ornée de Saint-Cirq [Dordogne]⟩, *BSPF*, n° 84, 364-393, 1987; Brigitte et Gilles Delluc, ⟨Quelques gravures paléolithiques de la petite Beune [grottes de Sous-Grand-Lac, de Vielmouly II et du Charretou]⟩, *Bulletin de la Société historique et archéologique du Périgord supplément*, CXIV, p. 163-184, 1987). 말머리와 마주 보는 곳에 있는 ⟨우물의 장면⟩에는 한 사람이 바닥에 있는데, 남근은 발기해 있고 머리가 새 모양으로(이 사람 옆에 그려진 투창기에서 같은 주제가 발견된다), 배를 가른 들소와 해체 중인 코뿔소, 많은 기호(화살표, 3줄로 되어 2점)의 근처에 그려져 있다. 남성을 표현한 것 가운데 일부는 빌라르(Villars) 동굴의 그림이 있는 방 천장에 있는 것과 같은 특징이 있다. 들소를 마주한 한 남자가 측면으로 그려져 있는데, 팔을 앞쪽으로 들고 있고 상체가 3번 접혀 있다(Brigitte et Gilles Delluc, ⟨La grotte ornée de Villars. Révision de la décoration et apports nouveaux⟩, *Préhistoire du Sud-Ouest*, 2017). 가비유(Gabillou) 동굴에는 머리가 없는 여자 그림 정면에 '주술사(sorcier)'가 있고, 들소 가죽을 둘러쓴 남자가 측면으로 그려져 있다. 팔을 앞쪽으로 들고 있고 상체는 3번 접혀 있다. Jean-Pierre Duhard, ⟨Les humains gravés de Gabillou⟩, *Bulletin de la Société historique et archéologique du Périgord*, n°117, p. 99-111, 1990).

89) 페리고 지역의 오리나시안 시기의 아브리 블량샤르 유적, 아브리 라 페

라시 유적, 아브리 카스타네 유적에서 발견된 돌에는 남근이 도식화된 외음부 옆에 있으며, 사정(射精)을 연상시키는 듯한 선이 길게 빠져나와 있다(Brigitte et Gilles Delluc, 〈Les figures féminines schématiques du Périgord〉, L'Anthropologie, n°99, p. 236-257, 1995). 퀴삭 동굴에서는, 4개의 도식화된 여성 윤곽이 나왔고, 이 가운데 2개는 크기가 큰데(매머드 옆에 위치), 다른 패널은 대체로 남성의 성기나 여성의 성기가 각각 표현되었지만, 남녀의 성기가 함께 있는 것도 있었다. Marc Delluc, 〈Grotte de Cussac. Commune Le Buisson-de-Cadouin [Dordogne]〉, Spelunca mémoires, n°34, p. 167-172, 2009.

90) 도식화된 여러 명의 여인과 삼각형 외음부 1개가 새겨진 메인 패널이 있어서 〈여인들(des Femmes)〉로 불리는 회랑과 이웃한 가장 좁은 곳에 있다. 외음부 이미지 옆에 남근 1개가 있다. Brigitte et Gilles Delluc, 〈La grotte ornée de Fronsac[Vieux-Mareuil, Dordogne]〉, in Société préhistorique française, La Vie préhistorique, éditions Faton, p. 416-421, 1996.

91) 마다질 유적(아리에주)에서 발견된 것과 같다.

92) 예를 들어 생 마르셀(Saint-Marcel)의 가렌느(Garenne) 유적(앵드르)에서 나온 순록의 뿔로 만든 것이 있다.

93) 고르주 당페르(Gorge d'Enfer) 유적(도르도뉴)에서 발견된 이중으로 된 남근 형상이 눈여겨볼 만하고, 록 드 마르캉프(Roc de Marcamps) 유적(지롱드)에서는 사람 머리 모양 남근이 출토되었다.

94) Pierre Lévêque, Introduction aux premières religions. Bêtes, dieux et hommes, Librairie générale française, p. 11-42 et 62-73, 1997.

95) 독일의 고고학자 클라우스 슈미트(Klaus Schmidt)가 1994년부터 2014년까지 발굴한 괴베클리 테페(Göbekli Tepe) 유적은 아나톨리아 지역의 남동쪽에 있다. 중석기 말에서 신석기 초기인 기원전 9600년에서 기원전 7300년의 유적이다. 기념비에는 대부분 야생 동물이 새겨져 있고(뱀, 황소, 암소, 그러나 오리, 학, 여우, 사자, 멧돼지, 전갈, 개미도 있음), 기하학적인 문양과 남근을 연상시키는 문양도 새겨져 있다. 슈미트는 이러한 그림이 수메르 문화와 메소포타미아 문화와 친연성을 보여준다고 생각했다. Klaus Schmidt, Le Premier Temple, Göbekli Tepe, CNRS Éditions, 2015.

96) 같은 책. 대음순은 외음부 양쪽에서 2개의 커다란 피부 주름을 형성해 외음부를 완전히 덮어버린다. 10대 초반 여아들은 외음부가 성인보다 앞쪽에 위치하며, 서 있을 때 대음순과 생식기 주름이 더 높은 비율을 보여준다. 한

편 여러 차례 출산을 경험한 여성은 흥분했을 때 대음순이 2~3배 커지는데, 혈관 충혈 때문이다. 소음순의 경우, 일부 여성은 첫 번째 임신 이후에 20센티미터까지 커지기도 한다. 거대음순(macronymphie), 호텐토트의 앞치마(tablier hottentot)라고도 한다.

97) Dale Guthrie, *The Nature of Paleolithic Art*, University of Chicago Press, 2006.
98) Georges-Henri Luquet, 〈Les Vénus paléolithiques〉, *Journal de psychologie normale et pathologique*, p. 429-460, 1937.
99) 선사학자 앙리 베구엥(Henri Bégouën, 1863~1956)의 주장을 따르자면 그렇다. 〈À propos des vénus paléolithiques: lettre ouverte à M. G.H. Luquet〉, *Journal de psychologie normale et pathologique*, p. 9-10, 1938.
100) Luce Passemard, *Les Statuettes féminines paléolithiques dites vénus stéatopyges*, Librairie Tessier, p. 10, 1938.
101) Pascal Picq et Philippe Brenot, *Le Sexe, l'Homme et l'Évolution*, Odile Jacob, 2009.
102) Yves Coppens, 〈L'ambiguïté des doubles vénus du Gravettien de France〉, *Comptes rendus des séances de l'Académie des inscriptions et belles-lettres*, 133 (3), p. 566-571, 1989.
103) 한쪽에는 긴 머리의 비만한 중년 여성이 있지만, 다른 쪽에는 상체가 빈약하고 직모에 중간 길이 머리의 여자아이가 있다. 나탈리 루크롤(Nathalie Rouquerol)은, 이 조각상이 여성의 삶이 탄생, 여자아이, 산모, 중년 부인, 그리고 죽음(정면에서 보면 다리가 경직되어 있다)의 5단계로 변화하는 모습을 보여주는 것으로 생각한다. Nathalie Rouquerol, *La Vénus de Lespugue révélée*, Locus Solus, 2018.
104) Claudine Cohen, *Femmes de la préhistoire*, Belin, 2016.
105) 특히 미국의 인류학자 루이스 모건(Lewis H. Morgan)(*Systems of Consanguinity and Affinity of the Human Family*, Smithsonian Institution, 1871)과 프리드리히 엥겔스(*L'Origine de la famille, de la propriété privée et de l'État*, 1884)가 대표적이다.
106) Lewis H. Morgan, 앞의 책; Friedrich Engels, 앞의 책.
107) 스페인의 엘 시드론(El Sidron) 유적에서 발견된 12명의 네안데르탈인(성인 남자 3명, 성인 여자 3명, 사내아이 2명, 여자아이 1명, 어린이 2명, 신생아 1명)의 미토콘드리아 염기서열은 이들 중 성인 4명이 모계가 혈연관계임을 보여준다. 남자 3명(형제, 아저씨, 조카)과 두 아이의 임마인 여자 1명(자

매 또는 조카)이다. Carles Lalueza-Fox et al., 〈Genetic Evidence for Patrilocal Mating Behavior Among Neandertal Groups〉, *PNAS*, vol. 108 [1], p. 250-253, 2011). 그러나 혈연관계인지 확인하려면, 미토콘드리아 DNA뿐 아니라 핵 DNA의 분석도 필요하다고 밝혀졌다. 1994년에 발견된 이 동굴 유적에서 아주 많은 네안데르탈인 화석이 발견되었는데, 14명에 해당하는 2,500점이다. 이들은 거의 비슷한 시기에 사망했다. 유적의 연대는 기원전 4만 8600년에서 기원전 4만 5300년이다.

108) 5만 년 전으로 연대가 측정된 알타이 지역의 데니소바 유적에서 발견된 네안데르탈 여성의 DNA 분석 결과에 따르자면 그렇다.

109) Anna Degioanni, Christophe Bonenfant, Sandrine Cabut, Silviana Condemi, 〈Living on the Edge: Was Demographic Weakness the Cause of Neanderthal Demise?〉, *Plos One*, 14(5): e0216742.

110) 엘 시드론 유적에서 발견된 12명의 네안데르탈인의 미토콘드리아 염기서열에 따르자면, 남자 3명과 여자 3명은 모계가 같고, 나머지 여자 2명은 모계가 다르다. Carles Lalueza-Fox et al., 앞의 책.

111) Robert Deliège, *Les Castes en Inde aujourd'hui*, PUF, 2004.

112) 고대 그리스에서 나타난 가부장제 가족은 고대 로마 시대에 전폭적으로 시행되었다. '파밀리아(familia)'라는 말은 처음에는 부부와 남편의 아이들에게는 쓰이지 않고, 그가 소유한 노예 전체를 지칭했다. 파물루스(Famulus)는 '개인 노예'를 의미한다.

113) 루이스 모건은 가족이 4개의 형태를 거쳐 발달한 것으로 생각했으며, 이는 인류의 3대 발전 단계에 해당한다고 했다. '야만 단계'에서 첫 번째 가족의 단계가 나타나는데 이는 혈연 가족이었을 것이고 뒤이어서 푸날루아 가족이 나타났다. 그리고 '미개 단계'에서 남자와 한 여자가 짝을 이루는 관계에서 만들어진 가족이 나타났다. 마지막으로 부부관계에서 만들어진 일부일처제 가족이 등장했을 것인데, 모건은 이것을 막 시작한 문명을 특징 중 하나로 생각했다. Lewis H. Morgan, *Ancient Society, or Researches in the Line of Human Progress from Savagery, through Barbarism to Civilization*, Macmillan and Co, 1877; Friedrich Engels, 앞의 책.

114) Emmanuel Todd, *L'Origine des systèmes familiaux*, tome I: *L'Eurasie*, Gallimard, 〈NRF Essai〉, p. 370-371, 2011.

115) Claude Lévi-Strauss, 〈Les prohibitions du mariage〉, *Annuaire de l'École pratique des hautes études (sciences religieuses)*, p. 39-40, 1956.

116) Reay Tannahill, *Le Sexe dans l'histoire*, Robert Laff, 〈Les Hommes et l'Histoire〉, 1982.
117) Bronislaw Malinowski, *La Paternité dans la psychologie primitive*(1927), Allia, 2016. 예를 들어 키리위나(Kiriwina) 섬(파푸아 뉴기니, 트로브리안드 군도)에 사는 트로브리안드인은 모계제 사회이며, 계층화된 사회다. 이들은 아이가 잉태되는 데 정자가 하는 역할이 없다고 생각한다. 탄생할 아이는 와이와이야(waiwaia)라고 부르는 영혼의 화신인데, 그 영혼이 여자의 머리로 들어가 배까지 내려와서 아이가 자랄 수 있도록 피로 영양분을 제공하기 때문에 생리가 중지된다고 생각한다.
118) Jean-Pierre Duhard, *Réalisme de l'image féminine paléolithique*, CNRS Éditions, 〈Cahiers du Quaternaire〉, n°19, 1993.
119) Edwin O. James, *Le Culte de la déesse-mère dans l'histoire des religions*, Éditions du Rocher, 〈Le Mail〉, p. 247, 1989.
120) Timothy L. Taylor, *The Prehistory of Sex: Four Million Years of Human Sexual Culture*, Bantam, 1996.
121) 중기 구석기시대 사람과 후기 구석기시대 사람의 치아를 동위원소 분석한 결과에 따른 것이다. 민족학자와 인류학자들에 따르면, 많은 사회에서, 아이가 나이가 들어도 계속해서 젖을 먹을 수 있었다. 예를 들어 에스키모 사회와 콜럼버스 이전의 아메리카 사회에서는 12살까지 가능했다. Yvette Piovanetti, 〈Breastfeeding Beyond 12 Months-An Historical Perspective〉, *Pediatr Clin North Am*, 48 [1], p. 199-206, 2001; Miguel Guzmán Peredo, *Prácticas médicas en la América antigua*, Ediciones Euroamericanas, 1992.
122) Carles Lalueza-Fox et al., 〈Genetic Evidence for Patrilocal Mating Behavior Among Neandertal Groups〉, *PNAS*, vol. 108 (1), p. 250-253, 2011 .
123) 그라베티안 문화기에 만들어진 여성을 표현한 예술품 가운데 3분의 2 정도는 임신 중이었다(Jean-Pierre Duhard, 앞의 책).
124) Christine Delphy, *L'Ennemi principal*, tome I: *Économie politique du patriarcat*, Éditions Syllepse, 〈Nouvelles Questions Féministes〉, 1998.
125) Paola Tabet, *La Construction sociale de l'inégalité des sexes. Des outils et des corps*, partie 1 〈Les mains, les outils, les armes〉, partie 2 〈Fertilité naturelle, reproduction forcée〉, L'Harmattan, 〈Bibliothèque du féminisme〉, 1998.
126) 들소의 주걱뼈 조각으로 보이는 것에 새긴 이 유물은 1867년과 1868년에 랑데스크(Landesque) 신부가 발견했다. 그런데 최근에 이 유물이 같은 시기

에 만들어진 것인지에 대한 논란이 일고 있다. 동물의 다리 사이에 누워 있는 한 여자(머리 없음)는 부조로 새겨져 있고, 순록(배와 뒷다리)은 매우 얕은 부조로 새겨져 있기 때문이다.
127) 이 두 그림 사이에 실질적인 혹은 상징적인 관계가 있었는지 알려지지 않았다.
128) 도르도뉴의 테르므 피아라(Terme Pialat) 유적의 조각된 여성 윤곽에 제기된 가설이다(Jean-Pierre Duhard, 앞의 책).
129) 아브리 로셀 유적에서 발견된 5개의 '비너스' 가운데 1개로, 바위에 부조로 새겨져 있다. 〈사냥꾼(Le Chasseur)〉이라 불리는 부조는 사실은 어린 여자아이를 표현한 것일 터이고, 〈카드놀이(carte à jouer)〉로 불리는 부조는 임산부를 표현한 것임이 분명하다(같은 책).
130) Jean-Pierre Duhard, Brigitte et Gilles Delluc, 〈Une femme sculptée dans la grotte ornée magdalénienne de Comarque, à Sireuil (Dordogne)〉, *Bulletin de la Société historique et archéologique du Périgord* CXX, p. 843-850, 1993.
131) Delphine Dupuy, *Fragments d'images, images de fragments. La statuaire gravettienne, du geste au symbole*, thèse de doctorat, archéologie et préhistoire, université de Provence-Aix-Marseille-I, p. 266, 2007.
132) 유럽의 북부 지역에서 출토된 유물들이 특히 그렇다. 예를 들어 스텐스비(Stensby) 유적(덴마크)은 마글레모제 문화에 속하는데, 기원전 8400년에서 기원전 6000년 전의 것이다. 머리는 없고, 앉아서 팔과 다리를 벌리고 있다. 바위벽에 여성 윤곽도 몇 개 새겨져 있는데, 여인상과는 다르게 몸집이 가늘고 어떤 동작을 취하고 있는 모습으로 표현되었다. Patrick Ettighoffer, *Le Soleil et la Lune dans le paganisme scandinave du mésolithique à l'âge du Bronze récent [de 8000 à 500 av. J.-C.]*, L'Harmattan, 2012.
133) 특히 차탈 휘위크 유적이 그렇다. 이 유적은 1691년부터 영국의 고고학자 제임스 멜라트(James Mellaart, 1925~2012)가 발굴했다. 텔(tell, 고대의 유구遺構가 누적되어 이루어진 작은 인공 언덕-옮긴이)을 발굴해 10여 채의 집터를 발견했는데, 이 중 절반가량이 건축물 장식으로 꾸며져 있었다. 특히 벽과 발판 위에 황소 머리 모양 장식(bukrane)이 있었고 바닥에는 쌍으로 된 뿔이 놓여 있었다. 벽에는 둥글게 돌출된 형태의 부조가 있었고, 다리를 쫙 벌린 '네 발 달린(quadrupèdes)' 형상이 있었는데 때로는 그림이 그려져 있기도 하다. 가장 많은 것은 붉은색이나 검은색의 기하학적 도형(십자가, 마름모꼴)이었으나, 손과 머리는 없고 맹금류로 둘러싸인 사람의 몸통

도 있고, 엉덩이가 큰 여성도 2명 있으며, 수염을 기르고 '표범 가죽으로(en peau de léopard)' 만든 허리에 두르는 간단한 옷(pagne)을 입은 남자도 여럿 있다. 이 남자들은 활과 화살로 무장을 하고 있을 때도 있는데, 발기한 경우가 많고, 사슴, 야생 소, 멧돼지와 같은 야생동물들을 위협하고 있는 듯 보인다. 벽 장식과 마찬가지로, 이들이 사용한 표현의 주제 중 일부는 최근에 서쪽 텔에서 발견된 토기에서도 찾을 수 있다. 제임스 멜라트와 또 다른 고고학자 장-다니엘 포레스트(Jean-Daniel Forest)는 이 그림들을 '네 발 달린' 것으로 불렀는데, 출산 중인 여성을 표현한 것이라고 보았다(James Mellaart, *Çatal Hüyük: A Neolithic Town in Anatolia*, McGraw-Hill, 1967). 또한, 장-다니엘 포레스트는 색깔이 칠해진 마름모꼴과 십자가는 각각 남성과 여성을 상징한다고 보았다(Jean-Daniel Forest, 〈Çatal Höyük et son décor: pour le déchiffrement d'un code symbolique〉, in Jean Guilaine, *Arts et symboles du néolithique à la protohistoire*, Éditions Errance, p. 41-58, 2003).

134) LeRoy McDermott, 〈Self-Representation in Upper Paleolithic Female Figurines〉, *Current Anthropology*, 37 (2), p. 227-275, 1996.

135) Randall White et Michael Bisson, 〈Imagerie féminine du paléolithique: l'apport des nouvelles statuettes de Grimaldi〉, *Gallia préhistoire*, n°40, p. 95-132, 1998.

136) Randall White, *Prehistoric Art: The Symbolic Journey of Humankind*, Harry N. Abrams, p. 138-141, 2003.

137) Jean-Pierre Duhard, *Réalisme de l'image féminine paléolithique*, CNRS Éditions, 〈Cahiers du Quaternaire〉, n°19, 1993.

138) 예를 들어 피쿠미(Pikumi)족(북아메리카의 블랙풋[Blackfoot] 원주민)의 깃털 여인(Femme-Plume) 여신 소-아트-사-키(So-At-Sa-Ki)는 별을 사랑스럽게 바라보다가 임신하게 된다. 강으로 가던 중 그녀는 한 남자를 만나는데, 그가 말하길 그 별이 자신이며 여신이 가진 아이는 자신의 아이라고 한다.

139) 뉴질랜드의 고고학자 파멜라 러셀도 이렇게 썼다. Pamela Russell, 〈Forme et imagination: l'image féminine dans l'Europe paléolithique〉, *Paléo*, 5, p. 375-388, 1993.

140) Jacques Cauvin, *Naissance des divinités, naissance de l'agriculture: la révolution des symboles au Néolithique*, Flammarion, Champs, 1998.

141) Lewis R. Binford, 〈Archaeology as Anthropology〉, *American Antiquity*, 28 (2), p. 217-225, 1962.

142) Margaret Mead, S*ex and Temperament in Three Primitive Societies*, William Morrow and co, 1935.
143) Margaret Mead, *L'un et l'autre sexe. Le rôle d'homme et de femme dans la société*, Denoël-Gonthier, [1949].
144) Armand Chatard, 〈La construction sociale du genre〉, *VEI Diversité*, n°138, p. 23-30, 2004.
145) Jean-Pierre Duhard, 〈Les Groupements humains dans l'art mobilier paléolithique français〉, *BSPF*, n°89 (6), p. 182-183, 1992.
146) 라 마르슈 유적에서 발견된 2개의 돌판 중 하나에는 남자 4명이 있고, 다른 하나에는 남자가 3명, 여자가 1명 있다. 마다질 유적에서 출토된 순록의 뿔 조각에는 4명이 등장하는데, 2명은 여자이고 1명은 남자이며 다른 1명은 성을 구별할 수 없다(같은 책).
147) 구르당(Gourdan) 동굴(오트-가론)에서 발견된 뼛조각에는 동물 가죽을 뒤집어쓴 것을 보이는 사람 8명이 한 사람씩 차례로 행렬을 갖춰서 한 줄로 걷고 있다(같은 책).
148) 메주 아 테이자(Mège à Teyjat) 바위그늘 유적(도르도뉴)에서 발견된 굼막대에는, 망아지로 보이는 큰 말이 주변에 있고 동물 가죽을 뒤집어쓴 작은 사람의 윤곽 3개가 있다. 라 바슈(La Vache) 유적(아리에주)에서 발견된 독수리 뼈에는 말을 둘러싸고 곰, 들소와 6명의 사람이 새겨져 있다. 이들 중 중 5명은 성인이고 1명은 청소년으로, 한 줄로 서서 걷고 있다(같은 책).
149) 같은 책.
150) 같은 책.
151) 레이몽당(Raymonden) 유적의 그림에서 한 사람의 손에 이런 물체가 들려있고, 아브리 뒤 샤토(abri du Château) 유적에서 발견된 8명의 사람도 이것을 가지고 있으며, 라 바슈 유적에서는 첫 번째 사람이 이것을 2개 들고 있다.
152) 인용된 사례에서, 성 구별은 장-피에르 뒤아르의 논문에서 가져왔다(앞의 책).
153) 둘 가운데 하나는 머리와 꼬리가 달린 들소의 가죽을 뒤집어쓰고 있는데, 악기를 연주하는 것처럼 보인다. 이 가설은 논란의 여지가 많다.
154) 그림으로 표현된 성 중 일부는 사람을 표현한 형태로 보지 않고 동물로 분류한다. Sophie Tymula, 〈Figures composites de l'art paléolithique européen〉, *Paléo*, n°7, p. 211-248, 1995.

155) 라스코 유적에서 '우물(puits)'에 그려진 그림은 여러 가지로 해석되는데, 투창기(propulseur)를 들고 있는 사냥꾼은 배가 갈라진 것으로 표현된 들소에게 다친 것이라는 해석도 있다. 페쉬알레(Péchialet) 동굴(도르도뉴)에서는 석회석 판 위에 '곰 사냥(chasse à l'ours)'을 하는 모습이 있고, 빌라르 유적(도르도뉴)에서는 사람에게 달려드는 들소의 모습을 볼 수 있다. 록-드-세르 동굴(샤랑트)의 돌판에는 어깨에 막대기를 들고 있는 사람이 소과 짐승(사향소?)에게 쫓기는 모습이 있다. 마다질 유적에서 나온 뼈로 된 '원판(rondelle)'에는 무기를 든 사람이 곰과 맞서는 장면이 표현되어 있는데, 곰의 발만 보인다. 로즈리-바스 유적(도르도뉴)에서 나온 순록의 뿔에는 원시 소를 향해 기어가는 사람이 표현되어 있다.

156) Jean-Pierre Duhard, 〈Les groupements humains dans l'art mobilier paléolithique français〉, 앞의 책, 182~183쪽.

157) Dans le *Traité d'ostéologie*, de Marie-Geneviève-Charlotte Thiroux d'Arconville (Pamela Proffitt [dir.], *Notable Women Scientists*, Gale group, p. 578-579, 1999).

158) Évelyne Peyre, 〈Du sexe et des os〉, *in* Catherine Vidal(dir.), *Féminin Masculin. Mythes et idéologies*, Belin, p. 35-45, 2015.

159) 다음과 같은 사례가 있다. 미스 트위기(Miss Twiggy)는 호모 하빌리스(Homo habilis)의 머리뼈로 180만 년 전으로 연대가 측정되었다. 1968년 탄자니아의 올드바이 협곡에서 발견되었다. 조지아 공화국의 드마니시 유적에서 1999년에 발견된 호모 게오르쿠스(Homo georgicuss)의 어린 여자아이의 뼈가 있다. 1969년과 1974년에 발견된 아라고 부인(Madame Arago)의 아래턱과 엉덩뼈는 호모 에렉투스 또는 호모 안테네안데르탈리안(Anté-Néanderthalien)으로 분류된다. 마리-앙투아네트 룸리와 앙리 드 룸리(Marie-Antoinette et Henry de Lumley) 연구팀이 피레네 오리앙탈 지역의 토타벨(Tautavel) 유적에서 찾았다. 샤랑트의 라 키나(La Quina) 유적에서 네안데르탈 여성의 뼈가 발견되었고, 도르도뉴의 크로마뇽(Cro-Magnon) 유적에서 호모 사피엔스 여성이 발견되었다.

160) Évelyne Peyre, 앞의 책.

161) 이것은 성이 알려진 현생 종의 방대한 표본을 바탕으로 하는 것인데, '확률적 성 진단(Diagnose probabiliste du sexe, DSP)'이라는 통계적 결정 이론에 따른 것이다. Jaroslav Bružek, Pascal Murail et Francis Houet, 〈Diagnose sexuelle probabilistique [DSP] à partir de données métriques de l'os coxal〉, *Bulletins et*

mémoires de la Société d'anthropologie de Paris, 11 [3-4], p. 484, 1999.
162) DSP 방법이나 형태학적 방법에 따라서 연구했다. Jaroslav Bružek, 〈A method for visual determination of sex, using the human hip bone〉, *American Journal of Physical Anthropology*, vol. 117, [2], p. 157-168, 2002.
163) 그중에는 '붉은 여인(Red Lady)'과 '미시즈 플레스(Mrs Ples)'의 뼈도 있다. 뼈가 붉은 황토로 덮여 있어서 붉은 여인이라는 별명을 얻은 이 화석은 1823년 파빌랜드의 고트츠 홀(Goat's Hole) 동굴(웨일즈)에서 발견되었다. 처음에는 장신구 때문에 로마 시대의 여인으로 분류되었다가, 이후 2만 5,000년 전에 살았던 젊은 남자 호모 사피엔스 화석으로 재분류되었다. 미시즈 플레스는 1947년에 남아프리카 스털크폰테인(Sterkfontein) 유적에서 발견된 오스트랄로피테쿠스 아프리카누스(Australopithecus africanus)의 별명이다. 고인류학자 로버트 브룸(Robert Broom)과 존 로빈슨(John T. Robinson)이 찾았는데, 근처에서 찾은 뼈대를 근거로 젊은 남자의 것일 가능성이 있다고 보았다. 이 화석은 205만 년 전으로 연대 측정되었다. 유명한 '루시(Lucy)'를 발견한 사람들은 이 화석을 여성으로 분류했지만, 남성 화석으로 보고자 하는 고인류학자들도 있다. 이렇게 되면 이름이 '루시앙(Lucien)'이 된다! 마찬가지로, 1979년 라 로슈 아 피에로(la Roche à Pierrot) 바위그늘(생-세제르, 샤랑트-마리팀)이라는 대형 유적에서 발견된 네안데르탈 여성 화석은 '피에레트(Pierrette)'라는 별명이 붙었는데, 기원전 3만 9500년 무렵으로 연대가 측정되었다. 그러나 이 화석의 성에 대해서는 연구자들의 의견이 일치하지 않고 있다.
164) 라 키나 유적에서 발견된 네안데르탈 여성의 화석과 '카비용의 여인(Dame du Cavillon)'이 이런 경우다. 카비용의 여인 화석의 머리뼈는 조가비와 붉은 황토로 덮인 채, 1872년 카비용(Cavillon) 동굴(발지 로시, 이탈리아)에서 발견되었다. 무덤에서 껴묻거리가 많이 나와서 처음에는 '망통의 남자(Homme de Menton)'라는 남자로 분류되었다가, 2만 4,000년 전에 살았던 호모 사피엔스 여성인 것이 밝혀졌다.
165) Charles Darwin, 〈Différence dans les facultés des deux sexes〉, *in La descendance de l'homme et la sélection sexuelle*, traduit par Edmond Barbier, C. Reinwald, p. 615, 1891.
166) Raphaël Liogier, *Descente au coeur du mâle. De quoi #MeToo est-il le nom?*, Les liens qui libèrent, 2018
167) Kristen Hawkes et al., 〈Grandmothering, Menopause, and the Evolution of

Human Life Histories〉, *PNAS*, 95 (3), p. 1336-1339, 1998.
168) 미국의 인류학자 조슬린 페체이(Jocelyn Peccei)에 따르면, 폐경에 이르는 나이는 평균 수명이 길어지면서 점차 늦어지게 되었다고 한다. Jocelyn Peccei, 〈A Critique of the Grandmother Hypotheses: Old and New〉, *American Journal of Human Biology*, 13 [4], p. 434-452, 2001.
169) Elizabeth Barber, *The Mummies of Ürümchi*, W. W. Norton and Company, 2000.
170) 후기 구석기시대 끝 무렵의 화석에 나타나는 관절 부위 손상(골근 부착부병: 근육의 건 및 인대가 골 혹은 관절낭에 부착하는 부위에 진행되는 질병-옮긴이)을 분석해보면 남녀 사이에 차이가 없었으며, 따라서 남자가 여자보다 더 먼 거리를 이동하지는 않은 듯하다. Sébastien Villotte, *Enthésopathies et activités des hommes préhistoriques. Recherche méthodologique et application aux fossiles européens du Paléolithique supérieur et du Mésolithique*, thèse de l'université Sciences et Technologies-Bordeaux I, 2008; Brigitte Holt, 〈Mobility in Upper Paleolithic and Mesolithic Europe: evidence from the lower limb〉, *American Journal of Physical Anthropology*, 122 [3], p. 200-215, 2003.
171) Claudine Cohen, *Femmes de la Préhistoire*, Belin, p. 130, 2016.
172) Robert Deliège, *Les Castes en Inde aujourd'hui*, PUF, 2004.
173) 이 유적에서 발견된 13명의 네안데르탈인 중 12명이 모계가 달랐다. 여자 3명 중 2명은 모계가 달랐고 남자 3명과도 모계가 달랐다. 이 여자들 가운데 1명은 두 아이의 어머니다. Carles Lalueza-Fox et al., 〈Genetic Evidence for Patrilocal Mating Behavior Among Neandertal Groups〉, *PNAS*, vol. 108 (1), p. 250-253, 2011. 주 107과 주110도 참조할 것.
174) Alain Testart, *L'Amazone et la Cuisinière. Anthropologie de la division sexuelle du travail*, Gallimard, 〈Bibliothèque des sciences humaines〉, 2014.
175) George P. Murdock et Caterina Provost, 〈Factors in the Division of Labor by Sex: A Cross-Cultural Analysis〉, *Ethnology*, vol. 12 (2), p. 203-225, 1973. 이들은 이른바 '전통 사회'로 부르는 산업화하지 않았거나 산업화 이전의 사회 185곳을 연구했다. 그중 99퍼센트의 사회에서 단단한 재료를 남자가 다루었고, 여자는 부드럽거나 물렁물렁하거나 유연한 재료를 다루었다. 그러나 이러한 구분이 없는 경우도 46.8~86.4퍼센트였다. 예를 들어 이들 사회 중 53.2퍼센트에서 남자가 가죽을 다루었다. 낚시와 항해와 같은 바다는 남

자들의 전유 영역이었던 듯하다.

176) Claudine Cohen, 앞의 책, p. 130.

177) 엘 시드론 유적, 벨기에의 스파이(Spy) 유적, 에로(Hérault)의 오르투스(Hortus) 유적에서 발견된 네안데르탈인들의 사례가 있다.

178) 물건을 잡거나 당기거나 자르거나, 가죽이나 섬유질 재료를 부드럽게 만들려고 치아를 '세 번째 손(troisième main)'처럼 쓰는 문화가 많다. 이런 활동은 치아에 흔적을 남긴다. 치아 표면에 나타나는 줄을 분석한 결과에 따르면, 여성과 남성의 치아에 나타나는 줄의 모습이 각기 다르다. 여성의 치아에는 긴 줄이 나타나고, 남성의 치아에는 더 깊고 더 짧으면서 잇몸의 위쪽 부분에 가깝게 줄이 나타난다. Almudena Estalrrich et Antonio Rosas, 〈Division of labor by sex and age in Neandertals: an approach through the study of activity-related dental wear〉, *Journal of Human Evolution*, vol. 80, p. 51-63, 2015.

179) 루이 라르테(Louis Lartet)가 레제지 드 타이약(Les Eyzies-de-Tayac)에 있는 크로마뇽(Cro-Magnon) 바위그늘에서 크로마뇽 사람을 찾았다. 라르테는 이곳에서 4명의 화석을 더 발굴했는데, 2명은 남성, 1명은 여성이었으며, 다른 1명은 신생아였다. 기원전 2만 7,680년가량의 그라베티안 문화에 속한다. 크로마뇽 사람이라는 이름은 유럽 후기 구석기시대의 호모 사피엔스 모두에게 폭넓게 사용되었다.

180) Charles Darwin, *The Descent of Man*, John Murray, 1871.

181) 마카팡스가트(Makapansgat) 유적(남아프리카 공화국)의 오스트랄로피테쿠스 유적에서 발견된 동물뼈를 근거로 이러한 해석을 했다. Raymond Dart, 〈Australopithecus africanus: the man-ape of South Africa〉, *Nature*, vol. 115 [2884], p. 195-199, 1925.

182) Charles K. Brain, *The Hunters or the Hunted?: An Introduction to African Cave Taphonomy*, University of Chicago Press, 1981.

183) Lewis Binford, *Bones, Ancient Men and Modern Myths*, Academic Press Inc, 1981; *In Pursuit of the Past. Decoding the Archaeological Record*, Thames and Hudson, 1983; 〈Human Ancestors: Changing Views of their Behavior〉, *Journal of Anthropological Archaeology*, vol. 4, p. 292-327, 1985.

184) 케냐의 로미콰위(Lomekwi) 3유적에서 발견되었다. 이것은 280만 년 전으로 연대 측정이 되어, 호모(Homo) 속으로 분류된 가장 오래된 종(에티오피아의 레디-제라루[Ledi-Geraru] 유적에서 발견된 LD 350-1 아래턱)보다 시

기가 더 올라가는 것이다. 이 발견으로, 최초의 연모는 호모 속만 만들었다는 지금까지의 이론적 틀이 다시 검토되게 되었다. 또한, 아주 일찍부터 뼈로 만든 연모도 만들었을 것인데, 특히 파란트로푸스(Paranthropes)가 그랬을 것으로 보고 있다.

185) 에티오피아 고나(Gona) 유적의 살림터는 200만 년 전 것이다.

186) Henry T. Bunn, 〈Archaeological Evidence for Meat-Eating by Plio-Pleistocene Hominids from Koobi Fora and Olduvai Gorge〉, *Nature*, vol. 291, p. 574-577, 1981; Manuel Domínguez-Rodrigo, 〈Taphonomie des sites plio-pléistocènes d'Afrique orientale. Apport de l'expérimentation〉, *Les Nouvelles de l'archéologie*, n°118, p. 6-11, 2009.

187) 사냥에는 체력이 필요하고, 지형, 주변 환경에 대한 인지, 사냥감의 환경-행동학, 먹이에 대한 해부학적 지식이 있어야 한다. 사냥꾼은 급소나 피를 많이 흘릴 부분을 겨냥해야 하기 때문이다. 그밖에도 집단이 필요로 하는 수요를 계산해야 하고, 앞으로 필요한 분량을 따져서 식량을 저장해야 한다. 목표를 달성하려면 사냥 전략을 세워야 하고, 인과관계를 완전히 이해하고 결과와 조건을 이해하며, 실제적인 선택을 결정해야 한다. 게다가 조직적인 행위를 위해 단계별로 행위를 진행할 수 있는 인지 능력도 갖춰야 한다.

188) 시간이 지났음에도, 생산경제 사회와 산업 사회에서 사냥이 유지된 것은 우리의 무의식 속에 이것이 깊이 박혀 있음을 보여준다. 스위스의 정신의학자 카를 융(Carl Gustav Jung, 1875~1961)이 '집단 기억과 조상의 기억(mémoire collective et ancestrale)'이라고 불렀던 것과 연결될지도 모르겠다(Carl Gustav Jung, *Psychologie de l'inconscient*, Librairie générale française, 1993). 사냥은 인간의 정신을 시공간적으로 연결해주는 이러한 집단 무의식의 표현일지도 모른다. Marylène Patou-Mathis, *Mangeurs de viande*, Perrin, 〈Tempus〉, 2017.

189) Glynn Isaac, 〈The Harvey Lecture Series, 1977-1978. Food Sharing and Human Evolution: Archaeological Evidence from the Plio-Pleistocene of East Africa〉, *Journal of Anthropological Research*, vol. 34 (3), p. 311-325, 1978.

190) 셔우드 워시번(Sherwood Washburn)을 비롯해 많은 미국 인류학자들이 지지하는 내용이다. Richard B. Lee et Irven De Vore, *Man the Hunter*, Aldine, 1968.

191) Sherwood Washburn, *Social Life of Early Man*, Viking Fund, p. 38, 1961.

192) Adrienne Zihlman, Nancy Tanner, Sally Slocum, Frances Dahlberg.

193) Adrienne Zihlman, 〈Women in Evolution. Part II: Subsistence and Social Organization among Early Hominids〉, *Signs*, 4 (1), University of Chicago Press, p. 4-20, 1978; Nancy Tanner et Adrienne Zihlman, 〈Women in Evolution. Part I: Innovation and Selection in Human Origins〉, *Signs*, 1 (3), University of Chicago Press, p 585-608, 1976; Sally Slocum, 〈Woman the Gatherer: Male Bias in Anthropology〉, *in* Rayna R. Reiter(dir.), *Toward an Anthropology of Women*, Monthly Review Press, 1975; Frances Dahlberg, *Woman the Gatherer*, Yale University Press, 1981. 전통적인 사냥-채집 민족은, 극지방을 제외하고는, 사냥보다는 예측이 가능한 까닭으로, 채집이 식량에서 중요한 부분을 차지한다. 캐나다의 인류학자 리처드 리(Richard Lee)는 아프리카 동부 지역의 유목 사냥 채집 집단인 산(San) 족에 관한 연구에서, 여성이 부족에게 필요한 식량의 70퍼센트를 가져온다는 것을 보여주었다. Richard Lee, *The!Kung San. Men,Women and Work in a Foraging Society*, Cambridge University Press, 1979.

194) Alain Testart, *Les Fondements de la division sexuelle du travail chez les chasseurs-cueilleurs*, EHESS 〈Cahiers de l'Homme〉 n°25, p. 31, 1986.

195) 기혼 여성이 되기 전에만 그렇다. Françoise Héritier, *De la violence I*, *séminaire de Françoise Héritier*, Odile Jacob, p. 211-212, 1996.

196) 내측상과염(Épicondylite médiale) 또는 '던지기 선수의 팔꿈치(coude du lanceur)'로 불린다. Olivier Dutour, 〈Enthesopathies (lesions of muscular insertions) as indicators of the activities of Neolithic Saharan populations〉, *American Journal of Physical Anthropology*, 71 (2), p. 221-224, 1986; 〈Chasse et activités physiques dans la préhistoire: les marqueurs osseux d'activités chez l'homme fossile〉, *Anthropologie et Préhistoire*, n°111, p. 156-165, 2000).

197) 고인류학자 세바스티안 빌로트(Sébastien Villotte)는 박사학위 논문에서 74명의 사람 뼈를 연구했는데, 이 중 남자는 39명이고 여자는 35명이었다. 시기적으로는 그라베티안 시기, 최후 빙기의 빙간기, 중석기시대다. 그라베티안 시기 남자 4명에게는 던지는 행위와 연결될 수 있는 상처가 있었지만, 여자 4명(바르마 그란데[Barma Grande] 유적, 코스티엔키 유적, 퀴삭 유적, 빌오뇌르[Vilhonneur] 유적)의 뼈에서는 반복적으로 던지는 행위로 인해 내측상 부분에 생기는 상처가 거의 없거나 아예 없었다. Sébastien Villotte, *Enthésopathies et activités des hommes préhistoriques-Recherche méthodologique et application aux fossiles européens du Paléolithique*

supérieur et du Mésolithique, thèse de l'université Sciences et Technologies-Bordeaux-I, 2008.
198) 이 두 시기는 유사한 상흔이 전반적으로 얼마나 나타나는지에 따라서 구별되지 않으며, 하체와 상체에 나타나는 상흔의 관계로도 구별되지 않는다. Sébastien Villotte et Christopher J. Knüsel, 〈I Sing of Arms and of a Man: Medial Epicondylosis and the Sexual Division of Labour in Prehistoric Europe〉, *Journal of Archaeological Science*, vol. 43, p. 168-174, 2014; Sébastien Villotte, Steven E. Churchill, Olivier Dutour et Dominique Henry-Gambier, 〈Subsistence Activities and the Sexual Division of Labor in the European Upper Paleolithic and Mesolithic: Evidence from Upper Limb Enthesopathies〉, *Journal of Human Evolution*, vol. 59, p. 35-43, 2010.
199) 미국의 인류학자 스티븐 처칠(Steven Churchill)이 이렇게 주장한다. 〈The Upper Palaeolithic Population of Europe in an Evolutionary Perspective〉, *in* Wil Roebroeks, Margherita Mussi, Jirí Svoboda et Kelly Fennema, *Hunters of the Golden Age: the Mid Upper Palaeolithic of Eurasia (30,000 - 20,000 bp)*, Leiden University, p. 31-57, 2010.
200) Cesare Lombroso et Guglielmo Ferrero, *La Donna delinquente, la prostituta e la donna normale* (1893). 프랑스어 번역본의 제목은 *La Femme criminelle et la Prostituée*, Jérôme Million, p. 157, 1991이다.
201) Jean-Pierre Duhard, Brigitte et Gilles Delluc, *Représentation de l'intimité féminine dans l'art paléolithique en France*, Presses Universitaires de Liège, 2017. 이 책에 프랑스 후기 구석기시대에 있어서, 성적으로 인간을 표현되거나 여성의 성기나 남근을 묘사한 자료에 대한 방대한 목록이 정리돼 있다.
202) Margaret W. Conkey, Olga Soffer, Déborah Stratmann, Nina G. Jablonski(dir.), *Beyond Art. Pleistocene Image and Symbol*, University of California Press, 1997.
203) Louis Figuier, *L'Homme primitif*, Librairie Hachette et Cie, légende de la figure 67, p. 131(gravure de Delahaye), 1870. 갈리카(Gallica)에서 볼 수 있음
204) 우리가 앞에서 이미 살펴본 것처럼, 이원론은 대비되거나 보완되는 한 쌍이 성적 의미와 상징적 의미를 내포한다는 관점에서 그림의 구성을 해석하는 것이다. Annette Laming-Emperaire, *La Signification de l'art rupestre paléolithique*, Éditions Picard, 1962; André Leroi-Gourhan, *Préhistoire de l'art occidental*, Éditions Mazenod, p. 73, 1965.
205) 이 중에 스페인 칸타브리아의 엘 카스티요(El Castillo) 동굴에서 발견된

16개의 손자국, 오트 피레네의 가르가(Gargas) 동굴에서 발견된 6개의 손자국, 로트의 페슈 메를르 유적에서 발견된 5개의 손자국이 있다. Dean Snow, 〈Sexual dimorphism in Upper Palaeolithic hand stencils〉, *American Antiquity*, vol. 80 (308), p. 390-404, 2006. 이 손자국들은 그라베티안 문화로 분류됐다.
206) 4가지 형태적 계측치와 손가락 비율(Indice de Manning)을 기초로 한 알고리즘을 가지고 구분했다. 손가락 비율에서, 손 길이와 손가락 길이, 그리고 검지, 엄지, 약지 길이 간의 비율로 보면, 남자는 약지가 검지보다 조금 더 길지만, 여자는 검지와 약지 길이가 같다. 3개의 손자국은 성인 남자의 것이었고, 5개는 청소년의 것이었다(Dean Snow, 같은 글.)
207) 이 동굴은 약 2만 7,000년 전의 것으로, 65개의 손자국이 있는데(검은 바탕 위에 있는 것 44개, 붉은 바탕 위에 있는 것 21개), 대부분 왼손이며 70퍼센트가 미완성이다. Jean Clottes, Jean Courtin et Luc Vanrell, 〈La grotte Cosquer à Marseille〉, *in* Grottes ornées en France, *Les Dossiers d'archéologie*, n° 324, p. 38-45, 2007.
208) 연구된 손자국의 숫자가 비교적 적기 때문에 당연히 신중해야 한다. 선사학자 장-미셸 제네스트(Jean-Michel Geneste)에 따르면, 아르데슈의 쇼베 동굴의 손자국은 남자의 것일 가능성이 크다.
209) 민족지고고학자 장-미셸 샤진(Jean-Michel Chazine)과 컴퓨터 과학자 아르노 누리(Arnaud Noury)는 딘 스노우는 손가락 비율을 기반으로 예술가의 성을 결정할 수 있는 소프트웨어를 개발했다. Jean-Michel Chazine, 〈Grottes ornées: le sexe des mains négatives〉, *Archeologia*, vol. 429, p. 8-11, 2006.
210) Jean-Michel Chazine, 〈Mixité dans les grottes de Bornéo: Découvertes et résultats récents〉, congrès de spéléologie, Périgueux, mai 2006, *in* T. Barritaud, 〈Mémoire Paléolithique〉, *Spelunca* n° 34, p. 103-110, 2010
211) 미국의 고고학자 지닌 데이비스-킴볼에 따르면, 4,000년 전에 있었던 '히포게움(hypogées)'이라는 지중해 지역의 문화에서는 여자 제관 또는 여자 샤먼이 집전했다. *Warrior Women. An Archaeologist's Search For History's Hidden Heroines*, Warner Book, 2002.
212) 장례 의식을 복원하는 것이 장례 의식을 확실하게 보여줄 유일한 증거이지만, 매장된 사체의 숫자가 상대적으로 적고, 후대에 손을 타지 않은 무덤이 많지 않은 데다가, 피장자와 고고학적 유구의 관계를 확정하기 어려울 때가 많아서 한계가 있다. 실제로 배치(매장의 배열) 또는 껴묻거리(공물)는 동굴 천정의 붕괴처럼 자연적으로 형성된 유구이거나 유적에서 거주했

던 사람들이나 그 후손들의 활동에서 비롯될 수 있다.
213) 나이, 성, 질병, 상흔과 망자의 자세, 매장의 배열, 장신구, 함께 발견되는 유물처럼 다양한 기준이 적용된다. 이를 통해서 매장된 사람의 지위를 결정할 수 있고, 죽음의 원인도 결정할 수 있다. 장례 고고학(archéologie funéraire)은 이들 구석기시대 사회의 조직과 기능, 더 나아가 그들의 믿음과 관련된 자료를 제공해준다.
214) 현재로서는 이스라엘의 타분(Tabun) 유적에서 발견된 네안데르탈 여성의 무덤이 가장 오래된 것이다.
215) 예를 들어 아브리 라 페라시 유적의 4번, 5번 사람 뼈가 있다.
216) 헝가리(슈바유크[Subaluyk] 유적의 어린이), 크림반도(키크-코바[Kiik-Koba] 유적과 자스칼나야[Zaskalnaya] VI 유적), 우스베키스탄(테쉬크 타쉬[Teshik-Tash] 유적)을 제외하고, 네안데르탈인의 무덤은 서유럽(프랑스, 특히 프랑스 남서지역, 벨기에)과 근동지역으로 지리적 분포가 한정된다. 유럽에서는, 6곳의 유적에서 최소 30개의 무덤이 발견되었다. 이들은 6만 5,000년 전(도르도뉴의 라 페라시 유적 8번 사람 화석, 록 드 마르살[Roc de Marsal] 유적)에서 3만 5,000년 전의 것(르 무스티에 유적의 갓난아이, 자스칼나야 VI 유적)에 살았던 이들로, 근동지역보다는 시기가 늦다. 근동지역에서는 아무드(Amud) 유적, 타분 유적, 케바라(Kebara) 유적, 샤니다르(Shanidar) 유적, 데데리에(Dederiyeh) 유적 5곳에서 적어도 13기의 무덤이 발견되었다. 시기는 14만 1,000년 전(타분 유적)부터 4만 3,000년 전(샤니다르 I 유적, 데데리에 II 유적)으로 가늠된다. 같은 문화층에서 발견된 석기로 볼 때, 이 무덤들은 레반트 지역의 무스테리안 시기에 만들어졌다.
217) 머리의 위치만 성별에 따라 달라지는 듯하다. 피장자가 여자인 경우는 대부분 옆으로 누워 있고, 남자의 경우는 등을 땅에 대고 똑바로 누워 있다.
218) 도르도뉴의 아브리 라 페라시 유적, 샤랑트의 라 키나 유적, 샤랑트-마리팀의 생-세제르 유적, 벨기에의 스파이 유적, 크림반도의 키이크-코바 유적, 이스라엘의 타분 유적, 이라크의 샤니다르 VI 유적에서 발견되었다.
219) 스쿨(Skhūl) VII 매장 유구와 콰프제 3번, 9번 매장 유구는 차례로 13만 5,000년 전에서 10만 년 전, 그리고 9만 4,000년 전 무렵으로 연대 측정되었다.
220) 그중에는 타른-에-가론느의 브뤼니켈(Bruniquel)에 있는 아브리 라파예(abri Lafaye) 유적의 막달레니안 시기의 여성, 도르도뉴의 아브리 캅-블랑 유적과 아브리 크로마뇽 유적의 그라베티안 시기의 여성, 랑드의 아브리 뒤뤼티(abri Duruthy) 유적의 1명 또는 2명의 오리나시안 시기의 여성, 지롱드

의 생-제르맹-라-리비에르(Saint-Germain-la-Rivière) 유적의 막달레니안 시기의 여성이 있다. 이탈리에는, 바르마 그란데 발지 로시의 카비용 동굴 유적과 그로트 데 장팡(Grotte des Enfants) 유적, 오스투니(Ostuni) 유적과 파글리치(Paglicci) 유적에서 발견된 그라베티안 시기의 여성들이 있다. 체코 공화국에는, 브르노 III 유적과 돌니 베스토니체 유적에서 발견된 그라베티안 시기의 여성들이 있고, 프레드모스트 1 유적에서도 여성 2명의 뼈가 발견되었다. 러시아의 순기르(Sungir) 유적에서 여성으로 확인되었던 뼈는 지금은 남자의 것으로 분류된다.

221) 브뤼니켈의 아브리 라파예 유적에서 막달레니안 시기의 무덤이 발견되었는데, 등을 바닥에 대고 누워서, 머리 위로 다리가 놓인 채 발견된 여성 1명과 7살 어린이의 뼈가 나왔다. 이탈리아 발지 로시의 '그로트 데 장팡'이라고 불리는 유적의 매장 유구 III에서는 남자로 보이는 청소년의 뼈가 출토되었는데, 등을 바닥에 대고 누워 있었고 등뼈에는 부싯돌 화살촉이 꽂혀 있었다. 이 유구에서는 나이가 상당히 든 여성의 뼈도 발견되었는데, 몸을 잔뜩 구부린 채 엎드린 자세였고 조가비로 만든 머리쓰개를 하고 있었다.

222) 이탈리아 발지 로시에 있는 바르마 그란데 유적의 매장 유구에는 여성으로 보이는 사람이 묻혀 있었는데, 등을 바닥에 대고 누워 있는 자세였다. 그 오른쪽에는 남성으로 생각되는 청소년 2명의 뼈가 있었는데, 왼쪽으로 돌아누워 있었다. 이들은 혈연관계일 가능성이 있다. Dominique Henry-Gambier, *La Sépulture des enfants de Grimaldi (Baoussé-Roussé, Italie). Anthropologie et Palethnologie funéraire*, CTHS/RMN, 2001.

223) 도르도뉴의 아브리 크로마뇽 유적에서 발견된 5구의 그라베티안 시기 인류 화석 중 1명은 50세가 넘은 여성이고 3명은 성인 남자인데, 남자들 가운데 한 사람은 50살이었으며, 신생아가 1명 있었다. 체코 모라비아의 프레드모스트 I 유적은 많은 사람 뼈가 발견되어 주목을 받았다. 적어도 여성 3~4명, 남성 4명, 남자 청소년 2명과 다양한 연령대의 어린이 10명의 뼈가 발견되었다. 이들은 깊이 파인 구덩이에 차례로 매장되었던 듯하며, 그 위를 돌로 덮어놓았다. 매머드의 주걱뼈와 머리뼈도 함께 발견되었다. 공간 때문인 듯 보기 드물게 대부분 몸을 구부린 자세였으며, 북-남쪽을 향하고 있었다.

224) Julien Riel-Salvatore et Geoffrey Clark, 〈Grave Markers〉, *Current Anthropology*, vol. 42 (4), p. 449-479, 2001.

225) 생-제르맹-라-리비에르 유적과 발지 로시의 그로트 카바이용 유적과 그로트 데 장팡(머리쓰개), 오스투니 1 유적에서 발견된 사람 뼈가 이것을 지

니고 있었다.
226) 랑드 브뤼니퀠의 아브리 라파예 유적과 아브리 뒤뤼티 유적(목걸이), 생-제르맹-라-리비에르 유적, 카바이용 유적, 파그리치 유적, 오스투니 유적 1번 매장 유구에서 발견된 사람 뼈가 이것을 지니고 있었다.
227) 이탈리아의 카바이용 유적과 파그리치 유적에서 발견된 사람 뼈가 이것을 지니고 있었다.
228) 생-제르맹-라-리비에르 유적에서 발견된 사람 뼈가 그렇다.
229) 옛날에 발굴이 되었거나 퇴적된 이후에 수습되었거나 하는 발견 당시의 조건 때문에 출토된 부장품과 피장자의 관계를 알기 어려울 때가 있다. 북극여우의 머리와 매머드의 주걱뼈가 발견된 크로마뇽 유적이나 프레드모스트 유적 1번 매장 유구가 그렇다. 일부 장신구의 사례도 마찬가지로 쉽지 않다(바르마 그란데 유적의 매장 유구 2, 3).
230) 바르마 그란데 유적의 2번 매장 유구에 묻힌 여성의 머리뼈 밑에는 원시소의 허벅지 뼈가 있었고, 돌니 베스토니체 유적의 II번 매장 유구에서 발견된 여성의 손에는 북극여우의 송곳니 10개가 있었다. 돌니 베스토니체 III번 매장 유구에서 발견된 여성의 입 근처에는 불에 탄 말의 갈비뼈 조각이 있었다.
231) 브뤼니퀠의 아브리 라파예 유적, 생-제르맹-라-리비에르 유적, 뒤뤼티 유적, 바르마 그란데 2번 매장 유구, 오스투니 1번 매장 유구 , 그로트 데 장팡 유적의 3번 매장 유구, 카비용 유적, 파글리찌 유적, 돌니 베스토니체 유적의 II번 매장 유구가 이런 사례이다.
232) 카바이용 유적에서 나온 말의 발등뼈로 만든 송곳의 사례가 있다.
233) 돌니 베스토니체 유적의 유적 매장 II에서 나온 매머드의 주걱뼈와 엉덩뼈가 있고 브뤼니퀠의 아브리 라파예 유적에서 출토된 커바위로 만든 판이 있다.
234) 카바이용 유적, 파글리찌 유적, 오스투니 유적, 돌니 베스토니체 유적 III번 매장 유구, 브르노 유적 III번 매장 유구.
235) 브뤼니퀠 유적에서는 순록의 뼈, 야생염소의 위턱과 뿔이 발견되었고, 생-제르맹-라-리비에르 유적에서는 들소의 앞머리뼈가 뿔이 달린 채 발견되었다.
236) 브뤼니퀠 유적과 그로트 데 장팡 유적의 3번 매장 유구에서 불에 탄 돌이 발견되었고, 생-제르맹-라-리비에르 유적의 판석 위에 불땐자리가 있었고, 바르마 그란데 유적의 2번 매장 유구와 카비용 유적의 매장 유구 주변에도

불땐자리가 있었다. 그로트 데 장팡 유적의 3번 매장 유구의 사람 뼈 밑에는 불땐자리가 있었다.
237) 양쪽 모두 뼈나 사슴의 이빨로 만든 장신구(그중 하나는 7개의 젖니로 만든 머리띠)를 지니고 있었다.
238) 아마도 돌니 베스토니체 유적, 바르마 그란데 유적, 순기르 유적의 매장 유구는 예외적인 사례일 것이다. Dominique Henry-Gambier, 〈Comportement des populations d'Europe au Gravettien: pratiques funéraires et interprétations〉, *Paléo*, n°20, p. 399-438, 2008
239) 나는 이것이 전쟁 때문이라는 주장은 인용하지 않았는데, 구석기시대의 전쟁은 고고학적으로 입증되지 않는다.
240) 특히 그라베티안 시기. Dominique Henry-Gambier, 앞의 책.
241) 이 매장 유구를 발견한 사람들은 구덩이의 네 벽에 각기 4개의 돌이 있었고 2개의 판석이 이것을 덮고 있어서, 이것을 '작은 고인돌'이라고 기술했다. 이 가설은 지금은 논란이 되고 있다.
242) 해양 복족류 조가비 3개(개오지 속[Trivia])와 동석(매우 무른 돌임)으로 만든 길쭉한 구슬이 사람 뼈 근처에서 발견되었다. 이 4점은 구멍이 뚫려 있는데, 옷 위에 꿰매져 있었을 것이다. Marian Vanhaeren, Francesco d'Errico, 〈Le mobilier funéraire de la Dame de Saint-Germain-la-Rivière et l'origine paléolithique des inégalités〉, *Paléo*, n°15, p. 195-238, 2003.
243) 같은 글.
244) Piotr Efimenko, *La société primitive*(1953), *in* Claudine Cohen, 〈La moitié "invisible" de l'humanité préhistorique〉, colloque Mnemosyne, Lyon, IUFM, 2005.
245) 독일의 철학자 하이데 괴트너 아벤트로트(Heide Göttner-Abendroth)가 제시한 용어다. Heide Göttner-Abendroth, *Das Matriarchat, vol. I, History of Research on Matriarchy*, Verlag Kohlhammer, 1988-1995; *Das Matriarchat, vol. II 1, Contemporary Matriarchal Societies in East Asia, Indonesia, Oceania*, Verlag Kohlhammer, 1991 et 1999; *Das Matriarchat, vol. II 2, Contemporary Matriarchal Societies in America, India, Africa*, Verlag Kohlhammer, 2000.
246) Cai Hua, *Une société sans père ni mari. Les Na de Chine*, Presses Universitaires de France, 1997.
247) Laurent S. Barry et al, 〈Glossaire de la parenté〉, *L'Homme*, n°154-155, p. 728, 2000.
248) 어머니 혈족을 따르는 권리는 아프리카, 인도(카시족[Khashi]), 인도네시

아(미난카보우족[Minangkabau], 엔가다족[Ngada]), 아메리카 원주민(이로쿼이족 여성은 토지를 소유하고 농사를 조직하며 자문회의 구성원으로, 결정된 사안에 대해 거부권을 가짐)처럼 다수의 민족 집단에서 존재했거나 존재한다.

249) Ernest Borneman, *Le Patriarcat (Perspectives critiques)*, PUF, 1979.

250) 특히 농경-목축 사회에서 '어머니-여신(Déesse-Mère)'을 숭배한다. Bronisław Malinowski, *La Paternité dans la psychologie primitive*, Allia, 2016 [1927].

251) 요한 바호펜이 고전기 그리스 이전의 상고기 그리스에 가모장제 사회가 있었다는 가설을 주장했는데, 영국의 소설가 로버트 그레이브스(Robert Graves, 1895~1985)는 이것을 받아들였지만(*The Greek myths*, 1955), 사이먼 펨부르크(Simon Pembroke)는 인정하지 않았다(⟨Women in Charge: The Function of Alternatives in Early Greek Tradition and the Ancient Idea of Matriarchy⟩, *Journal of the Warburg and Courtauld Institutes*, vol. 30, p. 1-35, 1967). 로버트 그레이브스는 전통적인 신화와 유럽 원시시대의 민담에 보이는 여러 요소를 선사시대에 유럽과 아시아에서 우세했던 가모장제 사회의 흔적으로 이해할 수밖에 없다고 주장했다(*The White Goddes*, 1948; paru en français en 1979 sous le titre *La Déesse blanche*, puis réédité en 1989 sous le titre *Les Mythes celtes. La Déesse blanche*).

252) 바호펜은 여행기를 근거로 삼았는데, 특히 누벨 프랑스(지금의 캐나다) 선교사였던 예수회 신부 프랑수아 라피토(François Lafitau, 1681~1746)의 여행기를 많이 참고했다.

253) 미국의 루이스 모건은 이로쿼이 원주민의 친족 관계 연구를 근거로 했는데, 모건은 이들과 함께 살기도 했다(*Systems of Consanguinity and Affinity of the Human Family*, Smithsonian Institution, 1871). 그는 이로쿼이 사회가 인류의 모든 사회가 거쳐야 했던 단계를 보여주는 것으로 생각했다(*Ancient Society, or Researches in the Line of Human Progress from Savagery, through Barbarism to Civilization*, Macmillan and Co, 1877).

254) 엥겔스는 저서 《가족, 사유재산, 국가의 기원》에서 루이스 모건의 연구와 친구인 카를 마르크스의 주해를 근거로 하고 있다.

255) '야만' 단계(사냥-채집) 이후이고, '문명'(사회 계급과 국가 조직의 등장) 이전을 지칭한다. 이러한 용어는 루이스 모건이 시간이 지나면서 발전하는 사회를 단계에 따라 구별하기 위해 정의한 것이다.

256) 이들 중에는 프랑스인 로베르 브리포(Robert Briffault, *The Mothers, A Study of the Origins of Sentiments and Institutions*, 1927)와 스코틀랜드인 제임스 프레이저(James Frazer)가 있다(《황금가지The Golden Bough》, 1906-1915).
257) 네안데르탈인의 문화 중 하나인 무스테리안 시기다. Piotr Efimenko, *La société primitive*[1953], in Claudine Cohen, 〈La moitié "invisible" de l'humanité préhistorique〉, colloque Mnemosyne, Lyon, IUFM, 2005, p. 402.
258) 그라베티안 시기다. 피오트르 에피멘코는 코스티엔키 유적, 가가리노 유적, 아브데에보 유적, 브라상푸이 유적, 망통 유적, 빌렌도르프 유적처럼, 그라베티안 시기의 집터 유적에서 여성상이 발견되는 것을 근거로 삼았다. 에피멘코는 사실적인 묘사가 당시의 여성을 표현한 것이라 했다. 신체의 형태로 볼 때 고기와 지방이 풍부한 먹거리가 풍족했음을 입증하는 것이어서, 이때는 일정한 곳에 머무르는 생활 방식이었을 것이라 했다(같은 책).
259) 막달레니안 시기다. Piotr Efimenko, 같은 책.
260) 예를 들어 그라베티안 사회는 정주 사회가 아니라 이동 사회였다.
261) 앞의 책. 피오트르 에피멘코는 오리나시안 시기의 여성을 다룬 논문의 저자이기도 하다. *Signification de la femme à l'époque aurignacienne*, [en russe], Izviestia, T. XI, Leningrad, 1931.
262) 그녀는 '가모장제(matriarcales)'보다는 이 용어가 차별성이 덜하다고 생각해 이것을 사용했다. Marija Gimbutas, *Bronze Age Cultures of Central and Eastern Europe*, Mouton & Co., 1965.
263) 그녀에 따르면 오리나시안 시기부터 청동기시대까지 약 2만 7,000년 동안이다.
264) 김부타스는 1956년 '쿠르간 가설('hypothèse kourgane)'을 제시했는데, 이는 중앙아시아 초원지대 쿠르간 문화의 고분을 발굴한 고고학적 자료와 비교언어학적 분석을 바탕으로 세운 가설이다. 청동기 문화의 전파로 알 수 있듯이, 이 문화는 원래 발상지인 드네프르강, 돈강, 볼가강 유역부터 시작해 청동기시대 동안, 흑해 지역의 초원으로 점차 퍼졌다. Marija Gimbutas, *The Prehistory of Eastern Europe. Part I: Mesolithic, Neolithic and Copper Age Cultures in Russia and the Baltic Area*, Cambridge, MA, Peabody Museum, 1956.
265) 1992년부터 1995년까지 러시아와 카자흐스탄 국경 지대에 있는 많은 쿠르간(무덤의 러시아식 이름)을 발굴한 지닌 데이비스-킴볼의 연구에 따르면 그렇다. Jeannine Davis-Kimball, *Warrior Women: An Archaeologist's Search*

For History's Hidden Heroines, Warner Book, 2002.

266) 히포게움에서 관찰되는 화재, 약탈, 다양한 폭력의 흔적이 증거가 될 것이다(같은 책).

267) 신석기시대 전공인 고고학자 장-폴 드물(Jean-Paul Demoule)은 '쿠르간' 모델이 '축소되고 단순화되었다'며 이에 대해 의문을 제기한다. "유럽인들은 그들의 기원에 대한 신화가 필요하고 인도-유럽인들이 그 신화다." 최근 10년 동안 유럽의 사람 뼈 화석(기원전 1만 8000년부터 기원 전후까지)에 대한 유전자 연구가 진행되었고, 현재 인구는 3,400년경 흑해 연안의 초원지대에서 중부 유럽(얌나야[Yamna] 문화, 띠무늬토기 문화)과 유럽의 다른 지역으로 대규모 이주가 있었던 것을 보여준다(*Mais où sont passés les Indo-Européens? Le mythe d'origine de l'Occident*, Seuil, 2014). 그는 볼프강 하아크(Wolfgang Haak) 등이 쓴 책을 인용했다(⟨Massive Migration from the Steppe is a Source for Indo-European Languages in Europe⟩, *Nature* vol. 522, p. 207-211, 2015) et Ewen Callaway (⟨DNA Data Explosion Lights Up the Bronze Age. Population-scale Studies Suggest that Migrants Spread Steppe Language and Technology⟩, *Nature*, vol. 522, p. 40-141, 2015).

268) James P. Mallory and Douglas Q. Adams, *The Oxford Introduction to Proto-Indo-European and the Proto-Indo-European World*(2006), *in* Jean-Pierre Demoule, *Mais où sont passés les Indo-Européens? Le mythe d'origine de l'Occident,* 앞의 책, 423쪽.

269) 이것은 다호메이의 아마조네스나 보르네오의 일부 집단처럼 아주 예외적인 경우를 제외하고, 여성이 전쟁에 거의 참여하지 않았다는 주장을 근거로 한다.

270) Gerda Lerner, *The Creation of Patriarchy*, Oxford University Press, 1986; Riane Eisler, *The Chalice and The Blade. Our History, Our Future*, Harper et Row, 1989; Carol P. Christ, *Rebirth of the Goddess Finding Meaning in Feminist Spirituality*, Routledge, 1997; Max Dashù, ⟨Knocking Down Straw Dolls: A Critique of Cynthia Eller's The Myth of Matriarchal Prehistory⟩, *Feminist Theology*, vol. 13, p. 185-216, 2005.

271) 이들 중에는 차탈 휘위크 유적을 발굴한 이언 호더(Ian Hodder)가 있는데, 그는 김부타스의 연구를 재해석했다. Ian Hodder, *Religion in the Emergence of Civilization. Çatalböyük as a Case Study*, Stanford University, 2010.

272) Roberta Gilchrist, *Gender and Archaeology. Contesting the Past*, Psychology

Press, 1999; Cynthia Eller, *The Myth of Matriarchal Prehistory. Why an Invented Past Will Not Give Women a Future*, Beacon Press, 2000.

273) Emmanuel Todd, *L'Origine des systèmes familiaux*, tome I: *L'Eurasie*, Gallimard, p. 370-371, 2011.

274) Jean-Loïc Le Quellec et Bernard Sergent, 〈Femmes maîtresses de la culture〉, in *Dictionnaire critique de mythologie*, CNRS Éditions, p. 481-483, 2017.

275) Alain Testart, *La Déesse et le grain. Trois essais sur les religions néolithiques*, Éditions Errance, 2010.

276) 요한 바호펜은 아리스토파네스의 작품 〈여자의 평화(Lysistrata)〉와 〈여인들의 민회(L'Assemblée des femmes d'Aristophane)〉에서 아이디어를 얻었다 (*Le Droit maternel, recherche sur la gynécocratie de l'Antiquité dans sa nature religieuse et juridique*, L'Âge d'Homme, I-LVI, 1996).

277) Alexis Giraud-Teulon fils, *Les Origines du mariage et de la famille*, A. Cherbuliez, 1884 (1re éd., 1874).

278) 특히 자크 라캉(Jacques Lacan, 〈La signifi du phallus〉, *in Écrits*, Seuil, p. 685-695, 1966).

279) Sigmund Freud, *L'Homme Moïse et la Religion monothéiste* (1939), Gallimard, p. 106, 1986.

280) Evelyn Reed, *Woman's Evolution from Matriarchal Clan to Patriarchal Family*, Pathfinder Books Ltd, 1975.

281) Stella Georgoudi, 〈Le Matriarcat n'a jamais existé〉, *L'Histoire*, n° 160, p. 40-48, 1992.

282) Colin Spencer, *Histoire de l'homosexualité. De l'Antiquité à nos jours*, Pocket, p. 30, 1999.

283) Claude Lévi-Strauss, *Les Structures élémentaires de la parenté*, p. 136, 1949.

284) Olivia Gazalé, *Le Mythe de la virilité*, Robert Laffont, 2017, Kindle emplacement 111-118.

285) Friedrich Engels, *L'Origine de la famille, de la propriété privée et de l'état*, 1884.

286) Emmanuel Todd, *L'Origine des systèmes familiaux*, tome I: *L'Eurasie*, Gallimard, p. 370-371, 2011.

287) Olivia Gazalé, 앞의 책, Kindle emplacement 242 et 619-620.

288) Simone de Beauvoir, *Le Deuxième Sexe, tome I :Les faits et les mythes*,

Gallimard, 1949.
289) Françoise Héritier, *Masculin / Féminin. La pensée de la différence*, p. 26, 1995.
290) Olivia Gazalé, 앞의 책, Kindle emplacement 133-134.
291) 프리드리히 엥겔스 등은, 뉴욕주의 세네카 이로쿼이 부족의 선교사였던 아서 라이트의 관찰을 이론의 근거로 삼고 있다. "보통 여자 쪽이 집을 통솔한다. 여자는 씨족(clans, gentes) 내부와 다른 곳에서도 큰 권력을 가지고 있었다. 때로 그녀들은 족장의 직을 박탈하고 단순한 전사의 지위로 강등시키는 일도 서슴지 않았다"라고 적고 있다(Friedrich Engels, 앞의 책).
292) 이 시기는 집터와 집단 무덤이 많이 발굴되어 특히 잘 알려져 있다.
293) Andrew Sherratt, *Economy and Society in Prehistoric Europe: Changing Perspectives*, Edinburgh University Press, 1997.
294) Esther López Montalvo, 〈Violence et mort dans l'art rupestre du Levant: groupes humains et territoires〉, *in* Luc Baray, Matthieu Honegger et Marie-Hélène Dias-Meirinho(dir.), *L'Armement et l'image du guerrier dans les sociétés anciennes: de l'objet à la tombe*, Éditions universitaires de Dijon, 〈Art, Archéologie & Patrimoine〉, p. 19-42, 2011.
295) 앨리슨 매킨토시(Alison Macintosh), 론 핀하시(Ron Pinhasi), 제이 스톡(Jay Stock)은 20여 년 동안 축구, 달리기, 조정(漕艇)을 한 현대 여성 45명의 허벅지뼈와 정강이뼈를 스캔해서, 신석기시대와 금속시대에 살았던 여성의 뼈와 비교를 했다. 신석기시대 여성의 정강이뼈의 강도는 현대 여성과 비슷하거나 낮았지만, 허벅지뼈의 강도는 확실하게 높았다. 반복적으로 이뤄지는 행위와 연관된 근육의 발달 정도와 질병을 특징짓기 위해 인류학자들은 뼈에 남겨진 흔적들을 연구한다. "신체적 충격과 근육 활동 모두 뼈에 영향을 끼치는데, 하중이라고 부른다. 반복되는 스트레스에 적용하기 위해, 시간이 지나면 뼈의 형태, 구부러진 정도, 두께, 밀도가 바뀌게 된다." 〈Prehistoric Women's Manual Labor Exceeded that of Athletes Through the First 5500 years of Farming in Central Europe〉, *Sciences Advances*, vol. 3 (11), p. eaao3893, 2017.
296) 반복되는 동작으로 여성의 손에 만들어진 손상(골근 부착부 질병)으로 알 수 있다. Vered Eshed et al., 〈Musculoskeletal Stress Markers in Natufian Hunter-Gatherers and Neolithic Farmers in the Levant: the Upper Limb〉, *American Journal of Physical Anthropology*, vol. 123 (4), p. 308-315, 2004.

297) 이는 특히 스웨덴의 고틀란트(Gotland) 섬에서 발견된 남성 뼈에서 관찰되었다. Petra Molnar, 〈Tracing Prehistoric Activities: Musculoskeletal Stress Marker Analysis of a Stone-Age Population on the Island of Gotland in the Baltic Sea〉, *American Journal of Physical Anthropology*, vol. 129 (1), p. 12-23, 2006.

298) Jacques Cauvin, *Naissance des divinités, naissance de l'agriculture: la révolution des symboles au néolithique*, Flammarion, 〈Champs〉, 1998.

299) 같은 책.

300) 아프리카의 사하라 지역에서는 지금도 여전히 여성들이 포니오(fonio) 또는 야생 기장과 같은 작은 곡물을 거둬들이기 위해 매우 촘촘하게 짠 바구니로 야생식물을 쓰러뜨린다.

301) 콜린 스펜서(Colin Spencer)의 주장이다. *Histoire de l'homosexualité. De l'Antiquité à nos jours*, Pocket, p. 30, 1999.

302) Andrew Sherratt, *Economy and Society in Prehistoric Europe: Changing Perspectives*, Edinburgh University Press, 1997.

303) Penny Bickle et Alasdair Whittle (eds.), *The First Farmers of Central Europe: Diversity in LBK Lifeways*, Oxbow Books, 2013.

304) 예를 들어 오트-알자스(Haute-Alsace)와 파리 분지의 띠토기문화(le Rubané)에서 그렇다. Anne Augereau, *La Condition des femmes aux néolithiques. Pour une approche du genre dans le Néolithique européen*, 2018.

305) 오트-알자스의 뮐루즈-에스트(Mulhouse-Est)에서 발견되었는데, 기원전 5600년에서 기원전 4900년 사이의 띠토기문화 말기에 속한다(Anne Augereau, 같은 책).

306) 돌을 깔아서 구획한 곳 가까이에서 56개의 움이 발견되었는데, 넓게 원형으로 배치되어 있었고 안에 사람 뼈가 들어 있었다. Mike Pitts, 〈Stonehenge〉, *British Archaeology*, vol. 102, p. 12-17, 2008; Mike P. Pearson et al, 〈Who Was Buried at Stonehenge?〉, *Antiquity*, vol. 83 (319), p. 23-39, 2009.

307) 2008년에 발견되었고, '오브리 7번 움(trou d'Aubrey 7)'으로 부른다.

308) Christie Willis et al., 〈The dead of Stonehenge〉, *Antiquity*, vol. 90 (350), p. 337-356, 2016.

309) 더 오래된 시기의 신석기시대 무덤에서 관찰되는 것과 다르다(Mike Pitts, 앞의 책).

310) Marie Louise Sørensen, *Gender Archaeology*, Polity Press, 2000; Liv Helga

Dommasnes, 〈Late Iron Age in western Norway: Female Roles and Ranks as Deduced from an Analysis of Burial Customs〉, *Norwegian Archaeological Review*, 15 1-2, p. 70-84, 1982; Caroline Trémeaud, *Genre et hiérarchisation dans le monde nord-alpin, aux âges du Bronze et du Fer*, BAR International Series 2912, 2018.

311) Azar Gat, 〈The Pattern of Fighting in Simple, Small-Scale, Prestate Societies〉, *Journal of Anthropological Research*, vol. 55 (4), p. 563-583, 1999; Phillip L. Walter, 〈A Bioarchaeological Perspective on the History of Violence〉, *Annual Review of Anthropology*, 30, p. 573-596, 2001.

312) Chloé Belard, *Pour une archéologie du genre. Les femmes en Champagne à l'âge du fer*, Hermann, p. 269-270, 2017.

313) 안나 키헬스트룀(Anna Kjellström)이 연구했다.

314) 스웨덴의 고고학자 샬롯 헤덴스티에르나 존슨(Charlotte Hedenstierna-Jonson)이 발굴조사단을 이끌었다.

315) Charlotte Hedenstierna-Jonson et al., 〈A female Viking warrior confirmed by genomics〉, *American Journal of Physical Anthropology*, 164(4), p. 853-860, 2017.

316) 같은 책.

317) Neil Price et al., 〈Viking warrior women? Reassessing Birka chamber grave Bj.581〉, *Antiquity*, vol. 93 (367), p. 181-198, 2019.

318) 고대 그리스 여성들은 국가가 위험할 때 징집되었는데도 말이다. Violaine Sebillotte Cuchet, 〈Les Amazones ont-elles existé?〉, *L'Histoire*, n°374, p. 70, 2012

319) 이들 중에는 고대 그리스인 스트라본(Strabon, 기원전 60년~기원전 20년)이 있다. 그는 이 민족이 목축과 반유목 생활을 하고, 남성과 여성이 함께 또는 별도의 집단으로 사냥하거나 전쟁을 했다고 보았다. (*Geographica*, Livre XI, 5) (Adrienne Mayor, *Les Amazones. Quand les femmes étaient les égales des hommes [viiie siècle av. J.-C. - i^{er} siècle apr. J.-C.]*, La Découverte, 2017).

320) 그리스의 철학자 디오도로스 시켈로스(Diodore de Sicile, 기원전 90년~기원전 30년).

321) 이들 중 아리아노스(Arrien, 85~146)는 "아랄해 근처에 사는 화례즘 민족(Chorasmiens)의 족장이 알렉산드로스에게 아마조네스를 정벌하러 가자고

제안했다"라고 이야기하고 있다(Arrien, *Anabase* IV, 15, 1-6). 또한 "메디아의 태수 아트로파테네(Atropatès)가 알렉산드로에게 스키타이 여자 100명을 선물하면서, 그녀들이 아마조네스라고 말했다"라고도 했다(Arrien, *Anabase* VII, 13, 2). 그밖에 로마의 역사가 쿠르티오스 루포스(Quinte-Curce, 1세기) (*L'Histoire d'Alexandre le Grand*, VIII, 1, 7-9)와 라틴 역사가 요르다네스 (Jordanès, 6세기)가 있다(Adrienne Mayor, 앞의 책).

322) 헤로도토스(Hérodote),《역사(Histoires)》, IV, 110-117.

323) Adrienne Mayor, 앞의 책.

324) 같은 책.

325) 스키타이와 사르마티아의 영역은 지금의 우크라이나, 러시아 남부 지역, 카자흐스탄과 아제르바이잔에 해당한다. Iaroslav Lebedynsky, *Scythes, Sarmates et Slaves*, L'Harmattan, 〈Présence Ukrainienne〉, 2009.

326) Jeannine Davis-Kimball, *WarriorWomen: An Archaeologist's Search For History's Hidden Heroines*, Warner Book, 2002.

327) 기원전 5세기 그리스의 시인 아리스토파네스는 남성의 지배에 항거하고 권력을 차지하는 여성들을 다른 여러 작품을 무대에 올렸는데, 아마조네스에 대해 다소 노골적으로 암시하고 있다. 〈여자들의 민회(L'Assemblée des femmes)〉는 아테네 민회를 포위한 여성들을 다룬 희곡으로 기원전 392년경 창작되었다. 〈테스메포리아(Les Thesmophories) 또는 여자들의 축제〉는 테스모포리아 축제를 거행하는 여자들을 다룬 희곡으로, 기원전 412년 무렵 창작되었다. 〈라시스트라타(Lysistrata) 또는 여자의 평화〉에는 아크로폴리스를 차지한 여성들이 등장하는데, 신화에 등장하는 아마조네스가 시도는 했지만 성공하지 못했다.

328) 예를 들어 시인 베르길리우스의 〈아이네이스(L'Énéide)〉(첫 번째 노래, 491)에 등장한다.

329) 특히 트로이 전쟁을 이야기하는 호메로스의 《일리아드》(기원전 8세기)와 기원전 7세기에 창작된 것을 보이는 《아이티오피스(L'Éthiopide)》가 있다. 이 책은 기원전 650년의 그리스의 시인 밀레투스의 아르크티노스(Arctinos de Milet)의 작품으로 추정한다.

330) 히폴리테와 아티오페 또는 펜테실레이아는 가장 유명한 아마조네스의 여왕들이다. 〈알렉산드르 대제의 역사(Vulgate d'Alexandre)〉(기원전 1세기의 그리스 역사학자 디오도로스 시켈로스, 고대 로마의 역사가 쿠르티오스 푸로스와 유니아누스 유스티누스 등이 저술)는 중세 유럽에서 널리 유포되었

던 책일 것이다(알렉산드로스의 로맨스[Roman d'Alexandre]). 마케도니아의 왕 알렉산드로스 대제(기원전 356년~기원전 323년)가 아마조네스의 여왕 탈레트리스(Thalestris, 또는 미리나[Miryna])를 만났다. 그녀는 알렉산드로스 대제의 아이를 낳기 원했다. "알렉산드로스는 원정으로 남자 중에서 단연코 가장 용감한 사람이었고, 그녀는 힘과 용기로 다른 여성들을 휘어잡았던 사람이다. 이렇게 뛰어난 부모에게서 태어난 아이는 다른 인간들보다 훨씬 훌륭했을 것이다."(Diodore de Sicile, *Bibliothèque historique*, Livre XVII, 77, 3; extrait de la traduction de Paul Goukowsky, Les Belles Lettres, 1976): "여왕의 열정을 만족시키는 데 13일을 바쳤다."(Quinte-Curce, *L'Histoire d'Alexandre le Grand*, VI, 5, 32). 그러나 그리스의 플루타르코스와 아리아노스를 포함해 많은 고대 철학자들은 이 만남이 실제로 일어나지 않았을 것으로 생각했다. Plutarque(45-125; *Vies parallèles, Alexandre*, 46, 1), Arrien (85-146; *Anabase* VII, 13, 2).

331) 로마의 역사가 유니아누스 유스티누스가 이렇게 전한다. *Historiae Phillippicae ex Trogo Pompeio*, vol. Liber II, p. 4.

332) Adrienne Mayor, *The Amazons: Lives and Legends of Warrior Women Across the Ancient World*, Princeton University Press, 2014.

333) Quintus de Smyrne, *Suite d'Homère. La fin de l'Iliade*, Chant I, iiie ou ive siècle. Traduction d'E. A. Berthault, 1884.

334) Violaine Sebillotte Cuchet, 〈Les Amazones ont-elles existé?〉, *L'Histoire*, n°374, p. 70, 2012.

335) 1542년 8월 26일, 아메리카의 적도 지역을 횡단하는 4,800km의 하천 여행 끝에 프란치스코 데 오레야나는 커다란 강어귀에 도착한다. 그리고 이 강에 '아마조네스의 강'이라는 이름을 붙였다(지금의 아마조네스강).

336) Gaspar de Carvajal, *Descubrimiento del río de las Amazonas (Découverte du fleuve des Amazones)*, p. 57-60, 1894 (Internet Archive).

337) 〈프랑스 남극의 특이점(Singularités de la France antarctique)〉(1557)에서('프랑스 남극'은 1555~1567년 사이에 존재했던 현대 브라질의 리우데자네이루에 있는 프랑스 식민지였다. 리우데자네이루에서 카보 프리오까지의 해안을 통제했다-옮긴이), 그는 브라질에서 돌아오는 여행에 관해 쓰고 있는데(특히 투피남바Tupinamba 원주민에 대해), 그들이 잔인하며 인육을 먹는다고 했다(그의 글에 실린 무시무시한 동판 그림 2장을 보시라). "그녀들은 다른 국가를 상대로 자주 전쟁을 하는데, 전쟁에서 잡힌 사람들을 매우 끔

찍하게 다룬다. 이들을 죽이기 위해 전쟁포로들을 한쪽 다리로 높은 나무의 가지에 매달아 놓는다. 이렇게 얼마간 놓아두었다가 그녀들이 돌아왔을 때 매달린 사람이 아직 죽지 않았으면, 1만 발의 화살을 발사한다. 다른 야만인들처럼 죽은 사람들을 먹지는 않지만, 이들을 불에 넣어 재로 만든다." Frank Lestringant, *Le Brésil d'André Thevet. Les singularités de la France antarctique* (1557), Chandeigne, p. 243, 1997.

338) 같은 책.

339) 18세기에 왕은 코끼리 사냥집단(제베토[gbeto], 17세기에 창설)에 속하는 몇몇 여성들을 호위대로 훈련시켰는데, 타시 항베(Tasi Hangbè, 또는 난 항베[Nan Hangbe]) 여왕이 바로 1708년부터 1711년까지 다호메이 왕국의 직업군대에 아마조네스 군단을 창설한 사람이다. 19세기 전반, 게조(Ghezo) 왕 치하에서 이들은 4,000~6,000명이었다(다호메이 왕국 병력의 3분의 1가량). 군단은 특수 임무를 담당하는 여러 개의 대대로 구성되었고, 퐁(Fon)족의 부두교 신앙과 밀접하게 연계되어, 반쯤은 신성한 지위를 가지고 있었다. 자신들의 목숨을 염려하기 전에 다른 사람을 먼저 죽여야 했기 때문에, 그녀들은 술에 취한 상태로 전투에 참여했으며 전쟁포로의 목을 베었다. 프랑스의 보호령 하에서 새로 왕이 된 아골리-아그보(Agoli-Agbo)가 아마조네스 군단을 1894년에 해체하면서 사라졌다. Stanley B. Alpern, *Amazons of Black Sparta:The Women Warriors of Dahomey*, New York University Press, 1999.

340) Abel Etienne, *Le R. P. Dorgère, ancien missionnaire au Dahomey: Récit et souvenirs* (conquête du Dahomey), J. Alté, 1909.

341) Jeannine Davis-Kimball, *Warrior Women: An Archaeologist's Search For History's Hidden Heroines*, Warner Book, 2002; Jeannine Davis-Kimball et al., *Kurgans, Ritual Sites, and Settlements: Eurasian Bronze and Iron Age*, BAR International Series 890, Archeopress, Oxford, 2000.

342) 2000년부터 알려지기 시작한 데피스타(Devitsa) V 무덤은 기원전 4세기에 만들어진 것이다. 발레리 줄리아베프(Valerii Guliaev)가 이끄는 조사팀이 2010년부터 발굴하고 있다. 9번 무덤은 높이 1m, 지름 40m다.

343) 에믈린 페라르(Emeline Férard)가 4명의 여전사가 묻혀 있는 2,500년 전 무덤을 러시아에서 발견되었다. 2020년 1월 13일 《GEO》 잡지에 게재되었다.

344) Valerii Guliaev, 〈Amazons in the Scythia: New Finds at the Middle Don, Southern Russia〉, *World Archaeology*, vol. 35 (1), p. 112-125.

345) Anahit Khudaverdyan et al., 〈An Early Armenian Female Warrior of the 8-6 Century BC from Bover I site (Armenia)〉, *Journal of Osteoarchaeology*, vol. 30 (1), p. 119-128, 2020.
346) 이 젊은 여성은 우라르투(Urartu) 왕국 사람이었다. 이 왕국은 기원전 9세기부터 기원전 6세기까지 있었으며, 지금의 터키와 아르메니아에 걸친 영역이 있었다. 이 시기에, 남성, 10살 이상의 사내아이, 여성까지 모든 국민이 동원되었던 것으로 보이는 수많은 전투에 그녀도 참여했을 것이다.
347) Eileen Murphy, *Iron Age Archaeology and Trauma from Aymyrlyg, South Siberia*, BAR International Series 1152, Archaeopress, 2003; Bryan Hanks, 〈Reconsidering Warfare, Status, and Gender in the Eurasian Steppe Iron Age〉, *in* Katheryn M. Linduff et Karen S. Rubinson, *Are All Warriors Male? Gender Roles on the Ancient Eurasian Steppe*, AltaMira Press, p. 15-34, 2008.
348) 이들 중에 라틴 사람 타키투스(Tacite)와 플루타르코스(Plutarque) (*Vie de Marius* XIX-10)가 있다.
349) 예를 들어 1세기의 부디카(Boudicca) 여왕(또는 보아디세[Boadicée] 여왕), 벨레다(Velléda), 신비한 메드브(Medb) 또는 마에브(Maeve)가 있고 '빅스의 여인(Dame de Vix)'도 아마 그럴 것이다.
350) 특히 로마의 역사가이자 원로원 의원이었던 타키투스와 철학자 플루타르코스(*Vie de Marius* XIX-10).
351) Jean Markale, *La Femme celte: mythe et sociologie*, Payot, 1972.
352) 만화잡지 *All Star Comics* 8권에 처음 게재됨.
353) Odile Roynette, 〈La construction du masculin. De la fin du 19e siècle aux années 1930〉, *Vingtième siècle. Revue d'Histoire*, n°75, p. 85-96, 2002.
354) Sylvie Steinberg, *La Confusion des sexes. Le travestissement de la Renaissance à la Révolution*, Fayard, p. 76, 2001. Cité dans Odile Roynette, 앞의 책.
355) 이들은 1870년에 아주 유명했던 군대의 취사담당자들이었는데, 1914년에 사라졌다. Gil Mihaely, 〈L'effacement de la cantinière ou la virilisation de l'armée française au xixe siècle〉, *Revue d'histoire du xixe siècle*, n°30, p. 21-43, 2005.
356) Édouard de La Barre Duparcq, *Histoire militaire des femmes* [1873], Hachette Livre BNF, 〈Sciences sociales〉, 2012.
357) 이들 중에서 유럽과 서남아시아 신석기시대 전공자인 미국 고고학자 루스 트링엄(Ruth Tringham)의 저서, 프랑스 피레네 지역의 후기 구석기시대 전공자인 마거릿 콩키(Magaret Conkey)의 책(〈Rethinking figurines: a critical

view from archaeology of Gimbutas, The "Goddess" and Popular Culture⟩, *in* Lucy Goodison et Christine Morris(dir.), *Ancient Goddesses: The Myths and Evidence*, British Museum Press, p. 12-45, 1998); 영국의 고고학자 루스 화이트하우스(Ruth Whitehouse)의 책(⟨Gender Archaeology in Europe⟩, *in* Sarah Milledge Nelson, *Handbook of gender in archaeology*, AltaMira Press, p. 733-783, 2006). 민족학자 알랭 테스타르의 책(Alain Testart, *La Déesse et le grain. Trois essais sur les religions néolithiques*, Éditions Errance, 2010)을 읽어보라.

358) 특히 스코틀랜드의 인류학자 제임스 프레이저의 연구에 등장한다. 1890년 프레이저는 자신의 주요 연구인 《황금 가지》를 2권으로 펴내면서 신화와 의례의 목록을 작성한다. 그의 저서는 여러 차례 개정되었는데, 가장 최근에는 로베르 라퐁(Robert Laffont) 출판사의 '책(Bouquins)' 시리즈로 발간되었으며 전 4권으로 되어 있다(1998년에 2권, 2010년에 2권 발간).

359) 신화에 등장하거나 다양한 역사적 시기와 분야에서 활동했던 여성 1,038명의 이름이 식기 세트(39명의 이름)나 작품의 바닥(나머지 999명)에 새겨져 있다. 작품은 3개의 날개로 구성된 커다란 삼각형 탁자 형태로, 39개의 식기 세트가 양식화된 접시와 함께 배치되어 있다. 한 변에 13개씩을 배치했으며, 각각의 식기 세트마다 유명한 여성의 이름이 1명씩 적혀 있다.

360) Jacques Blot, *Archéologie et montagne basque*, ELkar, 1993.

361) 이들 중에는 앙리 브뢰이(Henri Breuil) 신부, 앙드레 르루아-구랑, 장 클로트(Jean Clottes), 미셸 로르블랑셰(Michel Lorblanchet), 드니 비알루(Denis Vialou)가 있다

362) Suzanne de Saint-Mathurin et Dorothy Garrod, ⟨Nouvelles découvertes dans l'abri du Roc-aux-Sorciers à Angles-sur-l'Anglin(Vienne): "Vénus paléolithiques"⟩, *Comptes rendus des séances de l'Académie des inscriptions et belles-lettres*, 95 (1), p. 52-57, 1951.

363) 이 프리즈(小壁)는 막달레니안 사람들이 조각하고 새기고 색칠한 것으로, 동물(들소, 말, 야생염소, 고양잇과 짐승 등)도 있고, 사람의 얼굴도 있다.

364) Shahrukh Husain, *La Grande Déesse-Mère. Création, fertilité et abondance, mythes et archétypes féminins*, Evergreen, 2001.

365) Waldemar Deonna, *Les Lois et les rythmes dans l'art*, Flammarion, 1914.

366) Jean-Pierre Duhard, *Le Réalisme physiologique des figurations féminines du paléolithique supérieur en France*, 1989.

367) Swend Hansen, ⟨Neolithic Sculpture. Some Remarks on an Old Problem⟩,

in Peter Biehl et François Bertemes, *The Archaeology of Cult and Religion*, Budapest, Archeoliungua, p. 37-52, 2001.

368) 발굴자 클라우스 슈미트에 따르면, 예를 들어 괴베클리 테페 유적의 가장 늦은 문화층에서 발견된 성소는 중석기시대의 사냥-채집인들이 만든 것이다. Klaus Schmidt, *Le Premier Temple, Göbekli Tepe*, CNRS éditions, 2015, Kindle, emplacement 2718.

369) 클라우스 슈미트는 예를 들어 돌니 베스토니체 유적에서 발견된 점토 '비너스'를 "형태적인 면뿐 아니라 개념적인 면에서도 신석기시대 조각의 징후"라고 본다(같은 책, emplacement 2803).

370) 몰타 남부의 크렌디 마을 근처에 있는 우아르 킴(Hagar Qim) 사원 유적의 방은 기원전 3600년에서 기원전 2500년으로 연대가 측정되었다. 이곳에서 유물과 장식품이 나왔는데, 그중 '몰타의 비너스'라는 이름이 붙은 점토로 만든 작은 여인상이 있다. 지금은 머리도 없고 다리도 없지만, 원래는 완전한 형태였을 것이다.

371) 동쪽 텔의 늦은 시기층에서 주로 출토되었다.

372) 이 작은 상이 이제까지 발견된 인간이 동물을 지배하는 모습을 표현하는 것 가운데 가장 오래된 것이다. Alain Testart, ⟨Interprétation symbolique et interprétation religieuse en archéologie. L'exemple du taureau à Çatal Höyük⟩, *Paléorient*, n° 32 [2], p. 23-57, 2006.

373) James Mellaart, *Çatal Hüyük: A Neolithic Town in Anatolia*, McGraw-Hill, 1967.

374) 차탈 휘위크 유적에서 출토된 인간 형태를 한 조각상 1,800개 중 여성상은 4개다.

375) Ian Hodder, ⟨Çatalhöyük in the Context of the Middle Eastern Neolithic⟩, *Annual Revue of Anthropology*, vol. 36, p. 105-120, 2007; Lynn Meskell, ⟨Refiguring the Corpus at Catalhöyük⟩, *in* Colin Renfrew et Ian Morley, *Image and Imagination*, Cambridge, McDonald Institute for Archaeological Research XXII-346, p. 137-149, 2007.

376) Alain Testart, *La Déesse et le grain. Trois essais sur les religions néolithiques*, Éditions Errance, 2010.

377) '위대한 여신(Grande Déesse)' 또는 '위대한 어머니(Grande-Mère)'로도 부른다. 분석심리학자인 피에르 솔리에(Pierre Solié, 1930~1993)는 그의 책에서 '위대한 어머니'의 원형(archétype)을 둘러싸고 구성된 방대한 모티프 묶

음을 개발했다. 이것은 융(Jung)이 정의한 아니마(anima)의 정서적 성숙의 최종 단계가 될 것이다(*La Femme essentielle. Mythanalyse de la Grande Mère et de ses fils-amant*, Robert Laffont, 1980).

378) Shahrukh Husain, *La Grande Déesse-Mère. Création, fertilité et abondance, mythes et archétypes féminins*, Evergreen, 2001.

379) Marylène Patou-Mathis, *Préhistoire de la violence et de la guerre*, Odile Jacob, 2013.

380) Edwin O. James, *Le Culte de la déesse-mère dans l'histoire des religions*, Éditions du Rocher, 〈Le Mail〉, p. 247, 1989. 조지프 캠벨(Joseph Campbell, 1904~1987)은 신화 전공자이자 마리야 김부타스 연구의 열렬한 지지자 중 한 사람으로, 사망하기 얼마 전에《여신의 언어(Langage de la Déesse)》의 개정판 서문을 썼다. 그에 따르면, 풍요와 출산과 연관된 어머니 여신은 주로 농업과 농업 사회와 결부된다(*The Power of Myth*, Harmony, Reissue, p. 166-167, 1988).

381) 영국의 고고학자 앤드루 플레밍은 몇몇 조각상을 여성으로 판별한 것과 이것이 여신의 상징으로 간주하는 것을 거부한다(〈The Myth of the Mother Goddess〉, *World Archaeology*, 1 [2], p. 247-261, 1969).

382) Marija Gimbutas, *The Gods and Goddesses of Old Europe, 7000 to 3500 BC. Myths, Legends and Cult Images*, Thames & Hudson, 1974; Marija Gimbutas, *The Language of the Goddess: Unearthing the Hidden Symbols of Western Civilization*, Harper & Row, 1989, trad. fr. (avec Joseph Campbell), *Le Langage de la déesse*, Des Femmes-Antoinette Fouque, 2005.

383) Marija Gimbutas, *The Civilization of the Goddess. The World of Old Europe*, Harper, 1991.

384) 1968년 부셰-체스틀(Buchet-Chastel) 출판사에서 간행된 *La Supériorité naturelle de la femme*의 저자인 영국의 인류학자 애슐리 몬태규(Ashley Montagu)가 마리야 김부타스는 미래의 고고학이 연구할 위대한 발견의 가치를 지닌 실마리를 제공했다고 한 것을 기억하자.

385) 1986년에 설립된 현대 가모장제 연구와 가모장제 영성을 위한 국제 학회(International Academy for Modern Matriarchal Studies and Matriarchal Spirituality)의 창립자.

386) 어머니 여신 숭배는 기원전 5000년 전 무렵부터 많은 지역에서 남성 신 숭배에 차츰 자리를 내놓게 되었다. Heide Göttner-Abendroth, *Les Sociétés*

matriarcales: Recherches sur les cultures autochtones à travers le monde, Des Femmes-Antoinette Fouque, 2019.

387) Merlin Stone, *Quand Dieu était femme. Au-delà de la fable d'Adam et Ève: d'où provient notre mythologie intérieure?*, L'Étincelle, 1999. 이 책은 1976년에 *The Paradise Papers: The Suppression of Women's Rites*, London, Virago Press 라는 제목으로 처음 출간되었다.

388) 소머리 장식이 성소로 생각되는 차탈 휘위크의 꾸며진 집에 있었기 때문에, 남성적인 힘을 상징한다고 본다(James Mellaart, *Çatal Hüyük A Neolithic Town in Anatolia*, McGraw-Hill, 1967). 크레타에서는, 어머니 신을 상징하는 초승달과 일체가 된 황소의 뿔 한 쌍이 미노아 왕궁에 있었다. 독일의 고고학자 클라우스 슈미트가 이 이중 숭배 가설을 계승하게 된다. (Klaus Schmidt, *Le Premier Temple, Göbekli tepe*, CNRS Éditions, 2015. Kindle emplacement 2815).

389) 근동지역의 여성상과 소뿔이 나타나는 것은 기원전 9세기다. (Jacques Cauvin, *Naissance des divinités, naissance de l'agriculture. La révolution des symboles au Néolithique*, Flammarion, ⟨Champs⟩, 1998).

390) Alain Testart, *La Déesse et le grain. Trois essais sur les religions néolithiques*, Éditions Errance, 2010.

391) 같은 책.

392) Edwin O. James, *Le Culte de la déesse-mère dans l'histoire des religions*, Éditions du Rocher, Le Mail, p. 247, 1989.

393) Margaret Conkey et Ruth Tringham, ⟨Archaeology and the Goddess: Exploring the Contours of Feminist Archaeology⟩, *in* Abigail Stewart et Domna Stanton, *Feminisms in the Academy*, University of Michigan Press: Ann Arbor, p. 199-247, 1995; Ruth Tringham et Margaret Conkey, ⟨Rethinking figurines: a critical view from archaeology of Gimbutas, The "Goddess" and Popular Culture⟩, *in* Lucy Goodison et Christine Morris(dir.), *Ancient God-desses: The Myths and Evidence*, British Museum Press, p. 12-45, 1998.

394) 이들 가운데 미국의 역사학자 맥스 대슈(Max Dashu)는 1970년에 "삭제된 역사 아카이브(Archives des histoires supprimées)"를 세운다(Max Dashu, *Witches and Pagans: Women in European Folk Religion, 700-1100*, Veleda Press, 2016).

395) Alain Testart, 앞의 책.

396) Jean-Pierre Hammel, *L'Homme et les Mythes*, Hatier, p. 59, 1994.
397) Nadine Guilhou et Janice Peyré, *Mythologie égyptienne*, Marabout, 2005.
398) Pierre Jovanovic, *Le Mensonge universel*, Le Jardin des Livres, 2013. Kindle, emplacement 750-751.
399) 이슈타르 텔(Telles Ishtar, 메소포타미아), 닌후르사그(Ninhursag, 수메르), 네이트(Neith)와 이시스(Isis, 고대 이집트), 데메테르(Déméter, 이집트), 네르투스(Nerthus, 게르만족), 시벨레(Cybèle, 원래 프리지아 지역의 여신이었으나 고대 그리스인들이 수용했고 로마인들이 마그나 마테르[Magna Mater, 어머니 여신 또는 신들의 어머니]라고 이름 붙였다) 등이 있다. 북유럽 문화에서 그녀는 세 가지 형태의 분신으로 알려졌는데, 프레야(Freyja), 스카디(Skadi) 그리고 주신인 오딘(Odin)의 아내로 알려진 프리그다(Régis Boyer, *La Grande Déesse du Nord*, Berg, 1995; Régis Boyer, *Les Vikings: histoire, mythes, dictionnaire*, Robert Laffont, 〈Bouquins〉, 2008). 아이슬란드의 시에서 '오딘의 아내(femme d'Odin)'라는 표현은 땅을 지칭한다(Rudolf Simek, *Dictionary of Northern Mythology*, D.S. Brewer, 1996). 베다 시대 힌두교에서는 대지의 어머니 여신 마히마타(Mahimata)를 숭배했다(*Rig-Véda* 1.164.33). 일부 경전에서는 위대한 여신을 우주의 어머니 비라지(Viraj) 또는 신들의 어머니 아디티(Aditi)로 부르며, 또한 암브리니(Ambhrini)는 태초의 바다를 탄생시켰다. 두르가(Dourgâ)는 모성의 보호성을 나타낸다. 야간마트리(Yaganmatri)는 산스크리트어로 '우주의 어머니'를 뜻하는 다른 이름이다. 몽골족은 이를 우마이(Umai, 야마이[Ymai] 또는 마이[Mai])라고 부르는데, 몽골어로 '자궁' 또는 '모태'라는 뜻이다.
400) Pierre Jovanovic, 앞의 책, Kindle, emplacement 1025-1027.
401) 로마인들은 텔루스(Tellus)라고 불렀는데, 그녀는 고대 이집트인들의 땅의 신 게브(Geb)와 동화되었다. 게브는 지하 또는 땅(지상, 지하, 지옥까지)의 신으로, 그에게 희생물을 바쳤다. 그녀는 미래를 예측할 수 있었는데, 특히 델포이(Delfi)에서 신탁을 했다. 태초의 신으로서 가이아는 양면성을 갖는다. 그녀는 자연의 두 측면을 대표한다. 조화로운 아름다움을 창조할 수도 있지만, 원초의 혼돈을 다시 가져올 수도 있다. 그녀는 제우스에 대항하기 위해 자기 아들들 티탄족과 티폰(Typhon)을 키운다.
402) 우라노스(Ouranos, 하늘, 물질적 우주의 창시자), 폰토스(Pontos, 바다)와 우로스(Ouréa, 산과 언덕).
403) 티탄족 1세대인 우라노스와 바다의 신인 폰토스와 함께 헤카톤케이레스

(팔이 100개이고 머리가 4개인 피조물)과 키클롭스(Cyclopes)를 낳았다.
404) 1세대 티탄족은 12명으로, 6명은 여성이고 6명이 남성이다. 이들 가운데 크로노스는, 우라노스가 일종의 지옥 또는 연옥인 타르타로스(Tartare, 가이아의 남자 형제)에 가둬놓고 있던 형제자매를 풀어주기 위해 어머니 가이아가 준 황동 낫으로 아버지를 거세했다. 그러나 크로노스는 자신의 권좌를 잃어버릴까 두려워서 자신의 아이 5명을 잡아먹었다.
405) 많은 유물에 태초 여신이 표현되었다. 군데스트럽(Gundestrup)의 솥은 기원전 1세기 것으로, 1892년 덴마크 유트란트(Jutland)의 토탄지대에서 발견되었는데, 이 솥의 겉면에 태초 여신의 흉상이 붙어 있다. 태초 여신은 기원전 600년 무렵에 만들어진 스트레트베그(Strettweg)의 의례용 전차에 우뚝 서 있기도 하다. 유구에도 등장하는데, 게르마니쿠스의 개선문(Arc de Germanicus, 생트[Saintes]에 있는 갈로-로마시대 유적으로 기원후 18년 또는 19년에 건립됨)의 면 중 하나에 등장하며, 손에 풍요의 뿔을 잡은 모습으로 표현되었다. 자주 사용되는 특징은 다음과 같다. 다른 형상보다 크고, 머리채가 풍성하며, 손을 가슴에 얹고 있고, 대개 금속제 목걸이(torque)를 하고 있다(Yann Brekilien, *La Mythologie Celtique*, Éditions du Rocher, p. 14, 65-69, 148-149, 1993). 구전 신화와 문학에도 등장한다. 브르타뉴 지방의 전설 '코리간의 동굴(La Grotte des Korrigans)'에서 어머니 여신은 자신의 분신인 카텔(Katell)로 변신하는데, 카텔은 젊고 매혹적일 수도 있고 백발에 심술쟁이가 될 수도 있다. 그녀는 백성이나 자신의 남편에게 전능하고 지배적인 모습으로 보인다. 그녀는 최후의 판결을 내린다. 브르타뉴의 다른 이야기에는 로크 섬(ile de Loch)의 그와르슈(Gwrac'h)가 등장하는데, 그녀가 지녔던 거의 절대적인 권력을 보면 가모장제의 거부할 수 없는 권위를 알 수 있다(Yann Brekilien, 앞의 책, p. 69-78). 그녀는 골족에서는 에포나(Epona, 망아지의 여신)의 모습으로 나타나고, 브르타뉴의 섬 지역에서는 리가토나(Rigantona, 또는 리안농[Rhiannon])가 되며, 브리기트(Brigit)가 되기도 한다(같은 책, p. 78-83). 이들 3명의 켈트 여신들은 켈트 문화에서 성스러운 삼위일체 역할을 한다.
406) 그녀는 케르눈노스(Cernunnos)와 동반하는 경우가 많은데, 케르눈노스는 사슴의 모습이며 자연의 생명 주기와 삶과 죽음을 상징한다(같은 책, p. 148-149).
407) 카르낙(Carnac)의 생 미셸(Saint-Michel) 유적과 플루이넥(Plouhinec)의 그리구엥(Griguen) 유적(뿔이 달린 동물이 함께 나옴)의 분구묘, 모르비앙 크

라츄(Crach)의 뤼팡(Luffang) 고인돌, 생 세르넹(Saint-Sernin) 유적과 거너시 섬(l'île de Guernesey)의 조각상 선돌(Aveyron)이 있다. 거석문화에서 자주 등장하는 도끼와 뱀을 새긴 것은 대체로 여신과 연결을 시키고 있다. 툴루즈 박물관에 전시된 카르낙의 마니오(Manio) 선돌에는 성교를 맺으려는 듯 어머니 여신의 음부로 들어가는 뱀이 새겨져 있다(같은 책, p. 67-68).

408) 이 치안 판사(인용한 책의 저자인 얀 브레키링앙[Yann Brekilien]을 말함)는 기독교 시대에 이러한 숭배의 중요한 부분을 발견하게 되는데, 특히 성녀 안나(sainte Anne, 성모 마리아의 어머니)와 성 비르지타(sainte Brigitte) 숭배가 그렇다(같은 책, p. 65-67, 82-84).

409) 게다가 20개의 교회법규 중 하나는 모든 성직자가 '자매-동반자(sœur-compagne)'와 함께 있는 것을 금지했다(3조의 내용으로 확실한 가족이 아닌 여성과 함께 살아서는 안 된다는 조항).

410) Merlin Stone, *Quand Dieu était femme. Au-delà de la fable d'Adam et Ève: d'où provient notre mythologie intérieure?*, L'Étincelle, 1999.

411) 같은 책, 15쪽.

412) 같은 곳.

413) Françoise Gange, *Avant les dieux, la Mère universelle*, Alphée, p. 15, 2006.

414) 자주 인용되기는 하지만, 우리는 영국의 인류학자 크리스 나이트(Chris Knight)가 '성 파업(grève du sexe)'이라고 부른 가설이 이해가 되지 않는다. 구석기시대의 여성은 생리 중에는 일체의 성관계를 거절했을 것이고, 때로는 성기에 붉은 염료를 묻혀 생리 중인 척했을 것이라고 한다. 반면 배란기에는 고기를 비롯한 먹거리를 가져다주는 사냥꾼들에게 기꺼이 몸을 맡겼을 것이라고 한다(Chris Knight, *Blood Relations: Menstruation and the Origins of Culture*, Yale University Press, 1991).

415) Evelyn Reed, *Féminisme et anthropologie*, Denoël-Gonthier, p. 56, 1979.

416) Sarah Blaffer Hrdy, *Les Instincts maternels*, Payot, 2004 (paru en 1999 sous le titre de: *Mother Nature: A History of Mothers, Infants and Natural Selection*)

417) Simone de Beauvoir, *Le Deuxième Sexe*, tome 1, Gallimard, 〈Folio〉, 1976.

418) 같은 책, p. 113.

419) "… 아이를 낳고 젖을 먹이는 것은 생산 활동이 아니라 자연적인 기능이다. 여기에는 어떤 계획도 들어 있지 않다. 이것이 바로 여성이 여기에서 자신의 실존을 강력히 주장할 만한 동기를 찾지 못하는 이유다. 여성은 수동적으로 자신의 생물학적 숙명을 따를 뿐이다"(같은 책, p. 114).

420) "남자의 경우는 확연히 다르다. 그가 공동체를 먹여 살리는 것은, 일벌처럼 단순한 생명 유지에 필요한 과정이 아니라, 자신의 동물적 조건을 초월하는 행위로 이루어지는 과업이었다. …세상의 풍요로움을 차지하기 위해, 그는 세상 자체를 자신의 것으로 만든다. 그의 행동으로 자신의 능력을 증명하는 것이다. 그는 목표를 세우고, 그것을 이루기 위해 앞으로 나아간다. 그는 실존자로서 자기를 실현하고 유지하기 창조한다. 그는 현재를 넘어 미래를 연다. 바로 이 때문에 어로나 사냥 원정이 신성한 성격을 갖는 것이다. 사람들은 그들의 성공을 축제와 개선으로 환영한다. 남자는 거기에서 자신의 인간성을 확인한다. 여자에게 주어진 가장 심한 저주는 여자가 이러한 전사적인 원정에서 배제되었다는 점이다."(같은 책, p. 114-115).
421) Françoise Héritier, *De la violence I, séminaire de Françoise Héritier*, Odile Jacob, p. 211-212, 1996.
422) Simone de Beauvoir, 앞의 책, p. 115.
423) "그녀(여자)는 남자들의 성공과 승리를 축하하는 축제로 자신과 남자를 결부시킨다. 생물학적으로 생명을 반복하는 운명이면서도, 자신의 눈에는 생명 그 자체가 존재 이유가 되지 못하고, 그 이유가 생명 자체보다 더 중요하게 보인다는 점에 여자의 불행이 있다."(같은 책, p. 116).
424) Friedrich Engels, *L'Origine de la famille, de la propriété privée et de l'État*, 1884.
425) "제도와 법이 나타난 것은 유목민들이 한곳에 정착해서 농부가 되었을 때부터였다. …농업 공동체에서는 여성이 대체로 큰 권위를 갖는다. 이러한 특권은 토지 경작을 근간으로 하는 문명에서 어린아이가 지니는 새로운 중요성으로 설명된다. 한 영토에 정착한 사람들은 혼자 차지하는 것을 실현한다. 공동체 형태로 소유가 나타나는 것이다. 이것은 그 소유자들에게 후손을 요구한다. 모성이 하나의 신성한 기능이 된다."(Simone de Beauvoir, 앞의 책, p. 118-119).
426) Simone de Beauvoir, *Le Deuxième Sexe*, tome 1, Gallimard, p. 99 et p. 101, 1949.

4장 끝없는 저항

1) Christine de Pisan, *L'Épître au Dieu d'amours*(1399).
2) 기원전 1750년경의 바빌로니아 법전.

3) 기원전 1500년~기원전 1200년에 제작된 점토판에 새겨진 판결문 덕분에, 히타이트의 법에 대해 알 수 있다. 예를 들어, 192(Fr 78)에서 '남편이 사망하면, 그의 부인이 남편의 재산을 갖는다…'.

4) 아리스토텔레스,《정치학》III, 1.

5) 이 법률가는 아테네에 민주주의를 세운 사람으로 여겨지기도 한다.

6) Gerasimos Santas, 〈Legalite, justice et femmes dans la Republique et les Lois de Platon〉, *Revue francaise d'histoire des idees politiques*, n°16, p. 309-330, 2002.

7) 《자연사(Histoire naturelle)》에서 대 플리니우스(Pline l'Ancien)는 5명의 여성 화가를 언급한다.

8) Olivia Gazale, *Le Mythe de la virilite*, Robert Laffont, 2017.

9) "그녀는 나를 사랑한다. 이것이 그녀가 지닌 신의의 증거다. 그녀가 내게 가지고 있는 애착의 산물인 문학에 대한 취향까지 더해진다. 그녀는 내 책을 가지고 있다. 그녀는 그것들을 읽는 것을 멈추지 않고, 심지어 암기한다. … 나는 때때로 대중 앞에서 낭독하면, 그녀는 커튼 뒤에서 사람들이 내게 주는 찬사를 주의 깊게 듣는다. 그녀는 나의 시구를 기타 반주에 맞춰서 노래한다. 사랑이라는 최고의 스승이 있기에 다른 선생은 필요가 없다. 그러므로 나는 우리들의 만남이 계속되고 하루하루 더 커질 것이라는 확고한 희망이 있다." 소 플리니우스(Pline le Jeune),《편지(Lettres)》4-19.

10) 티투스 리비우스 파타비누스(Tite-Live)가 기록한 대 카토(Caton l'Ancien)의 연설 발췌문. *Histoire de Rome depuis sa fondation*, XXXIV, 1, 8.

11) Appien d'Alexandrie, *Histoire romaine*, 2세기.

12) Juvenal, *Satire* VI, ed. Poesie/Gallimard, 1996. 90년~127년에 저술.

13) Socrate le Scolastique, *Histoire ecclesiastique*, 기원전 440년 무렵.

14) Mary R. Lefkowitz et Maureen B. Fant, *Women's Life in Greece And Rome*, Johns Hopkins University Press, 1992.

15) 여성 신학자 엘리자베트 파르망티에(Elisabeth Parmentier)에 의하면, 바울의 1차 선교 여행의 서신문 일부와 2차 선교 여행의 이른바 '선교적(pastorales)' 서신문은 초대 교회의 기초를 확립하는 것이었다. *in* Evelyne Martini, *La Femme. Ce qu'en disent les religions*, Editions de l'Atelier, p. 59, 2002.

16) 같은 책, 58쪽.

17) 출처에 따라 시기가 다르다. 히포의 아우구스티누스(Hippon)의 570년이 자주 인용되기는 하지만, 8세기도 마찬가지로 인용된다.

18) '황금 다리의 여인(Dame aux jambes d'or)'이라는 별명은 그녀가 금도금

한 박차와 금장식이 달린 짧은 바지를 입어서 생긴 것이다. 그녀의 진짜 이름은 알려지지 않았다. Claude Merle, 〈Histoire de guerre〉, www.histoire-de-guerre.net.
19) 보카치오(Boccace), 《유명한 여성에 대하여(De mulieribus Claris)》, 1374. 1361년에서 1362년 사이에 집필했다. 이 책은 《유명한 여성에 대하여(Sur les femmes celebres ou Des dames de renom)》라는 제목으로 1551년에 재간됐다.
20) Pierre Grimal, *Rome et l'Amour. A propos des femmes*, Robert Laffont, pp. 498~506, 2007.
21) 19세기 전반의 많은 역사가가 그녀가 왕국에 보여준 충성심을 높게 평가했다. 제2차 세계대전 동안 레지스탕스 운동가들은 잔 다르크의 대의를 지지한 크리스틴 드 피장의 이미지를 사용했다.
22) 1237년 무렵에 쓰인 이 시는 당시의 제도, 특히 여성과 결혼에 대한 풍자다. 장 드 묑(Jean de Meung)은 여성들의 결점, 그들의 함정, 그리고 그들을 좌절시킬 수단을 폭로한다. 《장미 이야기(Roman de la Rose)》의 첫 부분은 기욤 드 로리스(Guillaume de Lorris)가 1270년경에 쓴 것이다.
23) Betsy McCormick, 〈á Building the Ideal City: Female Memorial Praxis in Christine de Pisan's Cite des Dames〉, *Studies in the Literary Imagination*, 36 (1), p. 149-171, 2003.
24) 정의의 여신은 크리스틴 드 피장(소설의 화자)에게 이성의 여신과 함께 여성들(Dames)이 살 수 있는 은유적인 도시를 세울 것을 요구한다. 기초를 파기 위해 그녀는 남성 저자들이 여성에 대해 그릇되게 만들어놓은 '시커멓고 지저분한 돌'(643)을 먼저 제거해야 한다. 그러고 난 뒤, 고대의 뛰어난 여성들이 대표하는 '크고 아름다운 돌'(787)의 도움을 받아 새로운 패러다임을 세운다. 초석과 힘이 필요한 그 위에 올라가는 돌들은 힘이 센 여성들을 쌓는다. 이렇게 해서 크리스틴 드 피장은 여성의 신체적 열등성과 도덕적 열등함에 대한 비판에 대응한다. 공정의 여신의 도움으로 덕(신중함, 자비 등)을 보호하게 될 건물을 세운다. 마무리는 정의의 여신이 하게 되는데, 건물 지붕을 순금으로 덮는다. 이 도시에 거주하게 될 주민들로 덕성을 갖춘 여성들이 선택된다(모범이 되고 정숙하고 참을성이 있는 부인들). 여성들이 모든 덕성(가장 중요한 것은 신앙임)을 채워줄 수 있는 신비로운 원천인 '여성 지도자'(977)인 성모 마리아가 도착해, 그녀에게 열쇠를 건네주는 것이 도시 건설의 마지막 단계다(Betsy McCormick, 같은 책,).
25) 여성의 교육을 위한 작업을 계속하기 위해, 이 책에 이어 같은 해에 《여

성 교육을 위한 세 미덕의 책(Le Livre des trois vertus à l'enseignement des dames)》 또는 《여성들의 도시의 보물(Le Trésor de la cité des dames)》을 저술한다. 그녀는 이 책에서 '모든 계급의(de tous) 여성이 이 유명한 여성들로부터 교훈을 배울 것을 제안한다.(Prudence Allen, *The Concept of Woman: The Early Humanist Reformation, 1250-1500*, vol. 2.)

26) *Le Livre des faits d'armes et de chevalerie, Le Livre du corps de Policie*(1406-1407), *Oraison à Nostre Dame*(1402/1403), *Les Heures de contemplacion sur la Passion de Nostre Seigneur, Épître à la reine Isabeau, Le Livre des fais et bonnes meurs du sage Roy Charles V* (1404).

27) Claire Le Brun-Gouanvic, 〈Mademoiselle de Keralio, commentatrice de Christine de Pisan au xviiie siècle, ou la rencontre de deux femmes savants〉, *in* Juliette Dor et Marie-Elisabeth Henneau(dir.), *Christine de Pisan. Une femme de science, une femme de lettres*, Honoré Champion, p. 325-341, 2008.

28) Gustave Lanson, *Histoire de la littérature française*, Hachette, 1894. Gallica에서 사용할 수 있음.

29) Marie-Joseph Pinet, *Christine de Pisan, 1364-1430, étude biographique et littéraire* [1927], Honoré Champion, 2011.

30) 윌리엄 민토(William Minto)가 주장한 이론으로(*Christine de Pisan, a Medieval Champion of Her Sex. Macmillan's Magazine*, vol. LIII, p. 264-267, 1886) 나중에는 중세 연구가 레진 페르누(Régine Pernoud)의 지지를 받았다 (*Christine de Pisan*, Calmann-Lévy, Paris, 1982).

31) 예를 들어서 마틸드 레글르(Mathilde Laigle, 1865~1950)가 그러한 입장이다. *Le Livre des trois vertus de Christine de Pisan et son milieu historique et littéraire*, Paris, Honoré Champion, 1912; Juliette Dor et Marie-Elisabeth Henneau(dir.), *Christine de Pisan. Une femme de science, une femme de lettres*, Honoré Champion, 2008.

32) Marie de Gournay, 〈Égalité des hommes et des femmes〉, dans Mario Schiff, *La Fille d'alliance de Montaigne, Marie de Gournay*, Honoré Champion, p. 70, 1910 [1622].

33) 보티첼리(Botticelli), 〈비너스의 탄생(La Naissance de Vénus)〉을 보라.

34) 레오나르도 다 빈치(Léonard de Vinci), 〈흰 족제비를 안은 여인(La Dame à l'hermine)〉처럼 말이다.

35) 《여성의 고귀함과 우수성(De nobilitate et præcellentia feminei sexus)》은 1509

년에 집필되었으나 1529년에 발간되었다.《여성의 고귀함과 뛰어남, 남성에 비교한 탁월함, 그리고 결혼의 신성함에 관한 소론(Discours abrégé sur la noblesse et l'excellence du sexe féminin, de sa prééminence sur l'autre sexe, et du sacrement du mariage)》(니콜라 궤드빌[Nicolas Gueudeville] 번역), Côté-femmes, 1990 (1ʳᵉ éd., 1726).

36) 그 가운데 이미 인용된 비베스(Vivès)의 저서.

37) Christiane Klapisch-Zuber, 〈Moderata Fonte[Modesta Pozzo], *Le Mérite des femmes*〉, *Clio. Histoire' femmes et sociétés*, 18 (9), p. 286-288, 2003.

38) Jean-Claude Zancarini, 〈Moderata Fonte, *Le Mérite des femmes*〉, *Laboratoire italien*, 4, p. 197-198, 2003.

39) 16세기부터 17세기까지 영국의 엘리자베스 1세, 메리 2세, 앤 여왕이 있었고, 스웨덴의 크리스틴 여왕이 있었으며, 18세기 러시아에는 예카테리나 1세와 예카테리나 2세 여제가 있었다.

40) 루이즈 드 사부아(Louise de Savoie, 1515, 그리고 1525, 1526), 카트린 드 메디치(Catherine de Médicis, 1560~1563) 같은 이들이 있었고 17세기에는 마리 드 메디치(Marie de Médicis, 1610~1614), 안 도트리쉬(Anne d'Autriche, 1643~1651)가 있었다.

41) Marie Dentière, *Epistre tres utile, faicte ey composee par une femme chrestienne de Tornay, envoyee a la Royne de Navarre sœur du Roy de France, Contre les Turcz, Iuifz, Infideles, faulx chrestiens, Anabaptistes, et Lutheriens* (1539). 신티아 스케나지(Cynthia Skenazi)가 인용한 발췌문, 〈Marie Dentière et la prédication des femmes〉, *Renaissance and Reformation*, 21 (1), p. 5-18, 1997.

42) "독자여, 당신이 모든 재산과 자유를 금지당한 성에 속하지 않는다면, 당신은 행복하다. 그들은 여전히 여성 대부분이 그나마 가지고 있는 모든 덕목을 금지하고 권력을 빼앗는다. 그녀에게 종속의 덕성과 무시당하고 무지하고 섬기는 것이 덕목으로 칭송받는 것만 남기기 위해서 말이다."(Marie de Gournay, *Grief des dames dans l'Ombre de la damoiselle de Gournay*, 1626).

43) "여자들은, 남자들이 자기에게 베푸는 이 교만한 취향에 반대해 모든 변화를 그들에게 돌려준다. 남자들이 좋아하는 것을 되돌려주는 것이기 때문이다. 가장 극단적인 나로서는, 남자들의 극단적인 점들과 동등한 것에 만족한다. 자연은 열등감만큼이나 우월한 것에도 반대한다. 소수의 사람이 자신들보다 남성을 선호하는 것으로는 충분하지 않은가, 만약 여성들을 어길 수

없고 필연적인 물레의 토리개 근처에 머물게 하거나 물레질만 하게 하는 것으로 부족하냐고 나는 말한다. 그러나 이러한 경멸에 대항해 그들을 위로할 수 있는 것은, 이런 것은 그녀들이 그다지 본받고 싶지 않은 남자들만 한다는 점이다. 여성들에게 토해낼 수 있는 비난에 그럴듯함을 주는 사람들, 그리고 오직 남성적인 공적에 의해서만 자신을 추천할 수 있다고 느끼는 사람들 말이다." *in* Mario Schiff, *La Fille d'alliance de Montaigne, Marie de Gournay*, Honoré Champion, p. 70, 1910 [1622].

44) 그 가운데 피타고라스의 부인 테아노(Théano), 연금술사 마리 라 쥐브(Marie la Juive)(중탕기 발명), 물리학자 틀로스의 안티오키스(Antiochis de Tlos)가 있고, 물론 히파티아(Hypatie)도 있다.

45) 서문에 "나는 가르치는 것이 여성의 직업이 아니고, 여성은 자신이 아는 것을 증명하지 않고 조용히 있으면서 듣고 배워야 한다는 것에 대해 반대한다. 남자들이 여성의 지성에서 만들어진 창조물을 불신하고 비난하면서, 여성이 대중 저서를 출판하는 것을 잘난 척하는 일로 여겨서 대체로 좋은 평판을 받지 못한다는 점에 대해서도 나는 반대한다"라고 되어 있다.

46) "…정신은 성이 없으며, 여성의 정신도 남성처럼 발전할 수 있다. 이것을 교육하기 위해 충분한 시간과 비용을 사용하면 여성의 정신도 남성과 동등해질 수 있다. 우리 세대는 글을 쓰고, 시를 짓고, 언어, 철학, 심지어 국가를 통치하는 일에 이르기까지, 그 어느 하나 남성과 비교해서 부족하거나 능력이 모자라지 않은 여성들의 탄생을 보고 있다." Marie Meurdrac, *Chymie charitable et facile pour les femmes*, 1660. 위키소스에서 사용할 수 있음.

47) 자료 출처: gallica.bnf.fr

48) 익명으로 출판된 두 권의 저서다.《양성의 동등성에 대해, 편견을 벗어나는 것의 중요성을 보여주는 신체적, 도덕적 담론(De l'égalité des deux sexes, discours physique et moral où l'on voit l'importance de se défaire des préjugez)》(1673)과《학문 정신과 도덕으로 인도하기 위한 여성 교육에 대해(De l'éducation des dames pour la conduite de l'esprit des sciences et dans les mœurs)》(1674)이다.

49) "정신은 성이 전혀 없다. 우리가 그것을 그 자체로만 생각한다면, 그것이 모든 사람에게 평등하고 같은 성질이며 모든 종류의 생각을 할 수 있음을 알게 된다. 미물들도 덩치가 큰 것들처럼 그것을 차지한다. 코끼리 못지않게 진드기도 알아야 한다."〈양성 간의 평등에 대해(De l'égalité entre les deux sexes)〉, Maïté Albistur et Daniel Armogathe, *Histoire du féminisme français*,

Des femmes-Antoinette Fouque, p. 158-165, 1977에서 인용됨.
50) 원래의 구절은 풀랭 드 라 바르(Poulain de la Barre)가 쓴 것인데, "그러므로 남자들이 말한 모든 것을 의심해야 하는데, 그들이 판단을 내리고 그들이 그 집단의 성원이기 때문이다."《양성의 동등성에 대해, 편견을 벗어나는 것의 중요성을 보여주는 신체적·도덕적 담론(De l'égalité des deux sexes, discours physique et moral où l'on voit l'importance de se défaire des préjugez)》, p. 80, 1676.
51) 2막 장면 7의 크리살(Chrysale)의 대사.
52) 〈딸에게 보내는 편지(Lettre à sa fille)〉, 1808년 10월 24일, 《전집(Œuvres complètes)》, Slatkine reprints, t. XI, p. 144, 1979.
53) 《소녀 교육론(Traité de l'éducation des filles)》(1687).
54) 《특성(Caractères》III장.
55) 그 가운데 영국의 철학가 존 로크(John Locke)의 《통치론(Traité du gouvernement civil)》에 기술된 내용(〈결혼에 대한 몇 가지 성찰(Some Reflections Upon Marriage)〉, 1700).
56) 살롱은 경박하지 않고 재치 있는 귀부인들이 17세기에 시작한 것으로, 랑부예(Rambouillet) 후작 부인의 살롱, 스퀴데리의 마들렌(Madeleine de Scudéry)의 살롱, 사블레(Sablé) 후작 부인의 살롱, 베뤼(Verrue) 백작 부인의 살롱, 니농 드 랑클로(Ninon de Lenclos)의 살롱 등이 있었다. 이곳은 문학, 예술, 과학의 진정한 토론 장소가 되었고, 1780년에서 1790년에는 정치적인 논쟁이 벌어졌다. 마그리트 드 로네이(Marguerite de Launay, 슈탈[Staal] 남작부인)가 이끌었던 마인(Maine) 남작 부인의 살롱, 랑베르(Lambert) 후작 부인의 살롱, 설리(Sully) 저택의 살롱, 데팡(Deffand) 후작 부인의 살롱, 마리-테레즈 쥬프랭(Marie-Thérèse Geoffrin)의 살롱, 루이즈 데피네(Louise d'Épinay)의 살롱, 안-카트린 엘베티외스(Anne-Catherine Helvétius)의 살롱, 파니 드 보아르내(Fanny de Beauharnais)의 살롱이 있었다.
57) 안-카트린 엘베티외스(Anne-Catherine Helvétius)와 에밀 뒤 샤틀레(Émilie du Châtelet)가 이런 경우다. 샤틀레는 볼테르(Voltaire)와 무척 가까웠으며, 뉴턴(Newton) 사상을 프랑스에 전파하는 데 이바지한다. 그녀는 《물리학 교육(Les Institutions de physique)》(1740), 《자연과 불의 파급에 대한 논문(Dissertation sur la nature et la propagation du feu)》(1744), 그리고 1792년 그녀가 죽은 후 출판된 《드러난 종교에 대한 의심(Doutes sur la religion revélé)》을 포함한 여러 책을 출판한다. 뉴턴의 《자연철학의 수학적 원리(Les Principia)》

를 번역했지만, 볼테르의 이름으로 출판된다. 이 철학자는 《우라니아에게 보낸 서한(l'Épitre à Uranie)》에서, 한 여성이 이런 업적을 남길 수 있다는 사실이 놀랍다고 말한다.

58) 드니 디드로(Denis Diderot), 《여성에 대해(Sur les femmes)》, 1722.
59) 《결혼에 대해(Über die Ehe)》, 1774.
60) 《여성의 부르주아적 발전에 관해(Über die bürgerliche Verbesserung der Weiber)》, 1792.
61) Laurent Versini, *Baroque Montesquieu*, Droz, 〈Bibliothèque des lumières〉, p. 15 et 22, 2004.
62) Jacques Le Goff, *Patrimoine et passions identitaires*, Fayard, p. 82, 1998.
63) 모리스 섬에 살다가 1775년 프랑스로 돌아온다. 그녀에게 식물학자로서 재능이 있었다는 점은 2012년까지도 인정되지 않았다. 미국의 식물학자 에릭 테페(Eric Tepe)는 그녀를 기려 남아메리카에서 발견된 새로운 종에 "Solanum baretiae"(가지과 식물-옮긴이)라는 이름을 붙였다.
64) 디드로, 엘베티외스, 달랑베르(d'Alembert), 보마르셰(Beaumarchais) 등등. 볼테르의 사고는 복잡하다. 철학 사전에서 여자가 남자보다 신체적으로나 정신적으로나 일반적으로 열등하다고 여러 차례 쓰고 있지만, 친구인 에밀리 뒤 샤틀레의 영향을 받아서인지 여성의 종속('여성이여, 남편에게 복종하라!')과 부당한 법을 반대하고, '여성은 우리가 할 수 있는 것을 할 수 있다'라는 주장을 펴고 있다.
65) 〈인간과 시민 권리 선언(Déclaration des droits de la femme et de la citoyenne)〉 10조 발췌문.
66) 예를 들어 공식 화가였던 다비드(David)의 그림을 보라. 그 속에는 여성이 없다.
67) 1789년 7월 20일부터 7월 21일까지 소집된 헌법위원회에서 삼부회 대표인 시에예스 주교(Abbé Sieyes, 1748~1836)가 〈헌법 초안, 인간과 시민의 권리 인정과 합리적 설명(Les Préliminaires de la Constitution, reconnaissance et exposition raisonnée des droits de l'homme et du citoyen)〉이라는 제목의 연설에서 사용한 용어다. 다음은 그가 했던 연설문의 일부 내용이다. "한 나라의 모든 주민은 수동적인 시민의 권리를 누려야 한다. 모든 사람은 자신의 인격, 재산, 자유 등을 보호할 권리가 있지만, 모든 사람이 공권력의 형성에 적극적으로 참여할 권리를 가진 것은 아니다. 모두가 적극적인 시민은 아니다. 적어도 현 상태의 여성들, 어린이들, 외국인들, 공공시설에 어떤 식으로

도 이바지하지 않는 사람들이 공적인 분야에 적극적으로 영향을 주어서는 안 된다. 모두가 사회의 혜택을 누릴 수 있지만, 공공시설에 이바지한 사람들만이 위대한 사회적 기업의 진정한 주주들과 같다. 그들이 진정한 시민이며, 조직의 진정한 구성원이다."

68) Dominique Godineau, 〈De la guerrière à la citoyenne. Porter les armes pendant l'Ancien Régime et la Révolution française〉, *Clio. Femmes, Genre, Histoire*, 2004.

69) 《파리 혁명(Les Révolutions de Paris)》 5-12호, 1793년 1월.

70) "자유의 첫 번째 도약에서, 여성들은 일반적인 충동에 끌려 혁명에 눈부신 방식으로 동참하기를 원했고, 시민적 헌신의 표시로서 그들의 아버지, 그들의 남편들과 함께 모표를 붙이고자 했다. 나는 이것이 분명 칭찬할 만한 일이이라 생각하지만, 우리가 모표에 진정한 의미를 부여하고 진정한 가치를 부여하기를 바라고 모표의 착용을 훌륭한 제도를 만들기를 원한다면, 성에 따른 목적지를 더는 혼동하지 말자."(*Gazette nationale, ou le Moniteur universel*, n°24, p. 886, 1799).

71) 1834~1843년까지의 법령 모음집을 참조한 〈법률가 협회(Juris Associations)〉(비영리단체의 운영을 돕기 위한 법령 자료집으로 격주로 발간됨-옮긴이)의 2003년 4월 15일 조회번호 277번 자료의 발췌문.

72) 《에밀(Émile ou De l'éducation)》, 1762, Garnier Flammarion 출판사가 1966에 재편집-OC, IV, p. 768.

73) 그녀는 1791년 '진리동지 애국자선협회(La Société patriotique et de bienfaisance des amies de la vérité)'를 세운다. 이 단체는 남성들의 정치 클럽인 '진리동지(Amis de la vérité)'와 관계가 있는데, 이들은 여성의 권리를 옹호하고 1792년 4월 1일에는 주요 요구사항을 국회에 제출한다.

74) 1793년 5월, 그녀는 배우 클레르 라콩브(Claire Lacombe)와 함께 〈파리 혁명적 공화주의 여성협회(la Société des citoyennes républicaines révolutionnaires de Paris)〉를 파리시 생토노레 가에 있는 자코뱅파 도서관에서 설립한다. 급진적이었던 그녀는 지롱드파를 반대하고 한때 격앙파(Enragés)와 가깝게 지내기도 한다.

75) 루이 14세 치하에서 작성된 '노예법(Code noir)'을 바탕으로 하며, 절대왕정과 식민주의 시대가 배경이다. 이 연극은 프랑스 국립극장(la Comédie-Française)에서 1785년에 공연된다. 그녀의 또 다른 저서 《흑인에 대한 고찰(Réflexions sur les hommes nègres)》(1788)은 1788년에 만들어진 '흑인우호협회(la Société des amis des Noirs)'와 연결되는데, 이 단체는 지롱드파 의원 자

크 피에르 브리소(Jacques Pierre Brissot, 1754~1793)가 만든 것으로, 식민지 내의 백인과 유색인종의 평등과 노예무역의 즉각적 폐지와 노예제도의 점진적 폐지를 목표로 한다. 1790년 말, 구주는 같은 주제를 다룬 작품을 하나 더 쓰는데, 이것이 〈흑인 시장(Le Marché des Noirs)〉이다. "흑인 종족은 그 비참한 상황 때문에, 나는 늘 관심이 많았다고 프랑스혁명 이전에 이미 쓴 바가 있다. 내가 질문을 할 수 있었던 사람들은 나의 궁금함이나 추론을 절대로 만족시키지 못했다. 사람들은 흑인들을 거칠게 다루고, 하늘이 저주한 존재 취급을 했지만, 점차 나이가 들면서, 이 끔찍한 노예제도를 이들에게 강요한 것은 힘과 편견이었고 자연은 여기에 아무런 상관이 없으며 백인들의 부당함과 강력한 이해관계가 이 모든 것을 만들었다는 것을 분명히 알게 되었다." (Olympe de Gouges, *L'Esclavage des Nègres*: version inédite du 28 décembre 1789 suivi de *Réflexions sur les hommes nègres*, étude et présentation de Sylvie Chalaye et Jacqueline Razgonnikoff, L'Harmattan, 〈Autrement Mêmes〉, 2006).

76) 1조: 여성은 자유롭게 태어나서 남성과 대등한 권리를 갖는다. 사회적 차별은 공공의 이익을 근거로 해서만 있을 수 있다.

2조: 모든 정치적 결사의 목적은 여성과 남성의 자연적이고 소멸할 수 없는 인간의 권리를 보장하는 것이다: 이 권리는 자유, 재산, 안전, 그리고 압제에 대한 저항이다.

4조: 자유와 정의는 타인에게 속하는 모든 것을 돌려주는 데 있다. 따라서 여성의 천부적 권리 행사를 가로막는 제약은 남성이 여성에게 행사하는 영원한 폭정뿐이다. 이러한 제약은 자연과 이성의 법칙에 따라서 개혁되어야 한다.

5조: 자연과 이성의 법은 사회에 해가 되는 모든 행위를 금한다: 이 지혜롭고 신성한 법으로 금지되지 않는 모든 것은 막을 수 없으며, 이 법이 명령하지 않은 것을 하도록 강요받을 수 없다.

6조: 법은 일반적인 의지의 표현이어야 한다; 모든 시민은 스스로 또는 그들의 대표자들을 통해 법의 제정에 참여해야 한다; 법은 모두에게 같아야 한다: 모든 여성 시민들과 남성 시민들은 법 앞에 평등하며, 그들의 능력에 따라 그리고 그들의 덕성이나 재능에 대한 어떤 차별도 없이, 모든 인간적 존엄성, 공적인 직위와 직무를 평등하게 누릴 수 있어야 한다.

10조: 그 누구도 자신의 아주 기본적인 의견 때문에 위협을 받아서는 안 된다. 여성은 단두대에 오를 권리가 있다; 그녀도 연단에 올라갈 권리가 있다.

마찬가지로 그녀의 의사 표현이 법으로 확립된 공공질서를 방해하지 않는다면 그녀도 연단에 올라갈 권리가 있다;

14조: 여성 시민과 남성 시민은 스스로 또는 대표자를 통해서, 공공 조세의 필요성에 대해 검토할 권리가 있다.

15조: 남성들의 조세 분담에 이바지한 여성 대다수는 모든 공직자에게 세금 관리에 대해 보고를 요청할 수 있는 권리가 있다.

Olympe de Gouges, *Déclaration des droits de la femme et de la citoyenne*, 1001 Nuits, 2003; cité dans Paule-Marie Duhet, *Les Femmes et la Révolution*, Galliamrd, 〈Archives〉, 1973.

77) 그녀는 〈여성의 제권리(Les Droits de la femme)〉라는 제목을 붙인 24쪽짜리 소책자를 발간하는데, 마리 앙투아네트(Marie-Antoinette) 왕비에게 보내는 서문과 약주(略註)가 달려 있다.

78) 〈왕에게 보내는 편지, 왕비에게 보내는 편지(Lettre au roi, lettre à la reine)〉 8쪽, 1792.

79) 〈프랑스 여성들에게 고함(Avis aux Françaises)〉, 1793년 11월 19일자 《르 모니퇴르(le Moniteur)》(1789년부터 1901년까지 발행된 프랑스 신문-옮긴이)에 실림.

80) 안-조세프-테르와뉴(Anne-Josèphe Théroigne)가 혁명력 4년인 1792년 3월 25일 미님 우애협회(la Société Fraternelle des Minimes)에서 한 강연이다. 5~6쪽. 생토노레 가에서 열린 자코뱅파 회합인 애국자 우애협회(la Société Fraternelle des patriotes), 모든 성을 위한 협회, 모든 나이와 모든 계급 협회(l'un et l'autre sexe, de tous âges et de tout état)에 의해 인쇄되었다. 프랑스 국립도서관, 갈리카(Gallica)에서 이용 가능함.

81) Pierre Darmon, *Misogynes et féministes dans l'ancienne France. xvie-xixe siècles*, Librinova, 2012에서 인용됨.

82) 자료 출처: gallica.bnf.fr

83) *Les Lettres d'un bourgeois de New Haven à un citoyen de Virginie, sur l'inutilité de partager le pouvoir législatif entre plusieurs corps*, 1787년에서.

84) *Sur l'admission des femmes au droit de cité*, 1790년에서.

85) Nicolas de Condorcet, *Sur l'admission des femmes au droit de cité*, Didot, tome X, p. 121-130, 1847 (1790).

86) 〈개인 간의 정치적 평등 지지자(Le Partisan de l'égalité politique entre les individus)〉라는 제목이 붙어 있다. 자료 출처: gallica.bnf.fr

87) 1792년 9월 20일 의회가 가결했고, 왕정복고 시대(1816년 5월 8일 법)에 폐기되었다가 제3 제국 치하에서 복구된다(1884년 7월 27일 법).
88) 페미니스트 운동가 오르탕스 와일드가 "이 민중의 대표는 가장 반동적인 정치인과 동맹 관계다"라고 쓴 것처럼, 피에르 조제프 프루동의 악의적인 여성 혐오 발언은 분노를 가져온다. 그녀는 이 '위인(grand homme)'의 유명한 장광설을 비꼰다. "나쁜 기독교인, 혐오스러운 사회주의자로 물질적, 특히 상당한 규모의 독점을 계속하고 있는데, 그것은 좋습니다. 하지만 누군가가 그것의 감정적 형태로 독점을 공격하려고 하면, 당신은 이것을 방해하고 스캔들이라고 호소합니다! 당신은 인간의 존엄성과 평등을 원한다고 하면서 양성의 존엄성과 평등을 거부합니까? 당신은 여자에게 많은 것을 기대할 것이 없으며 그녀의 의무는 자연이 그녀를 위해 만들어준 은신처에 남아 있는 것이라고 말합니다. 당신의 궤변을 불쌍히 여기세요. 당신의 체념에 수치심을 느끼세요! …오! 성인 프루동, 우리의 신비주의가 당신을 불쾌하게 하는군요! 음, 조금 더 있으면, 나는 성녀 프루돈느(Sainte Proudhonne)가 탄생할 거라고 확신해요. …성녀 프루돈느는 자신의 후원자의 좁은 시야에서 벗어나는 이처럼 다른 속성을 어렵지 않게 발견하게 될 것입니다. 성녀 프루돈느는, 당신이 규정한 것이기는 하지만, 가장 강한 권리가 되는 사랑이 속성 중에서도 가장 편파적인 속성을 구성하는 것을 보게 될 것입니다. 그리고 그녀의 신념에 따라 가장 대담한 공식에 지배당하면서, 성녀 프루돈느는 그 속성이라는 것이 강간임을 세상에 분명히 증명할 것입니다." *Le Dictionnaire biographique, mouvement ouvrier, mouvement social*, notice bibliographique.
89) Michel Winock, *Les Voix de la liberté*, Seuil, p. 222-233, 2001.
90) Flora Tristan, *Pérégrinations d'une paria*[1833-34], 서문 발췌문, tome I, Pédelahore, 〈Transhumance〉, 2014. 플로라 트리스탕(Flora Tristan, 1803~1844)은 사회주의자이자 페미니스트였던 문인으로, 친구인 엘리파스 레비(Éliphas Lévi)가 그녀의 사후에 발간한《여성 해방(L'Émancipation de la femme) 또는 배척받은 사람의 유언(le Testament de la paria)》을 썼다.
91) *Théorie des quatre mouvements et des destinées générales. Prospectus et annonce de la découverte*, Leipzig, Librairie de l'école sociétaire, 1808.
92) 그는《30살의 여자(La Femme de trente ans)》(1834)에서 되풀이하는데, 여성은 결혼의 제약 없이 감정적이고 성적인 삶을 살아야 한다고 주장한다.
93) 발자크(Balzac),《결혼의 생리학(Physiologie du mariage)》, Club français du

livre, p. 1018-1022.

94) 《자유로운 여성(La Femme libre)》에 게재된 *Appel d'une femme au peuple sur l'affranchissement de la femme*.

95) 클레르 데마르(Claire Démar)는 결혼을 법에 따른 매춘이라고 평가하고, 〈부부간의 도덕적 혁명(la révolution dans les mœurs conjugales)〉만이 〈절반의 사회가 또 다른 절반을 상대로 하는 싸움〉을 멈출 수 있을 것이라 한다. *Revue de Paris*, Bureau de la *Revue de Paris*, p. 7, 1834.

96) Étienne de Neufville, 《여성의 생리학(Physiologie de la femme)》, chapitre VIII, 〈프랑스 여성의 지위(La Condition de la Femme en France)〉, 1842.

97) Étienne de Neufville, 같은 책, chapitre IX, Philippe Perrot, *Le Corps féminin*, Points, 〈Histoire〉, 1984에 인용됨[온라인].

98) "어느 날 법전을 열었을 때 나는 이런 말을 읽게 된다. '남편은 아내를 보호하고, 아내는 남편에게 복종해야 한다.' 나는 깊은 분노를 느낀다. 나는 자신에게 말했다. 노예의 값을 치르고 행복을 사려고 한 적이 결코 없다, 나는 무지하고 쓸모없고, 잊힌 채 고통받지만, 홀로 자유롭게 살고 싶다, 나는 가장 강한 사람의 권리를 절대로 인정하지 않을 것이고, 내 양심이 책망하는 원칙을 절대로 지키지 않을 것이다." 잔느 드롱(Jeanne Deroin), 〈신앙 고백(Profession de foi)〉, 1831년 2월 21일, Paulette Bascou-Bance, *La Mémoire des femmes. Anthologie*, 2002에서.

99) 1849년 8월까지 간행된 《여성상호회(la Société mutuelle des femmes) 발간물》

100) Sylvie Chaperon et Christine Bard, *Dictionnaire des féministes. France - XIIIe -XXIe siècle*, Presses universitaires de France, 2017.

101) 유식한 체하는 여류 학자(Bas-bleus), 이혼녀 또는 여성 사회주의자처럼, 오노레 도미에(Honoré Daumier, 1808~1879)가 여성에게 할애한 몇 개의 시리즈를 보라.

102) "승자인 그가 그렇게 비싼 값을 치르고 산 권위가 인정되지 않는 적막한 가정을 발견하고 고통받게 되지 않을까? 그가 돌아오자마자, 사람들이 더는 시민으로서 남성과 여성이 없고, 법적으로 동등한 2개의 사회적 단위가 있다고 그에게 말하게 될까? 이제 그가 이제 막 다시 누리게 된 보호자로 안전을 지켜주는 역할이 약해지고, 여자들과 함께 시민적 투쟁과 정치적 투쟁을 나누어야 하는 것을 참을 수 있을까? 그가 욕심내는 일자리를 두고 여자들이 사방에서 자신들의 경쟁자가 되고 경쟁력이 있어서 상당히 우위를 차지했다면?… 여성들을 집으로 다시 데리고 오자. 정치적인 투쟁에서 그녀

들을 떨어뜨려 놓자. 우리가 20년 안에 프랑스의 인구가 수십만 명 적어지는 것을 원하지 않는다면, 이것이 우리가 추구해야 할 계획은 아닐까?" 1918년 12월《오리종(Horizon)》. Christine Bard, *Un siècle d'antiféminisme*, Fayard, 1999에 인용됨.

103) 독일의 작가 루이스 오토-페터스(Louise Otto-Peters)가 있고, 폴란드의 소설가 나르시자 즈미호브사카(Narcyza Żmichowska)는 '열정적인 여성들(Les Enthousiastes)'(폴란드 최초의 여성단체. 여성과 남성의 평등한 권리를 지지하기 위해 설립한 진보적 협회-옮긴이)을 이끈다. 영국에서는 철학가 존 스튜어트 밀(John Stuart Mill)이 있고, 여성 참정권 운동가 밀리센트 포셋(Millicent Fawcett)이 있으며, 덴마크에서는 평화주의자 마틸다 바에르(Matilde Bajer)가 활동한다.

104) 이들과 함께 퀘이커교도 루크레티아 모트(Lucretia Mott), 아프리카계 미국인 루시 스탠턴(Lucy Stanton), 스코틀랜드 출신 파니 라이트(Fanny Wright)가 대열의 선두에 있었는데, 이들 모두 노예제 폐지론자다. 1848년 7월 20일, 뉴욕주 세네카 폴스(Seneca Falls)에서 열린 여성 권리를 위한 총회는 〈감성 선언서(Déclaration de sentiments)〉 서명으로 종료되는데, 이를 미국 페미니즘 운동의 시작으로 간주한다.

105) Isabelle Ernot, 〈Des femmes écrivent l'histoire des femmes au milieu du xixe siècle: représentations, interprétations〉, *Genre et Histoire* 4, 2009. http://genrehistoire.revues.org/742에서 사용 가능함.

106) Jenny d'Héricourt, 〈프루동 씨와 여성들의 질문(M. Proudhon et la question des femmes)〉, *La Revue philosophique et religieuse*, vol. VI, décembre 1856, p. 5-15, 1856.

107) 예를 들어《혁명과 교회에서의 정의(De la justice dans la Révolution et dans l'Église)》I권(1860)에 나타나는 가부장적이고 보수적인 말투의 조르주 상드.

108) Jenny d'Héricourt, *La Femme affranchie: réponse à MM. Michelet, Proudhon, É. de Girardin, Legouvé, Comte et autres novateurs modernes*, A. Lacroix, Van Meenen et Cie, 2 vol. in-8, 1860.

109) Joan W. Scott, 〈L'ouvrière, mot impie, sordide〉, *Actes de la recherche en sciences sociales* n°83, p. 2-15, 1990.

110) 그중에는 무정부주의자 작가 조제프 데자크(Joseph Déjacque)(*De l'être humain mâle et femelle. Lettre à P.-J. Proudhon. Le Libertaire*, 1857)와 사회주의 신학자 피에르 르루(Pierre Leroux)가 있다. 르루는 "여성에 관한 그의 입

장 때문에, 프루동은 사회주의의 자유로운 축을 상징하는 인물로 더는 생각할 수 없다"라고 쓴다(*Lettre au docteur Deville, in* Miguel Abensour, *Le Procès des maîtres rêveurs*, p. 119-167, Sulliver, 2000, p. 138-139).

111) 양성 간에 작동하는 사회적 관계, 즉 하나의 성이 다른 성을 합법적으로 예속한다는 원칙은 그 자체로 나쁘고 인류의 발전을 가로막는 주요한 장애물 중 하나다. 존 스튜어트 밀, 《여성의 종속(The Subjection of Women)》, 1869, (*De l'assujettissement des femmes*, Avatar, 에밀 카젤Émile Cazelles이 프랑스어로 옮김, 위키소스에서 사용 가능).

112) 세브린(Séverine), 1910년 5월 언론인 레옹 오메랑(Léon Aumeran)이 《르 프로그레 드 벨-아베스(Le Progrès de Bel-Abbès)》 신문에서 인용.

113) Louise Michel, *Mémoires de Louise Michel écrits par elle-même*, tome I, chapitre 〈La cause des femmes〉, F. Roy, 1886.

114) 같은 책.

115) 여성들은 노동권을 주장하고자 영국에서처럼 파업을 벌인다. 1888년에는 성냥 공장의 여성 노동자들이 최초로 대규모 노동쟁의를 일으킨다. 같은 시기 미국에서도 뉴욕의 여성 노동자들이 노동시간 단축과 아동노동 금지를 쟁취하기 위해 노동을 중단한다(Sara M. Evans, *Les Américaines. Histoire des femmes aux États-Unis*, Belin, p. 269-273, 1992).

116) 〈여성과 노동권(La femme et son droit au travail)〉, 《사회주의자(Le Socialiste)》 신문의 1898년 10월 9일자에 게재. Christiane Menasseyre, 1978, *Les Françaises aujourd'hui, Hatier*에 인용됨.

117) 프랑스 컬쳐(France Culture), 〈작가의 시간(Le temps des écrivains)〉, 2019년 9월 7일 초대 손님 레오노라 미아노(Léonora Miano)와 베랑제르 쿠르뉘(Bérangère Cournut).

118) 그는 1909년에 설립된 프랑스참정권연합(l'Union française pour le suffrage des femmes)의 회원이 된다.

119) Léon Absensour, 《페미니즘의 역사. 기원에서 현재까지(Histoire générale du féminisme. Des origines à nos jours)》, 1921. 위키소스에서 사용할 수 있음.

120) 영국에서는 밀리센트 포셋(Millicent Fawcett, 1847~1929)이 1897년에 '여성참정권운동가들(des Suffragistes)'로 불리는 여성의 권리를 쟁취하기 위한 운동을 시작한다(전국여성참정권협회National Union of Women's Suffrage Societies-NUWSS). 이 단체는 여성의 교육도 장려했다. 6년 뒤 에멀라인 팽크허스트(Emmeline Pankhurst, 1858~1928)와 그녀의 두 딸인 크리스타벨

(Christabel)과 실비아(Sylvia)가 '여성참정권운동가들'에 반대하며 '참정권운동(le mouvement des suffragettes)' '여성사회정치연합(Women's Social and Political Union, WSPU)'이라는 단체를 세우는데, 이는 '여성참정권운동가들'이 너무 온건하다고 생각했기 때문이다. 이 단체는 1904년에 해산한다. 1904년 미국의 여성 언론인 캐리 채프만 카트(Carrie Chapmann Catt, 1859~1947)는 '국제여성참정권동맹(International Woman Suffrage Alliance, 지금의 국제여성동맹Alliance internationale des femmes)을 세운다. 프랑스에서는 조산원 잔느 슈말(Jeanne Schmahl, 1846~1915)이 주간지《프랑스 여성(La Française)》의 편집장이던 여성 언론인 잔 미스메(Jane Misme, 1865~1935)의 지원을 받아 1909년에 지역 투표권에서 평등을 목표로 하는 '프랑스여성참정권연합(l'Union française pour le suffrage des femmes, UFSF)'을 세운다. 이 단체는 지방에 75개의 지부까지 확장되고, 대표 마그리트 드 위트(Marguerite de Witt, 1853~1924)의 지휘 아래, 1914년 4월에 여성의 투표권에 찬성하는 50만 5,972명의 동의를 모아 여성 국민투표를 조직한다(프랑스 국회 누리집). 세실 브룅스비크(Cécile Brunschvicg)는 프랑스의 가장 열렬한 활동가 중 하나로, 1908년부터 CNFF의 노동 분야에 가입하고 1년 뒤에는 '프랑스여성참정권연합(UFSF)'에 가입한다. 이후 프랑스여성참정권연합의 사무총장이 되었으며(1910), 1924년부터 1946년까지 회장을 지낸다(이 협회는 1928년에 회원이 10만 명을 넘게 된다). 브룅스비크는 제1차 세계대전 난민의 거처를 마련해주기 위해 1914년에 '파리자선단체(l'Œuvre parisienne)'를 세웠고, 사회복지관과 공장의 여자 후생관장(사회복지사의 전신) 제도를 만드는 데 도움을 주었다. 1926년에는 언론인 잔 미스메의 뒤를 이어 주간지《프랑스 여성》을 경영하게 된다. 남녀공학 학교의 열렬한 지지자였던 브룅스비크는 1936년 블룸(Blum) 정부에서 교육부 차관이 된다.

121) 세계여성단체협의회(Conseil international des femmes)는 현재 70개 국가의 협의회를 아우르고 있으며, 이 중에는 1901년 4월에 창설된 프랑스여성단체협의회(le Conseil national des femmes françaises, CNFF)가 있다.

122) 1908년과 1914년, 여성 참정권 운동가들은 여성의 투표권을 위해 파리에서 시위를 벌인다.

123) 미국 와이오밍주(1879), 뉴질랜드(1893), 오스트레일리아(1902), 핀란드(1907), 노르웨이(1913), 아이슬란드(1914), 덴마크(1915), 캐나다, 영국, 독일, 소련, 폴란드(1918), 퀘벡, 네덜란드, 룩셈부르크, 스웨덴(1919), 미국, 체코슬로바키아, 오스트리아(1920), 터키(1934), 필리핀(1935). 스페인 공화국

은 프랑코 장군의 독재정권 초기인 1931년에 여성의 투표권을 취소할 뿐 아니라 시민권과 직업적인 권리를 모두 박탈하는데, 1961년이 되어야 복권이 된다. 스페인 여성들이 시민의 권리 전체를 되찾게 되는 것은 1975년이 되어서다(출처: 프랑스 국회 누리집).

124) 이로써 프랑스, 스위스, 이탈리아, 발칸반도의 국가들을 제외하고, 유럽 모든 국가의 여성이 투표권을 갖게 된다.

125) 1901년에 국회의원 페르낭 고트레(Fernand Gautret, 1862~1912)가 여성(성인, 미혼, 미망인 또는 이혼녀)에게 투표권을 부여하자는 제안을 최초로 했다. 5년 뒤 제안은 두 번째로 이어지는데, 변호사 폴 뒤소수아(Paul Dussaussoy, 1860~1909)가 제출했으나 지방 선거로 국한된다(시·읍·면장과 의원 선거, 시의 구·군·도의회). 페르디낭 뷔송(Ferdinand Buisson, 1841~1932)의 사후, 1909년 7월 16일 보통선거위원회가 투표권 개혁에 긍정적 견해를 보인 그의 보고서를 제출한다. 모리스 바레스(Maurice Barrès, 1862~1923)는 전쟁에서 사망한 군인의 미망인이나 어머니들이 투표할 수 있는 '망자의 투표권(suffrage des morts)'을 제안한다. 1919년부터 하원은 1919년 5월 20일, 1925년 4월 7일에 여성에게 투표권을 부여하는 법안을 반복해서 받아들이게 되지만, 지방선거와 면의회 선거로 제한된다. 그러나 상원은 이러한 모든 제안을 거부한다. 이들의 태도에 충격을 받은 UFSF와 1925년에 창립된 보수주의자들과 가톨릭 계열의 여성 투표를 위한 국가연합(UNVF)를 비롯한 여러 투표권 운동 단체가 시위를 조직하게 된다. 상원이 법조항 검토를 거부하자, 하원은 1927년 7월 12일에 "국가는 상원이 여성 지방선거 관련 표결 법안 토론에 참여할 것을 독려하라"는 결의안을 채택하게 된다.

126) 이 여성 변호사는 여성의 투표권을 위한 시위에 여러 차례 참여해, 1928년 경찰에 체포되었다가 4시간 만에 풀려난다.

127) 〈여성과 선거(Les femmes et les élections)〉, 《파리의 민중(Le Populaire de Paris)》 신문, p. 4, 11 mai 1924.

128) 그녀는 대중공화운동(Mouvement républicain populaire, MRP)의 부쉬-드 론 지역 국회의원으로 선출되는데, 이 당은 중도파 민주기독당과 가깝다.

129) 《대중민주주의 연구지(Cahiers de la démocratie populaire)》, n° 12, 1931. Pierre Milza, *Sources de la France du XXe siècle*, Larousse, 1997에 인용됨.

130) 하원은 1935년 5월 1일에 다섯 번째로, 1936년 7월 30일에 여섯 번째이자 마지막으로 여성의 투표에 찬성을 표명한다(마지막 투표에서 찬성 495표,

반대표는 없었음). 그러나 정부는 아무것도 하지 않았고, 상원은 이 법안을 의제에 올리지 않았다. 일부 시장이나 정당은 이런 상황을 무시하고 여성들을 선거인명부에 등록한다. 1925년처럼 공산당은 지방선거에서 파리 근교의 모든 마을에 여성들을 선출될 수 있는 명단에 넣는다. 여성 의원들은 법원이 그들의 선출을 취소할 때까지 실제로 의석을 차지한다. 1935년, 시장협의단은 지방 선거에서 여성 투표권 인정을 천명하고 1935년부터 1936년에는 여러 마을에서 남녀 혼성의 투표 방식을 조직하고 추가로 여성 의원들을 선출하게까지 된다(자료 출처: 프랑스 국회 누리집).

131) 1942년 6월 23일, 드골은 "우리의 영토에서 적을 쫓아내면 우리나라의 모든 남성과 여성이 국회를 선출하게 될 것이다"라고 선언한다. 루시 오브락(Lucie Aubrac, 1912~2007)은 1943년 11월 임시자문국회(l'Assemblée consultative provisoire)의 구성원으로 임명받지만 1944년이 11월이 되어서야 참여하게 된다. 마르트 시마르(Marthe Simard)는 이 의회가 처음 만들어질 때부터 의석을 차지한다. 1944년 3월의 레지스탕스 국가자문회 계획(Le programme du Conseil national de la Résistance)도 여성의 투표에 대한 질문에는 답하지 않는다(프랑스 국회 누리집).

132) 드골 장군이 채택한 것으로, 1944년 4월 21일의 알제(Alger) 행정명령 제17조는 해방 이후 프랑스의 공권력 조직 제정에 관한 것이다. 1944년 12월 7일, 임시자문국회가 파리 회기를 열었을 때 10명의 여성이 포함된다(프랑스 국회 누리집).

133) 1년 전에 여성들은 지방 선거에서 투표를 하게 되고(4월 29일~5월 31일) 이어서 제헌의회와 국민투표(10월 21일)에 참여하게 된다. 33명의 여성이 제헌국회의 성원으로 선출된다. 공산주의자 17명, 사회주의자 6명, 대중공화당 9명, 자유개혁당(PRL) 1명이다(프랑스 국회 누리집).

134) 보건부 장관과 인구부 장관으로, 1948년까지 맡게 된 직책이다.

135) 이들 단체 가운데 '가족계획을 위한 프랑스 운동(Mouvement français pour le planning familial, MFPF)' 또는 '가족계획(planning familial)'이 있다. 산부인과 여의사 마리-앙드레 라그루아 베일-알레(Marie-Andrée Lagroua Weill-Hallé, 1916~1994)와 사회학자 에블린 쉴로(Sullerot, 1924~2017)가 1956년에 세운 '행복한 출산(La maternité heureuse)' 협회를 모태로 1960년에 만들어졌다. 이 대중 교육 운동은 특히 피임과 낙태의 권리를 주장한다.

136) 1967년 12월 28일 뇌위르트(Neuwirth) 법이 피임을 허용하기는 하지만, 이 법은 5년 뒤에야 효력을 발휘하게 된다. 1970년 6월 4일 '가장(chef de

famille)'의 개념은 친권으로 대체된다. 1971년부터 낙태 금지법 폐지를 위한 투쟁이 '아이는 내가 원하면, 내가 원할 때, 내가 원하는 것처럼(Un enfant, si je veux, quand je veux, comme je veux)'이라는 구호와 함께 시작된다.

137) 1974년 11월 27일 국회 토론 관보. 1975년 1월 17일 베유 법(la loi Veil)은 특정한 경우에 임신 중절을 규정한다. 같은 해 발레리 지스카르 데스탱(Valéry Giscard d'Estaing) 대통령은 상호합의에 의한 이혼제도를 만들고 남녀공학 제도를 의무화한다. 1979년부터 유엔은 여성에 대한 모든 형태의 차별철폐에 관한 협약을 채택하지만, 프랑스에서는 4년이 지나서야 비준된다.

138) 이들 법은 적용 범위와 형량을 넓히기 위해 여러 차례 개정된다.

139) 2018년 8월, 프랑스 정부는 처벌을 강화하는 새로운 법을 공포하는 것으로 대응한다.

140) Olivia Gazalé, *Le Mythe de la virilité*, Robert Laffont, 2017.

141) 라파엘 리오지에(Raphaël Liogier)가 사용한 용어. 그는 #MeToo 운동에 참여한 몇 안 되는 남성 중 하나다. '복수의 욕망이 있는 것이 아니라 공공의 이익을 위해 상황을 바꾸려는 의지다'(저자가 《일요 신문[le Journal du Diamche]》지에 서명한 논단).

142) 시몬 드 보부아르는 여성해방운동(MLF)를 지지하고, 여변호사 지젤 알리미(Gisèle Halimi)와 함께 1971년에 여성운동 슈아지르(Choisir, '선택한다'는 의미-옮긴이)를 세운다.

143) 시몬 드 보부아르, 《제2의 성》, Gallimard, p. 222, 226-228, 1949.

144) Michelle Perrot, *Une histoire des femmes est-elle possible?*, Rivages, 1984.

145) 《백과사전(l'Encyclopaedia Universalis)》의 '여성(Femme)' 항목에서.

146) Michelle Perrot, *Mon histoire des femmes*, Seuil, p. 22, 2008; Fabrice Virgili, 〈L'histoire des femmes et l'histoire des genres aujourd'hui〉, *Vingtième Siècle. Revue d'histoire*, n°75, p. 6, 2002.

147) Eliane Gubin, *Choisir l'histoire des femmes*, Éditions de l'Université de Bruxelles, 〈Histoire〉, 2007.

148) Joan W. Scott, 〈Dix ans d'histoire des femmes aux États-Unis〉, *Le Débat* n° 17, p. 130, 1981.

149) 그중에 Sherry Ortner(Sherry Ortner et Harriet Whitehead, *Sexual Meanings: The Cultural Construction of Gender and Sexuality*, Cambridge University Press, 1981), Joan W. Scott (*La Citoyenne paradoxale: les féministes françaises et les droits de l'homme*, Albin Michel, 1998), Christine Delphy (*L'Ennemi*

principal, tome I: économie politique du patriarcat, Éditions Syllepse, 〈Nouvelles questions féministes〉, 1998; *L'Ennemi principal*, tome II: *Penser le* genre, Éditions Syllepse, 〈Nouvelles Questions Féministes〉, 2002), et Judith Butler (Judith Butler et al., 〈Pour ne pas en finir avec le "genre"… Table ronde〉, *Sociétés & Représentations*, n°24, p. 285-306, 2007)이 있다.

150) Joan Scott, 〈Le genre: une catégorie utile d'analyse historique〉, *Les Cahiers du GRIF*, n°37, p. 141, 1988.

151) 젠더의 역사는 페미니스트들 사이에서도 아직 의견이 하나로 모이지 않지만(Sylviane Agacinski, *Femme entre sexe et genre*, Seuil, 2012), 남성을 젠더 유형에 넣는 것은 가능하다(Alain Corbin, Jean-Jacques Courtine et Georges Vigarello(dir.), *Histoire de la virilité*, Seuil, trois tomes, 2011, 2012, 2016). 퀴어(queer) 이론은 주디스 버틀러(Judith Butler)가 대표적인 주장자인데, 개인의 섹스와 젠더는 생물학적인 성만으로 결정되는 것이 아니라 개인을 둘러싼 사회문화적 환경과 개인의 역사와도 밀접한 연관이 있다고 한다. 그녀는 성적 유형(남자 또는 여자)과 젠더(남성/여성)를 구별한다.

152) 역사가 세실 베갱(Cécile Beghin)은 여성사와 젠더사 발달을 연구하는 므네모시네 협회(l'association Mnémosyme)의 일원인데, '국민 소설(roman national)'(특히 정치사와 전쟁사)이 압도적으로 많아지면서 소수의 여성이 '핑계거리가 되는(prétextes)' 인물이 되면서, 고등학교의 새로운 역사 교육과정(교육과정고등심의회[Conseil supérieur des programmes, CSP]가 만듦)이 30년은 후퇴했다고 비판한다(〈Les femmes ne font-elles jamais l'histoire?〉, *Le Monde* du 15 décembre 2018).

153) 1984년 생-맥시맹(Saint-Maximin, Oise)에서 〈여성의 역사는 가능한가?(Une histoire des femmes est-elle possible?)〉라는 학회가 열렸고, 이는 조르주 뒤비(Georges Duby)와 미셸 페로(Michelle Perrot)의 주도로 《서양 여성의 역사. 고대부터 현대까지(l'Histoire des femmes en Occident. De l'Antiquité à nos jours)》 5권으로 출간되었다(1991~1992).

154) Michelle Perrot, 〈Histoire des femmes et féminisme〉, *Journal français de psychiatrie*, 1 (40), p. 6-9, 2011.

155) Pierre Bourdieu, *La Domination masculine*, Seuil, 〈Liber〉, 1998.

156) Ivan Jablonka, *Des hommes justes*, Seuil, 2019.

157) Nicole-Claude Mathieu, *L'Anatomie politique. Catégorisations et idéologies du sexe*. V. Des déterminants matériels et psychiques de la conscience dominée

des femmes, et de quelques-unes de leurs interprétations en ethnologie [1991], iXE, 2013.

158) Manon Garcia, *On ne naît pas soumise on le devient*, Climats, 〈Essais〉, 2018.

159) 프랑수아즈 블륌(Françoise Blum), 콜레트 샹브랑(Colette Chambelland), 미셸 드레퓌스(Michel Dreyfus)가 1984년에 발간한 *Les mouvements de femmes (1919-1940): Guide des sources documentaires*, Vie sociale, p. 11-12.

160) 이런 저술 가운데, Annick Tillier(coord.), *Des sources pour l'histoire des femmes: guide*, BNF, 2004; de Florence Rochefort, Christine Bard, Annie Metz et Valérie Neveu(dir.), *Guide des sources de l'histoire du féminisme*, Presses Universitaires de Rennes, 2006이 있다.

161) Isabelle Ernot, 〈Des femmes écrivent l'histoire des femmes au milieu du xixe siècle: représentations, interprétations〉, *Genre et Histoire* n°4, 2009.

162) 같은 책.

에필로그

1) 모나 숄레(Mona Chollet)는 마녀 사냥을 젠더사이드에 해당한다고 본다. Mona Chollet, *Sorcieres. La puissance invaincue des femmes*, Zones, 2018.

2) #NousToute, 누리집, 도별(道別) 여성을 대상으로 한 폭력 모니터링, 백색 행진(marches blanches), 지칠 줄 모르는 에른스틴 로내(Ernestine Ronai)가 2005년부터 이끄는 시위 등등…

3) Florence Rochefort, *Histoire mondiale des feminismes*, PUF, 〈Que sais-je?〉, 2018.

4) 2019년 프랑스의 '생명과 지구과학(SVT)' 교과서 8종 가운데 마냐르(Magnard) 출판사에서 간행한 책에만 클리토리스가 도식에 포함되고, 나머지 7종에는 외음부와 클리토리스의 내부는 표시되지 않았다. *Le Monde*, 〈Nous devons lutter contre l'analphabetisme sexuel〉, 8 mars 2019.

5) Heide Goettner-Abendroth, *Les Societes matriarcales. Recherches sur les cultures autochtones a travers le monde*, Des Femmes-Antoinette Fouque, p. 14-15, 2019. 독일의 인류학자인 하이데 괴트너-아벤트로트(Heide Göttner-Abendroth)에 따르면, 역사학자나 인류학자들이 모가장제 사회의 특이성을 제대로 연구한 적이 없다. 이러한 이유로 그녀는 1986년 모가장제를 연구하기 위한 국제 HAGIA 아카데미를 설립해 지금까지 이끌고 있다.

6) *Le Monde*, 23 mars 2019.
7) 여성 수학자 소피 제르맹(Sophie Germain)의 경우로, 그녀는 앙투안 오귀스트 르블랑(Antoine Auguste Leblanc, 1776~1831)으로도 알려져 있다.
8) 여성 수학자 에밀 샤틀레(Emilie du Chatelet, 1706~1749), 해부학자 마리-주느비에브-샤를로트 티루 다르콩빌(Marie-Genevieve-Charlotte Thiroux d'Arconville, 1720~1805), 식물학자 잔 바레(Jeanne Baret, 1740~1807)가 있다.
9) 국립예방고고학연구소(l'Institut national de recherches d'archeologie preventive, Inrap)의 전신인 국립고고학발굴협회(l'Association pour les fouilles archeologiques nationales, AFAN)는 당시 고고학을 전문적으로 교육받거나 대학에서 전공한 여성의 수가 훨씬 많았는데도 매년 전체 채용 인력 1,300명 가운데 40퍼센트만 여성을 고용했다. Anick Coudart, 〈Longtemps durant… le Genre ne fut pas un genre francais sinon qu'il etait du genre masculin… *E pur si muove*〉, in *Les nouvelles de l'archeologie*, 140, p. 9-15, 2015.
10) 1975년 영국의 연출가 로라 멀비(Laura Mulvey)가 '남성적 시선(male gaze)'이라는 개념을 만들었다(〈Visual Pleasure and Narrative Cinema〉, Oxford Journals, 16(3), p. 6-18). 이 논문은 2017년이 되어서야 프랑스어로 번역된다. *Au-dela du plaisir visuel. Feminisme, enigmes, cinephilie*, Editions Mimesis.
11) 이처럼 성에 따라 음식물 섭취가 정형화된 것은 2017년 국립식량환경노동안전위생국(Agence nationale de securite sanitaire de l'alimentation, de l'environnement et du travail, ANSER)의 개인별 식량 소비 연구로 확인됐다.
12) 여성 요리장 셀린 드 수자(Celine de Sousa)는 섭식의 성적 차별을 없애기 위해 2018년 '레 피이으 아 코틀레트(Les filles a côtelettes, 갈비 먹는 소녀들이라는 의미-옮긴이)' 클럽을 시작했다.
13) Priscille Touraille, *Hommes grands, femmes petites: une evolution couteuse. Les regimes de genre comme force selective de l'evolution biologique*, Editions de la Maison des Sciences de l'Homme, 2008.
14) Carol Gilligan, *Pourquoi le patriarcat?*, Flammarion, p. 22-23, 2019.
15) Judy Y. Chu, *When Boys Become Boys: Development, Relationships, and Masculinity*, New York University Press, 2014.
16) Carol Gilligan, 앞의 책.
17) 같은 책.
18) Scipion Dupleix, *Liberte de la langue francaise dans sa purete*, 1651.

19) 프랑스 학술원의 문법 위원인 니콜라 보제(Nicolas Beauzée)가 1767년에 쓴 책의 내용이 시작이었다. *Grammaire generale, ou Exposition raisonnee des elements nécessaires du langage*, Tome I, Imprimerie J. Barbou.
20) Eliane Viennot, *Non, le masculin ne l'emporte pas sur le feminin! : Petite histoire des resistances de la langue francaise*, Editions iXe, 2014.
21) 반대론자 중에는 Daniele Manesse et Gilles Siouffi(dir.), *Le feminin et le masculin dans la langue. L'ecriture inclusive en question*, ESF et Cahiers pedagogiques, 2019이 있다. 찬성론자 중에는 Eliane Viennot, *Le langage inclusif : Pourquoi? Comment? Petit precis historique et pratique*, Editions iXe, 2016이 있다.

찾아보기

ㄱ

가모장제matriarcat 181~188, 190, 199, 215, 283
가비이유Gabillou 동굴 132
가이아Gaïa 210, 216
가잘레, 올리비아Olivia Gazalé 274
《남자다움에 대한 신화Le Mythe de la virilité》 274
개로드, 도로시Dorothy Garrod 119
게드, 쥘Jules Guesde 266
게로, 조안Joan Gero 120
게이, 데지레Désirée Gay 260, 262
격앙파enragées 252
고프, 자크 르Jacques Le Goff 71
공포파Terreur 252
《공화국La République》 256
괴벨클리 테페Göekli Tepe 유적 140
괴트너-아벤트로트, 하이데Heide Göttner-Abendroth 213
구뤼엘미트Guillelmites 235
구르네, 마리 드Marie de Gournay 241
구아 마스리Gua Masri Ⅱ 동굴 171
구주, 올랭프 드Olympe de Gouges 249~251
〈여성과 여성 시민을 위한 권리 선언Déclaration des droits de la Femme et de la citoyenne〉 250
〈자무르와 미르자 또는 흑인 노예들Zamore et Mirza ou l'Esclavage des Noirs〉 250
국립예방고고학연구소Institut national de recherches archéologiques préventives, IINRAP 286
국립인구연구소Institut national d'études démographiques 283
국민방위대Grade nationale 248
국민의회Convention nationale 55, 253
국제여성단체협의회International Council of Women 269
귀요마르, 피에르Pierre Guyomar 253
그라베티안Gravettien 문화 123, 126, 147, 175, 177
그람마티쿠스Grammaticus 104
그레고리우스 1세Grégoire Ier 96
그로트 데 장팡La Grotte des Enfants 유적 23
그르니에, 페르낭Fernand Grenier 271
길가메시Gilgamesh 216
길리건, 캐롤Carol Gilligan 287
김부타스, 마리야Marija Gimbutas 184, 213

ㄴ

나가르주나Nāgārjuna 71
《보행왕정론寶行王正論》 71
남성 보통 선거권suffrage universel masculin 260
네페르타리Néfertari 227
네페르티티Néfertiti 227
뇌프빌, 에티엔 드Étienne de Neufville 259
니보예, 유제니Eugénie Niboyet 260, 261
닌후르사그Ninhursag 216

ㄷ

다뉴비안Danubien 문화 192
다르몽, 피에르Pierre Darmon 251
다르크, 잔Jeanne d'Arc 238
다비드-메나르, 모니크Monique David-Ménard 277
다엘더, 에타 팔므Etta Palm d'Aelders 249
다윈, 찰스Charles Darwin 35, 59, 61, 87~89, 142, 158, 164
《인간의 유래와 성 선택The Descent of Man, and Selection in Relation to Sex》 61, 158
다트, 레이먼드Raymond Dart 28, 164
다호메이의 아마조네스Amazones du Dahomey 203
단두대의 광녀들furies de la guillotine 252
달랑베르, 장 르 롱Jean Le Rond d'Alembert 64
당티에르, 마리Marie Dentière 240
대 카토Caton l'ancien 229
《대장경Tripitaka》 52
데니소바Denisova 동굴 143
데리쿠르, 제니Jenny d'Héricourt 264
〈프루동 씨와 여성들의 질문M. Proudhon et la question des femmes〉 264
데마르, 클레르Claire Démar 258
〈인간과 시민의 권리 선언Déclaration des droits de l'homme et du citoyen〉 258
데비차Devitsa V 유적 204
데이비스-킴볼, 지닌Jeannine Davis-Kimball 200
도데, 레옹Léon Daudet 114
도만슨즈, 리브Liv Dommasnes 120
돌니 베스토니체Dolní Věstonice 유적 127, 175
동굴 예술품art pariétal 124, 170, 192, 210
〈동물의 회랑galerie des Animaux〉 139
뒤랑, 마르그리트Marguerite Durand 265
뒤르켐, 에밀Émile Durkheim 66, 91
뒤아르, 장-피에르Jean-Pierre Duhard 126
뒤팽Dupin 부인 245, 246, 261
《남성과 여성의 평등에 대하여Sur l'égalité des hommes et des femmes》 246
드 골, 샤를Charles de Gaulle 271
드렘, 마리아Maria Deraismes 265
드로잉, 잔Jeanne Deroin 260, 262, 263
드뤼Duruy 법 109
디드로, 드니Denis Diderot 245
《백과전서Encyclopédie》 64, 101, 112
뜨개질하는 여성들les Tricoteuses 252

ㄹ

라 로슈 아 라랭드La Roche à Lalinde 동굴 132
라 마들렌 데 잘비La Magdeleine des Albis 148
라 바슈La Vache 동굴 유적 154
라 테네La Tène 문화 194, 206
《라 프롱드La Fronde》 265
라란, 장 가스통Jean-Gaston Lalanne 23
라밍-엠페레르, 아네트Annette Laming-Emperaire 124
라스코Lascaux 동굴 11, 125, 170, 210
라코르, 쉬잔Suzanne Lacore 271
라 키나La Quina 유적 174
라피크, 루이Louis Lapicque 62
란슬롯Lancelot 235
랑클로, 니농 드Ninon de l'Enclos 249
레반트 예술Art du Levant 192
레비스트로스, 클로드Claude Lévi-Strauss

145, 187
〈레스퓌그의 비너스Vénus de Lespugue〉 126
레오, 앙드레André Léo 110
레옹, 폴린Pauline Léon 249
로니, J.-H.J.-H. Rosny 24
　〈노마이, 호수의 사랑Nomaï. Amours lacustres〉 24
로랑 부인Madame Roland 249
로셀Laussel 유적 149
〈로셀의 비너스Vénus de Laussel〉 → 〈뿔을 든 비너스〉
로즈리-바스Laugerie-Basse 유적 126
롤랜즈, 앨리슨Alison Rowlands 99
롬브로소, 체사레Cesare Lombroso 70, 103, 114
루셀, 피에르Pierre Roussel 84
루소, 장 자크Jean-Jacques Rousseau 29, 87, 106, 114, 246, 249
　《에밀Émile ou De l'éducation》 106, 249
루아드, 잉헨Inghen Ruaidh 199
루와이에, 클레망스Clémence Royer 110
루제, 자크-마리Jacques-Marie Rouzet 254
　《프랑스 헌법 계획Projet de constitution française》 254
루터, 마르틴Martin Luther 240
루푸스, 무소니우스Musonius Rufus 232
《르 누벨 옵세르바퇴르Le Nouvel Observateur》 272
르 봉, 구스타브Gustav Le Bon 90
르루아-구랑, 앙드레André Leroi-Gourhan 124, 125, 140, 178
르발루아Levallois 기술 173
리셰, 레옹-Léon Richer 265
　《여성의 권리Le Droit des femmes》 265
리오지에, 라파엘Raphaël Liogier 81

〈남성의 심리 검증Descente au cœur du mâle〉 81
리옹의 빈자들Pauvres de Lyon 234
리옹의 이레네오Irénée de Lyon 96

ㅁ

마가스테르, 프리무스Primus Magister 104
《마녀를 심판하는 망치-말레우스 말페피카룸, 마녀 사냥을 위한 교본 Malleus Maleficarum》 98
《마누 법전Lois de Manu》 51, 93, 94
마누브리에, 레옹스Léonce Manouvrier 61
　〈뇌 용량과 특히 두뇌 무게에 대한 해석Sur l'interprétation de la quantité dans l'encéphale et du poids du cerveau en particulier〉 61
마라뇽Maragnon 강 203
마레샬, 실뱅Sylvain Maréchal 108
　〈읽을 줄 아는 여성으로 인해 남녀에게 발생한 중대한 불편함Les inconvénients graves qui résultent pour les deux sexes de ce que les femmes sachent lire〉 108
마르첼라Marcella 232
마르칼, 장Jean Markale 206
　《켈트족 여성. 신화와 사회학La Femme celte. Mythe et Sociologie》 206
마리넬라, 루크레지아Lucrezia Marinella 239
　《여성의 기품과 탁월함 그리고 남성의 결함과 타락La Noblesse et l'Excellence des femmes et les défauts et vices des hommes》 239
마스크레, 루이Louis Mascré 22, 23
　〈로셀의 흑인 여성La Femme négroïde de Laussel〉 23
　〈망통의 흑인Le Négroïde de Menton〉

마스턴, 몰턴William Moulton Marston 207
마이스트르, 조셉 드Joseph de Maistre 243
마이스트르, 콘스탕스 드Constance de Maistre 243
마자랭Mazarin 추기경 240
《마하바라타Mahâbhârata》 94
막달레니안Magdalénien 문화 123, 126, 134~136, 145, 154, 170, 176, 180
말리노프스키, 브로니스와프Bronisław Malinowski 182
말타Mal'ta 유적 149
맘 고즈mamm-goz 216
〈맹수와 있는 여인dame aux fauves〉 → 〈표범과 있는 여인〉
〈머리tête〉 127
〈머리쓰개를 쓴 여인Dame á la capuche〉 126
메르베이유즈Merveilleuses 249
메리쿠르, 안-조세프 테루안 드Anne-Josèphe Théroigne de Méricourt 249, 251
멜라, 폼포니우스Pomponius Mela 200
모스, 마르셀Marcel Mauss 34
모어, 토머스Thomas More 238
모턴, 새뮤얼Samuel Morton 89
몰리에르Molière 243
  〈학식을 뽐내는 여인들Les Femmes savantes〉 243
몽테뉴Montaigne 17, 241
  《수상록Essais》 17
몽테스키외Montesquieu 246
몽팡시에 공작부인la duchesse de Montpensier 240
뫼르드락, 마리Marie Meurdrac 241
  《여성을 위한 지혜롭고 쉬운 화학 Chymie charitable et facile en faveur des dames》 241
무능력자incapables 239
무라드, 야지디 나디아Yazidi Nadia Murad 275
〈무릎을 구부린 여인femmes ployés〉 139
무퀘게, 데니스Denis Mukwege 275
무타파Monomotapa 제국 202
므네모시네 협회l'association Mnéemosyme 284
미님 우애협회Société fraternelle des Minimes 251
미드, 마거릿 Margaret Mead 152
미르보, 옥타브Octave Mirbeau 114, 115
미셸, 루이즈Louise Michel 265
미슐레, 쥘Jules Michelet 74, 98, 99, 109
  《마녀La Sorcière》 99
미아노, 레오노라Léonora Miano 267
《민중Peuple》 263
《민중의 외침Le Cri du peuple》 265
밀라노의 구뤼엘마Guglielma de Milan 234, 235
밀라노의 앙브루아즈Ambroise de Milan 96

ㅂ

바레, 잔Jeanne Barret 246
바르, 프랑수아 풀랭 드 라François Poulain de la Barre 242, 253
바실레, 잠바티스타Giambattista Basile 82
바이런Lord Byron 114
바자르, 클레르Claire Bazard 258
바테, 도로시아Dorothy Bate 119
바트만, 사라Saartjie Baartman 129, 131
바호펜, 요한Johann Bachofen 183, 185, 186
발도, 피에르Pierre Valdo 234

발미Valmy 전투 249
발자크, 오노레 드Honoré de Balzac 257
《결혼의 생리학Physiologie du mariage》 257
발지 로시Balzi Rossi 23
《백과전서Encyclopédie》 46, 64, 101, 112
법정의 단골손님들habituées des tribunes 252
베뉴스 제메트릭스Venus Gemetrix 216
베라, 빅투아르Victoire Béra → 레오, 앙드레
베라르, 레옹Léon Béard 111
베로나, 마리아Maria Vérone 269
베르시니, 로랑Laurent Versini 246
베르트로, 마르틴 드Martine de Bertereau 241
《프랑스의 광산과 채광에 대한 진정한 보고Véritable déclaration de la descouverte des mines et minières de France》 241
베유, 시몬Simone Veil 271, 273
베크렐, 앙리Henri Becquerel 267
베텔하임, 브루노Bruno Bettelheim 70
벨라르, 클로에Chloé Belard 121, 197
보그트, 칼Carl Vogt 90
보나, 도미니크Dominique Bona 289
보나파르트, 루이 나폴레옹Louis Napoléon Bonaparte 262
보댕, 니콜라Nicolas Baudin 131
보로네즈Voronej 지역 204
보부아르, 시몬 드Simone de Beauvoir 14, 91, 111, 189, 219, 220, 242, 272, 275, 276
〈나는 낙태를 했다Je me suis fait avorter〉 272
《제2의 성Le Dexième Sexe》 219, 242, 275
《처녀 시절Mémoires d'une jeune fille rangée》 111
보카치오Boccace 236
볼숭 영웅담Völsunga saga 199
부갱빌Bougainville 246
〈부도덕한 비너스Vénus impudique〉 126
부르고뉴의 플로린Florine de Bourgogne 234
부르주아, 마리-잔Marie-Jeanne Bourgeois 261
부아셀, 프랑수아François Boissel 252
《인류 요강Le Catéchisme du genre humain》 252
부트리오, 안토니우스 드Antonius de Butrio 96
《그레고리우스 9세의 교령에 대한 주해Commentarius in Decretales Gregorii IX》 96
불가타 성경Vulgate 232
브라상푸이Brassempouy 유적 126
〈브라상푸이의 여인Dame de Brassempouy〉 127
브란트, 알렉산더 폰Alexander Von Brandt 60
브레인, 찰스Charles Brain 164
브로카, 폴Paul Broca 58, 61
브뤼에르, 장 드 라Jean de La Bruyère 243
《특질들Les Caractères》 243
브뢰이, 앙리Henri Breuil 210
브륀오Brunehaut 여왕 233
브륑스비크, 세실Cécile Brunschvicg 271
블랑카 데 카스트야Blanche de Castille 왕녀 235
블룸, 레옹Léon Blum 271
비달, 캐서린Catherine Vidal 62, 63
비르카Birka 유적 198
비베스, 후안 루이스Juan Luis Vivès 105

《기독 여성의 교육De institutione feminae christianae》 105
비브레이Vibraye 후작 126
비쉬Vichy 정부 79
비알루, 드니Denis Vialou 134
비에르케Björkö 섬 198
비엔Vienne 210
빌드, 오르탕스Hortense Wild → 앙리에트
빙엔의 힐데가르트Hildegarde de Bingen 233
〈뿔을 든 비너스Vénus à la corne〉 23
〈뿔을 들고 있는 여인la Véus à la corne〉 148

ㅅ
사냥의 예술art de la chasse 170
사람-들소hommes-bisons 155
사르마티아Sarmatie 200
사르트, 자크-루이 모로 드 라Jacques-Louis Moreau de la Sarthe 57
사포Sapho 228
산악파Montagnards 252
산타 마리아 다그나노Santa Maria d'Agnano 동굴 175
살리카 법전lois saliques 235
〈343명 선언문Le manifeste des 343〉 272
《삼위일체론Le Traité Tripartite》 73
상드, 조르주George Sand 261, 262
새로운 여성La Femme nouvelle 운동 270
생-라자르Saint-Lazare 감옥 262
생-제르맹-라 리비에르Saint-Germain-la-Rivière 유적 180
생-페리에, 르네 드René de Saint-Périer 126
샤를리에, 루이-조셉Louis-Joseph Charlier 254

샤진, 장-미셸Jean-Michel Chazine 171
샤텔페로니안Châtelperronien 문화 123
샤프, 돈Don Chaff 24
〈기원전 백만 년 전Un million d'années avant Jésus Christ〉 24
샹파뉴 공작부인comtesse de Champagne 235
성과 생식의 건강la santé sexuelle et reproductive 274
성녀 라드공드Radegonde 233
성녀 제네비에브Geneviève 233
성적 이형sexual dimorphism 62, 156, 157, 286
성차별주의 이념idéologie sexiste 103, 111, 116, 135
세, 카미유Camille Sée 110
세계보건기구Oraganisation mondial de la Santé 283
세네카Sénèque 232
세브린Séverine 115, 265
세자르, 헨드릭Hendrick Caezar 129, 130
소시니안주의socinianisme 47
소크라테스Socrate 228
소포클레스Sophocle 40
솔론Solon 227
솔뤼트레안Solutréen 문화 123
쇼메트, 피에르-가스파Pierre-Gaspard Chaumette 251
쇼케-브뤼아, 이본Yvonne Choquet-Bruhat 284
쇼펜하우어, 아르투어Arthur Schopenhauer 114
수리아 나파로아코Blanche de Navarre 왕녀 235
〈순록과 있는 여인la femme au renne〉 147
술피시아Sulpicia 228
슈르만, 안나 마리아 판Anna Maria van

Schurman 241
스콧, 조앤Joan Scott 278, 280
스쿨Skhūl 유적 173
스탈, 제르멘 드Germaine de Staël 107, 108
스탕달Stendhal 259
《적과 흑Le Rouge et le Noir》 259
《파르마의 수도원La Chartreuse de Parme》 259
스톤, 멀린Merlin Stone 42, 214
《하느님이 여자였던 시절Quand Dieu était femme》 42, 214
스트린드베리, 아우구스트Johan Strindberg 114
《여성의 열등성에 대해De l'infériorité de la femme》 114
스펙터, 재닛Janet Spector 120
스프렝거, 야콥Jakob Sprenger 98
시지쿠스의 라라Lala de Cyzique 228
신의 어머니Théotokos 217
십자군 왕 스벤Sven le crosié 234

ㅇ
아그리파, 코르넬리우스Cornelius Agrippa 239
아나Ana 216
아다우라Addaura II 동굴
아르노, 장 자크Jean-Jacques Annaud 138
〈불의 전쟁La Guerre du feu〉 138
아마르, 앙드레André Amar 55, 113, 248
아방수르, 레옹Léon Abensour 267, 268
《페미니즘의 기원부터 현재까지의 일반적인 역사Histoire générale du féminisme des origines à nos jours》 267
아브리 레이몽당Abri Raymonden 유적 154

아브리 메주 아 테이자Mège à Teyjat 유적 155
아브리 부르두아Abri Bourdois 유적 210
아브리 샤토 드 타약Abri Château de Tayac 유적 154
아브리 캅 블랑Abri Cap-Blanc 유적 176
아셰트, 잔Jeanne Hachette 238
아스텔, 메리Mary Astell 244
아우구스투스Augustus 95, 96
아우얼, 진Jean M. Auel 24
아이아키데스Éacide 201
아조프Azov 해 200
아치달리우스, 발렌스Valens Acidalius 47
〈여자가 인간이 아니라는 것을 증명하고자 하는 것에 대한 모순 명제Paradoxe sur les femmes où l'on tâche de prouver qu'elles ne sont pas de l'espèce humaine〉 47
〈여자는 사람이 아닐 수 있다는 새로운 주장에 대해Disputatio nova contra mulieres, qua probatur eas homines non esse〉 46
아퀴나스, 토마스Thomas d'Aquin 41, 43, 45
아키텐의 엘리오노르Aliénor d'Aquitaine 235
아타르바베다Atharva-Veda 52
앙글르-쉬르-랑그랭Angles-sur-l'Anglin 유적 210
앙렌Enlène 유적 139
델포르트, 앙리Henri Delporte 133
앙리에트Henriette 262
앵발리드Invalides 27
야블론카, 이반Ivan Jablonka 279
양성평등최고위원회le Haut Conseil à l'égalité entre les femmes et les hommes, HCE 285

어머니 여신déesses-mères 14, 31, 209, 211~217
어머니의 날la journée des mères 79
에라스무스Érasme 238
에르노, 이사벨Isabelle Ernot 280
에리니에스Érinyes 201
에리티에, 프랑수아즈Françoise Héritier 16, 33, 35, 70, 190, 219
〈원시적 결혼Primitive Marriage〉 34
에우리피데스Euripide 228
《아울리스의 이피게네이아Iphigénie à Aulis》 228
에이온Éon 50
에피멘코, 피오트르Piotr Efimenko 183
엔키두Enkidu 216
엘 시빌El Civil 동굴 유적 193
엘, 베르트랑Bertrand Hell 69
엥겔스, 프리드리히Friedrich Engels 30, 34, 116, 188, 220
《가족, 사유재산 및 국가의 기원》 30, 116
여성 신학théologie féministe 214
여성 출판사Les Éditions des femmes 278
여성교육향상협회Association pouation de l'enseignement des femmes 110
여성권리위원회Comité des droits de la femme 261
《여성의 견해L'Opinion des femmes》 262
여성의 권리를 위한 협회Association pour le droit des femmes 265
여성의 복종la soumission des femmes 116, 244, 260, 274
여성의 본질essence féminine 74, 265
《여성의 소리La Voix des femmes》 260
《여성의 정치La Politique des femmes》 260
여신의 선사 문화culture préhistorique de la déesse 213
《역사L'Histoire》 187

오그로, 안Anne Augereau 121
오레야나, 프란치스코 드Francisco de Orellana 202
오리냐시안Aurignacien 문화 123
오비디우스Ovide 33
《변신 이야기Métamorphoses》 33
오트-가론Haute-Garonne 126, 254
오피아 법loi Oppia 229
와인스타인Weinstein 사건 273
울루지안Uluzien 문화 123
울프, 버지니아Virginia Woolf 277
《자기만의 방Une chambre à soi》 277
위니컷, 도널드Donald Winnicott 32
위대한 아가씨Grande Mademoiselle → 몽팡시에 공작부인
유베날리스Juvénal 95, 230
6월 봉기journées de juin 262
《의학 사전Dictionnaire des sciences médicales》 54, 73
이븐 시나Avicene 233
이소크라테스Isocrate 200
이스코마쿠스Ischomaque 76
인류 박물관Musée de l'Homme 130
입센, 헨리크Henrik Ibsen 115
《인형의 집Une maison de poupée》 115

ㅈ

자맹, 폴Paul Jamin 22
〈석기시대의 납치Le Rapt à l'âge de pierre〉 22
《장미 이야기Roman de la Rose》 236
《정치와 종교 잡지Revue philosophique et religieuse》 264
젠더사이드 협회le Collectif Féminicides 282
제마프Jemmapes 전투 249
젱킨스, 패티Patty Jenkins 208
조레스, 장Jean Jaurès 252

조베르, 아니Annie Jaubert 97
밀, 존John Mill 115
　《여성의 예속L'Assujettissement des femmes》 115
졸리오-퀴리, 이렌Irène Joliot-Curie 271
시카고, 주디Judy Chicago 209
　〈디너 파티〉 209
페리, 쥘Jules Ferry 110
비레이, 쥘리앙-조셉Julien-Joseph Virey 85, 100
지라르, 르네René Girard 71

ㅊ
차탈 휘위크Çatal Höyük 유적 31, 211, 212
1848의 여성들femmes de 1848 260~262
철학의 순교자martyre de la philosophie 233

ㅋ
카랄Caral 32
카르바할, 가스파르 데Gaspar de Carvajal 202
카바니스, 피에르Pierre Cabanis 54, 56, 66, 77, 84, 86, 103
　《성이 사유와 도덕적 감정에 미치는 영향L'Influence du sexe sur le caractère des idées et des affections morales》 54
카비용의 여인Dame du Cavillon 177
카스티야의 이사벨 1세Isabelle la Catholique 238
카오스Chaos 216
카타리파cathare 234
카페, 위그Hugues Capet 235
칸트, 에마뉘엘Emmanuel Kant 241
칼로, 프리다Frida Khalo 225

케랄리오, 루이즈-펠리시테 드Louise-Félicité de Keralio 237
코르니피시아Cornificia 228
코르몽, 페르낭Fernand Cormon 22
코마르크Comarque 동굴 148
코뱅, 자크Jacques Cauvin 195
코스케Cosquer 동굴 171
코스티엔키Kostienki 유적 127, 128, 148, 149
코트-뒤-노르Côtes-du-Nord 253
코팡스, 이브Yves Coppens 122
코헨, 클로딘Claudine Cohen 195
콘라트Conrad 3세 234
콜레주 데 페르소날리테collège des personnalités qualifiées 285
콩도르세, 니콜라 드Nicolas de Condorcet 253
콩시데랑, 빅토르Victor Considerant 262
콩키, 마거릿Margaret Conkey 120
콩트, 오귀스트Auguste Comte 258
콰프제Qafzeh 유적 173
쿠르간kourganes 문화 184, 213
퀴리, 마리Marie Curie 267
퀴비에, 조르주Georges Cuvier 130, 131
큐브릭, 스탠리Stanley Kubrick 24
　〈2001: 스페이스 오디세이〉 24
크라머, 하인리히Heinrich Kramer 98
크레송, 에디트Édith Cresson 271
크세노폰Xénophon 76
　《가정론l'Économique》 75
클레오파트라Cléopâtre 227
클로비스Clovis 233
클로틸드Clotilde 여왕 233
키일러, 로라Laura Kieler 115
키케로Cicéron 229
키클롭스Cyclopes 216

ㅌ
탈롱, 마리Marie Talon 258

테르모돈Thermodon 강 201
테르툴리아누스 80
  〈처녀들의 베일Du voile des vierges〉 80
테미시라Themyscira 207
테베, 앙드레André Thevet 203
  《세계지리지Cosmographie universelle》 203
테세우스Thésée 202
테스타르, 알랭Alain Testart 214
  《여신과 곡물La Déesse et le Grain》 214
테온Théon 231
토드, 에마뉘엘Emmanuel Todd 144, 183
토트, 패트릭Patrick Tort 89
토피나르, 폴 Paul Topinard 59, 60
트레모, 카롤린Caroline Trémeaud 121
트루아 프레르Trois-Frères 동굴 155
트리거, 부르스Bruce Trigger 121
트리스탕, 플로라Flora Tristan 256
티토 부스티요Tito Bustillo 유적 133

ㅍ

파글리치Paglicci 동굴 유적 177
파기원Cour de Cassation 273
《파리의 혁명들Les Révolutions de Paris》 248
팔랑스테르phalanstères 257
팔레몬Palémon 231
《팔리 경전Canon pāli》 52
《팡쿠케Panckoucke》 54, 73
퍼시벌Perceval 235
페넬롱Fénelon 243
  《소녀 교육론Traité de l'éducation des filles》 106
페레로, 굴리엘모Guglielmo Ferrero 46
페로, 미셸Michelle Perrot 277
페로, 샤를Charles Perrault 70
  《잠자는 숲속의 공주La Belle au bois dormant》 70
페롱, 프랑수아François Péron 131
페르니그Fernig 자매 249
페리고Périgord 지역 132
페브르, 막심Maxime Faivre 22
페탱, 필리프Philippe Pétain 79
펜테실레이아Penthésilée 201, 202
《평화적 민주주의La Démocratie pacifique》 256
포괄적 맞춤법Ecriture inclusive 288
포르토 바디스코Porto Badisco 동굴 유적 193
포병박물관Le musée d'Artillerie 27
폰테, 모데라타Moderata Fonte 239
  《여성들의 가치Le Mérite des femmes》 239
〈표범과 있는 여인dame aux léopards〉 212
푸두헤파Puduhepa 227
푸르넬, 세실Cécile Fournel 258
푸리에, 샤를Charles Fourier 257
푸셰, 펠리스-아르키메드Félix-Archimède Pouchet 81
푸앵소-샤퓌, 제르맨Germaine Poinso-Chapuis 270, 271
푸케, 앙투아네트Antoinette Fouque 278
프락실라Praxilla 228
푸르너-베이, 프란츠t Franz Pruner-Bey 114
프랑스 민법전Code Civil 254
프랑스 여성해방운동Mouvement de libération des femmes en France, MLF 278
프레데공드Frédégonde 여왕 233
프레미에, 에마뉘엘Emmanuel Frémiet 22
  〈여성을 납치하는 고릴라le Gorille enlevant une femme〉 22
  〈흑인 여성을 납치하는 고릴라Le

Gorille enlevant une négresse〉 22
프로이트, 지그문트Sigmund Freud 12,
    28, 72, 74, 92, 186, 245
프롱삭Fronsac 동굴 139
프루동, 피에르 조제프Pierre Joseph
    Proudhon 54, 78, 87, 113, 256,
    263~266
프리스킬레Priscille 232
프리아모스Priam 도시 201
프티, 장 앙투안Antoine Petit 285
플라톤Plato 44,
    《국가République》 44, 64, 65, 95,
    227, 228, 231, 297
    《법률Loisi》 227
    《티마이오스Timée》 65
플루타르코스Plutarque 232
    《도덕론Vertus de femmes》 232
피에트, 에두아르 Édouard Piette 126,
    128
피숑, 제롬Jérôme Pichon 101
    《파리의 가정Le Ménagier de Paris》
    101
피장, 크리스틴 드Christine de Pisan
    104, 236, 237
    《사랑의 신에게 보내는 편지Epistre
    au Dieu d'Amour》 236
    《여성들의 도시La Cité des dames》
    104, 236
    《장미가 말하다Dit de la rose》 236

ㅎ
하딩, 샌드라Sandra Harding 135
하투실리Hattusili 3세 227
하트셉수트Hatshepsout 227
할머니des grands-mères 가설 159
할사플리니Hal Saflieni 유적 184
할슈타트Hallstatt 문화 194
헤시오도스Hesiode 34, 48, 216
    《신들의 계보Théogonie》 34, 48,
    216
호르텐시아Hortensia 229, 230
호르텐시우스Hortensius 229
홀레 펠스Hohle Fels 유적 126
홉스, 토머스Thomas Hobbes 29
    《리바이어던Léviathan》 29
황금 다리의 여인Dame aux jambes d'or
    234
황소 신dieu taureau 214
후기 구석기문화Paléolithique supérieur
    123, 125
히에로니무스Jérôme de Stridon 96, 232
히파티아Hypatie 231, 232
히펠, 대大 테오도르Theodor Hippel l'An
    cien 245
    〈결혼에 대해Du mariage〉 245
    〈여성의 사회적 승격에 대하여De
    la promotion sociale des femmes〉 245
히포게움hypogées 문명 184
히포크라테스Hippocrate 56, 65, 73,
    208
    〈자궁의 이동 이론Théorie des dépla
    cements de la la matrice〉 65
히폴리테Hippolyte 201, 207

찾아보기 415

파묻힌 여성

1판 1쇄 펴냄 2022년 12월 26일

지은이   마릴렌 파투-마티스
옮긴이   공수진
편 집   안민재
디자인   룩앳미
제 작   세걸음
인쇄·제책 상지사

펴낸곳   프시케의숲
펴낸이   성기승
출판등록   2017년 4월 5일 제406-2017-000043호
주 소   (우)10885, 경기도 파주시 책향기로 371, 상가 204호
전 화   070-7574-3736
팩 스   0303-3444-3736
이메일   pfbooks@pfbooks.co.kr
SNS   @PsycheForest

ISBN   979-11-89336-55-4 03900

책값은 뒤표지에 표시되어 있습니다.

이 책의 내용을 이용하려면 반드시 저작권자와
도서출판 프시케의숲에 동의를 받아야 합니다.